영 재 상 담

Counseling the Gifted and Talented

Linda Kreger Silverman

영재상담

Counseling the Gifted and Talented

이미순 옮김

Counseling the Gifted and Talented

edited by
Linda Kreger Silverman

역자 서문

여러 저자들의 영재교육과 영재상담에 관한 실제적 경험을 다룬 『*Counseling the Gifted & Talented*』라는 책을 번역하면서, 이 책을 통해서 교사들이 영재의 발달적 특성을 인식하고, 그 특성을 반영하여 상담 프로그램의 개발 역량을 신장할 수 있기를 기대해 본다.

영재상담은 영재의 특성과 이로 인해 비롯되는 문제 및 과제를 영재가 속한 맥락 속에서 진단하고, 영재의 인지적인 발달은 물론, 사고, 행동 및 정서적 성장과 정신적인 성숙을 도모함으로써 향후 창의적인 문제해결자로 성장하도록 노력하는 총체적인 과정을 말한다. 영재상담은 영재에게 문제가 있기 때문에 상담을 실시하는 것이 아니라, 영재의 발달적 특성에 적합한 정서 및 사회적인 지도를 바탕으로 문제 발생을 예방하기 위해 필요한 것이다. 다시 말해서, 예방적 차원의 영재상담 프로그램은 영재의 정서 발달과 자아-실현을 증진시키는 것에 그 근본 목적이 있다. 그러므로 이 책에서 소개하는 영재상담 프로그램은 또래와 긍정적인 관계를 맺고, 리더십 기술을 발달시키고, 적절한 진로선택을 할 수 있도록 방법을 제안해 주며, 주변 세계에 대한 관심을 상담활동계획에 병행하여 전개할 수 있도록 지원한다는 것이 특징이다.

이 책의 또 다른 특징은 영재의 정서적 측면을 인지적 측면과 별개로 다루지 않는다는 점이다. 평준화 및 형평성의 논리를 강조하는 우리나라의 교육체제 속에서 영재는 다른 학생들보다 비교우위를 차지한다고 생각하여, 특별한 교육적 배려 및 상담의 필요성을 강력하게 제기하지 못하고 있다. 그럼에도 불구하고 현재 실시되고 있는 대부분의 영재교육 프로그램은 일관적으로 인지적인 내용에 집중되고 있는 것 또한 사실이다. 그러나 이 책은 영재의 인지적 특성과 정서적 특성을 부정적인 측면이 아닌 긍정적인 측면에서 상호 언급하면서, 영재의 인지 및 정서적 특성과 요구를 고려해야 한다는 공감 형성을 영재교육 및 영재상담에서 강조하고 있다.

구체적으로 이 책의 내용에 들어가기에 앞서, 영재교육과 영재상담에 대해 이전에 어떤 기준을 가지고 있었는지 생각해 보는 것이 중요하다. 이에 일부 책의 내용을 발췌하여 소개하고자 한다.

> 사회적으로 잘 적응하게 하려고 키가 비슷한 아이들끼리 집단을 지어 주어야 한다고 생각하는 태양계에 있는 어떤 행성에 살고 있다고 상상해 보자. 어느 누구도 크거나 작다고 느낄 수 없으며, 팀으로 운동하는 것이 훨씬 쉽다. 나는 아주 키가 작다. 사실, 키에 있어 밑에서 2퍼센트 수준에 해당하여, 작은 키 때문에 3년이나 어린 아이들과 한 집단으로 편성되었다. 나는 9살이고 다른 아이들은 6살이다. 아마 앞으로 12년 동안 이 집단에 있을 것 같다. 이 행성에 사는 모든 사람들은 이 방법이 사회에 적응하기에 가장 좋다고 생각하기 때문에 이 상황을 벗어날 방도가 없다. 기분이 어떤가? 살기 위해 무엇을 할 것인가?

끝으로, 이 책을 번역하도록 동기부여를 해 준 고려대학교 교육대학원 영재교육과정 여러 선생님들께 깊은 감사를 드린다. 그리고 이 책의 출판을 허락해 주신 도서출판 박학사 사장님과 편집부에 진심어린 감사를 드리면서, 책에 어린 정성과 노력만큼 우리나라 영재교육이 발전하기를 기원한다.

2008년 8월

이미순

저자 서문

Linda Kreger Silverman

대학원 과정의 영재교육과 상담심리용 교재로서 이 책을 저술하였으나, 영재의 사회적·정서적 요구를 보다 잘 이해하려는 치료자, 상담자, 학교심리학자, 영재프로그램 코디네이터, 영재교사, 지원 단체, 행정가 및 부모들에게 도움이 되길 바란다. 성인 영재는 영재 아동처럼 똑같은 문제를 가지고 있다. 그러므로 심리학자와 상담자는 여러 장에 걸쳐서 성인 내담자의 특징과 이에 대한 책략들을 접하게 될 것이며, 영재는 자신을 돌아보고 이 책에서 기술한 바대로 자아-인식과 자아-수용을 얻게 될 것이다.

네 개 부분으로 이 책을 조직하였다: 영재성의 이해, 상담과정, 학교에서의 상담과 특별한 문제. 제I부에서는 영재성에 대한 새로운 정의, 영재에게 집중되는 상담 서비스의 원칙, 영재의 정서적 강도에 대한 이해를 돕는 이론적 기초, 영재의 다섯 가지 특징에 대한 임상적 관점 및 상담 중재의 기초가 되는 발달적 모델을 제시하였다. 제II부에서는 개별상담, 집단상담, 가족상담, 독서치료와 스트레스를 줄이는 특별한 기술을 다루었다. 이 섹션은 교사/상담자에게 개별 및 집단상담의 기본적인 책략을 가르쳐 주고 영재상담과 관련 있는 독특한 문제를 다루는 전문가를 소개하였다. 5장에서는 교사/상담자를 초대하여 여러 문제에 대해 영재와 함께 "토론" 집단을 실시하였고, 6장에서는 영재/학습장애의 실제 집단상담을 녹음으로 기록한 내용을 소개하였다. 제III부는 영재의 정서적 요구를 충족시키는 데 있어 학교심리학자, 영재교사, 상담자 및 행정가의 역할을 기술하였다: 효과적인 학업상담 방법; 평가정보를 교육과정 책략으로 옮겨놓는 방법; 진로상담에 대한 포괄적인 논의; 그리고 가장 널리 사용되고 있는 평가도구에 대한 상세한 분석을 소개하였다. 제IV부는 미성취와 위험에 처해 있는 영재, 다중문화 상담과 사회성 발달 및 리더십과 관련된 성에 따른 차이를 다루었다. 그리고 이 책은 도덕적 리더십을 발전시키는 여러 책략 목록으로 맺음을 하였다.

이 책은 상담과 평가 서비스가 필요한 부모와 학군에 도움을 주고자 주석을 달아 놓은 자원가이드를 수록하였다: 부모용 독서치료; 영재가 주인공인 좋은 아동문학 목록; 영재학생의 전기; 영재 분야의 주요 발행물에 대한 기술. 이 책의 특징은 도서관, 교육서비스 센터 및 영재와 그 가족을 위한 여러 기관에 대한 좋은 참고 문헌을 제시한다는 점이다.

이 책의 초점은 치료보다는 예방에 있으며, 상담과정을 영재의 자아-실현을 촉진하는 수단으로 간주하였다. 영재와 상호작용하는 사람들은 얼마간의 상담 전문성을 개발해야 한다. 이를 염두에 두고, 이 책의 많은 부분을 할애하여 상담자가 아닌 사람을 위해 구체적인 책략을 제시하였다. 새로운 개념과 철저하게 최근 문헌을 개관하고, 사례 파일에서 발췌한 풍부한 일화 자료를 소개하였다. 이 책의 목적은 독자의 폭을 넓히기 위해 주제를 학문적으로 다루는 데 있다. 독자가 영재의 내적 노력을 깊이 인식하고 영재의 사회적·정서적 요구를 충족시키기 위해 구체적인 책략을 학습하길 바란다.

특별히 Elizabeth Maxwell의 전문적인 편집상의 도움과 이 프로젝트 내내 주었던 지속적인 지원에 대해 감사드린다. 또한 인내와 사랑을 보내 준 가족에게 감사한다.

이 책을 Leta Hollingworth(1886~1939) 박사에게 헌납한다. Hollingworth는 최초의 영재상담자이며 자신의 인생을 영재의 정서적 요구에 대한 이해를 증진하는 데 헌신하였다.

또한 나의 사촌인 Louis Gerstman(1931~1992)에게 이 책을 바쳐, City University of New York에서 신경심리학과 관련 분야에서 300명 이상의 박사의 사사로서 활동한 그의 업적을 기리고자 한다.

차 례

제 III 부 학교에서의 상담

영재성의 이해

제 1 장

영 재

Linda Kreger Silverman

영재성의 정서적 측면

일반인들에게 영재성은 일종의 특권처럼 보일 수 있지만, 영재에게 영재성은 분명 불리한 상황이다. 남과 다른 것에 곱지 않은 시선을 보내는 사회에서 남과 다르다는 것은 고통스러운 일이다. 고통은 또한 내적 원인으로 나타날 수도 있다. 즉, 일상의 경험을 남들보다 강렬하게 받아들이는 미세한 심리적 구조가 그것이다. 영재성은 인지적 하위구조뿐 아니라 정서적 하부구조를 지니고 있다: 인지적 복잡성이 정서적 깊이를 야기한다. 따라서 영재는 또래와 다르게 생각할 뿐만 아니라, 다르게 느낀다.

> 영재의 기본적인 특징 중 하나는 그들의 주관적 경험의 강렬함과 범위이다. 특히, 강렬함은 질적으로 구별되는 특성으로 이해되어야만 한다. 그것은 정도의 문제가 아니라, 질적으로 전혀 다른 경험을 말하는 것이다: 명백하고, 흡수적이고, 통렬하고, 포괄적이고, 복잡하고, 어려운 것으로서 전율하며 생존하는 방식이다(Piechowski, 1991b, p. 2, 강조 첨가).

Annemarie Roeper 박사(1982)는 영재성이라는 용어를 정서적 측면을 아우르는 방식으로 정의한 바 있다: "영재성이란 보다 큰 인지, 감수성, 그리고 보다 큰 이해력과 인지한 바를 지적·정서적 경험으로 변형시키는 능력이다"(p. 21). 또 다른 새로운 정의는 영재의 내적 경험을 강조한 것으로서 상담자들에게 특히 유용하다:

> 영재성은 비동시적(asynchronous) 발달로서, 탁월한 인지능력과 고양된 강렬함이 결합되어 평균과는 질적으로 구별되는 내적 경험과 인식을 가져온다. 이러한 비동시성은 지적능력이 높을수록 커진다. 영재의 이러한 독특성으로 인해 특히 취약해질 수 있으며, 따라서 영재가 최적으로 성장할 수 있도록 양육하고, 가르치고, 상담하는 방식을 수정해야 한다(The Columbus Group, 1991, p. 1).

영재에게 있어 비동시성(asynchrony)이란 "인지적, 정서적, 심리적 발달속도에 있어 동시성의 부족"을 의미한다(Morelock, 1992b, p. 11). 동시성의 부족은 더욱 큰 내적 긴장을 조성하는데, 이는 5세 아동이 8세 아동의 시각으로 말을 인식하지만, 5세의 손으로는 찰흙을 이용하여 자신이 인식한 바대로 말을 형상화하지 못해 좌절감을 느끼고 소리를 지르는 경우에서 볼 수 있다. 내적 비동시성은 외부에 적응할 때 어려움으로 나타나는데, 이는 아이들이 "남들과 다르고 동떨어져(비동시적) 있다"고 느끼기 때문이다. 많은 임상학자와 연구자들은 영재의 이와 같은 상이한 발달을 언급하였다(Altman, 1983; Delisle, 1990; Gowan, 1974; Hollingworth, 1942; Kerr, 1991; Kline & Meckstroth, 1985; Munger, 1990; Roedell, 1989; Schetky, 1981; Sebring, 1983; Terrassier, 1985; Webb, Meckstroth, & Tolan, 1982). Manaster와 Powell(1983)은 사춘기 영재들이 out of stage("개념과 목표를 자신의 또래보다 훨씬 광범위하게 다루는 것")하거나 out of phase("어울리는 또래 집단으로부터 소외되거나 또래 집단이 아예 없는 것")하거나, out of sync("자신이 다르다는 느낌, 그래서 적응하지 못하고, 적응하지 말아야 하며 이에 맞출 수 없다고 생각하는 것")할 경우 심리적으로 위험에 처할 수 있다고 언급하였다(p. 71). 이상의 이론적 틀은 모든 사람이 심리적 안녕을 경험하기 위해서는 소속감이 필수적이라는 가정에 기초한 것이다. 그러나 안타깝게도 저자들은 "모든 면에서 영재는 전형적이고, 공통적이고, 평범하고, 정상적이며, 다른 이들과 충분히 잘 어울릴 수 있다. … (영재는)

심리적으로 적응하기 위해 평범해지고자 하는 용기를 지녀야만 한다"(p. 73)라고 잘못된 결론을 지었다.

Columbus Group이 내린 정의에 앞서, Terrassier(1985)는 "부동시성(dyssynchrony)"이라는 내적 및 외적 측면을 모두 가지고 있는 보다 종합적인 개념을 제기하였다. 내적 부동시성은 학생의 여러 능력발달에서 나타나는 서로 다른 속도를 의미한다. 이에 비해 외적 부동시성은 학교 교육과정과 학생의 요구 간 적합도 결여, 아이의 연령에 기초한 문화적 기대와의 부합성 부족, 또래와 관련된 문제, 보다 나이 많은 친구에 대한 선호 등에서 나타난다.

아동발달 교재에는 일반적으로 생물학적 연령에 따른 성심리적, 사회심리적 및 인지적 발달단계(가정하건대, 신체 발달과 관련이 있는) 사이의 상호작용을 보여 주는 도표가 실려 있다. 이때 기본적인 전제는 이러한 단계들이 서로 동시에 발생한다는 것이다. 모든 영역이 동일하게 진행하는 것은 드문 일이나, 발달이 가장 차이가 나는 영재(특히 IQ 145 이상)에게 있어 불일치가 보다 과장되어 나타난다(Schetky, 1981). 지능검사에 관한 많은 염려에도 불구하고, 지능지수는 분명히 속도에 있어 인지 발달이 신체 발달을 앞선다는 귀중한 정보를 제공하고 있으며, 따라서 비동시성의 정도를 나타내 주는 지표라고 할 수 있다. Tolan(1989)은 비동시적 발달과 그에 수반되는 어려움을 잘 보여 준 바 있다:

> 발달의 측면에서 생활연령은 가장 의미 없는 정보일 수 있다. IQ가 170인 Kate는 비록 생활연령은 6세이지만, "정신연령"은 10세 반 정도이다. … 불행히도, Kate도 다른 고도 영재들과 마찬가지로, 많은 발달적 연령을 동시에 지니고 있다. 자전거를 탈 때는 6세, 피아노를 연주하거나 체스게임을 하는 경우는 13세, 규범에 관해 토론할 때는 9세, 취미나 책을 선택할 때는 8세, 얌전히 앉아 있어야 할 때는 5세(또는 3세)이다. 어떻게 이런 아이가 모든 규준을 6세로 설정한 교실에 적응할 수 있겠는가?(p. 7).

영재의 발달 경로와 관련해서는 대답보다는 질문이 보다 많고 이들 질문에 대답을 해 주는 연구조차 부족하여 낙담스러울 정도이다. 영재들의 발달은 변형된 과정을 거친다는 것을 알고 있다. "영재와 관련하여 대개 조숙한 발달뿐만 아니라 독창적인 발달상의 특징을 보이기 때문에, 정상적인 발달 경로는 예측 가이드로서 효과가 별로 없다"(Horowitz, 1987, p. 165). Altman(1983)은 "영재는 대안적인 유형(또래와 다른) 그리고(또는) 시간적으로 다른 시기에 정서적·신체적 발달단계를 성취할 수 있으며", 보다 빠르게, "각 단계 내에서 그리고 변화 시기 사이에 상대적으로 안정된"(p. 66) 짧은 간격으로 발달할 수 있다고 주장한다. 그에 따르면, 영재의 이처럼 비정상적으로 빠른 발달속도는 내적 쇼크의 원인이 될 수 있으며, 영재는 서로 발달속도가 비슷한 또래들로부터 정서적 지지를 거의 받지 못한다. 그렇다면 영재의 불규칙적인 발달을 이해할 수 있도록 다양한 발달단계이론들을 수정할 필요가 있다. 비동시적 발달로 인해 영재는 일생에 걸쳐 비정상적인 "감각, 인식, 정서적 반응, 경험"을 하게 된다(Morelock, 1992b, p. 14).

이상의 새로운 정의는 인지적 복잡성과 정서적 강렬함의 상관관계를 강조하면서 정서적 측면을 포함시켰다는 점에서 Terrassier의 부동시성 및 비대칭적 발달에 집중하는 기타 정의들보다 한걸음 더 나아간 것이다. 영재의 정서적 예민함을 자주 보고한 바 있음에도 불구하고(Clark, 1992; Genshaft & Broyles, 1991; Jacobs, 1971; Manaster & Powell, 1983; Roedell, 1984; Webb, Meckstroth, & Tolan, 1982; Whitmore, 1980), 대다수는 강렬한 정서가 영재성을 수반한다는 사실에 주목하지 않는다. 정서라는 용어는 영재와 재능아에 관한 대부분 책의 색인에서 눈에 띄게 빠져 있어, 영재성의 이러한 요소에 대한 관심이 얼마나 적었는가를 반증하고 있다. 역사적으로, 강렬한 감정 표현은 풍부한 내면의 삶을 보여 주는 증거라기보다는 정서적 불안정의 징후로 여겨져 왔다(Lombroso, 1905). 영재성의 정서적 측면에 대한 간과는 정서와 인지가 서로 분리된, 양립할 수 없는 현상이라는 서양의 전통적인 시각까지 거슬러 올라간다. 최근에서야 비로소 정서와 인지 간의 상호 연관성과, 두 가지가 결합되어 높은 지능을 지닌 개인에게 미치는 영향에 주목하게 되었다.

> 보다 정서적인 사람의 그림은, 이 연구에서 밝히고 있는 바와 같이, 전통적인 시각과 정확히 배치된다. 높은 수준의 정서적 반응성은 고차원적인 인지적 조직과 연관되어 있다. 보다 풍부한 감정을 가지고 반응하는 것으로 밝혀진 모든 인지능력은 고도로 조직된 인식, 즉 일시적 자극이 아니라, 매우 체계적으로 조

> 직된 가치, 의무, 신념체계의 통제를 받는 인식인 것이다(Sommers, 1981, p. 560).

Sommers(1981)는 높은 인지구조를 보여 준 대학생들이 더 광범위한 "정서적 범위"(p. 555)를 지니고 있음을 발견했으며, 여기서 Sommers는 다양한 정서적 반응을 지칭하기 위해 "정서적 범위"라는 용어를 사용하였다. "정서적 범위"라는 개념은 영재의 양육 및 교육에 있어 오래된 미스터리 중 하나에 새로운 견지를 밝히는 것이다. 어떻게 여덟 살짜리 아이가 잠시 40세 어른처럼 이야기하고 다시 네 살처럼 행동하는가? 분명한 것은 영재의 인지적 복잡성으로 인해 보통 아이들보다 훨씬 광범위한 정서적 반응이 가능하다는 것이다. 예를 들어, 한 가정의 첫째로서 아이는 어른의 정서적 반응을 배우고, 동생이 생겼을 경우 퇴보적인 행동을 보인다. "나잇값을 좀 해라"라는 충고는 정신적·신체적·정서적 연령이 잘 조화되지 못한 아이에게는 단순한 충고가 아니다. 이것은 영재를 정서적으로 진보되었다고 보는 학자(Robinson & Noble, 1991)와 정서적으로 미성숙하다고 보는 학자간의 명백한 차이를 설명한다. 실제, 이 두 입장 모두 이런 행동이 발생하는 상황에 좌우된다.

Columbus Group의 정의에 의하면 인지적 복잡성과 정서적 강렬함으로 인해 영재는 취약하게 되므로, 부모 교육, 교수지도 및 상담을 수정해야 한다. 이상의 정의는 아마도 영재의 정서적 취약성과 이들에 대한 정서 교육에 있어 상담자 역할의 중요성을 인식한 최초의 것이라고 할 수 있다. Roedell(1984)은 중도 영재(IQ 130~145)들조차도 "여러 적응 문제에 노출되어 있으며", 사회적응, 정서적 성숙, 건강한 자아개념은 상당 부분 환경적인 지원에 의존하고 있다고 언급하였다. Roedell은 취약성의 정도가 발달 차이의 정도와 직접적으로 관련되어 있음을 발견하였다.

> 지적발달의 정도가 증가함에 따라, 영재의 사회 부적응 및 불행의 위험도 증가한다. … 고도 영재들은 중간 수준의 영재 혹은 보통 아이들보다 몇몇 유형의 발달적인 어려움에 보다 민감하다. 취약한 분야에는 비균형적 발달, 완벽주의, 어른들의 기대, 과도한 감수성, 자아 정의, 소외감, 부적절한 환경 및 역할갈등 등이 포함된다(Roedell, 1984, p. 127).

Hollingworth(1931)는 3~4세의 영재들이 특히 취약하다고 밝힌 바 있다:

> 어른의 지능과 아이의 감정이 한 아이의 몸에 결합되어 있는 경우, 어떤 어려움에 직면하게 된다. (유년기 이후에) 아이가 어리면 어릴수록, 어려움은 커지며, 적응은 나이를 먹어감에 따라 쉬워진다. 4~9세의 시기가 아마도 위에서 언급한 문제로 공격을 받는 시기일 것이다(p. 13).

취약성은 정서적으로 충분치 못한 상태에서 정보를 인식할 때 나타나게 된다. Gowan(1974)은 미성숙한 인지적 자각을 조산아에 비유하였다. 환경적 현실에 지나치게 빨리 노출되는 것은 자궁 내 태아 발달단계만큼 생후 1~2년 기간 동안에도 위험하다. 이러한 현상은 네 살 정도의 고도 영재 여자 아이가 급속한 인지 발달 동안에 심각한 정서적 혼란을 경험한다는 Morelock(1992a)의 탁월한 사례연구에서 볼 수 있다:

> Jennie는 급격히 증가한 추상적 능력으로 고민하면서, 스스로 사고에 대한 정서적 반향에 대처해야만 했다. 따라서 4세인 Jennie의 생각엔, 만약 신이 누구에게나 천국을 허락하시지 않는다면 결코 자비롭다고 할 수 없을 것 같았다. 또한 자신도 언젠가 죽을 것이라는 사실을 깨닫고 몹시 슬퍼했는데 어머니의 위로도 소용없었다. 왜냐하면 "아이도 때때로 죽는다는 것을 누구도 확신할 수 없기 때문"이었다. 추상적 관념에 대한 놀라운 지각능력에도 불구하고, Jennie는 겨우 4세였다. Jennie의 정서적 욕구에는 다른 4세 또래와 마찬가지로 부모의 힘과 신뢰성, 안전한 세상에 대한 예측가능성이 포함되어 있다. 그러나 Jennie의 높은 인지능력은 … Jennie만의 이유에 직면했을 때 아이를 정서적으로 무방비로 만들었다(pp. 25-26).

따라서 영재 및 창의적인 학생을 위한 상담은 이들의 고유한 정서적 요구에 있어 꼭 필요한 반응이다: 건전한 정서 발달을 지원하고 사회와 정서 문제를 예방하는 것 모두 중요하다.

특별한 요구 집단으로서의 영재

영재성에 대한 오해가 많다. 상담자의 입장에 있는 사람이라면 영재가 특별한 요구를 지니고 있다는 사실을 이해하지 못하는 여러 사람들을 만나보았을 것이다. 그러므로 효과적으로 지지해 주기 위해서는 영재상담자는 영재집단을 판별하고, 교육과정을 수정하고, 상담중재를 지원하는 적절한 원칙을 가지고 있어야 한다.

영재를 위해 특별한 규정이 필요하다는 점은 특수교육의 한 부분으로 영재집단을 지각할 때 가장 확실하게 이해할 수 있다. 특수교육의 방패가 없다면, 영재를 위한 차별화된 교육프로그램을 정당화하기 어렵다. 모든 유형의 예외적인 학생들은 규준에서 매우 다르다; 그러므로 수정이 반드시 필요하다. 예외적인 학생을 위한 특별규정의 목적은, 그것이 교육을 위한 것이든 상담을 위한 것이든, 이들의 고유한 요구에 부응하기 위함이다. 비록 특수교육의 대상이 되는 학생 모두 특별한 요구를 지니고 있다는 사실이 명백하지만, 영재에게는 이들 가정이 적용되지 않고 있다.

특수교육의 원리 하에, 발달적으로 앞서 있는 학생들이 규준에서 떨어져 있는 거리는 발달적으로 지체되어 있는 학생들이 규준에서 떨어진 거리에 필적하는 것으로서, 이상의 차이로 인해 수반되는 독특한 요구는 예외성의 정도에 정확히 비례하면서 증가한다. 전통적으로 영재는 지능지수의 표준편차가 2 이상(평균보다 높은 대략 IQ 130)인 것으로 정의하고 있으며, 집단의 상위 2%를 차지한다. 이와 같은 엄격한 정의는 보다 광범위한 능력과 여러 유형의 재능을 포함하는 개념으로 대체되고 있으나, 가장 뛰어난 영재는 여전히 간과되고 있다. 다음의 비유를 통해 이와 같은 요점을 보다 명확히 할 수 있다.

[그림 1.1]에서 볼 수 있는 바와 같이, 상위 2%는 평균에서 2 표준편차 아래에 있는 집단(IQ 70 이하)에 상응하는데, 이 규준보다 아래에 있는 집단의 요구는 너무 분명하게 차별화하고 있어 연방 및 주 법령의 보호를 받는다. 평균보다 2 표준편차 아래에 있는 학생을 위해 개별지능검사, 종합심리평가, 교수요원, 개별화된 교육계획, 공인된 교사, 수정된 교육과정 및 적절한 절차 등을 법적으로 마련해 놓고 있다. 평균보다 3 표준편차 아래에 있는 집단(IQ 55 이하)의 경우에는 훨씬 더 많은 중재

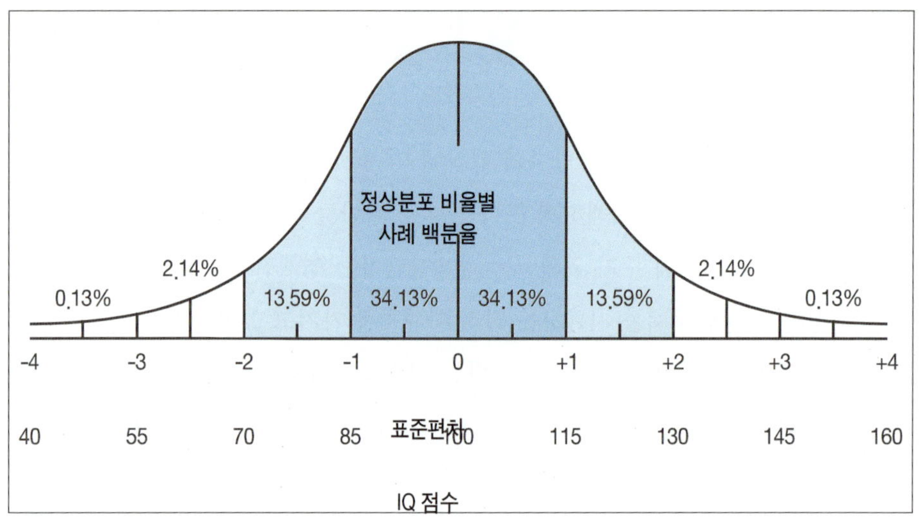

[그림 1.1]
지능의 이론적 분포 곡선

가 필요하다. 예를 들어, 일부 혹은 전일 개인교습을 받는다. 평균보다 4 표준편차 아래에 있는 집단(IQ 40 이하)의 경우, 학생들은 지속적인 감독을 받는다〔일부 실험적 환경에서 발달장애 학생은 풀타임 보조원과 함께 "주류화(mainstream)" 교육을 받지만, 이들은 정규 교육과정을 소화할 수 없다〕. 그러나 평균보다 표준편차가 2, 3, 4, 그 이상 높은 학생에게는 어떤 수정도 가하지 않은 채 일반 정규학급에 배치한다. 또한 이들 학생 부모들은 자녀에 대해 "특별한 처우"를 시도한다는 이유로 비난을 받는다(예: George, 1988 참조). 장애아에게 연속적으로 서비스를 제공하는 것처럼 영재에게도 이와 같이 연속적으로 서비스를 제공해야 한다([그림 1.2] 참조).

그러나 "지적으로 특출 난" 학생에 대한 사회의 무의식적인 적대감으로 인해 상황은 보다 복잡해진다. 교육행정가, 심리학자, 상담가, 교사들의 입장에서 영재에 대한 반감은 여러 문헌에 잘 나타나고 있다(J. Gallagher, 1991; Marland, 1972; Singal, 1991). 다른 예외적인 학생들은 공감을 받고 있는 데 반해, 영재들은 종종 반감의 대상이 되고, 이로 인해 그들의 정서적 취약성은 더욱 커진다(Kline & Meckstroth, 1985). (예를 들어, "네가 그렇게 영재라면, 왜 다른 아이들처럼 복도를 뛰어다니니?")

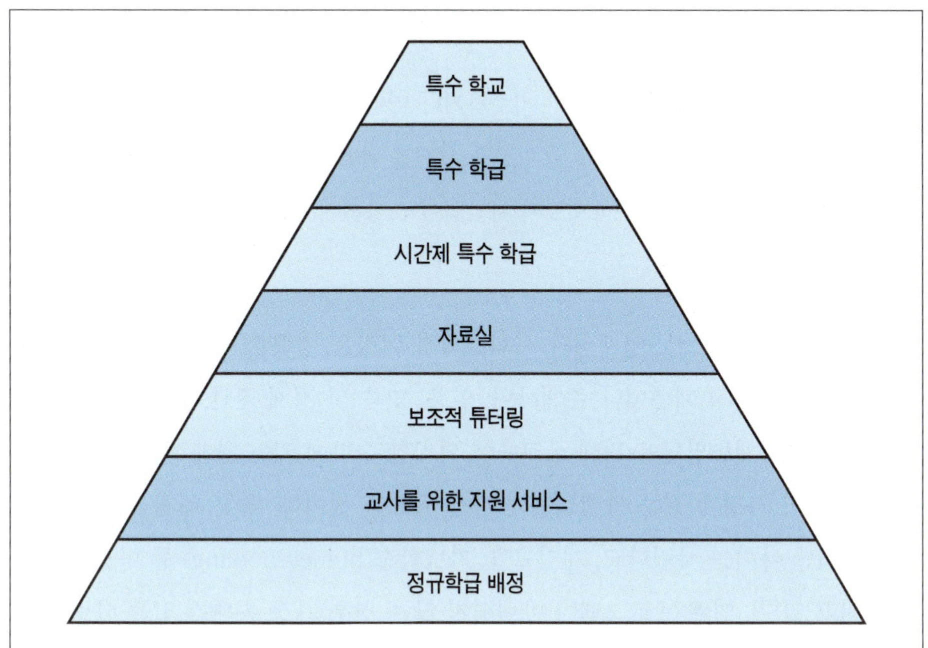

장애아의 요구를 충족시키기 위한 연속적인 서비스. 문제의 심각성에 따라 지원하는 정도를 증가시키면서 대부분은 정규학급에서 서비스를 제공한다.

[그림 1.2]
연속적인 서비스

영재를 옹호하는 사람들은 "엘리트주의"라는 끊이지 않는 비난에 대처할 준비가 되어 있어야 한다. 미식축구 영웅이나 올림픽 메달리스트들이 이러한 비난으로부터 예외가 되고 있다는 사실은 아이러니라 하지 않을 수 없다. 체육 특기 학생(영재)은 국가의 자부심이다; 어느 누구도 이들을 다른 평범한 아이들과 함께 교육시켜야 한다는 잘못된 평등주의 프로그램을 적용하지 않는다. 영재들에게 "엘리트주의"라고 비난하는 것은 잘못된 것이다—사실 엘리트주의는 지적 차이라기보다는 사회경제적 계급의 기능이다. 영재로 집단을 편성하는 것이 속물주의(지위 숭배)를 조장한다는 어떠한 증거도 없다(Newland, 1976). 반면에, 개인의 중요성에 대한 잘못된 감정은 학업이 너무 쉬워서 실력이 비슷한 또래도 없고, 공부할 필요도 없어 학교생활 내내 반에서 "1등"을 독차지한다는 데 기인하는 바가 크다. 영재로 집단을 편성함으로써 대개 우월성의 환상을 치료할 수 있다. Hollingworth(1930)는 다음과

같이 언급한 바 있다:

> 많은 학생들은 학업에서 자신과 비슷하거나 뛰어난 친구들을 특별학급에 들어가서 처음 접하게 된다. 몇몇 흥미로운 사건을 관찰한 결과, 자신과 비슷한 수준의 친구들과 많이 접촉함으로써 자만심이 조장되기보다는 치료되는 것 같았다(p. 445).

영재 옹호론자로서, 영재성과 사회경제적 이점을 명백히 구별할 필요가 있다. 영재는 어느 사회적 계층에나 존재하며, 인종, 민족 및 경제 집단을 불문한다. 영재교육은 자녀의 재능발달을 위해 공교육에 의지할 수밖에 없는 경제적으로 평범하거나 그 이하의 가정에 있는 학생들에게 가장 필요한 것이다. 좋은 배경을 지닌 가정에서 태어난 아이는 사립학교, 개인교습, 자택학습(homeschooling) 등 다양한 대안을 가지고 있다. 영재 프로그램이 마련되지 않는 경우 가장 손해를 입는 사람은 재능은 있지만 가난한 아이들이다.

영재성의 개념을 둘러싼 감정이 격양된 정치적 분위기에 대처하는 시도로서, 영재교육을 점점 더 광범위하게 정의하고 있으며, 그 결과 보다 많은 아이들을 "영재" "재능 있는" "창의적인" "잠재적으로 영재인" 것으로 간주할 수 있다. 현재 전체 상위 5, 7, 10, 15, 25, 심지어 33%에 해당하는 아이들이 받는 영재 프로그램이 있다. 역설적으로 이처럼 그물을 넓게 펼수록 학생의 요구는 덜 차별화되고, 따라서 영재 프로그램의 정당성이 점점 약화된다. 가용재정을 너무 얇게 퍼뜨리고 있어, 차별화된 프로그램을 사실상 기대하기 어렵다. 상위 10% 학생들에게 일주일에 45분 수업을 제공하는 심화프로그램은 불필요한 것으로 치부될 공산이 큰데, 이는 "모든 학생들"이 심화프로그램에 참여할 수 있기 때문이다.

그 결과 영재의 교육적 요구는 대개 무시되고, 이로 인해 영재의 학습의욕, 동기, 사회적 관계, 포부수준, 자아존중감 및 정서 발달은 악영향을 받게 된다. 영재상담은 영재들로 하여금 불리한 사회적 환경에 잘 대처할 수 있도록 돕기 위해 그리고 자신의 발달을 위해 최적화되어 있지 않은 교육시스템을 힘겹게 이겨나갈 수 있도록 돕기 위해 필요하다. 상담자들은 영재와 그 부모에게 정서적 지원을 제공하고, 예방상담집단을 설립하고, 교사들과 함께 영재를 위해 교육과정 수정을 도모하고,

적절한 교육프로그램을 마련하기 위해 학교현장에서 활동할 수 있다.

위에서 언급한 외적환경의 영향에 대처할 수 있도록 영재를 돕는 데서 더 나아가, 상담자는 이 영재집단의 독특한 내적환경에도 민감해야 한다. Dabrowski는 "정서 발달 이론"을 통해 이들 내적 변인-예를 들어, 강렬함, 예민함, 완벽주의 등-을 명확히 하고 있다(Dabrowski, 1972; Dabrowski & Piechowski, 1977; Piechowski, 1991a). 이 이론은 영재성과 창의성의 발달을 다룬 유일한 심리이론이다(Piechowski, 1979). Dabrowski는 지적이며 창의적인 영재와 성인의 정신건강에 대해 연구하였다. Dabrowski의 통찰력은 영재의 차별화된 상담 필요성뿐 아니라, 이들의 일생에 걸쳐 나타나는 복잡한 내적 삶을 이해하기 위한 기초를 제공한다.

Dabrowski의 이론

Kazimierz Dabrowski(1902-1980)는, 폴란드 정신과 의사이자 심리학자로서, 두 차례의 세계대전을 경험하였다. 2차 세계대전 중, 그는 죽음의 위험을 무릅쓰고 나치로부터 탈출한 유대인에게 은신처를 제공하였다. 그는 나치와 공산주의자들에 의해 감금되어 고문당하고 의사로서 생활하는 것을 금지당했다(Nelson, 1989, 1991). 그의 이론은 자신이 직접 목격한 죽음, 고통, 불의 및 인간존재의 의미를 이해하고자 하는 열망에서 비롯되었다. 전쟁 기간 중, 그는 이해할 수 없는 비인간적 환경 속에서 완전한 자기헌신을 행하는 사람들을 목격하고, 양자가 공존한다는 사실에 혼란스러워하였다.

젊은 시절, Dabrowski는 주위의 사람들에게서 볼 수 있는 잔인함, 이중성, 가식성, 성찰의 부재 등에 혐오감을 가졌다. 그는 "'실재(what is)'보다 '당위(what ought to be)'를 대표하는, 진정으로 이상적이고, 불변의 가치를 중시하는" 사람들을 찾았다(Dabrowski, in Piechowski, 1975, p. 234). 저명한 개인과 성인의 전기에서, 그는 자신이 추구하는 불변의 가치와 자신의 고민과 일치하는 고통을 발견하였다. 영재이며, 창의적이며, 저명한 사람의 전기 중 알려지지 않은 많은 부분을 섭렵한 후, Dabrowski는 실험실과 임상실에서 연구를 계속해 나갔다. 그는 예술가, 배우, 무용수 및 지적 영재 및 젊은이들을 연구하였다.

Dabrowski의 개인치료는 창의적인 청소년과 젊은이의 관심을 일으켰다. 자신 안에 고귀한 무언가를 얻기 위해 노력하는 중에, 그의 내담자들은 저명한 이들의 전기에서 보았던 것과 같은 정서적 풍부함을 보여 주었다. 그들은 구체적 현실과 자신과의 타협을 허용하지 않고, 대신 당위에 대한 자신의 창의적 관점을 고수하였다. 그들은 "고차원적인 실재"를 추구했고, 종종 아무런 도움 없이 그것을 발견하였다 (Dabrowski, in Piechowski, 1975, p. 236). 이 내담자들은 강렬한 내적 갈등, 자아비판, 근심, 자신의 이상에 대한 열등감을 경험하였다. 의학계에서는 이러한 갈등을 "신경정신적"이라고 명명하고, 이러한 증상을 제거함으로써 내담자를 "치료"하려고 시도하였다. Dabrowski는 이러한 증상을 고차원적 발달을 위한 열망과 불가분의 관계에 있다고 보았다. 그는 동료들에게 내적 갈등이 퇴행성 징후가 아닌 발달적 징후라고 강력하게 주장하였다.

이러한 관찰에서, Dabrowski는 "긍정적 분열이론(Theory of Positive Disintegration)"을 전개하는데, 이 이론에서 Dabrowski는 진보된 발달은 기존의 심리적 구조의 분열을 요구하며, 이러한 분열을 통해 보다 고차원적이고 진화된 구조를 형성하게 된다고 주장하였다. 개인의 정서적 구조와 지적능력은 가능한 발달의 정도를 결정한다. 내적 갈등은 긴장을 유발하여 개인들로 하여금 보다 높은 단계의 기능을 발휘하게 한다. 긍정적 분열은 현재의 사고방식을 벗어나 더 큰 동정, 청렴과 이타주의의 세계로 나아가는 것이다; 고양된 창의성이 특징이다(Dabrowski, 1964). 대조적으로, 부정적 분열은 어떠한 도덕적, 윤리적 요소도 없는 분열이다; 자기중심적이며, 개인이 한 차원 높은 수준으로 재통합될 수 있도록 해 주는 어떠한 씨도 포함하고 있지 않다. 상담가의 일은 이러한 두 가지 다른 경험을 구별하는 것이다.

Dabrowski의 이론은 인간 발달에 있어 정서의 역할을 강조하였으므로, 그가 작고한 뒤, 그의 이론은 "Dabrowski의 정서 발달 이론"으로 알려지게 되었다. Shula Sommers(1981)는 Dabrowski가 주장하는 바에 대해 독자적으로 지지하였다. 앞서 기술하였듯이, Sommers는 인지적 복잡성과 정서적 반응성 간의 강한 상관관계를 발견하고 대학생들의 가치체계를 구조화하였다. 인지적 복잡성으로 인해 다른 관점을 취할 수 있고, 불의를 인식하며, 강한 가치체계를 형성하며 이를 통해 일상의 사건들을 평가한다. 이들 평가는 풍부한 정서적 반응을 활성화시킨다: 잘 발달된 가치체계를 지닌 사람은 자신이 중시하는 가치에 위배되는 행위를 보면, 감정적으로 더욱 잘 반응하는 경향이 있다. Sommers의 이러한 발견은 Dabrowski(1972)가 더 높은 가치를 추구하는 영재에게서 나타나는 지적 및 정서적 과흥분성의 상호작용을 발견한 것과 같은 맥락이다.

Dabrowski의 이론은 인지와 정서의 관계, 가치체계의 발달, 영재 및 창의적인 학생의 고양된 강렬함 등을 모두 언급하고 있다. 영재의 분명한 특징인 강렬함은 다양한 외부자극에 반응하는 더 큰 능력을 지칭하는 **과흥분성**(overexcitabilities)이라는 용어로 설명되고 있다. 다른 학자들도 영재들이 엄청난 양의 감각적 자극을 받아들일 수 있도록 해 주는 초민감성 신경체계를 지니고 있다는 이론을 전개해 왔다(Blackburn & Erickson, 1986; Cruickshank, 1963; Whitmore, 1980). "바로 이러한 강렬함에 의해, 높은 종류의 창의성이 신경긴장을 야기하고, 이 신경체계의 초민감성은 내적 갈등과 창의적 표현에 모두 전도될 수 있다"(Cruickshank, 1963, p. 494). Whitmore(1980)는 초민감성으로 인해 영재들이 매우 예리하고 민감하며, 자극의 세세한 부분까지 더 잘 구별할 수 있고, 스스로와 다른 사람에 대해 더 분석적이고 비판적이게 된다고 덧붙였다.

> 영재의 이러한 심리적 특성으로 종종 "과활동적"이거나 매우 "주의가 산만한" 것으로 보이는 영재의 경향을 설명한다. 초민감성 신경체계는 더 많은 활동을 요구하기 때문에, 아이들은 일부 자극만을 선별하여 초점을 맞춤으로써 집중력을 높이고 과도하게 피곤하지 않으면서 효율적으로 자극을 받아들이는 법을 배울 수 있도록 도움이 필요하다(p. 147).

개인의 확장된 인식력은 주로 타고난 정서적, 지적, 상상적 과흥분성에서 비롯되는데, 결과적으로 청소년기와 성인기의 발달을 이끌어 주는 가치체계의 발달을 가져온다. 과흥분성과 발달하는 가치체계가 모두 영재를 다른 또래와 구별 짓는 독특한 내면의 삶을 형성한다. 이러한 차이는, 종종 잘못 이해되어 상담의 필요성을 간과하게 한다. Dabrowski의 관점에 따른 상담은 사회적응이나 진로계획의 영역을 뛰어 넘는다: 그것은 가치구조의 발달에 있어 강력한 내적 갈등의 힘에 초점을 맞춘다.

Dabrowski의 이론은 두 개의 부분으로 구성되어 있다: 과흥분성과 발달수준. 과흥분성의 강도는, 특별한 재능 및 능력에 따라, 영재 개인의 "발달적 잠재력"을 구성한다. 다시 말해서, 자아실현과 높은 수준의 발달을 위한 잠재력을 의미한다(Piechowski, 1979, 1991b). 아동기에 나타나므로 과흥분성을 우선 논의하기로 한다.

과흥분성

Dabrowski(1938)가 기술한 과흥분성은 영아기에 나타나며 타고나는 것으로 여겨진다. 과흥분성은 광범위한 인식과 다양한 유형의 자극에 반응하는 높은 능력을 의미한다. Dabrowski는 다섯 가지 과흥분성을 가정하였다(OEs): 심리운동적(psychomotor), 감각적(sensual), 상상적(imaginational), 지적(intellectual)과 정서적(emotional). 폴란드어를 번역한 과흥분성이라는 용어는 "자극에 대한 과잉반응성"을 의미하며 긍정적 의미를 함축하고 있다: 비범한 관심능력, 배움에 대한 쉼 없는 열의, 선명한 상상력, 지침 없는 에너지 등이다. 다섯 가지 과흥분성은 풍부한 신체적·감각적·상상적·지적·정서적 에너지이다. 이러한 과흥분성의 강도는—특히 상상적·지적·정서적 과흥분성—성인기의 높은 정서 발달과 긍정적인 관계에 있다. 1962년 Warsaw에서 영재 및 청소년 집단을 연구하면서, Dabrowski(1972)는 이들 모두 상당한 과흥분성을 보이고 있음을 발견하였다. 〈표 1.1〉은 평가 및 코딩과정에서 사용한 과흥분성의 유형과 특성들이다.

여분의 신체적 에너지라는 재능을 가진 사람은 "활동가"로서, 매우 활동적이며 끊임없이 활동한다. 잉여에너지는 빠른 말 속도와 몸짓, 확연한 열정, 빨리 하는 게임과 스포츠에 대한 선호, 흥분하기 쉬운, 충동성 등으로 나타난다(Piechowski, 1991a). Schetky(1981)는 영재들이 "신체적 및 정신적으로 높은 추진력"을 지니고 있으며, 이러한 추진력으로 인해 "신체적, 정신적으로 피로할 수 있다"고 밝혔다(p. 2). 심리운동적 과흥분성의 초기 징후 중 하나는 영아기의 적은 수면을 들 수 있다(Munger, 1990; Schetky, 1981). 영재 부모는 "다른 아이들은 하루 열두 시간을 자

〈표 1.1〉
정신적 과흥분성의 유형과 특성

심리운동적(Psychomotor)
잉여에너지: 빠른 말 속도, 확연한 열정, 빨리 하는 게임과 스포츠, 행동에 대한 압력 및 행동화(act out)
정서적 긴장에 대한 심리운동적 표현: 강박적인 말이나 수다, 충동적인 행동, 신경성적 습관(틱과 손톱 물어뜯기), 일중독, 행동화, 강박적 조직화, 경쟁심
감각적(Sensual)
감각적 즐거움: 시각, 후각, 미각, 촉각, 청각
정서적 긴장에 대한 감각적 표현: 과식, 성적탐닉, 과다구매, 주위의 이목에 대한 집착
미적 즐거움: 아름다운 물건(보석 등), 문체, 단어에 대한 감상
지적(Intellectual)
탐구적 질문, 문제해결, 학습: 호기심, 집중, 지적활동에 대한 지속능력, 탐독, 구체적 계획
이론적 사고: 사고에 대한 사고, 분석적 사고, 자아성찰, 이론과 분석에 대한 애정, 도덕적 사고, 가치체계의 발달, 개념적 및 직관적 통합
상상적(Imaginational)
상상력을 자유자재로 구사: 이미지와 은유를 빈번하게 활용, 발명과 공상능력, 구체적 시각화 능력, 시적 및 극적 지각, 물활론적(animistic) 및 마법적인 사고
정서적 긴장에 대한 표현으로서의 자발적인 상상: 물활론적 상상, 현실과 허구의 혼합, 정교한 꿈, 환상, 상세한 시각적 회상, 미지에 대한 공포, 극화하는 경향
정서적(Emotional)
감정의 강도: 긍정적 감정, 부정적 감정, 극단적 감정, 복잡한 정서 및 감정, 다른 사람의 감정에 대한 동일시, 함께 울고 웃기
체세포 표현: 소화불량, 낙담, 부끄러움, 얼굴 붉힘
심리적 억제(겁 많음, 수줍음)
강한 정서적 기억
두려움, 불안 및 죄책감
죽음, 우울 및 자멸적 기분에 대한 관심
친밀감: 정서적 유대와 애착, 타인에 대한 관심(연민), 관계에 대한 민감성, 동물에 대한 애착, 새로운 환경에 적응하는 어려움, 외로움, 깊은 관계에 대한 타인과의 갈등
자아에 대한 감정: 자아-평가와 자아-판단, 부적절한 감정과 열등감

출처: "Developmental potential" by M. M. Piechowski, in *New Voices in Counseling the Gifted* (p. 31), edited by N. Colangelo & T. Zaffrann, 1979, Dubuque, IA: Kendall/Hunt.

는데, 다행스럽게도 우리 애는 여섯 시간만 자요. 우리 아이가 다른 아이들보다 깨어 있는 시간이 두 배인 만큼 두 배로 영리하다고 생각해요"라고 말한다(Silverman & Kearney, 1989, p. 52). 심리운동적 과흥분성이 높은 영재들은 과활동성(hyperactive)으로 잘못 진단을 받을 수 있다(Schetky, 1981; Whitmore, 1980). 과활동적인 아이들은 주의집중과 행동을 자발적으로 통제하는 능력이 결여되어 있어서 대화에 끼어들어도 그 끈을 놓고 엉뚱한 얘기를 하곤 한다. 그러나 심리운동적 과흥분성을 지닌 영재는 단지 매우 활동적인 것이라는 점을 제외하고 과활동적 증상을 거의 보이지 않는다. 그들은 흥미가 생기면 관심을 집중하여 주의를 기울일 수 있다; 충분한 정신적 자극이 주어지지 않을 경우, 의미 없는 행동을 보이는 경우도 종종 있다.

심리운동적 과흥분성 그 자체로 아동, 사춘기 및 성인의 일반적인 발달과 영재성을 구별할 수 없다. 심리운동적 과흥분성이 발달적으로 중요하게 되기 전에 다른 과흥분성들과 통합되어야 된다(Manzanero, 1985; Piechowski & Cunningham, 1985). 그러나 자아실현을 달성한 사람들은(예: Albert Schweitzer와 Teresa 수녀) 뛰어난 신체적 에너지와 장시간 활동할 수 있는 능력을 가진 것으로 잘 알려져 있다.

다섯 가지 과흥분성 중 가장 측정하고 이해하기 어려운 것이 감각적 과흥분성이다. 감각적 과흥분성은 고양된 감각, 관능주의, 성욕, 미적감상, 멋지게 보이려는 욕망 등이 그 특징이다. 상이한 감촉을 느끼는 것을 좋아하고, 페인트나 타르 같은 특별한 냄새를 좋아하고, 어떤 음식에 대한 기억을 소중히 간직하는 사람은 감각적 과흥분성의 징후를 보이는 것이다. 유아기에 있어 이 과흥분성은 담요를 차버리고 어떤 옷에 민감하게 반응하는 것에서 나타난다(Meckstroth, 1991). 다른 징후로는 소음에 강렬하게 반응하거나 기저귀가 젖은 경우 즉각 울음을 터뜨리는 것이다. 마냥 울기와 음식알레르기는 영재에게 모두 흔한 증상이며 역시 감각적 과흥분성을 보여주는 것이다; 아동은 음식과 오염물질에 상당히 예민하게 반응한다. 이들 영재 엄마들은 아이의 옷에서 상표를 떼어내고, 양말솔기의 위치에 각별히 신경 쓴다고 말한다(Meckstroth, 1991). 어떤 아이들은 특정 음식의 질감을 싫어하고, 화학조미료의 작은 차이에도 놀랍도록 매우 예민하다. 예를 들어, 어떤 아이들은 공장마다 조금씩 다른 코카콜라 맛의 차이를 알아차린다(D. Lovecky, 개인 서신에서, 1992월 4월 8일). Freed(1990)는 다음과 같이 언급한 바 있다:

> 완벽주의 외에도, 지능지수가 140 이상인 아이들의 높은 감각적 인식을 보아왔다. 그들은 맛을 더 잘 느끼고, 냄새를 잘 맡으며, 환경 속에서 더 많은 것을 관찰한다. 그들은 너무나 많은 정보를 받아들여 선별하는 데 어려움을 겪는다. 그들은 끊임없이 자극에 노출되어 있다(p. 11).

이러한 반응들은 어른이 되어서도 계속된다. 한 응답자는 "아침마다 너무 힘들어요. 옷이 제 몸의 양쪽에 정확하게 같은 압력을 주어야만 해요. 양쪽 스타킹 모두 정확히 조이지 않으면 전 아무 것도 할 수 없어요"(Piechowski, 1979, p. 33)라고 말한다.

성인 영재집단은 감각적 과흥분성에 있어서 선발되지 않은 집단보다 높은 것으로 확인되었다(Silverman & Ellsworth, 1980). 그러나 현재까지 행해진 연구결과, 영재와 보통아(Rogers, 1986) 그리고 영재와 보통 사춘기 학생 사이에(S. Gallagher, 1985; Schiever, 1985) 차이가 발견되지 않고 있다. 관찰결과와 상반된 이러한 연구결과로 보건대, 과흥분성을 측정하는 에세이 형식으로는 감각적 과흥분성을 분명하게 그리고 의식적으로 측정할 것 같지 않다. Piechowski와 Colangelo(1984)는 감각적 과흥분성 수준을 두 개의 성인표본과 비교할 때 사춘기 영재에게서 억압되어 있음을 발견하였는데, 이는 과흥분성이 나이를 먹음에 따라 증가함을 나타내는 것이다. 또한 사춘기 학생들이 매우 개인적인 성향(예: 성적 취향)을 묻는 질문에 대답하는 것을 꺼릴 가능성도 있다.

다른 세 가지 과흥분성은 보다 영재성과 직접적인 관련이 있다. 상상적 과흥분성—특출 난 시각화 능력, 선명한 시각적 기억, 사실적인 꿈, 발명, 시와 극에 대한 사랑, 적극적인 공상활동 등—은 창의력과 밀접하게 관련되어 있다. 예술가와 창의적인 아동은 특히 상상적 과흥분성이 높으며(Piechowski, Silverman, & Falk, 1985; Schiever, 1985), 영재 청소년 또한 이 영역에서 또래보다 월등함이 밝혀졌다(S. Gallagher, 1985; Piechowski & Colangelo, 1984; Schiever, 1985).

상상적 과흥분성의 초기 징후는 상상 속의 친구가 있고 현실과 가상을 혼합하는 것이다. 영재들은 보통 아이들보다 훨씬 더 많은 상상 속의 친구, 때론 상상적인 가족과 사회도 가지고 있다(Rogers, 1986). 한 아이는 상상 속의 쥐들이 가족과 함께 여행을 한다! 좀더 나이를 먹게 되면, 과학소설이나 공상소설에 흥미를 갖게 된다. 자주 비유적인 표현을 사용하며, 지나치게 자세히 말해서 어른들조차 의미를 알아듣기 위해 부연설명을 요구할 정도이다. 때때로 이들은 자신의 생각을 언어로 표현하는데 어려움을 느끼는데, 그 이유는 이미지로 생각하기 때문이다. 상상적 과흥분성이 높은 아이들은 악몽을 꾸기도 한다. 그들은 또한 괴이하게 느껴질 정도로 대단한 유머감각을 지니고 있다.

지적 과흥분성은 지적 영재성과 상관이 있다; 호기심, 집중력, 이론적 사고, 자기반성, 광범위한 독서, 지적활동에 대한 지속력, 학습과 문제해결에 대한 애정, 도덕적 관심. 지적 과흥분성의 초기 징후이자 지속적으로 나타나는 현상은 지적 호기심이다. 영재들은 말을 배우기 시작하는 순간부터 질문을 많이 한다. 영재와 보통 아이를 대상으로 한 Rogers(1986)의 연구에서 다음의 예를 볼 수 있다:

> 영재 부모들에 의하면 거의 대부분 자녀들은 단순한 질문보다는 "파고들기" 수준의 질문을 한다. 18개월 된 한 아이는 "공기가 뭐야? 얼마나 높이 있지? 왜 전부 날아가버리지 않는 거야?"라고 질문한다. 3세 된 남자 아이는 비행기의 작동원리와 사람들이 어떻게 숨을 쉬는지 알고 싶어한다. 다른 세 살짜리 아이는 "내가 어른이 되어도 여전히 나일까?" 하고 질문한다. 이들 아이들의 마음속에는 일반적이고 추상적인 문제들로 가득 차 있다. 한 아이는 심지어 정치, 핵전쟁, 세계평화, 기아, 환경오염, 에너지 등에 관해 자세하고 면밀한 질문을 던진다(Rogers & Silverman, 1988, p. 16).

모든 영재집단은 지적 과흥분성에서 높은 점수를 얻으며, 예술분야에서 영재성을 보이는 성인 역시 이 영역에서 지적영재만큼 높은 것으로 나타난다(Piechowski & Cunningham, 1985). 그러나 Piechowski(1979)는 지적 과흥분성이 지능과 동일하지 않다고 경고하고 있다. 머리가 좋다고 해서 반드시 지적이거나 지적 과흥분성이 높은 것은 아니다. 예를 들어, 실제 지능이 높지만 문화적인 사건, 문학작품 추구, 새 이론학습에 관심이 거의 없는 아이들도 있다.

마지막으로, 가장 중요한 과흥분성은 정서적 과흥분성일 것이다: 깊은 정서적 능력, 사람과 동물에 대한 애착, 강렬함, 민감성, 연민, 자아비판, 절제, 두려움, 죄책감과 근심. 영재, 청소년, 성인은 높은 수준의 정서적 과흥분성을 보인다(S. Gallagher, 1985; Piechowski & Colangelo, 1984; Schiever, 1985; Silverman, 1983; Silverman & Ellsworth, 1980). 영재에게 있어 정서적 과흥분성은 아주 초기단계에서부터 나타나며 계속된다. 다음의 예는 Gifted Child Development Center에서 발췌한 사례들이다:

> B(4세)는 매우 민감하다. 지나치게 신체적으로 친밀감을 보이지는 않지만, 타인에 대한 감정이 매우 깊다—다른 사람들의 기분을 상하게 했다고 느꼈을 때 고통과 아픔을 느끼며, 자신의 형제자매의 성취에 대해 특히, 큰 자부심을 느낀다.
>
> R(4세)은 다른 사람들의 감정을 일찍 인식하고 공감한다. … R은 놀라운 지구력을 지니고 있으며, 정서적으로 또래들보다 월등하다. R은 감정을 있는 그대로 표현하고 어른들이나 다른 아이들에 대한 감정에 있어 솔직하다.
>
> M(3세 9개월)은 매우 사랑스럽고 다정다감한 아이이다. 아기가 우는 소리를 참지 못한다. 지나치게 큰 소리나 폭력적인 것에 대해 귀를 막는다. 순식간에 감정이 상한다. 다른 사람들이 잘 지내는지 늘 염려한다.
>
> 나는 처음으로 R의 엄청난 감수성을 5세에 처음 발견하였다.
>
> K(4세)는 자신에게 매우 엄격하다. 만약 다른 사람의 기분을 상하게 하거나 실수를 저지를 경우 자신을 쉽게 용서하지 않는다. … K는 그 나이 또래에서 좀처럼 발견하기 어려운 특별한 민감성을 지니고 있다(Silverman, 1986, p. 16).

이러한 비범한 수준의 민감성은 나이를 먹어도 사라지지 않는다. 성인영재도 자신의 정서성을 유지한다; 종종 "지나치게 예민하다"고 인식되기도 한다. 정서적 과흥분성은 한 사춘기 영재가 쓴 다음의 글에서 분명히 알 수 있다.

> 우리는 "정상적"이지 않으며, 우리도 그걸 안다; 이것이 때론 재미있을 수 있지만, 항상 유쾌한 것은 아니다. 우리는 다른 사람들보다 훨씬 더 민감한 경향이 있다. 여러 의미, 풍자적 발언 및 자아의식이 우리를 괴롭힌다. 심층적인 자아분석, 자아비판, 우리가 한계를 가지고 있음을 인식하지 못하기 때문에 이로 인해 낙담하게 된다. 사실, 대부분의 경우, 스스로를 탐구하면 할수록 우리는 점점 더 혼란스러워진다(American Association for Gifted Children, 1978, p. 9).

상담자가 어린 영재에게 줄 수 있는 가장 큰 선물 중의 하나는 그들의 민감함, 강렬함 및 열정을 인정해 주는 것이다. 다른 사람보다 모든 것을 더 깊게 느낀다는 것은 고통스럽고 두렵기까지 한 것이다. 위에서 언급한 예를 통해서 높은 정서적 과흥분성을 보이는 아이들이 얼마나 자주 스스로를 비정상적이라고 느끼는지를 알 수 있다. 게다가, 이들은 종종, "난 분명 뭔가가 잘못됐어. … 아마 미쳤는지도 몰라. … 이런 것 때문에 고민하는 사람은 나뿐일 거야 …"라고 은밀히 고민한다. 사람들이 "너는 너무 예민하구나!" 또는 "기운 좀 내!"라고 말한다고 도움이 되지 않는다. 도움이 되는 것은 충분한 시간을 가지고 아이의 감정에 귀를 기울이고, 이러한 감정이 영재에게는 당연한 것이라고 설명해 주고, 지지해 주는 것이다. 이러한 상담자들은 아이들의 두려움을 쫓아내고, 자신의 강한 감정에 대처하는 방법을 찾도록 도와준다. 그러나 첫 단계는 여자뿐 아니라 남자에게도 이러한 감정을 존중해 주는 것이다.

발달수준

Dabrowski 이론의 두 번째 부분은 다섯 수준의 성인발달에 관한 것이다: 자기이익(self-interest), 집단가치(group values), 변형적 성장(transformative growth), 자아실현(self-actualization), 이상적 성격달성(attainment of the personlity ideal). 첫 번째와 마지막 수준은 상대적으로 안정되고 잘 통합된 구조를 지니고 있는 데 반해, 세 가지 전이상태는 성장과 발달의 여지가 충분할 정도로 유동적이다. 〈표 1.2〉에 수준들을 요약해 놓았다.

가장 낮은 수준에서, 사람들은 다른 사람에게 거의 관심이 없고, 자기반성이나

〈표 1.2〉
Dabrowski의 긍정적 분열이론(Theory of Positive Disintegration)

Dabrowski의 긍정적 분열이론
수준 I: 1차 통합(Primary Integration) 수준 I, 1차 통합에서는 자아중심성이 팽배하다. 이 수준에 있는 사람은 연민과 자아-검토 능력이 부족하다. 무언가 잘못되었을 때, 비난할 누군가를 찾는다; 자아-책임감은 수준 I의 특징이 아니다. 내부적으로 개인적 야망을 억제하지 않고, 수준 I의 사람은 대개 무자비한 수단을 동원하여 사회에서 권력을 얻는다.
수준 II: 단층 분열(Unilevel Disintegration) 수준 II에서, 사람들은 1차적으로 자신의 사회 집단과 주류 집단의 가치가 미치는 영향을 받는다. 도덕적 상대주의자로서, 도덕적으로 말해서 이들에게 "모든 것이 통용된다." 수준 II의 사람은 자기-결정적인 내적 가치가 분명하지 않으므로, 종종 양립적인 감정과 우유부단한 행동을 보인다. 수준 II에서, 내적 갈등은 수평적으로, 동등한 서로 경쟁적인 가치들끼리 경쟁을 한다.
수준 III: 자발적 다층 분열(Spontaneous Multilevel Disintegration) 수준 III에서, 여러 수준이 발생한다. 이 단계에서 사람들은 가치의 위계성을 발달시킨다. 내적 갈등은 수직적으로, 보다 높은 기준에 맞게 행동하려고 노력한다. 할 수 있는 것과 해야 하는 것(개인적인 이상) 간의 경쟁 때문에, 현재 자신의 모습에 대해 불만족한다. 보다 높고 보다 낮은 것 사이의 내적인 노력으로 인해 존재적 실망감, 걱정, 우울 및 자아에 대한 불만족(열등감, 불안한 상태, 놀람)을 수반할 수 있다.
수준 IV: 조직적 다층 분열(Organized Multilevel Disintegration) 수준 III(정서적으로 소란한 수준)에 비해, 이 단계에서 사람들은 자아-실현을 향한 길에 잘 접어든다. 자신의 이상에 도달하는 방법을 발견하고 사회에서 효과적인 지도자의 역할을 한다. 책임감과, 진정성, 반성적인 판단, 다른 사람에 대한 연민, 사고와 행동에 대한 자율성, 자아-인식 및 자아-실현과 관련 있는 기타 다른 속성에서 수준이 높다.
수준 V: 2차 통합(Secondary Integration) 수준 V에서, 자기-완성에 대한 노력이 성취된다. 자아에 대한 내적 갈등은 이상적인 인격을 실현함으로써 해결된다. 분열을 자신의 가치와 이상을 삶과 존재에 통합함으로써 초월한다. 인류를 위한 봉사에 삶을 헌신하며 가장 높고 가장 일반적인 인류에 대한 사랑과 동정의 원리에 근거하여 산다.

출처: Reprinted from "Dabrowski's Theory of Positive Disintegration" by K. C. Nelson, *Advanced Development, 1,* 1989, pp. 5–9. Adapted and reprinted in "Self as Phoenix: A Comparison of Assagioli's and Dabrowski's Developmental Theories" by E. Maxwell, *Advanced Development, 4,* 1992, p. 35.

내적 갈등도 없다. 대신, 그들은 모든 갈등을 외부로 표출하고, 다른 사람들을 탓한다. 기본적으로 그들은 "내게 득이 되는 것"을 지향한다. 목표는 경제적 성공, 권력, 영예, 정복 등이다. 그들은 경쟁의 가치를 신봉하며; 치열한 경쟁자들이고 대개 승리한다. 한 번쯤 다시 생각하는 죄책감이나 부끄러움도 없이, 경쟁적인 사회에서 쉽게 리더의 위치를 차지한다. 우리의 사회는 이처럼 자기만족형 유형을 존경하고 대접한다.

수준 II에서, 사람들은 남들에게 인정받고자 하는 욕망, 처벌에 대한 두려움, 양가성(兩價性), 반대경향 공존 등에 의해 동기부여가 된다. 양가성(ambivalences)이란 접근/회피 갈등처럼 상충되는 욕망이며; 반대경향 공존(ambitendencies)이란 행위와 자아-파괴적인 행동의 가변적이고 상충적인 과정을 말한다(Dabrowski & Piechowski, 1977). 명확한 판단을 가능하게 해 주는 내면세계의 핵심가치가 없기 때문에 이들은 동요되기 십상이다. "내가 만약 …하면, 다른 사람들이 날 어떻게 생각할까?"라는 생각이 이들의 사고과정을 지배하며 그들이 내리는 판단의 기준이다. Dabrowski의 이론에 따르면, 이들은 자신의 우유부단함으로 인해 한 단계 아래인 자기확신에 찬 지도자에 의해 쉽게 조종될 수 있다. 수준 II에서, 자기중심적 심리구조는 무너지기 시작한다. 다른 사람들을 더 많이 인식하고 염려하게 되는 것이다. 그러나 이들의 불안정성으로 인해 다른 사람과의 관계는 취약해지는데, 이는 자기 자신의 가치를 타당화하기 위해 다른 사람을 필요로 하기 때문이다.

Dabrowski는 수준 III, IV, V에 가장 관심을 가졌으며, 이 단계를 "다층적 발달"이라고 명명하였다. 수준 III에서는 진일보한 발달로의 전이가 나타난다: 이 시점에서 성격은 깊이와 3차원성을 획득한다. 개인은 가치를 서열화하기 시작하고, 스스로의 부족함을 강하게 경험하기 시작한다. 자기완성에 대한 강렬한 추구가 이 수준에서 발생한다. "긍정적 부적응(positive maladjustment)"(Dabrowski, 1972)은 수준 III의 주요 특징으로, 이 수준에 속한 사람은 자신이 지닌 높은 수준의 가치들과 양립할 수 없는 규준을 지닌 또래집단과 구별된다. 예를 들어, 자신의 솔직함으로 종종 영재들은 어려움에 봉착하게 된다. 사람들이 종종 진심이 아닌 말을 하고, 이것을 사회적으로 기대한다는 사실을 깨닫기까지 오랜 시간이 걸린다(《*Little Man Tate*》라는 영화에서와 같이). 정직함과 관련된 문제는 2장에서 상세히 다룰 것이다.

내적 갈등은, 수준 III의 핵심적인 특징으로서, 사춘기 영재에게서 자주 언급되고 있다(Silverman & Ellsworth, 1980). 고도 영재의 비범한 인식능력으로 인해, 자신 스스로의 내면과 사회 속에서 “실재”와 “당위” 사이에 도덕적 갈등을 경험하게 된다. 자아검증 과정을 시작한 청소년들은 수준 III에서 수반되는 죄책감, 수치심, 자아에 대한 불만족, 이상주의를 배우게 된다. 또한 터널 끝엔 빛이 있다는 사실과, 자신을 향한 집요한 질문이 스스로를 긍정적인 방향으로 이끌고 있음을 아는 것도 도움이 된다(Nelson, 1989). 이것은 자아실현과정에 있어 필수적인 것이다(Maslow, 1971).

다층적 발달수준으로 전이하는 대부분의 사람은 그러한 변화를 인식하지 못한다. 그 과정은 고통스럽고, 목적지에 다다를 수 있다는 보장도 없다. 대신, 자신이 통제할 수 없는 환경에 의해 “스스로의 운명 속으로 던져진다.” 분열과정은 사랑하는 사람과의 이별, 죽을 뻔한 위기, 신비로운 경험 같은 외적 사건이나 다음 발달단계로 갈 준비가 되었음을 무의식적으로 인식할 때 우연히 이루어진다. 그 선택이 의식적이든 무의식적이든 간에, 수준 III에 속한 사람에게 상담이 가장 필요하다. 수준 III에서 겪게 되는 변화는 혼란스럽고 공포스럽기 때문에 길을 비춰줄 등불이 필요한 것이다. 더 높은 단계에서, 진보를 선택하는 것은 의식적으로 이루어지며, 분열의 고통을 두려워하지 않는데, 이는 그 목적과 필요성을 알고 있기 때문이다.

수준 IV에서, 사람들은 자신의 이상과 조화롭게 사는 법을 배워감에 따라 이상과 현실의 간격이 좁아진다. “당위는 언젠가 행해질 것이다”라는 생각은 자아실현의 삶을 은유적으로 표현한 것이다. 이 단계의 발달을 이룩한 사람들은 다른 사람에 대한 책임감과 봉사에 헌신적이다. 그들은 흔들리지 않는 가치체계를 지니고 있으며, 강한 성실성을 가졌다. 이들은 흔들리지 않는 가치와 강한 통일감을 가지고 있다. 더 이상 낮은 가치에 좌우되지 않는다. 자기 비하와 타인에 대한 불인정 대신 자신과 타인을 수용하고, 자신과 타인을 객관적이고 동정적으로 보는 능력을 갖게 된다. 이 수준에서 도덕적 본보기, 즉 영재학생들이 역할모델로 삼을 수 있는 본보기가 생겨난다. 수준 IV는 Maslow의 자아실현 단계와 유사하다(Maslow, 1971). 또한 Dabrowski 이론에 따른 개인연구방법은 Maslow의 연구에도 동일하게 적용할 수 있다(Brennan & Piechowski, 1991).

수준 V는 이상적인 성격을 달성하는 단계이다: 보편적 가치, 내적 갈등의 해소, 진정성, 조화, 이타주의, 모든 생명체에 대한 공감이 그 특징이다. Teresa 수녀와 Dag Hammarskjöld는 이 최고의 단계에 다다랐다고 할 수 있다(Dabrowski & Piechowski, 1977). 최근 연구(Piechowski, 1991b)에 따르면, 또 다른 본보기가 있다. Peace Pilgrim은 자신의 주머니에 넣을 수 있는 것을 제외하고는 지닌 모든 것을 포기하고, 25년간 무일푼으로 미국 전역에 걸쳐 무려 25,000마일을 걸어다니며, 다른 사람들이 마음의 평화를 찾도록 돕는 평화활동가로서 활동하였다. Peace Pilgrim의 철학, 봉사에 대한 완전한 헌신, "얻기 위함이 아니라 주기 위한 삶" (Peace Pilgrim, 1982, p. 7)은 그녀가 Dabrowski의 이론상 가장 높은 단계에 이르렀음을 보여 주는 것이다(Piechowski, 1991b). Peace Pilgrim을 통해 모든 과흥분성의 완전한 통합을 볼 수 있다.

Dabrowski의 발달수준이 아동에게는 적용되지 않지만, 이와 같은 이론을 확인하고 고무할 수 있도록 일부 Dabrowski의 이론을 청소년에게 적용하고 있다. 이 이론은 가치를 빼앗긴 세상에서 자기 자신을 정의하려고 노력하는 사람들에게 의미를 부여한다.

과흥분성과 수준 간의 관계

영재 아동의 과흥분성은 자아-발달을 위한 씨앗이며, 연마를 통해 진주를 창조해내는 조개 속의 모래와도 같다. 영재들은 엄청나게 많은 내적 자극을 감당해야 하기 때문에 자신의 내적 세계에 대해 지속적으로 의식적인 통제를 해야만 한다. 서로 다른 유형의 과흥분성은 다른 유형의 영재성을 수반한다(Piechowski & Colangelo, 1984). 그러나 이러한 모든 유형은 과도한 정보를 시스템에 유입하고, 이끌어 주어야 하는 강력한 추진력과 결부되어 있다. 영재의 풍부하고, 변화무쌍하며, 강렬한 내적 세계는 다른 사람들의 고통과 아픔에 대한 높은 인식, 높은 도덕적 관심, 스스로에 대한 높은 기대, 봉사에 대한 헌신을 야기한다. 성인기에 나타나는 높은 발달은 아동기 때 발생하는 내적 힘과 외적 사건들 간의 상호작용의 결과이다.

여러 자극에 대해 강렬한 생리학적 반응을 경험하는 아이는 제대로 생활하기 위해 끊임없이 선택을 해야만 한다. 모든 과흥분성에서 높은 영재는 읽기 시작한 책을 계속 보려는 욕구가 강하며(지적 과흥분성); 친구들과 야구를 하려는 신체적 욕구(심리운동적 과흥분성; 또한 정서적 과흥분성)을 경험하며; 친구 한 명과 심하게 감정이 상하면 피하고 싶어하는 욕구를 느끼고(정서적 과흥분성); 아이스크림을 사 먹고 싶은 참기 힘든 욕구가 있으며(감각적 과흥분성); 숙제를 안 하면 어떤 일이 생길까 하는 상상(상상적, 정서적 과흥분성)을 한다. 과연 이러한 여러 욕구 중 어디에 반응할 것인가? 하나를 고르는 과정에서 다른 것들을 억눌러야 하고 강력한 자극을 통제해야 한다. 이러한 과정을 통해 매일매일 우선순위를 정하고 내적인 방향성을 설정하는 연습을 하게 되는데, 이러한 기술은 장차 앞으로의 삶 동안 스스로를 위한 가치체계를 설정할 때 필요한 기술이다. Peace Pilgrim이 제시한 어린 시절 경험을 돌아보면, 우선순위를 정하는 능력이 향후 그녀의 발달에 얼마나 중요했는가를 알 수 있다:

> (어린 시절) 나는 순례여행을 준비하면서 "먼저 할 일을 먼저 하자"라는 규칙을 정하고 살아가는 데 있어 우선순위를 정하기 시작했다. 덕분에 잘 정돈된 삶과 자기절제가 가능했다—이것은 매우 가치 있는 교훈으로서, 이것이 없었다면 결코 순례여행을 떠날 수 없었을 것이었다. 나는 어른이 될 때까지 이러한 교훈을 잊지 않고 실천했다(Peace Pilgrim, 1982, p. 1).

Dabrowski(1972)는 정서적, 상상적, 지적 과흥분성의 강도가 감각적, 심리운동적 과흥분성을 능가할 때, 성격발달을 달성하는 발달잠재력이 더 커진다고 주장하였다. 이러한 사실은 성인 영재에 대한 연구에서 정확하게 나타나고 있다(Silverman & Ellsworth, 1980): 정서적, 지적 과흥분성이 가장 강하게 나타났으며, 상상적 과흥분성은 선택되지 않은 집단보다 유의미하게 높았고, 나머지 두 과흥분성은 상대적으로 약했다. 사춘기 영재를 대상으로 한 연구에서도 같은 유형이 나타났다(S. Gallagher, 1985; Piechowski & Colangelo, 1984; Schiever, 1985). 이상의 과흥분성의 발달적 중요성에 대한 Dabrowski의 관찰은 Lysy와 Piechowski(1983)에 의해 부분적으로나마 증명되었다. 이들은 지적 과흥분성과 정서적 과흥분성이 발달단계의 변화를 48% 정도 설명한다고 하였다.

비록 영재에 대한 대부분의 연구가 발달수준보다는 과흥분성에 초점을 맞추고 있지만, 일부 사례연구에 의하면, 보다 높은 발달을 성취한 사람들은 분명히 영재였다(Brennan, 1987; Brennan & Piechowski, 1991; Grant, 1990; Piechowski, 1978, 1990, 1991b). 그러나 지능만으로는 다층적 발달단계에 이를 수 없으며, 상당한 강도의 정서적 과흥분성도 나타나야 한다.

앞서 제기한 바와 같이, Dabrowski의 이론적 틀 속에서 과흥분성의 강도는 재능 및 특별한 능력과 결합되어, 보다 높은 수준의 발달을 획득하기 위한 "발달잠재력"을 이론적으로 예측한다. 발달잠재력은 영재성의 특징을 이해하는 데 있어 중요한 차원을 제공하며, 새로운 방향을 제시하여 일생 동안 영재들이 겪는 발달을 이해하게 한다. Piechowski(1986)은 다음과 같이 적고 있다:

> 발달잠재력이라는 개념은 … 성격과 높은 능력의 상관을 언급함으로써 영재성의 개념을 넓혀 준다. 이 모델은 또한 전통적인 지능검사를 넘어서 높은 잠재력을 지닌 개인을 판별하는 방법을 제시하고, 이들에 대한 교육 목표를 단순히 어른이 되었을 때의 생산성에 두는 것이 아니라, 자아실현과 진보적인 도덕적 발달과 연결짓게 한다.

성인기의 진보된 발달

아동기의 자연적인 영재성 발달과정은 높은 연봉, 완전한 행복, 높은 명성이 아니다. 그것은 인격의 심화, 가치체계의 강화, 스스로에 대한 더 큰 도전의 창조, 열정을 표현하는 다양한 방법의 개발과정이다. 성인기의 진보된 발달은 더 나은 사람이 되고 더 좋은 세상을 만드는 데 도움을 주려는 열정이다. 이 과정에서 특별히 추구하지 않았던 명성이 뒤따르기도 한다. 그리고 때론 이러한 헌신이 소리 없이 이루어지기도 한다. Piechowski(1989)는 보이지 않게 사회발전에 공헌하는 방법을 다음과 같이 묘사한다:

> 대개 뛰어난 업적을 이룬 사람이나 저명인사에게는 특별히 이들에게 헌신적인 부모나 사사가 있다. … 아이를 통해서가 아니라 아이를 위해 사는 것, 소유하기보다는 소망하고 지도한다는 것은 상당한 헌신과 성실성을 요구한다. 따라서 무언가를 이룩해 내는 사람을 위해서는 양육세대가 필요하다. 이러한 관점은 기본적으로 아이들의 재능을 길러 주는 누군가의 중요성을 인식하는 것이다(p. 25).

영재성의 성취지향에서 "영재 엄마"가 설 자리는 없다. 그러나 White(1990)가 Leta Hollingworth의 학생들 중 지능지수 180 이상인 3명(남 1, 여 2)에게 그들이 달성한 가장 큰 업적이 무엇인 것 같으냐고 질문했을 때, 남학생은 자신의 수학적 이론이라고 얘기했고, 두 여학생은 "자신의 자녀들"이라고 대답했다. 세 명 모두 교육향상을 위해 일생의 일부를 헌신하였다. Harris(1992)는 Hollingworth의 실험 학급에 등록한 학생에게서 유사한 결과를 보고하였다:

> Hollingworth 집단에 속한 대부분(약 85%)의 학생들은 예술 및 가족생활을 관련지어, 평화, 행복 및 창의성은 물론, 자신의 자녀, 개인적 만족의 관점에서 업적을 이야기하였다(p. 102).

영재성의 개념에 있어 도덕적, 정서적, 영적 및 양육적 목표 달성을 위한 여지가 있어야 한다—그래서 학부모, 상담가, 교사의 영재성이 업적을 이룬 사람들보다 "영재성이 덜하다"고 인식해서는 안 된다.

정서 교육

건전한 정서 발달은 학업적 성취만큼이나 중요함에도 불구하고, 정서 발달을 위한 환경을 조성하는 일은 현재까지 그 중요성을 인정받지 못하고 있다. Leta Stetter Hollingworth의 활동은 주목할 만큼 독보적인 예이다. "Leta Hollingworth는 … 영재 아동이 지닌 사회적/정서적 욕구에 주목해야 하는 근거를 제시한 최초의 학자"라고 할 수 있다(Colangelo, 1991, p. 273). Kerr(1990)는 Hollingworth를 "영재와 재능아를 위한 최초의, 가장 위대한 상담가"라고 하였다(p. 178). Hollingworth는 임상적 환경에서 영재 아동을 연구했을 뿐 아니라, 그들의 정서 발달을 주된 목표로 하는 교육적 환경을 조성하였다. Hollingworth는 영재의 적응상의 어려움을 인식하여, 일생에 걸쳐 영재를 위한 특별한 교육 및 상담 조건의 필요성을 다른 사람에게 알리고자 하였다:

> 지능지수가 130 이상인 아이들에게 직업상 익숙한 심리학자들은, 영재들에 대한 사례연구에서 관찰한 바와 같이, 영재라는 이유로 겪게 되는 특수한 부적응 문제를 명확하게 다룰 수 있다. … 아이들의 지능이 높을수록 아이는 이러한 당황스런 상황에 처할 확률이 커진다(Hollingworth, 1931, p. 3).

Lewis Terman 또한 어린 영재들이 사회에서 처할 위험성을 관찰하고, 지능이 높을수록 어려움이 커진다는 점에 있어 Hollingworth와 의견을 같이 하였다.

> 조숙함은 불가피하게 사회적 적응 문제를 복잡하게 한다. 12세 또는 14세의 정신을 지닌 8세 아이는 상상할 수 없을 정도로 어려운 상황에 당면하게 된다. 정상적으로 적응하기 위해서, 이 아이는 예외적으로 균형을 갖춘 성격을 가져야 하고, 사회적 천재에 가까워야만 한다. 지능지수가 높을수록 문제는 더욱 심각해진다(Terman, 1931, p. 579).

Leta Hollingworth는 영재를 위한 특수 학급을 조성하고, 소위 말하는 "정서 교육"을 제공하였다(1939, p. 585). 이 프로그램에서 포함한 교육 요소는 다음과 같다. 사회적 고립을 방지하고자 비슷한 정신수준에 있는 또래를 함께 배정하기; 빠른 속도로 수업을 진행하기; 기초적인 것을 가르치는 데 보통학급의 절반 정도의 시간을 할애하기(현재, 이 방식은 "telescoping" 또는 "압축"으로 알려져 있음); 학습의욕을 자극할 수 있도록 충분히 도전적이며 적절한 학업 교육과정을 제공하기; 흥미와 호기심에 따라 교육과정을 짤 수 있는 "일반 사물의 발달(Evolution of Common Things)"이라는 주제별 교육을 제시하기; 독립학습 및 집단 프로젝트; 광범위한 토론수업; 참을성과 애정을 갖고 다른 사람들의 분명한 어리석음을 다루는 방법; 기지와 솔직함을 조화시키는 능력의 함양; 독특함을 가졌지만 사회에 공헌을 한 역할모델의 전기(傳記)를 학습하기; "자기 자신과의 논쟁" "예절과 정중하게 이의를 제기하는 방법을 포함한 타인과의 논쟁" "공개석상에서의 토론" 등 논쟁에 대한 기법교육이 이루어졌다(p. 585). 이러한 일련의 교육과정에 아름다운 인간의 가치들이 녹아들어가 있다: 인간성에 대한 기본적인 존중, 일반적인 상호의존성에 대한 인식, 헌신적인 봉사 등이다.

따라서 Hollingworth는 정규 교육과정 범위 내에서 정서적, 인지적 발달을 통합하는 최초의 모델을 제시하였다. 후속 연구결과에 따르면, 이 프로그램은 학생들에게 심오하고도 일생에 거쳐 영향을 미쳤다(Harris, 1992; White, 1990). Harris (1992, p. 102)는 거의 70년이 지난 후에, 이 프로그램을 받았던 학생들에게 "당신이 보기에, 인생에 있어 성공을 구성하는 요소는 무엇이라고 생각합니까?"라는 질문을 던졌다. Hollingworth 집단에서 얻은 대답은 명백하게 교육과정이라고 보여 주고 있다. 그들의 대답을 보면 사회적 관계, 타인에 대한 인식과 민감성을 자아실현 및 성공 개념과 불가분의 관계에 있는 요소로 인식하고 있었다.

결 론

전통적 교육의 관점에서, 우리는 자기중심적인 경쟁력만을 열렬히 조장해 왔으며, 그 결과 영재들은 경쟁에서 이길 수 있는 비교우위를 지녔다고 생각해 왔다. 이러한 관점은 영재의 고유한 요구에 대한 공감을 이끌어내는 데 전혀 도움이 되지 않는다. 학교개혁운동이 교육을 경쟁중심구조에서 협동중심구조로 변화시키고 있다. 하지만 이 과정에서도 영재를 위한 배려는 많지 않다. 협동이라는 명목 아래, 영재는 자신보다 뒤처져 있는 보통 아이들의 속도로 전락하고 있다. 진정한 인도주의적 구조는 모든 학생의 고유한 학습방식과 속도를 존중해야 한다. 자연스런 협동은 유사한 흥미와 능력을 가진 학생들 사이에서 형성되는 것이다. 학교는 자신의 열정을 추구하고 특정분야의 지식을 흡수하는 개별 학습자들의 공동사회가 되었다. 정서 발달은 인지 발달만큼 중요하다. 따라서 정서적 및 사회적 문제를 다루기 위해 집단이 형성된다. 지역사회 서비스는 이 프로그램의 핵심적 요소이다(10장과 14장 참조). Hollingworth(1926, 1939, 1940)와 Roeper(1990)의 활동은 이상과 같은 프로그램을 설계함에 있어 지침이 된다. 영재에 대한 정서 교육이 일반화될 때까지, 상담자들은 영재의 정서적 건강을 보호할 막중한 의무를 갖게 될 것이다.

참고 문헌

Altman, R. (1983). Social-emotional development of gifted children and adolescents: A research model. *Roeper Review, 6*, 65-68.

American Association for Gifted Children. (1978). *On being gifted*. New York: Walker.

Blackburn, A. C., & Erickson, D. B. (1986). Predictable crises of the gifted student. *Journal of Counseling and Development, 9*, 552-555.

Brennan, T. P. (1987). *Case studies of multilevel development*. Unpublished doctoral dissertation, Northwestern University, Evanston, IL.

Brennan, T. P., & Piechowski, M. M. (1991). The developmental framework for self-actualization: Evidence from case studies. *Journal of Humanistic Psychology, 31*(3), 43-64.

Clark, B. (1992). *Growing up gifted: Developing the potential of children at home and at school* (4th ed). New York: Macmillan.

Colangelo, N. (1991). Counseling gifted students. In N. Colangelo & G. A. Davis (Eds.), *Handbook of gifted education* (pp. 271-284). Needham Heights, MA: Allyn & Bacon.

Columbus Group. (1991, July). Unpublished transcript of the meeting of the Columbus Group, Columbus, OH.

Cruickshank, W. M. (1963). *Psychology of exceptional children and youth* (2nd ed.). Englewood Cliffs, NJ: Prentice-Hall.

Dabrowski, K. (1938). Typy wzmozonej pobudliwosci: psychicnej (Types of increased psychic excitability). *Biul. Inst. Hig. Psychicznej, 1*(3-4), 3-26.

Dabrowski, K. (1964). *Positive disintegration*. Boston: Little, Brown.

Dabrowski, K. (1972). *Psychoneurosis is not an illness*. London: Gryf.

Dabrowski, K., & Piechowski, M. M. (1977). *Theory of levels of emotional development* (Vols. 1 & 2). Oceanside, NY: Dabor Science.

Delisle, J. R. (1990). The gifted adolescent at risk: Strategies and resources for suicide prevention among gifted youth. *Journal for the Education of the Gifted, 13*, 212-228.

Freed, J. N. (1990). Tutoring techniques for the gifted. *Understanding Our Gifted, 2*(6), 1, 11-13.

Gallagher, J. J. (1991). Educational reform, values, and gifted students. *Gifted Child*

Quarterly, *35*, 12-18.

Gallagher, S. A. (1985). A comparison of the concept of overexcitabilities with measures of creativity and school achievement in sixth grade students. *Roeper Review*, *8*, 115-119.

Genshaft, J., & Broyles, J. (1991). Stress management and the gifted adolescent. In M. Bireley & J. Genshaft (Eds.), *Understanding the gifted adolescent* (pp. 76-87). New York: Teachers College Press.

George, P. (1988). Tracking and ability grouping. *Middle School Journal*, *20*(1), 21-28.

Gowan, J. C. (1974). Development of the psychedelic individual. Northridge, CA: John Curtis Gowan.

Grant, B. (1990). Moral development: Theories and lives. *Advanced Development*, *2*, 85-91.

Harris, C. R. (1992). The fruits of early intervention: The Hollingworth group today. *Advanced Development*, *4*, 91-104.

Hollingworth, L. S. (1926). *Gifted children: Their nature and nurture*. New York: Macmillan.

Hollingworth, L. S. (1930). Personality development of special class children. University of Pennsylvania Bulletin. *Seventeenth Annual Schoolmen's Week Proceedings*, *30*, 442-446.

Hollingworth, L. S. (1931). The child of very superior intelligence as a special problem in social adjustment. *Mental Hygiene*, *15*(1), 1-16.

Hollingworth, L. S. (1939). What we know about the early selection and training of leaders. *Teachers College Record*, *40*, 575-592.

Hollingworth, L. S. (1940). *Old heads on young shoulders. Public Addresses* (pp. 104-110). Lancaster, PA: Science Press Printing.

Hollingworth, L. S. (1942). *Children above 180 IQ Stanford-Binet: Origin and development*. Yonkers-on-Hudson, NY: World Book.

Horowitz, F. D. (1987). A developmental view of giftedness. *Gifted Child Quarterly*, *31*, 165-168.

Jacobs, J. C. (1971). Rorschach studies reveal possible misinterpretations of personality traits of the gifted. *Gifted Child Quarterly*, *16*, 195-200.

Kerr, B. (1990). Leta Hollingworth's legacy to counseling and guidance. *Roeper Review*, *12*, 178-181.

Kerr, B. A. (1991). *A handbook for counseling the gifted and talented*. Alexandria, VA: American Counseling Association.

Kline, B. E., & Meckstroth, E. A. (1985). Understanding and encouraging the exceptionally gifted. *Roeper Review*, *8*, 24-30.

Lombroso, C. (1905). *The man of genius* (2nd ed). New York: Robert Scott.

Lysy, K. Z., & Piechowski, M. M. (1983). Personal growth: An empirical study using Jungian and Dabrowskian measures. *Genetic Psychology Monographs*, *108*, 267-320.

Manaster, G. J., & Powell, P. M. (1983). A framework for understanding gifted adolescents' psychological maladjustment. *Roeper Review*, *6*, 70-73.

Manzanero, J. (1985). *A cross-cultural comparison of over excitability profiles and levels of emotional development between American and Venezuelan artists.* Unpublished master's thesis, University of Denver.

Marland, S., Jr. (1972, March). *Education of the gifted and talented.* Report to the Congress of the United States by the U. S. Commissioner of Education. Washington, DC: U.S. Government Printing Office.

Maslow, A. H. (1971). *The farther reaches of human nature.* New York: Viking.

Maxwell, E. (1992). Self as Phoenix: A comparison of Assagioli's and Dabrowski's developmental theories. *Advanced Development, 4,* 31-48.

Meckstroth, E. (1991, December). *Coping with sensitivities of gifted children.* Paper presented at the Illinois Gifted Education Conference, Chicago.

Morelock, M. J. (1992a, February). *The child of extraordinarily high IQ from a Vygotskian perspective.* Paper presented at the Esther Katz Rosen Symposium on the Psychological Development of Gifted Children, University of Kansas, Lawrence.

Morelock, M. J. (l992b). Giftedness: The view from within. *Understanding Our Gifted, 4*(3), 1, 11-15.

Munger, A. (1990). The parent's role in counseling the gifted: The balance between home and school. In J. VanTassel-Baska (Ed.), *A practical guide to counseling the gifted in a school setting* (2nd ed., pp. 57-65). Reston, VA: The Council for Exceptional Children.

Nelson, K. C. (1989). Dabrowski's theory of positive disintegration. *Advanced Development, 1,* 1-14.

Nelson, K. C. (1991, November). *Meet Kazimierz Dabrowski: Theorist as role model.* Paper presented at the National Association for Gifted Children 38th Annual Convention, Kansas City, MO.

Newland, T. E. (1976). *The gifted in socio-educational perspective.* Englewood Cliffs, NJ: Prentice-Hall.

Peace Pilgrim. (1982). *Peace Pilgrim: Her life in her own words.* Santa Fe, NM: Ocean Tree.

Piechowski, M. M. (1975). A theoretical and empirical approach to the study of development. *Genetic Psychology Monographs, 92,* 231-297.

Piechowski, M. M. (1978). Self-actualization as a developmental structure: A profile of Antoine de Saint-Exupery. *Genetic Psychology Monographs, 97,* 181-242.

Piechowski, M. M. (1979). Developmental potential. In N. Colangelo & R. T. Zaffrann (Eds.), *New voices in counseling the gifted* (pp. 25-57). Dubuque, IA: Kendall/Hunt.

Piechowski, M. M. (1986). The concept of developmental potential. *Roeper Review, 8,* 190-197.

Piechowski, M. M. (1989). Developmental potential and the growth of self. In J. VanTassel-Baska & P. Olszewski-Kubilius (Eds.), *Patterns of influence on gifted learners: The home, the self, and the school* (pp. 87-101). New York: Teachers College Press. (Quotation from unabridged version, available from author, Northland College, Ashland, WI).

Piechowski, M. M. (1990). Inner growth and transformation in the life of Eleanor Roosevelt. *Advanced Development, 2,* 35-53.

Piechowski, M. M. (1991a). Emotional development and emotional giftedness. In N. Colangelo & G. Davis (Eds.), *Handbook of gifted education* (pp. 285–306). Needham Heights, MA: Allyn & Bacon.

Piechowski, M. M. (1991b, May). *Giftedness for all seasons: Inner peace in a time of war.* Presented at the Henry B. and Jocelyn Wallace National Research Symposium on Talent Development, University of Iowa.

Piechowski, M. M., & Colangelo, N. (1984). Developmental potential of the gifted. *Gifted Child Quarterly, 28*, 80–88.

Piechowski, M. M., & Cunningham, K. (1985). Patterns of overexcitability in a group of artists. *Journal of Creative Behavior, 19*(3), 153–174.

Piechowski, M. M., Silverman, L. K., & Falk, R. F. (1985). Comparison of intellectually and artistically gifted on five dimensions of mental functioning. *Perceptual and Motor Skills, 60*, 539–549.

Robinson, N. M., & Noble, K. D. (1991). Social-emotional development and adjustment of gifted children. In M. C. Wang, M. C. Reynolds, & H. J. Walberg (Eds.), *Handbook of special education. Research and practice: Vol. 4. Emerging programs* (pp. 57–76). New York: Pergamon Press.

Roedell, W. C. (1984). Vulnerabilities of highly gifted children. *Roeper Review, 6*, 127–130.

Roedell, W. C. (1989). Early development of gifted children. In J. VanTassel-Baska & P. Olszewski-Kubilius (Eds.), *Patterns of influence on gifted learners: The home, the self, and the school* (pp. 13–28). New York: Teachers College Press.

Roeper, A. (1982). How the gifted cope with their emotions. *Roeper Review, 5*(2), 21–24.

Roeper, A. (1990). *Educating children for life: The modern learning community.* Monroe, NY: Trillium.

Rogers, M. T. (1986). *A comparative study of developmental traits of gifted and average children.* Unpublished doctoral dissertation, University of Denver.

Rogers, M. T., & Silverman, L. K. (1988). Recognizing giftedness in young children. *Understanding Our Gifted, 1*(2), 5, 16, 17, 20.

Schetky, D. H. (1981). A psychiatrist looks at giftedness: The emotional and social development of the gifted child. *G/C/T*, Issue No. 18, 2–4.

Schiever, S. W. (1985). Creative personality characteristics and dimensions of mental functioning in gifted adolescents. *Roeper Review, 7*, 223–226.

Sebring, A. D. (1983). Parental factors in the social and emotional adjustment of the gifted. *Roeper Review, 6*(2), 97–99.

Silverman, L. K. (1983). Personality development: The pursuit of excellence. *Journal for the Education of the Gifted, 6*(1), 5–19.

Silverman, L. K. (1986). Personality development and the gifted. *Mensa Bulletin*, No. 299, 14–16.

Silverman, L. K., & Ellsworth, B. (1980). The theory of positive disintegration and its implications for giftedness. In N. Duda (Ed.), *Theory of positive disintegration: Proceedings of the third international conference* (pp. 179–194). Miami, FL: University of Miami School of Medicine.

Silverman, L. K., & Keamey, K. (1989). Parents of the extraordinarily gifted. *Advanced Development, 1*, 41–56.

Singal, D. J. (1991). The other crisis in American education. *The Atlantic Monthly, 268*(5), 59–74.

Sommers, S. (1981). Emotionality reconsidered: The role of cognition in emotional responsiveness. *Journal of Personality and Social Psychology, 41*, 553–561.

Terman, L. M. (1931). The gifted child. In C. Murchison (Ed.), *A handbook of child psychology* (pp. 568–584). Worcester, MA: Clark University Press.

Terrassier, J. C. (1985). Dyssynchrony-uneven development. In J. Freeman (Ed.), *The psychology of gifted children* (pp. 265–274). New York: Wiley.

Tolan, S. (1989). Special problems of young highly gifted children. *Understanding Our Gifted, 1*(5), 1, 7–10.

Webb, J. T., Meckstroth, E. A., &Tolan, S. S. (1982). *Guiding the gifted child: A practical source for parents and teachers.* Columbus: Ohio Psychology.

White, W. L. (1990). Interviews with Child I, Child J, and Child L. *Roeper Review, 12*, 222–227.

Whitmore, J. R. (1980). *Giftedness, conflict, and underachievement.* Needham Heights, MA: Allyn & Bacon.

제 2 장

의미에 대한 탐구: 영재상담 문제

Deirdre V. Lovecky

영재를 상담할 때, 의미에 대한 탐구는 알려지지 않은 자아로 가는 여정에서, 말 그대로 일종의 지침 혹은 친구의 역할을 하게 된다. 성배(holy grail)를 찾는 원탁의 기사처럼, 영재는 이해에 도달하려는 희망을 품지 않은 채 세상 속에서 자아를 탐색한다. 수많은 사람들이 이와 같은 의미탐색을 기술하고 있으며(Ogburn Colangelo, 1979; Piechowski, 1986; Roedell, 1984; Silverman, 1983a; Willings, 1985), 영재가 심리사회적 발달상에서 특별한 문제를 가지고 있음을 제안하고 있다. 불행하게도 대개 사람들은 많은 영재의 심리사회적 발달과 관련이 있는 사회적, 정서적 관심과 문제들을 잘못 이해하고 있다.

여전히 학교상담자들과 학교심리학자들을 비롯하여 많은 정신 건강 의사들은 영재가 어떤 특별한 요구도 가지고 있지 않다고 가정한다. 발달적으로 장애를 가진 아동이 특별한 문제를 가지고 있지 않다고 말하는 사람은 없다; 그러나 발달적으로 장애를 가진 학생처럼 보통 학생과 다른 영재는 예외로 간주한다(1장 참조). 예를 들어, 정규교실에서 IQ가 50인 학생의 교육적, 발달적 요구를 충족시킬 것이라 기대하는 사람은 없지만, IQ가 150인 학생에게는 이것을 기대하고 있다. 이 둘의 IQ는 규준과 똑같이 다름에도 불구하고 말이다(평균에서 3.33 표준편차 떨어져 있음).

사실, 영재성이 사회성과 정서적 기능에 미치는 효과에 대한 문헌을 찾기 어려운데 그 이유는 많은 문헌들이 특별한 저널에서 발행되고 있기 때문이다. 그 중 일부 몇 편을 주류화 정신 건강 문헌에서 찾을 수 있을 뿐이다(Freeman, 1983; Post, 1988; Wendorf & Frey, 1985). 결과적으로, 상담 및 심리치료에서 영재를 다루는 대부분의 실제가들도 영재성의 사실을 무시할 수 있다. 이와 같은 실제가의 대접을 받는 아동은 심지어 자신의 상담자조차도 정말 무엇이 잘못되었는지 이해하지 못한다고 생각할지 모른다.

영재의 사회적 및 정서적 적응에 대한 문헌에 의하면, 한 집단으로서 영재는 정서적으로 잘 적응하고(Franks & Dolan, 1982; Janos, Fung, & Robinson, 1985; Terman, 1925; Tidwell, 1980), 좋은 또래 관계를 가진다(Austin & Draper, 1981; Janus, Marwood, & Robinson, 1985). 그럼에도 불구하고, 일부 문헌들은 보다 고도 영재인 경우 그 문제가 증가할 수 있다는 것과 관련하여 정서 및 행동 문제를 제안하고 있다(Hollingworth, 1942; Janos & Robinson, 1985; Roedell, 1984). 또 다른 저자들은 영재를 위험으로 몰아넣기 쉬운 취약한 영역들을 제안하고 있다. 취약한 영역으로 고도의 민감성, 정서적 강렬함, 반응성, 완벽주의, 다르다는 느낌, 지적, 사회적 및 정서적 영역의 비동시적인 발달에 대한 경험을 들 수 있다(Betts & Neihart, 1988; Ehrlich, 1982; Freeman, 1983; Gross, 1989; Janos, Fung, & Robinson, 1985; Kitano, 1990; Kline & Meckstroth, 1985; Lovecky, 1990a, 1990b, 1991; Morelock, 1992; Piechowski, 1986, 1991; Roedell, 1988; Roeper, 1982, 1989; Roth, 1986; Silverman, 1983b; Silverman & Ellsworth, 1980; Tolan, 1989; Webb, Meckstroth, & Tolan, 1982; Whitmore, 1980).

많은 저자들은 보다 예방적인 구조 안에서 영재의 특별한 상담 요구를 인식하도록 제안하고 있다(Betts, 1986; Culross & Jenkins-Friedman, 1988; Davis & Rimm, 1979; Hollinger & Fleming, 1988; Miller & Silverman, 1987; Ogburn Colangelo, 1979; Perry, 1986; Piechowski, 1986; Sanborn, 1979; Silverman, 1983b; Willings, 1980; Zaffrann & Colangelo, 1979)(4장 참조).

영재의 특징

영재의 대인 간 및 대인 내 갈등을 일으킬 수 있는 다섯 가지 특징이 있다: 확산적 사고능력, 흥분성, 민감성, 지각력 및 목표지향적 생명력(entelechy). 처음 세 개는 영재에 대한 Torrance(1961, 1962, 1965)의 기술에서 파생된 것이며, 마지막 두 개는 성인 영재(Lovecky, 1986), 영재아 및 그들의 부모와의 토론에서 발전시킨 것이다. 비록 이들 특징이 영재성의 통합적인 부분인 것 같지만, 이들 행동들은 연령, 성, 모호함에 대한 인내, 내향성/외향성 정도, 감각적 자극에 대한 선호와 통재의 소재 같은 심리적 및 신체적 요인에 따라 다르게 나타난다.

어느 것이 우세하고 그 나타난 바가 보다 긍정적 혹은 부정적인 것으로 비춰질지 그 여부는 개인에 따라 다양하지만 이들 속성들은 그 개인 내에 존재한다. 이들 여러 속성에 따른 영재의 경험이 바로 2장의 기초이다. 속성 자체는 중성적이지만 행동으로 나타날 때 사회적 및 정서적인 중요성을 부여하게 된다. 이들 속성에 대한 타인의 지각은 영재에게 강하게도 혹은 약하게도 영향을 미칠 수 있다.

상담에서 영재는 한 개 그 이상의 속성들에서 어려움을 경험할 수 있다. 고려해야 하는 것은 바로 행동의 강도와 나타난 행동의 구체적인 양상들로, 이는 자존감 및 타인에 대한 유대감과 관련이 있다. 어떤 문제가 어떤 속성에서 유래되었는지 명확히 하기 위해 단 하나가 지배적인 것처럼 특성들을 기술하고 있다; 그러나 속성들은 어느 정도는 서로 겹친다.

최초의 연구는 동료, 친구, 아는 사람과 심리치료 내담자 등 16명의 성인 영재의 관찰을 토대로 하였다(Lovecky, 1986). 최근 연구를 확대하여, 4세에서 83세에 이르는 성인 영재(80)와 영재 아동(75)을 관찰하여 자료를 수집하였다. 반은 여자이고 반은 남자이다. 성인 중에서는 여자 피험자가 많았고, 아동 중에서는 남자 피험자가 많았다. 아동의 약 85%는 심리치료 내담자들이었다. 아동의 영재성을 판별할 때, 130 이상의 IQ 점수, 백분위 점수로 95 이상인 성취점수 및 높은 창의성을 보여주는 개별적인 증거들(독창적이고 아동의 연령에서 기대하는 것 이상을 나타내는 성취)을 포함하여, 다양한 기준을 토대로 하였다.

2장의 기초가 되는 일화와 관찰 자료를 저널 양식과 영재 부모와의 서신 왕래 형태로 수집하였다. 이들 자료를 활용하여 5개 속성들을 기술하였다. 심층적으로 탐색하기 위해 다섯 가지 속성을 예시해 주는 영재의 전기에 초점을 두었다. 관찰에 기초한 직관적인 접근법에 상치되는, 보다 정교한 연구방법을 적용하여 영재성이 미치는 영향을 보다 정교하게 설명할 것이다.

속성에 대한 설명

확산적 사고능력(Divergent Thinking Ability)

Tom은 매우 창의적인 소년이다.[1] Tom이 그린 그림은 튀어나올 것 같고 그 나이 또래에 비교할 때 비상한 3차원의 그림이다. 또한 모험과 액션을 결합하려고 하였다. Tom은 그림에서 결합해 놓은 환상에 몰입하는 데 많은 시간을 보냈다. 학습활동지 여백에도 그림을 그렸지만 숙제를 완수하지는 못했다. Tom은 자신이 흥미 있는 것, 특히, 날씨에 대해서는 많이 질문하였다. 혼돈 이론에 대해 놀랍게도 정통하였지만 4대 기본 식품군(the four basic food groups)에 대한 쉬운 시험은 잘 치르지 못하였다. 부모와 교사는 Tom에게 무엇이 벌어지고 있는지 궁금해 하였다.

특별하고, 독창적이며 창의적인 반응을 좋아하는 것은 확산적 사고를 하는 사람들의 특징이다. 두 가지 유형이 있다: 특정 시간과 주제에 대해서 확산적으로 사고하는 사람과 많은 시간을 공상하는 사람(Lovecky, 1990b; 1991). Lynn과 Rhue(1988)는 6,000명의 피험자 중 2.6%를 극단적인 공상가로 판별하였다. 두 번째 집단 사람들은 창의성에 특별한 강점을 보인다.

확산적 사고자들은 대개 성인기에 매우 높은 성취를 보이며, 많은 분야에서 혁

---

1) 비밀보장을 위해, 2장에서 사용한 모든 일화는 가상으로 합성한 것들이다. 신분을 알 수 있는 모든 정보와 상담에서 실제 아동처럼 보이는 예들도 삭제하였다.

신적이며, 과제 집착력을 보이고, 스스로 시작하는 사람이며, 매우 독립적인 사람으로서 자신의 정서적 안녕을 증진하기 위해 혁신과 상상력을 사용하는 사람들이다. 많은 이론적 과학자, 작가, 예술가, 작곡가 및 철학자들이 확산적 사고자들이다. Darwin, Einstein, Freud, Mozart, Georgia O'Keefe, Thoreau와 프랑스 인상주의자들은 모두 자신의 확산적 사고능력을 성공적으로 사용한 성인 영재의 전형이다.

아이 때 확산적 사고자들은 종종 부정적인 강화를 받는데, 그 이유는 호기심에서 비롯된 질문, 독특한 대답과 이탈, 집단에서 활동하는 것을 좋아하지 않고 오히려 병적인 상상을 하기 때문이다. 사람들은 소년에게는 덜 순응할 것을 기대하는 반면 소녀에게는 그렇지 않기 때문에 소녀가 확산적 사고를 보이는 경우 이를 덜 수용한다. 적절치 못한 질문을 하거나 현 상태를 받아들이지 않는 소녀는 외부에서 기대하는 방식대로 따라하지 않는다.

확산적 사고자인 아동들은 가정에서나 학교에서 생각, 느낌과 자료를 조직하는데 어려움을 느낀다. 성인의 이러한 점은 약간 멍청한 것으로 받아들이지만, 학교를 다니는 학생에게는 수용되지 않는다. 그러나 매우 확산적인 사고자들에게 대부분 성인의 조직적 구조는 이상한 것으로 보인다. 공부를 할 때 성인이 사용하는 기준은 대개 선형적인 방식에 기초하므로, 확산적 사고자에게 어려움을 느끼게 한다. 확산적 사고자들은 문제를 전체로서 인식하고 한 문제를 임의적인 부분들로 나누는 것이 합당하지 않다고 생각한다: 사실 이들은 이와 같은 방식을 모두 생각할 수 없다. 그 외, 의사결정과 우선순위를 정하는 것에 있어서도 어려움이 있는데, 이는 확산적 사고자에게 있어 사고와 감정이 상호 연관되어 있고; 사고와 감정 모두 똑같이 흥미롭고 중요하기 때문이다. 시작점을 찾는 것이 이 아동에게는 불가능하다.

대부분 독특한 학습 스타일을 가지고 있다. 이들은 학습에 푹 빠져서 한 번에 주제에 대한 모든 것을 찾아내려고 하며, 그러고 나서 그 밖의 것으로 간다. 학교에서 하는 주제에 대한 인위적인 경계는 그들에게 짜증스러운 것이다. 또한 신기한 생각을 따르고 싶고, 무언가 이끌어 주는 것을 보고, 학교에서 제공하는 일상적인 보상에는 흥미가 없다. 무언가 만들거나 신기한 생각을 하는 능력은 성인-주도적인 보상체계보다 확산적 사고를 하는 아동에게는 더 보상이 된다. 이와 같은 이유로, 확산적으로 생각하는 아동은 어른들에게 위세를 부리고, 완고하고, 반항적이며, 동기가 유발되지 않고, 주의를 기울이지 않으며 관심거리를 찾고 서투른 것처럼 보인다. 성인은 창의적인 이야기, 시, 그림, 음악작곡 및 수학적 유추를 존중하지만 창의적인 사고의 본질이 일부 기존의 기준을 거부하고 반항하는 것이라는 개념에는 난감해 한다. 대부분의 확산적 사고자들이, 현상 그 자체를 벗어나도록 용인해 주지 않는다.

확산적 사고자는 또한 다르다는 것에 대처할 수 있어야 한다. 현상 그 자체를 수용하여 잘 순응하지 않으며, 또래와 어울리지 못하고, 놀림을 받지만, 이들은 왜 자신이 다른지 혹은 왜 다른 사람을 화나게 하는지 알지 못한다. 종종 이들은 완전히 혼자이며, 심지어 가족조차도, 이들을 이해하는 사람은 없다. 자존감과 타인과의 관계가 영향을 받기 때문에, 많은 학생들은 사춘기에 매우 우울하게 된다.

상담 문제

많은 특별한 문제 때문에 확산적 사고자인 영재 아동과 청소년들은 상담자를 찾는다. 자아에 대한 인정을 거의 받지 못하므로 이에 상응하여 내적으로 부정적인 자아-이미지를 갖게 된다. 이들은 자신에 대해서 다른 사람이 어떻게 행동하는지, 무슨 동기로 다른 사람들이 행동하는지 이해하는 데 어려움이 있다. 사고와 행동이 너무 상호 연관되어 있어, 어떤 사건에 감정을 배정하는 것이 어렵고 문제를 해결하는 방식으로 사건에 대해 생각하는 것이 어렵다; 감정과 사고를 따로 떼어내는 노력을 믿지 않는다. 확산적 사고자를 이해하는 것이 어렵기 때문에, 상담자가 정확하게 감정이입하는 것이 힘들다; 결과적으로, 다른 사람보다 확산적 사고자에게 감정이입을 하는 데 보다 실패가 많다. 확산적 사고자와 활동하는 상담자는 문제의 복잡성을 이해하는 데 어려움이 있음을 인정해야 한다. 보다 강한 자아의식을 형성하도록 돕고 최소한 한 명의 다른 사람과 연관성을 가질 수 있게 하는 것이 주요 목적이다.

확산적 사고자들과 함께 활동하는 상담자는 이들이 진정한 자아에 대한 인식을 개발하여 견고하게 하도록 도와주어야 한다. 독창성과 다르다는 것에 대한 사회적 비난으로, 이와 같은 영재 아동과 10대들은 세상에 보여 주기 위한 거짓된 자아를 개발할 위험에 처해 있다; 순응하는 자아 및 영재성을 갖지 않은 자아. 어떤 사람에게 이 속임수는 효과적이다; 정말 가면을 쓰고 "숨어" 있다는 것을 알고 있기 때문에 자아개념을 유지하게 된다. 그러나 거짓된 자아가 가치가 있다고 하는 자아이며, 확산적이고 창의적인 자아는 수용받지 못하고 가치가 없다는 것을 알게 되면서 어떤 학생들은 보다 갈등을 경험하게 된다. 이와 같은 아동들에게, 이들의 창의적인 자아를 인정해 주는 사람을 찾아 주어, 긍정적인 방식으로 확산적인 자아를 인정하는 것이 중요하다. 그리고 나서, 자아가치와 자존감을 발달시킨다.

상담관계를 통해서 이들 아동을 인정해 주는 것 외에, 확산적 사고를 하는 아동들로 하여금 자신만이 혼자가 아니며, 다른 사람들도 이들처럼 느낀다는 점을 이해시키는 데 독서치료가 도움이 된다(4장 및 부록의 읽기 목록 참조).

상담자는 확산적 사고자가 학습에 푹 빠지는 경향이 있음에 주의를 기울여야 하는데, 이와 같은 경향이 바로 상담에서 아동들이 무엇을 활용할 수 있는지에 영향을 미친다. 예를 들어, 자료에 푹 빠져서 그 밖에 알려진 것에 연계성을 만드는 아동은 상담자가 문제의 또 다른 면을 다루려고 할 때 이 자료를 생각하느라 바쁠 것이다. 이 영재들은 다른 사람의 말과 감정에 주의를 기울이는 것이 대개 어렵고, 당황스럽게도 대화에 초점을 잃어버린다. 학교에도 영향을 미쳐서 교사가 말하는 요점에 주의를 기울이고, 시험에서 기억해야 할 중요한 것을 결정하고, 순서 있게 주요 아이디어를 조직하는 것에 문제가 생길 수 있다.

상담자는 사회적 대화 및 교실 활동에 보다 주의를 기울여 경청할 수 있도록 도움을 주어야 한다. 다른 사람과 다르고, 독창적인 사람에게 학교는 힘든 장소이므로, 상담자는 이들 학생을 옹호하여 교육적인 방안(대안학교, 속진 프로그램, 개별연구)을 재고할 필요가 있다. 강점과 흥미를 가지고 활동하는 사사를 찾아주는 것도, 학생에 맞게 조정을 잘 해주지 않는 학교에 있으면서 재능을 발달시키도록 돕는 방법이다. 자신의 비전을 수행하는 데 치러야 하는 비용을 깨닫고, 비전을 따라가는 것이 좋다는 점을 알게 한다. 사람들은 언제 자신의 비전을 따르고, 언제 다른 사람의 노트를 빌려 시험 준비를 해야 하는지 결정할 때 도움이 필요하다.

사춘기 영재들은 특히 사회적으로 배척이라는 위험에 처해 있다. 대부분 또래로부터 수용되려고 순응하기보다는 자신의 내적 비전을 따르려고 한다. 그러나 항상 그 결과가 행복한 것은 아니다. 이들 학생들은 프람(prom)에 가지 않고 또래 집단활동에 참여하지 않는 등의 결정을 내릴 때 상담자의 도움이 필요하며, 이때 이들 학생들은 또래 활동에 참여하지 않음으로써 빚어지는 결과를 이해하면서 의사결정에 대한 지원을 받는다고 느껴야 한다.

흥분성(Excitability)

선생님과 부모의 말에 따르면, Cindy는 너무 심하게 울었다. 화가 나거나, 두렵거나, 다른 사람들을 불쾌하게 했을까 걱정이 될 때, 슬픔이 밀려올 때마다 울었다. Cindy는 영화를 보러 가지 않았고, 텔레비전도 많이 시청하지 않았다. 왜냐하면 갈등을 견뎌낼 수 없었기 때문이다. 심지어 친구들과의 논쟁도 회피하였다. 그러나 가장 최악의 문제는 무리지어 몰려드는 두려움이다. 사실, Cindy는 밤에 잠을 잘 수 없을 정도로 세상에서 벌어지는 모든 재해, 불운들에 대해 괴로워하고 있었다.

높은 에너지 수준, 정서적 강렬함과 반응성, 중추신경계의 과도한 각성이 흥분성의 특징이다. 이상의 모든 면들이 한 사람 내에서 꼭 나타나는 것은 아니다(Lovecky, 1990b).

이와 같은 특징을 가진 성인 영재는 오랜 시간 동안 집중력을 한 곳에 발휘할 수 있고, 폭넓고 다양한 흥미를 가지고 있으며, 많은 일을 잘 해낸다. 위험을 감수하며 도전적인 일을 즐기고, 창의적인 아이디어들을 섬세하게 다듬고, 정련하여, 사람들을 선두에서 이끌 때가 많다. Western Union과 Bell Telephone에서 사용하는 전신에 쏟은 Thomas Edison의 정련과정을 통해 이러한 점을 볼 수 있다(Cousins, 1965). Nellie Bly, Christopher Columbus, Leonardo da Vinci, Amelia Earhart와 Thomas Edison 같이 유명한 발명가, 탐험가 및 기업인들이 이와 같은 특징을 보인다.

흥분성이 높은 영재 아동들은 대개 같이 지내기가 힘들다. 에너지 수준이 너무 높아서 과활동적으로 보일 때가 있다; 그럼에도 불구하고, 도전적인 자료로 자극을 받게 되면, 이에 잘 집중하고 자신을 조직할 수 있다. 이들 영재 아동들은 환경을 탐색하고자 하는 높은 욕구를 가지며 쉽게 새로운 환경을 추구한다. 만약 흥미로운 자료 및 탐색할 공간이 제공되지 않는다면, 이들은 지루해 하고 과활동성을 보이게 된다. 대부분은 자신의 행동을 조절하려고 보다 높은 수준의 자극을 요청하는 자극-추구자들이다. 만약 자극이 제공되지 않는다면, 스스로 이것을 제공하려고 한다. Thomas Edison은 어릴 적에 문제를 일으키곤 하였다. 스스로 활기가 넘쳤다. 쓰레기차를 움직이는 실험실로 사용하면서 철도 열차에서 신문을 팔고 사탕특허를 받았다. 이때 그의 나이 13세였다(Cousins, 1965).

에너지가 많은 아동에게, 세상의 속도는 너무 느리게 보인다. 수면 필요성이 줄어든다. 높은 에너지 수준 및 자극과 부모 관심에 대한 필요성이 결부되어, 부모를 지치게 한다. 그럼에도 불구하고 적절하게 채널이 고정되었을 때, 에너지와 흥분은 다른 것을 조직하고 자극할 때 사용될 수 있다. 그리고 상상력과 창의적인 욕구와 결합될 경우, 이들 아동들은 변화에 대한 인상적인 반응을 창출할 수 있다. 예를 들어, 체스 신동인 한 아이는 12세 나이에 눈 치우는 사업을 시작하여 곧 분사식 제설기를 살 정도의 돈을 벌었다(Feldman, 1986). 후에 이 아이는 정원 사업을 전개하고, 주유소에 관심이 있어 여러 트럭 및 보다 큰 장비의 소유주가 되어 여러 명의 피고용인을 둘 정도였다. 고등학교 졸업 후 이 학생은 자신의 모든 사업을 큰 이익을 남기며 매각하였다. 국가적으로 성공한 많은 기업인들의 삶에서 이와 같은 아동기 때 나타난 모험의 예를 접할 수 있다.

자극에 대한 필요성 때문에, 대부분 높은 에너지를 가진 아동들은 신기한 것을 찾는다. 새로운 프로젝트를 시작하여 초기 단계에 열의를 보이지만 일단 신기함이 사라지고 과제를 마치기 위해 세부적인 것을 언급하게 되면, 흥미를 잃어버린다. 높은 흥미나 열정 뒤에는 흥미를 잃고 끝맺지 못하는 것이 뒤따르게 되며, 이러한 주기는 아이가 시도하는 모든 과제에서 발생한다. 아이가 무언가 완수했다는 만족감의 개인적 보상을 얻지 못하고 과제완성에 대한 인정을 받지 못하기 때문에 자존감의 문제를 유발할 수 있다. 여러 번 반복되면 자신의 능력을 의심하게 된다.

흥분성의 특징을 지닌 아이 중에 자극을 회피하는 경우도 있다. 대부분의 사람들이 안락하다고 생각하는 자극의 양에 대해 스트레스를 느낀다. 높은 정도의 감각적 자극이 있는 상황에 대해, 짜증을 내고, 당황하며, 종종 놀라기도 한다. 또한 보다 정서적으로 반응하기도 하며 대부분의 사람보다 사고와 감정을 전환하는 데 어려움이 있고, 보다 사물을 강력하게 느끼고 웃거나 우는 등 장기적인 정서반응을 보인다. 학교과제 및 사회적 요구 같은 일상적인 생활 스트레스로 힘들어 하는 것 같다. 또래들이 너무 활동적이고, 시끄럽다고 생각한다. 높은 수준의 불안, 두려움과 병적인 공포가 생길지 모른다.

감각적으로 과부하된 스트레스가 주는 어려움으로 자극과 사람을 피하는 아동은 성인이나 또래의 지지를 쉽게 얻지 못한다. 이와 같은 아동들의 반응이 매우 극단적이며 예측불가능하기 때문에 어른들은 문제가 있다고 생각한다. 또래는 이들에게 더 어려움을 줄 수 있다. 또래에게 이 아동은 매우 부정적인 방식으로 특이하다. 이러한 아동들은 대개 또래의 놀림과 따돌림을 받는다.

상담 문제

홍분성이 높은 아동에게 상담 문제는 자기규제와 자기통제를 하기 어렵다는 데 있다. 또 다른 문제는 아동과 다른 사람들이 편안하게 느끼는 각성 수준을 유지하고, 신기하고, 쓸데없는 자극보다는 창의적인 노력과 지적인 추구에서 만족을 찾도록 하는 데 있다.

주의력결핍장애를 가진 아동들에게 사용하는 많은 책략들을 이와 같은 영재에게 사용할 수 있지만(긍정적인 보상체계, 인지적 및 자기통제치, 심상화, 문제해결 및 이완 기술을 포함하여), 성인이 보상 정도 및 구조를 설정하였을 때 잘 적용되지 않는다는 점을 상담자는 인식하고 있어야 한다. 이와 같은 유형의 아동에게는 얼마간의 구조가 필요하지만 높은 수준의 융통성과 도전성 역시 필요하다. 적절한 지원과 자기규제 기술에 대한 지도를 통해 아동들은 알맞은 구조를 발견한다. 아동은 적절 수준의 자극과 인지적 도전에 대한 필요성 및 신기한 것을 추구하는 욕구로 인해 대부분 학교 체계에서 실시하는 프로그램 및 부모가 가르칠 때 반항과 행동문제를 보이기도 한다. 매우 활동적인 아동의 경우 활동을 구성하고 그 시간을 사용하여 학습하는 것이 효과적이다. 예를 들어, 주어진 시간 안에 일련의 과제를 마치고 나서 스스로 선택한 활동을 하는 것 등이 있다. 또한 신기함뿐 아니라 완성과 그로 인한 만족감에서 기본적인 보상을 얻는 활동이 필요하다. 최소한 어떤 과제를 완성하도록 배우는 것이 중요하다. 독립연구를 통한 자기통제, 휴식 책략의 사용, 스트레스를 감소시키기 위해 자신에게 말 건네기(self- talk), 유머와 과제를 완성하는 것, 그리고 완성한 과제의 질적 측면에 대한 정확한 판단 등을 통해서 신기한 과제에서 다음 과제로 건너뛰려는 경향을 효과적으로 다룰 수 있다.

이들 영재 아동의 대부분은 주위에서 불편해하며 결과적으로 발생하는 정서적인 위축과 회피로 인해 낮은 자존감을 갖는다. 자극-추구자와 자극-회피자 모두 어려움이 있다. 이들에게, 효과적인 책략은 환경을 변화시킴으로써 받는 자극의 양을 규제하는 것이다. 이는 일종의 선택활동으로 적정한 수준의 각성상태를 유지하게 돕는다. 자극에 대한 본인의 높은 요구와 요구조건 사이에 균형을 유지하기란 어려울 수 있다. 이상적인 학교 상황에서 지적 및 창의적인 자극이 필요한 활동기간을 일상적인 연습과제와 마찬가지로 변화시켜 준다.

자극-회피자인 영재 아동은 높은 수준의 각성을 조절하기 위해 치료적인 도움이 필요하다. 외부자극을 제거하기 위해 환경을 조절하고 어떤 유형의 자극에 대한 경험에 대해서는 회피하는 것을 배워야 한다. 예를 들어, 텔레비전에서 보고 싶은 것, 보고 싶은 영화, 읽고 싶은 것, 듣고 싶은 것에 대해 선택하는 것을 배울 수 있다. 자신이 정한 시간 안에 일을 마치기 위해 스스로 속도를 조절하는 적응 책략과 자기-조절 기술 및 둔감화 기법 등이 효과적이다.

자기-규제에 문제가 있는 영재 아동은 종종 다른 사람과의 관계에서 문제가 발생한다. 상담자는 신체적으로 불편한 상태에 있는 아동의 감정과 그 아이의 부정적인 행동에 대해 다른 사람이 보이는 냉담한 반응 모두를 이해해야 한다. 만약 이들 아동들이 통제력을 상실할 것 같음을 보여 주는 단서(발끈 화내기, 눈물, 걱정 혹은 절망감, 벗어나고, 뛰쳐나가고 싶은 욕구)를 인식하는 법을 배울 수 있고, 이들 감정을 완화하는 책략을 사용할 수 있다면(이완, 다른 환경이나 과제로 이동, 떨어져서 평정을 찾기, 보다 기쁜 생각으로 주의를 돌리기, 자신에게 이야기 건네기), 문제에 접근하는 방법을 바꿈으로써 갈등 상황을 해소할 수 있다. 성인들은 대처하려고 애를 쓰는 아이에게 보다 더 반응을 보인다. 이들 아이들은 또한 다른 사람이 자신의 행동을 접하였을 때 어떤지와 다른 사람과 관계를 재설정하기 위해 할 수 있는 것이 무엇인지 배울 수 있다(차분해지기, 장소 및 과제를 바꿔달라고 요청하기, 적절한 관심을 요구하기, 자아-칭찬과 자아-수정을 사용하기, 다른 사람의 감정에 감정이입하기, 사과하기). 마지막으로 직접 사람 대 사람으로 지원함으로써 불안을 줄이고 다시 시도해 볼 정도로 안정감을 느끼게 할 수 있다.

민감성(Sensitivity)

Mark는 고통을 받는 동물에 대해 큰 연민을 느꼈다. 떨어진 아기 새들을 모두 안아 주었고, 최선을 다해 보살펴 주었다. Mark는 길 잃은 개와 고양이의 집을 찾아주었다. 동물에게 개인적인 관심을 쏟는 것 외에, Mark는 지역동물 구호연합회를 위해 기금을 모으기도 하였다. 또한 동물치료 및 건강 서비스에 있어서, 제3세계 국가들의 어려운 상황을 널리 알렸는데, 이것은 생태학적으로 야생동물 보호를 위한 농지 경영에 토대를 둔 활동이었다. Mark는 멸종위기에 처한 종들을 보존하는 일에도 열정을 쏟았다. 자라서, 그는 환경보존 프로젝트에 동참하는 일을 하고 싶어했다. 이 프로젝트를 통해 많은 국가의 사람들에게 인간의 삶이 야생생물들과 매우 긴밀하게 연결되어 있음을 알려 줄 수 있으리라 생각했다.

다른 사람과의 동일시로 인한 감정의 깊이(사람, 동물, 자연, 우주)가 민감성의 특징이다. 열정과 공감은 각기 다른 두 측면이다(Lovecky, 1990b). 열정은 살아가며 경험하는 모든 것들에 의미를 부여하는 느낌의 깊이를 말한다. 즉, 영재의 열정이 그들의 정서적 삶에 강렬함과 복잡함을 부여하게 된다. 열정은 또한 창의적인 노력의 부분이다. 대상에 대한 깊은 애착을 형성하고 상황에 감정적으로 반응한다. 즉, 자신의 감정에 따라 생각하는 경향이 있다. 경제공항과 1940년대에, 유명한 다큐멘터리 사진작가인 Dorothea Lange(Meltzer, 1985)는 예술 속에 자신을 표현하기 위해 피사체에 감정을 투영하였다. 사진의 피사체에 의해 유발된 감정이 중요한 것이지, 사진 그 자체가 아니다.

민감성의 또 다른 면은 공감과 관련이 있다. 모든 영재가 공감을 나타내는 것은 아니지만, 다른 사람과 사회에 대해 헌신하는 이유를 공감에서 찾을 수 있으며, 다른 사람을 돌봐주고 다른 사람의 고통을 줄여주는 것 등과도 관련된다. 고통을 줄이고자 하는 이와 같은 노력은 인도의 Teresa 수녀의 예나 흉악무도함을 주시하고 기록하여 세계에 알리도록 하는 것 등에서 볼 수 있다. Nellie Bly(Carter, 1987)는 실제 정신병 환자로 위장하여, 정신병동에 들어가 환자학대의 실태를 기록하였다. 자신이 경험한 것을 1887년 뉴욕시 정신건강에 알렸다.

시인들, 연구 보고자들, 평화군단 활동가들, 전쟁터 폐허지에서 활동하는 자원봉사자들, 야생동물을 보호하기 위해 노력하는 사람들, 평화활동가와 정치 및 종교 지도자들은 영재들이며 높은 민감성을 지니고 있다. John James Audubon, Louisa May Alcott, St. Francis of Assisi, Elizabeth Blackwell, Dorothy Dix, Gandhi, Martin Luther King, Jr.와 Albert Schweitzer 등이 그 예이다.

아동기 때, 열정으로 인해 사람과 아이디어에 대해 강렬하게 몰입하기도 한다. 이런 아동은 우정에 매우 헌신적으로 친구들의 단점을 보기보다는 단점 속의 잠재적 가능성에 초점을 맞춘다. 반복해서 상처를 받을지라도, 아이는 그 관계를 포기하지 않고, 깊은 관계를 형성하고자 끊임없이 노력한다. 예를 들어, Martin Luther King Jr.는 10대 적에, 그를 죽이겠다고 협박한 대학생을 용서하여 암살자로부터 진정한 변화를 이끌어내었다(Milton, 1987).

민감한 영재들은 국가적 문제에서 개인적 문제에 이르기까지 열정을 갖는다. 아이는 성공할 거라는 신념을 갖는다. 목표에 대한 헌신과 노력으로 아이는 어른과 갈등을 빚기도 하지만 또한 우주의 원리와 혼연일체가 되어 있다는 느낌을 낳기도 할 것이다. 이것이 바로 아이에게 그 어떤 것보다도 강력한 보상으로 작용하게 되며, 목표를 달성하기 전까지 발생하였던 갈등의 모든 고통을 이겨내게 한다.

민감하며 감정이입을 하는 영재 아동들은 매우 공감을 잘한다. 다른 삶에서 느끼는 바를 알고 있을 뿐 아니라 실제 그 자신의 내부에서 똑같은 감정을 느낀다. 특히 강력하고 부정적인 감정일 때 더욱 공감하게 된다. 대부분 아이들이 부모가 화를 낼 때를 알고 있다면, 민감한 영재는 자신의 내부에서 그 분노를 느낀다. 그러나 분노의 감정을 느끼는 동안, 영재는 그 감정을 유발한 이전의 사건을 발견할 수 없다. 만약 자신과 다른 사람 사이에 대인간의 경계를 형성하고, 자아의 느낌과 타인의 느낌을 구별할 수 있다면, 공감과 감정이입은 그 관계 속에서 서로에게 모두 바람직한 결정을 내리도록 이끌어 줄 수 있다.

다른 사람의 감정을 느끼지만 이와 같은 경계를 세우지 못한 아이들은 다른 사람으로부터 극심한 고통을 받게 된다. 감정이 너무 압도적이어서, 다른 사람을 행복하게 하려고 하거나 위축됨으로써 이에 대처하려고 할 것이다. 위축된 사람은 여전히 다른 사람의 고통을 느끼지만 부정적인 감정을 만들어 내는 상황과 사람을 피한다. 그 결과 다른 사람들로부터 고립되고 단절되게 된다. 다른 사람을 행복하게 함으로써 대처하려는 사람들은 상호작용에서 생기는 정서적 분위기에 대해 너무 많은 책임을 지려고 한다. 다른 사람이 어떻게 느끼는지에 대해 책임감을 갖기 때문에; 다른 사람의 기분이 나쁘면, 그것은 그 영재 아이의 잘못이 되는 것이다. 다른 사람의 감정에서 받는 스트레스를 다루는 일종의 스타일로서 어떤 아이들은 완벽주의를 발전시키기도 한다. 즉, 항상 예외적으로 좋은 척(완벽한) 노력함으로써 부정적인 것을 대면하지 않으려고 애쓰게 된다.

상담 문제

매우 민감한 영재는 상담과정에도 민감하다. 무의식적으로 상담자의 기분을 읽을 수 있다; 결과적으로 상담자를 기쁘게 하려고 하거나 고립되어 거리를 유지하려고 한다. 분노와 갈등이 너무 고통스럽고 당혹한 것이므로 피하려고 한다. 상담자는 아이가 이러한 종류의 감정을 다룰 수 있도록 감정을 인식하고 그 감정의 결과에 대한 책임이 없음을 알게 하는 것이 중요하다.

대부분의 민감하고, 동정심이 있는 영재들은 "gifted givers"라고 불리는데, 그 이유는 보상을 기대하지 않으며, 자신의 손실을 계산하지 않고 주려고 하기 때문이다. 도움이 필요한 사람을 만났을 때 무언가를 준다는 것은 이들에게는 자연스러운 것이다. 사실, 이들은 줄 것이 많고 주는 것이 자신에게 보상이 된다. 따라서 상담자에게도 주려고 할 것이고, 상담자에게 필요할 것이라고 생각한 것을 충족해 주려고 하며(이런 지각은 꽤 정확하다), 줌으로써 그 자신을 공유하였다고 즐거워하기도 한다. 상담자는 gifted giver의 요구를 주의 깊게 고려하여 다른 사람을 수용함으로써 공유하였다는 즐거움을 갖도록 허용해 주어야 한다. 아이의 주는 행위를 전적으로 하지 못하게 하는 것은 아이의 자아에서 중요한 부분을 거부한다는 것을 뜻할 수 있다. 반면에, 상담자는 아이로 하여금 왜 그들이 매번 주려고 하는지, 어떤 상황에서 주는 것이 받아들여질 수 없는지를 이해하도록 도움을 주어야 한다. 너무 많이 주는 것이 빚어내는 대인간의 결과를 이해할 필요가 있다. 또한 꼭 주어야 한다고 생각하였지만 받는 사람은 그렇게 생각하지 않을 수도 있음을 이해해야 한다. 상담자는 받는 것 또한 다른 사람을 인정하는 재능이라는 점을 제시해 주어야 한다. 어떤 사람들은 가족에게 많은 것을 주는 것이 당연하다고 생각한다. 이들 아이들은 이기심과 자아를 갖는 것이 분명히 다른 것임을 배워야 한다.

다른 사람의 감정을 느끼지만 적절한 경계를 세우지 못한 민감한 영재와 활동할 때, 상담자는 구체적인 제안을 제공해 주어야 한다. 예를 들어, 경계를 발전시킨다는 것은 자아와 다른 사람의 정서적 상태 사이에 적절한 대인적인 거리를 만든다는 것을 의미한다. 실제 물리적인 거리 두기 기법은 도움이 될 수 있다; 예를 들어, 아이는 자신이 느끼고 있는 것과 문제에 앞서 느꼈던 것에 대한 여지를 남겨놓고 평가할 수 있다. 그러고 나서 아이는 문제로 되돌아 와 해결한다. 다른 사람의 감정에 대한 책임감을 느끼지 않고 상이한 관점에서 사물을 보려고 노력할 때, 감정이입(정확한 타인관점의 이해)과 연민(보호)의 차이점을 토론하는 것이 도움이 된다. 예를 들어, 때론 깊게 숨을 들이마시고 이완을 하는 정신적 심상화와 자아와 타인 사이에 투명한 벽을 만드는 것도 도움이 된다. 이들 영재에게 다른 사람을 보고, 듣게 하지만 다른 사람의 감정을 개입시켜 느끼지 않게 한다. 어떤 아이들은 가족의 강한 요구에 대해서 상호-의존적인 역할을 갖기도 한다. 약물중독이 된 아이를 돕고자 하는 욕구 외에, 문제의 핵심은 실제 다른 사람이 느끼는 바를 느끼는 것임을 깨달아야 한다.

감정이입을 하고 연민을 느끼는 아이들은 동물을 포함하여 다른 사람과 깊은 유대를 형성한다. 동물에 연민을 느끼는 아이는 종종 동물이 무엇을 느끼는지 인식하고 동물이 좋아하고 신뢰하는 사람이라고 생각하는 것처럼 보인다. 다른 사람과 깊은 유대를 형성하려는 아이들은 보다 어리거나 장애를 가진 아이 혹은 노인을 선택하기도 한다; 때로 상담자를 선택하기도 한다. 사랑에 영재성을 가진 아이들이 유대의 특별성을 인식하고 드물고 깊은 관계를 형성하기 위해서는 현실성이 있어야 한다는 점을 깨달아야 한다. 아이뿐 아니라 아이의 삶에서 어른들도 그 기저를 이해해야 하지만, 이런 유대의 미묘한 상호관련성은 표면적으로는 일방향적인 것처럼 보일 수도 있다.

지각력(Perceptiveness)

Helen은 12세 때, 학교에서 함께 시험 부정행위를 하자는 제안을 받았다. 학교에서 부정행위가 일어나고 있음에도 불구하고, 선생님들이 이를 모르고 있다는 것에 적잖이 놀랐다. 가담하고픈 유혹을 느끼기도 했으나, 많은 고심 끝에 교장 선생님께 알리기로 결심하였다. 그러나 오히려 교장 선생님은 Helen에게 화를 냈고, 아무런 증거도 갖고 있지 않다고 말하며 어떠한 조치도 취하지 않았다. 더구나 그녀를 골칫거리라고 말하였다. 이 후에, 부모는 Helen의 행동을 격려하며, 관리자들이 부정행위에 대해서 눈을 감아 주었을 때, 그 잘못을 폭로한 사람들이 받게 되는 문제들에 대해 이야기해 주었다. 부모는 자녀의 행동에 대해서 무언의 지지를 보내 주었다.

동시에 여러 다양한 관점을 볼 수 있다는 것, 자아의 여러 층(측면)을 이해하는 것, 빠르게 문제의 핵심을 파악하는 것이 지각력을 지닌 성인 영재의 특징이다. 이와 같은 직관력을 통해 개개의 상징들이 의미하는 바를 이해하고, 특정 상황을 피상적으로 보는 데서 나아가 보다 심층적으로 접근하게 된다(Lovecky, 1990b). 예를 들어, Margaret Mead는 자신의 독특한 통찰력과 직관력을 사용하여 문화에 내포되어 있는 상징의 의미를 파악하였다. Mead의 생각은 인류학과 사회에서 성적인 발달을 보는 방식에 혁신을 불러일으켰다. 일찍부터 통찰력에 대한 능력으로 Mead는 자신의 지적능력을 숨기거나 다른 사람의 지적수준에 맞추려고 하지 않았다(Mead, 1972).

통찰, 직관 및 여러 감정의 층을 읽어내는 능력을 가진 영재들은 자발적으로 사람과 상황을 빨리 평가할 수 있다. 사실, 이들 영재들은 나타나는 사회적 외관과 실제 생각 또는 느낌 사이의 불일치를 잘 감지해낸다.

진실에 대한 인식과 요구는 지각적인 영재에게 중요한 것이다. 정의와 공정함 또한 중요한 문제이다. 삶이 종종 불공정하다고 인식할 때, 지각력 있는 영재는 자신의 생활 내에서 공정하고 다른 사람에게 공평하려고 노력한다.

종교 및 정치적 지도자, 과학자, 철학자, 치료사, 예술가, 작가 및 시인은 특히 지각을 가진 영재이다. 예를 들어, Emily Dickinson, Langston Hughes, Anne

Hutchinson, Abraham Lincoln, Margaret Mead와 Shakespeare 등이 있다.

아동기에, 지각력은 그 자체로 직관, 통찰 및 진리와 공정함에 대한 높은 기대로서 나타난다. Martin Luther King, Jr.는 14세 때 흑인이라는 이유로 집에 가는 버스의 뒷자리에 앉아야 한다는 "The Negro and the Constitution"이라는 연설로 대회에서 일등상을 탄 역설적인 상황을 보았다(Milton, 1987).

지각적인 영재는 다른 것으로 보이는 자료에서 패턴을 파악하고, 읽고 들어서 숨겨진 의미를 찾아내고, 다른 사람의 말 표면 속에 있는 실제 모습을 이해할 수 있다. 지각적인 영재는 진실과 공정함에 가치를 두기 때문에, 많은 어른들이 아이를 다루는 방식에서 눈에 보이지 않는 불공정함을 분명하게 찾아낸다. 여러 역할에서 나타나는 사회적 얼굴과 다른 면들로 인해 당황해 한다. 사람들은 왜 앞에서는 친절하면서 뒤에서는 비열한지 이해가 되지 않는다. 이들 아이에게, 진리는 절대적인 것으로, 감정과 무관하게 자주 진리에 관해 이야기하고 이를 추구한다. 종종 이들은 매우 다름에도 불구하고 "Emperor의 새로운 옷"에서 소년의 역할을 하는 자신을 발견한다.

지각력을 가진 아이들은 자신에게 다음과 같은 것을 질문한다: 왜 나는 다른 사람과 다른가?(무엇이 나에게 잘못된 것일까?); 혹은 나에게 아주 분명한 것을 다른 사람들은 왜 보지 못하는 것인가?(왜 다른 사람들은 그렇게 바보스럽지?). 어떤 아이들은 이것 혹은 저것으로 나누는 것처럼 보인다: 사람들은 한쪽 관점에서 다른 쪽 관점으로 변화하는 것처럼 보인다(Lovecky, 1990a).

자신이 남들과 다르므로, 잘못되었다고 느끼는 아이들은 진심으로 다른 사람들이 어떻게 생각하는지 이해하려고 노력한다. 다른 사람의 최선을 믿어주고, 다른 사람의 부정적인 언급과 비난에도 긍정적으로 반응한다. 다른 사람들이 자신처럼 지각하지 못한다는 점을 모르기 때문에, 이들 영재 아동들은 자신에 대해 부정적인 말을 할 때마다 이것이 진실이라고 생각한다. 아이들은 다른 사람도 그들 안에 있는 결점, 자신은 보지 못하지만 남에게는 분명한 것을 보아야 한다고 생각한다. 잘 지각하지 못하는 사람들은 덜 이상적이며, 실수가 잦고, 동정적이며, 질투심이 많고, 행동적인 것들이 이 아이들에게는 일어나지 않을 것이다. 시간이 지나면서, 지각적인 아이들은 자신의 생각과 느낌들에 대해 불신을 갖게 되고, 부정적인 자아-이미지를 형성하게 된다.

아이들이 이해하지 못하는 두 번째 유형은 왜 다른 사람들은 지각력이 부족한지 이해하지 못하는 것이다. 올바른 것이 분명하고 세상은 단계에서 벗어난 것처럼 보인다. 이 아이들은 어른들이 자신이 설교한 것, 미덕, 진실, 정의, 공정함을 실천하길 기대한다. 어떤 영재는 자신에게 단 하나의 진실만 있기 때문에 의견의 차이를 수용하는 데 어려움이 있다. 선과 악에 대한 엄격한 개념은 모든 아이들에게 발달적인 문제이지만 특히 매우 통찰력이 있는 아이들에게 문제가 된다. 아이들은 잘 모르고 바보스럽다고 생각한 어른과 문제를 빚어내기 쉽다. 아이들에게 진실을 알고 싶어하지 않는 사람과 실수를 바로잡으려고 하지 않은 사람, 무언가 할 수 있는 더 좋은 방법을 배우려고 하지 않는 사람들은 이해가 되지 않는다. 권위적인 태도로 자신을 지배하려는 어른들의 어리석음을 참지 못하여, 빈번한 갈등을 겪기도 한다.

지각적인 아이에게 있어, 진실을 추구하고, 옳은 답을 알고, 완벽하게 공정한 것이 다른 사람의 요구를 인식하는 것보다 앞설 수 있다. 이상의 강한 내적 충동으로 성인과 성인세계에 대해 크게 실망할 수 있다. 영재 아동은 성인으로부터 배신당하고, 성인들이 바람직하다고 주장하지만 실제 자신들은 이행하지 않는 도덕관에 환멸을 느낀다. 이들 아동들은 성장하면서 회의적이며, 거만한 성향으로 변화하게 된다. 성인의 권위에 부정함으로써 더욱 이들로부터 부정적인 것을 부추기게 된다. 시간이 지남에 따라, 점점 아이들의 삶을 지원해 주는 어른이 사라지게 된다.

지각적인 영재 아이들이 성인 영재로 성공하려면, 다른 사람의 한계를 이해하면서 자신의 지각을 신뢰하고, 성인들로부터 받는 부정적이고 정확하지 않은 피드백에도 불구하고 긍정적인 자아-이미지를 형성하고, 성인세계와 연계되는 기초를 발견해야 한다. 이상의 것들은 영재 아이들이 성인의 지지, 아이의 통찰이 정확하다는 인정과 어떻게 다른 사람이 느끼고 생각하는지 이해할 때 가능하다.

상담 문제

매우 지각적인 영재 아동에게 가장 중요한 상담 문제는 언제, 어떻게 자신의 지각력을 믿고, 다른 사람들이 자신에 대해 이야기한 것을 평가하는지 그 방법을 배우는 것이다. 사실, 성장하면서, 이들 아이들이 제기한 존재론적인 질문은 신뢰할 수 없고 믿을 수 없는 세상에서 신뢰받는(그러나 순진하지 않은) 학습방법에 관한 것이다. 상담에서 신뢰관계를 발전시킨다는 것은 상호 존중에 기초하며 이들 아이들로 하여금 다른 사람이 자신에 대해 이야기한 바를 주의 깊게 조사하고, 자신에 대해 진실이라고 알고 있는 것에 견주어서 특정한 말들의 타당성을 판단하는 것이다. 의견과 흥미의 차이는 진실이 무엇인지 어떻게 여러 사람들로부터 파생되었는지 이해하려는 노력 속에서 탐색해야 하는 또 다른 영역이다.

영재 아동들로 하여금 자신의 지각력을 신뢰하도록 도움을 줄 때, 상담자는 정말 이들 지각을 이해하려고 주의를 기울여야 한다. 이들 아이들은 상담자의 약점과 취약점을 지각하고 있으므로, 스스로 지각력의 정확성을 즉각적으로 판단할 수 있다. 상담자에게 이러한 점이 불편할 것이지만 아동의 지각에 대한 진실을 인정하고 스스로 잘못과 취약점을 다루기 위해 사용하는 수단을 알고 있어, 아동들에게 감정적 문제가 생길 때 도움을 주어야 한다. 일단 아이들이 지각의 정확성을 판단하면, 상담자는 이것을 가지고 할 수 있는 것을 결정하게 돕는다. 이것은 아이들에게 다른 의견 또한 중요하고, 감정도 여러 상황에서 진실만큼 중요하며, 문제가 되는 정직하지 못함에는 타협과 협상의 여지가 있다는 것을 가르친다는 뜻이다. 다른 사람의 감정을 보다 인식하도록 격려함으로써 아이들은 최선의 행동과정을 평가하면서 지각하게 된다.

지각적인 아이들은 다른 사람들이 자신보다 덜 지각적이라는 점을 이해할 수 있도록 도움이 필요하다; 사실, 이상의 지각력은 드문 재능이다. 아이들은 여러 층의 사람이 있음을 배워야 한다. 또한 자신이 대부분의 사람들보다 더 많은 일련의 결과를 예측할 수 있고, 상황에 대해서 보다 다양하고 많이 지각할 수 있다는 것을 깨달아야 한다. 따라서 이들 영재들은 다른 사람의 어리석음을 견뎌낼 수 있을 것이다. 다른 사람들이 어떻게 생각하고 느끼는지 이해하고 그 이해한 바에 기초하여 대부분의 결정을 내린다면, 영재 아이들은 많은 사람들이 그들을 지목하여 실수를 하지 않고 왜 잘못된 것으로 보이는 행동을 계속해서 하는지 이해할 수 있다. 또한 아이들은 어떤 대가를 치르고서라도 정확하려고 할 때 나타나는 대인관계의 위험에 대해서도 배워야 한다.

영재 아이들은 진실보다 감정이 보다 더 중요한 때를 배워야 한다. 대부분은 의사결정을 내리는 데 어려움이 있어, 다른 사람의 역할을 취하여 아이와 타인 간에 무슨 일이 생겼는지 큰 소리 내어 생각하면 도움이 되기도 한다. 다른 사람을 관찰하고 즉각적으로 어떤 단서에 대한 반응보다는 오히려 정보사용을 유보하는 것을 배우는 것이 다른 사람의 동기를 발견할 때 도움이 된다. 어떤 아이들에게는 인류학자들이 여러 상황에서 사람들의 기저가 되는 역동성에 관한 정보를 얻을 때 사용하는 방법을 활용하여 사람들을 관찰하게 할 수도 있다. 이것은 사람들이 왜 두 가지 얼굴을 하고 있는지, 문제행동을 반복하는지 이해하도록 돕는다. "Margaret Mead" 접근법을 통해서 정직하지 못함이 정말 무엇인지뿐만 아니라 진실이 사람들에게 어떻게 비춰지는지 배울 수 있다. 이상의 이해로부터 지각력 있는 아이들에게 부족한 점인, 자아와 관련지어 다른 사람을 신뢰하게 된다.

매우 직관적이며 민감한 아이들은 표면 밑에 있는 것을 너무 잘 읽어내어 자신의 지각에 당혹스러워 한다. 이들은(그리고 다른 사람들은) 심령술적인 능력을 가지고 있거나 마음을 읽는 능력이 있다고 생각할지 모른다. 어떤 학생들은 앞으로 무슨 일이 생길지 직관적으로 예측하기도 한다. 이들 아이들이 어떻게 느끼는지 이해하려고 노력하는 상담자는 무조건적인 지지를 학생들에게 제공해야 한다. 대부분 이와 같은 아이들은 발생한 일에 대해 책임감을 느낀다. 이들이 원하는 것은 의도와 상관없이 생기는 압도적인 감정, 자신의 행동에 대해서만 책임이 있으며, 통제를 벗어나서 발생하는 일에 대해서는 책임이 없다는 것을 알도록 해 주어야 한다. 긍정적으로 지각력을 사용할 수 있도록 이들 영재 아이들은 다른 사람의 가장 깊은 핵심에 감정을 연결지으면서 현명하게 자신의 능력을 사용하는 유능한 성인이 되어야 한다.

목표지향적 생명력(Entelechy)

Angel의 오빠가 AIDS로 진단을 받았을 때, 그녀의 아버지는 아들을 내쫓아버렸다. Luis는 친구와 살고자 가버렸다. Angel은 당시 아홉 살이었는데, 오빠를 만날 수 없었다. Angel은 동성애자와 AIDS에 대한 아버지의 생각이 틀렸다고 생각하였다. 그래서 아버지에게 아들에 대한 사랑이 떠오르도록 하는 캠페인을 시작하였다. 사실

이전에 아버지는 마음속으로 장남 Luis를 가장 가깝게 느끼고 있었다. Angel은 아버지가 Luis가 게이라는 사실을 받아들이도록 설득하였다. 그리고 작별인사도 못한 채, AIDS로 아들을 잃을 수도 있으니 오빠를 다시 돌아오게 해달라고 간청했다. 결국 아버지는 아들을 보러 갔고, 두 사람은 화해를 하였다. 아버지는 오빠와 아버지를 진심으로 사랑한 어린 딸에 의해서 자신이 조금의 망설임도 없이 가게 되었다는 것을 부끄러워하였다.

목적을 갖는다는 그리스어로부터 파생된 Entelechy라는 말은 특별한 유형의 동기, 자기-결정의 욕구, 삶과 성장을 완전한 곳으로 이끄는 내면적 힘과 생명력 등의 의미를 가지고 있다(Lovecky, 1990b). 이러한 특징을 가지고 있는 영재는 종종 개방성, 꿈 및 비전으로 사람을 끌어당기는 매력을 발산한다. 이러한 특징을 지니고 있는 사람의 근처에 있다는 점으로도 자신의 자아-실현을 달성하기 위한 희망과 결정력을 부여하게 된다.

영재는 자신의 미래를 결정하는 데 깊이 관여한다. 거대한 장애에도 불구하고 이들을 지속적으로 나아가게 하는 것이 목표지향성이다. 심지어 아무도 믿어 주지 못할 때조차, 자신을 믿는다. 위대한 의지력과 용기로 인해, 이들은 다른 사람들에게 영감을 불러일으킬 수 있고, 때론 부끄럽게 만들 수도 있다. 위대한 교사, 치료자, 사회 개혁가, 정치가 및 여러 예술가는 영재들이며, 그 예로 Bronson Alcott, Helen Keller, Abraham Lincoln, Camille Pissarro, Carl Rogers와 Eleanor Roosevelt 등이 있다.

목표지향적 생명력 특징을 가진 영재는 매우 동기가 강하고, 오직 하나의 마음으로 자신의 목표달성을 향해 나아가며, 의지력이 매우 강하다. 예를 들어, Abraham Lincoln은 교육을 받겠다는 결심을 실현하기 위해 육체노동을 하는 중에도 책을 읽고, 수 마일을 걸어서 책을 빌리고, 강의 듣는 것을 게을리하지 않았으며, 저자와 이야기를 나누었다. 지역 사냥대회에서, Lincoln은 어린 나이에도 사냥을 포기하였다(North, 1956). 목표지향적 생명력이 높은 아이는 어려움을 극복하기 위해 독립심, 의지력 및 내적 정신력을 찾아낸다. Lincoln이 경험한 대로 어려움은 환경적이거나, 인류의 권리를 옹호하는 뛰어난 캠페인을 전개하기 위해 부끄러움, 불안정성을 극복하고 호감을 사려고 하지 않은 Eleanor Roosevelt처럼 개인적인 것일 수도 있다(Faber, 1985).

목표지향적 생명력이 높은 아동은 자신의 영혼을 존중하고, 그 영혼 내에서 무언가 특별한 것을 찾으려는 어른의 긍정적인 반응을 이끌어낸다. 예를 들어 아프리카계 미국인인 Mary McLeod Bethune은 아이 적일 때 사회에서 특별하다고 인정을 받았다. 고등교육을 받을 한 아이를 지명해 달라고 요청을 받았을 때 McLeod Bethune이 지명을 받았다(Meltzer, 1987). 어떤 영재 아동들은 다른 사람들로부터 보호와 도움을 이끌어내는 능력 때문에 아동기를 잘 보낸다. 대부분, 영재의 특별함은 성인기까지 지속할 수 있는 사사 관계를 마련해 주는 계기가 되기도 한다.

목표지향적 생명력이 높은 아이는 있음직하지 않은 우정을 형성하기도 한다. 이들은 다른 사람의 특별함에 이끌리기 때문에, 자신과 다른 사람들의 내면적인 영혼을 보려고 한다. 몇몇 아이들은 집단활동에서 또래를 성공적으로 이끄는 카리스마를 가지고 있다. 이들은 다른 사람들의 지원과 격려를 요청받기도 하며, 프로젝트의 여러 분야에서 함께 활동할 때 동기를 제공하기도 한다. 본래 할 수 있는 것보다 더 잘 하도록 영감을 부여해 줌으로써, 다른 사람들로 하여금 종종 일상적인 질투 및 경쟁자를 넘어설 수 있도록 돕는다.

영재의 특별함은 일종의 의무가 될 수 있다. 이런 아이들이 비록 자신을 특별하게 생각하지 않는다고 해도, 어른들은 특별한 것처럼 이들을 대한다. 어떤 이는 아이의 특별함을 위험하다고 생각하여 아이의 강한 정신력을 깨려고 한다. Lincoln의 아버지는 아이가 더 이상 사냥이나 도살을 할 수 없게 되자 가축 도살자로서 해고해야 한다고 생각하였다(North, 1956). 걱정이 많은 어른은, 풍요로운 내적 영혼을 지닌 아이를 어른의 부족함을 비난하는 존재라고 여겨, 아이에게 어려움을 줄 수 있다. 따라서 극단적인 방법으로 대하는 사람으로 어른들을 경험하게 된다; 극단적으로 도와주려고 하거나 항상 잘못을 찾아내고, 힘들게 하고, 인간성을 가르친다는 명목하에 굴욕을 주는 것 같은 방법.

영재 아이들은 항상 다른 사람의 요구를 우선시 하고, 그 요구를 열심히 충족시키려고 노력할수록 더 좌절하고, 실망하고 낙담하게 된다. 대개 너무 많은 기대를 받는다. 자신의 카리스마에도 불구하고, 꼭 인기가 있는 것은 아니다. 대신 모든 사람들이 의지하는 사람이다. 대부분 지쳐버리는 고등학교 말에 가면, 이 아이들에 대한 다른 사람의 기대를 떼어 놓을 수 없게 되어 부담감을 느끼게 된다. 목표지향적 생명력을 지닌 영재 아이에게, 발달 과제는 다른 사람의 요구에 휩쓸리지 않는 내적 자원을 찾고, 매우 긍정적이고 특별한 혹은 매우 부정적이고 소외된 감정에도 변화되지 않는 자아의식을 발전시키는 것이다.

상담 문제

상담자에게 이 아이들은 믿을 만한 성인 친구의 역할을 수행하고 함께 있기에 고무적이며, 다른 사람을 이해하도록 도와준다. 내적 안정성을 개발하고 다른 사람의 반응에서 느끼는 혼란스러움으로 인해 취약해진 자존감을 형성하지 않도록 유의하는 것이 중요하다. 어떤 특징에 대해서는 특별하게 대해 주는 긍정적인 반응과 똑같은 특징인데도 이에 대해 위협을 느끼는 사람들의 부정적인 반응, 이 극단적인 두 반응 사이에서 아이들은 자아를 명확하게 발견하는 데 어려움을 겪는다. 상담자는 다른 사람들이 정의한 대로 특별하거나 나쁘다기보다는, 아이가 강점과 약점을 모두 가진 한 인간이라는 균형적인 자아관에 초점을 맞출 수 있도록 도와주어야 한다.

대부분 이들 아이들은 너무 의지가 강해서, 상담자가 직접적으로 자아-파괴적인 행동적인 면을 다루어 주는 것이 바람직하다. 의지가 강한 아이는 종종 다른 사람과의 부정적인 상호작용을 유발하기 쉬워, 보다 긍정적으로 강점을 사용하는 것을 배워야 한다. 사물이 어떻게 되어야 한다는 것에 대해 의지가 강한 사람은 자기-결정적인 쪽으로 힘을 쏟는다.

아이를 라벨링하는 것은 부정적인, 예를 들어 반감 혹은 완고함 등의 영향을 미친다. 부정적인 쪽은 단지 그림의 일부라는 인식이 중요하다. 왜냐하면 의지가 강하다는 것은 노력을 하고, 주장적이며, 스스로에게 비춰보았을 때 정당함을 갖는다는 의미이다. 상담자는 감정이입을 능숙하게 사용하고, 왜 아이들이 어떤 문제에 대해 강하게 느끼는지 이해하기 위해서 이 아이들의 세상이 어떤지, 즉 그들을 나타내는 것이 무엇인지 경험하고 있어야 한다. 이런 방식으로만, 영재 아이들은 다른 사람의 추론에 타협하고 귀를 기울이는 것을 배운다. 마지막으로, 어떤 성인들이 변화를 념어서는지 인식하는 것도 도움이 된다. 약한 위치에 처했을 때 그 상황을 다루는 책략은 또한 유용하다.

상담자들은 이들 영재 아이들의 극단적인 외로움을 인식해야 할 것이다. 목표지향적 생명력 특징을 가진 아이들에게 도움을 주어 진정한 친구를 인식하고 발견하게 한다. 다른 사람의 요구를 충족시키는 것에 묶여 있는 이들의 자아-이미지는 사람들이 항상 많은 것을 원하고, 만약 처음부터 한계를 설정해 놓지 않으면 영재들이 되받지 못한다는 것을 배워야 한다. 기쁨을 친구와 자아-확신에서 얻는 것만큼, 할 것의 한계를 설정하는 학습과제와 "아니요"라고 말하는 것이 중요하다.

특별한 꿈을 추구하는 것은 목표지향적 생명력이 높은 영재의 요구이다. 꿈이라는 매개, 추구할 목표를 통해 영재들로 하여금 자신의 강한 의지, 결정력과 개인적인 힘을 보다 긍정적인 방식으로 관리하도록 돕는다. 상담자는 에너지를 흥미진진하고 도전적인 목표물에 초점을 두도록 돕는 자원과 사람들을 찾아줌으로써 영재들을 옹호해 주어야 한다. 이들 특별한 사사관계를 통해서 인간관계를 제공하고 이 관계에서 아이들의 특별함을 가치롭게 여기고 아이의 강점을 증진하는 것이다.

결론

영재에게는 의미를 발견하려는 강렬한 요구가 있다: 삶의 의미, 내면적 자아에 대한 의미, 그들에 대한 인간관계의 의미. 이와 같은 자아탐색은 정체감과 좋은 자존감을 발달시키는 기초가 되므로, 영재가 자신의 고유성을 발견하여 귀중하게 여기고, 다른 사람에 대한 연관성의 의미를 발견하도록 기초를 마련해 주어야 한다. 영재와 활동하는 상담자는 영재의 특별한 문제를 인식하고 긍정적이며 성장을 증진하는 방식으로, 이들의 확산적인 사고능력, 흥분성, 민감성, 지각력 및 목표지향적 생명력에 대해 학습하도록 이끌어 주어야 한다.

참고 문헌

Austin, A. B., & Draper, D. C. (1981). Peer relationships of the academically gifted. *Gifted Child Quarterly*, *25*, 129-134.

Betts, G. T. (1986). Development of the emotional and social needs of gifted individuals. *Journal of Counseling and Development*, *64*, 587-589.

Betts, G. T., & Neihart, M. (1988). Profiles of the gifted and talented. *Gifted Child Quarterly*, *32*, 248-253.

Carter, M. (1987). Nellie Bly. *Cricket*, *15*(1), 55-60.

Cousins, M. (1965). *The story of Thomas Alva Edison*. New York: Random House.

Culross, R. R., & Jenkins-Friedman, R. (1988). On coping and defending: Applying Bruner's personal growth principles working with gifted/talented students. *Gifted Child Quarterly*, *32*, 261-266.

Davis, G. A., & Rimm, S. (1979). Identification and counseling of the creatively gifted. In N. Colangelo & R. Zaffrann (Eds.), *New voices in counseling the gifted* (pp. 225-236). Dubuque, IA: Kendall/Hunt.

Ehrlich, V. Z. (1982). *Gifted children*. Englewood Cliffs, NJ: Prentice-Hall.

Faber, D. (1985). *Eleanor Roosevelt. First lady of the world*. New York: Viking Kestrel.

Feldman, D. H., with Goldsmith, L. (1986). Nature's gambit. New York: Basic Books.

Franks, B., & Dolan, L. (1982). Affective characteristics of gifted children: Educational implications. *Gifted Child Quarterly*, *26*, 172-178.

Freeman, J. (1983). Annotation. Emotional problems of the gifted child. *Journal of Child Psychology and Psychiatry*, *24*, 481-485.

Gross, M. (1989). The pursuit of excellence or the search for intimacy? The forced-choice dilemma of gifted youth. *Roeper Review*, *11*, 189-194.

Hollinger, C. L., & Fleming, E. S. (1988). Gifted and talented young women: Antecedents and correlates of life satisfaction. *Gifted Child Quarterly*, *32*, 254-261.

Hollingworth, L. (1942). *Children above 180 IQ Stanford-Binet: Origin and Development*. Yonkers-on-Hudson, NY: World Book.

Janos, P. M., Fung, H., & Robinson, N. M. (1985). Perceptions of deviance and self concept within an intellectually gifted sample. *Gifted Child Quarterly*, *29*, 78-82.

Janos, P. M., Marwood, K. A., & Robinson, N. M. (1985). Friendship patterns in highly gifted children. *Roeper Review*, *8*, 46-49.

Janos, P. M., & Robinson, N. M. (1985). Psychosocial development in intellectually gifted children. In F. D. Horowitz & M. O'Brien (Eds.), *The gifted and talented: Developmental perspectives* (pp. 149-195). Washington, DC: American Psychological Association.

Kitano, M. K. (1990). Intellectual abilities and psychological intensities in young gifted children: Implications for the gifted. *Roeper Review*, *13*, 5-10.

Kline, B. E., & Meckstroth, E. A. (1985). Understanding and encouraging the exceptionally gifted. *Roeper Review, 8*, 24-30.

Lovecky, D. V. (1986). Can you hear the flowers singing? Issues for gifted adults. *Journal of Counseling and Development, 64*, 590-592.

Lovecky, D. V. (1990a). Psychotherapy with gifted children. In P. A. Keller & S. R. Heyman (Eds.), *Innovations in clinical practice: A source book* (Vol. 9, pp. 119-130). Sarasota, FL: Professional Resource Exchange.

Lovecky, D. V. (1990b). Warts and rainbows: Issues in the psychotherapy of the gifted. *Advanced Development, 2*, 65-83.

Lovecky, D. V. (1991). The divergently thinking child. *Understanding Our Gifted, 3*(3), 1, 7-9.

Lynn, S. J., & Rhue, J. W. (1988). Fantasy proneness: Hypnosis, developmental antecedents, and psychopathology. *American Psychologist, 43*, 35-44.

Mead, M. (1972). *Blackberry winter*. New York: William Morrow.

Meltzer, M. (1985). *Dorothea Lange. Life through the camera*. New York: Viking-Penguin.

Meltzer, M. (1987). *Mary McLeod Bethune. Voice of Black hope*. New York: Viking-Penguin.

Miller, N. B., & Silverman, L. K. (1987). Levels of personality development. *Roeper Review, 9*, 221-225.

Milton, J. (1987). *Marching to freedom. The story of Martin Luther King, Jr.* New York: Dell.

Morelock, M. J. (1992). Giftedness: The view from within. *Understanding Our Gifted, 4*(3), 1, 11-15.

North, S. (1956). *Abe Lincoln. Log cabin to White House*. New York: Random House.

Ogburn Colangelo, M. K. (1979). Giftedness as multilevel potential: A clinical example. In N. Colangelo & R. Zaffrann (Eds.), *New voices in counseling the gifted* (pp. 165-187). Dubuque, IA: Kendall/Hunt.

Perry, S. (1986). I'm gifted, but I'm not supposed to know it. *G/C/T, 9*(3), 55-57.

Piechowski, M. M. (1986). The concept of developmental potential. *Roeper Review, 8*, 190-197.

Piechowski, M. M. (1991). Emotional development and emotional giftedness. In N. Colangelo & G. Davis (Eds.), *Handbook of gifted education* (pp. 285-306). Needham Heights, MA: Allyn & Bacon.

Post, R. D. (1988). Self-sabotage among successful women. *Psychotherapy in Private Practice, 6*, 127-130.

Roedell, W. (1984). Vulnerabilities of highly gifted children. *Roeper Review, 6*, 127-130.

Roedell, W. (1988). "I just want my child to be happy": Social development and young gifted children. *Understanding Our Gifted, 1*(1), 1, 7, 9-11.

Roeper, A. (1982). How the gifted cope with their emotions. *Roeper Review, 5*(2), 21-24.

Roeper, A. (1989). Empathy, ethics, and global education. *Understanding Our Gifted, 1*(6), 1, 7-10.

Roth, H. (1986). Personality patterns and counseling styles. *G/C/T, 9*(3), 58.

Sanborn, M. P. (1979). Differential counseling needs of the gifted and talented. In N.

Colangelo & R. Zaffrann (Eds.), *New voices in counseling the gifted* (pp. 154-164). Dubuque, IA: Kendall/Hunt.

Silverman, L. K. (1983a). Personality development: The pursuit of excellence. *Journal for the Education of the Gifted, 6*(1), 5-19.

Silverman, L. K. (l983b). Issues in affective development of the gifted. In J. VanTassel-Baska (Ed.), *A practical guide to counseling the gifted in a school setting* (pp. 6-21). Reston, VA: Council for Exceptional Children.

Silverman, L. K., & Ellsworth, B. (1980). The theory of positive disintegration and its implications for giftedness. In N. Duda (Ed.), *Theory of positive disintegration: Proceedings of the third international conference* (pp. 179-194). Miami, FL: University of Miami School of Medicine.

Terman, L. M. (1925). Mental and physical traits of a thousand gifted children. *Genetic studies of genius* (Vol. 1). Stanford, CA: Stanford University Press.

Tidwell, R. A. (1980). Psychoeducational profiles of 1593 gifted high school students. *Gifted Child Quarterly, 24*, 63-68.

Tolan, S. (1989). Special problems of young gifted children. *Understanding Our Gifted, 1*(5), 1, 7-10.

Torrance, E. P. (1961). Problems of highly gifted children. *Gifted Child Quarterly, 5*(2), 31-34.

Torrance, E. P. (1962). *Guiding creative talent.* Englewood Cliffs, NJ: Prentice-Hall.

Torrance, E. P. (1965). *Gifted children in the classroom.* New York: Macmillan.

Webb, J. T., Meckstroth, E. A., & Tolan, S. S. (1982). *Guiding the gifted child.* Columbus: Ohio Psychology.

Wendorf, D. J., & Frey, J. (1985). Family therapy with the intellectually gifted. *The American Journal of Family Therapy, 13*(1), 31-38.

Whitmore, J. R. (1980). *Giftedness, conflict, and underachievement.* Needham Heights, MA: Allyn & Bacon.

Willings, D. (1980). *The creatively gifted.* Cambridge, England: Woodhead-Faulkner, Ltd.

Willings, D. (1985). The specific needs of adults who are gifted. *Roeper Review, 8*, 35-38.

Zaffrann, R. T., & Colangelo, N. (1979). Counseling with gifted and talented students. In N. Colangelo & R. T. Zaffrann (Eds.), *New voices in counseling the gifted* (pp. 142-153). Dubuque, IA: Kendall/Hunt.

제 3 장

영재상담을 위한 발달적 모형

Linda Kreger Silverman

처음 두 장에서는 영재들의 다양한 특성에 대해 논의하였다. 이 장에서는 영재집단의 특별한 특성에서 도출한 영재상담모델에 대해 살펴보고자 한다. 영재성이 표출되는 재능 영역에 상관없이, 영재는 생애 초기부터 나타나 인생 동안 지속되는 어떤 지적 및 성격적인 특징이 있다. 그러므로 영재의 요구에 적합한 상담프로그램을 고안하기 위해서는 영재의 지적 및 성격적인 차이를 고려해야 한다.

영재는 자신의 지적 그리고 성격적인 특징을 통해서 세상을 바라본다. 영재의 모든 경험은 이 렌즈를 통해서 걸러진다. 이 렌즈는 매우 맑고, 선명하고, 변형되지 않고 그대로 투영되기도 하며, 색깔이 들어 있어 너무 많은 자극으로부터 아이들을 가릴 수도 있다. 혹은 아이들이 상처받기 쉬운 상태라면, 마치 한 쪽에서만 볼 수 있는 거울처럼 자신은 밖을 볼 수 있지만 다른 사람들은 그들을 바라볼 수 없게 할 수도 있다. 상담을 통한 중재는 영재의 삶을 유지시키고, 소외, 우울, 미성취 및 자아존중감이 훼손되는 것을 막아준다. 상담을 통한 중재는 자아 효능감을 증진하고 자아실현 과정을 촉진한다. 정서적 개발은 내부의 심리적 환경뿐 아니라 외적 맥락과의—가정, 학교, 공동체, 그리고 또래관계—상호작용을 통해 이뤄진다. 이상의 맥락들은 개인성장과 발전과정을 위한 잠재적인 지원체계이다. 이들 맥락들 중 어느 한 가지가 부족하거나 결핍되었을 경우, 다른 것들이 그 부족한 부분을 돕고 재구성되는 것이 가능하다. 이 책의 여러 장에 걸쳐서, 어떻게 이들 지원체계가 아이의 성장을 돕는지 그리고 이들 지원체계를 어떻게 활성화할 것인지 제시할 것이다.

발달적 상담의 목적이 다양하게 보일지 모르나, 보다 나은 존재가 되기 위해 독자성을 표현하는 자아 완성체의 여러 가지 모습을 나타낸 것에 불과하다. 그 결과는 맑고, 깊은 지혜와 자기지식의 집결체로 묘사할 수 있다. 바라기는, 각 개인이 이러한 불변의 가치로부터 충만한 삶을 영위하고, 정직한 삶의 길을 선택하는 지혜를 얻게 되며, 봉사의 정신을 가지고서 자신의 도덕적인 용기를 따라 살아갈 수 있도록, 영재를 위한 발달적 상담모델을 제시하였다([그림 3.1] 참조). 발달적 상담모델은 쉽게는 구명복을 입고, 지식의 세계로 들어가는 것으로 이해할 수 있다. 또는 비협조적인 세상에서, 지혜와 자아실현을 이루기 위해 독특한 세계관을 가진 개인이 보다 심오한 수준에서 보여 주는 노력으로 이해할 수도 있다. 아이들 입장에서 지원체계와 적절한 중재는 단순히 물에 빠진 사람을 구해 주는 것 그 이상의 역할을 한다. 즉, 영재들을 더 높은 수준으로 발전하도록 돕는 촉매의 역할을 함으로써, 그들의 재능을 사회를 위해 사용하도록 이끌어 주게 된다.

영재의 특징과 상담반응들

다음의 특징들은 상당히 전형적인 영재집단에서 자주 나타난다. 영재는 대개 모든 분야에 걸쳐 지적인 특징을 보이며, IQ와 연관하여 영재의 지적 특징이 더욱 잘 나타난다. 게다가 이들 특징들은 성격과 관계가 있다. 다음의 짝을 지어 제시해 놓은 목록들은 여러 특징들의 한 예에 불과하다. 모든 지적인 특징들은 성격적인 특징과 연관되어 있지만, 어떤 특징은 일부 성격 특징에서 두드러지는 반면, 다른 성격 특징에서는 그렇지 않다. 이들 특징들은 지적 차이, 과흥분성(overexcitability) 및 재능정도와 상호작용한다. 상담자들은 이와 같은 영재의 본질적인 면을 이해하고, 이를 치료과정에 건설적으로 활용해야 한다. 이에 이 절에서는 짝을 지어 제시해 놓은 목록들과 이 목록들이 상담에 시사하는 점을 살펴볼 것이다.

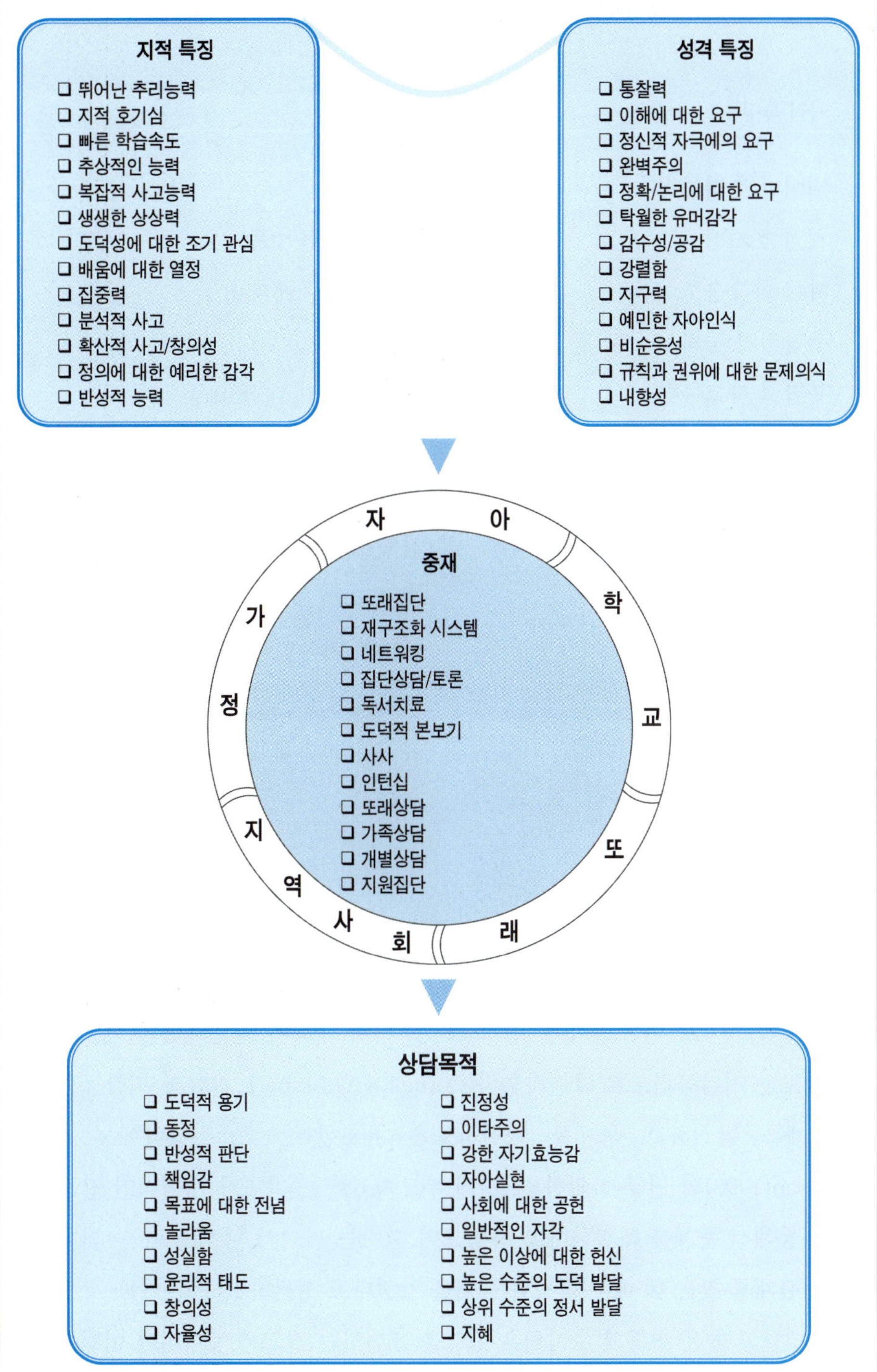

[그림 3.1]

영재상담을 위한 발달적 모형

지적 특징	**성격 특징**
뛰어난 추리능력	통찰력
지적 호기심	이해에 대한 요구
빠른 학습속도	정신적 자극에의 요구
추상적인 능력	완벽주의
복잡적 사고능력	정확/논리에 대한 요구
생생한 상상력	탁월한 유머감각
도덕성에 대한 조기 관심	감수성/공감
배움에 대한 열정	강렬함
집중력	지구력
분석적 사고	예민한 자아인식
확산적 사고/창의성	비순응성
정의에 대한 예리한 감각	규칙과 권위에 대한 문제의식
반성적 능력	내향성

통찰력(Insightfulness)

뛰어난 추리능력은 지각 및 통찰력을 증진시키며, 상황의 본질적인 요소를 파악하게 한다(Lovecky, 1992). 부모들에게 영재성의 정의에 대해서 질문하였을 때, 반응 중 40% 정도는 지각능력으로 답변하였다(Cornell & Grossberg, 1989). 지각능력은 또한 문제를 발견하고 문제를 해결하도록 유도한다. 오스트리아에서 실시한 Parkinson(1990)의 연구에 의하면, 영재 부모의 68%는 자녀가 예외적인 접근법 및 방법을 통해서 문제를 해결한다고 하였으며, 70%는 자녀가 "추리능력 … 의미를 이해하고 관계를 찾는 데 매우 탁월한 능력을 가졌다고 생각하였다"(p. 11).

학생들의 높은 수준의 추리력은 생각을 표현하는 정교한 방식이나 어휘능력 정도를 통하여 초기 개별상담과정에서도 쉽게 볼 수 있다. 효과적인 상담자는 비동시성－학생들이 신체적인 상태보다 정신적으로 더 성숙하다는 점－을 이해하고 "보다 성숙한 자아"에 초점을 맞추어 의사소통한다. 학생의 더 성숙한 부분이라 함은 현

상황에 대처하는 지혜를 보다 많이 가지고 있다고 가정하는 것이다. 동시에, 상담자는 학생 내부에 여러 발달적 연령이 함께 공존하고 있고(Tolan, 1989), 그들의 요구와 생활경험은 나이에 적합한 것(Morelock, 1992)임을 인식하고 있다. 학생들의 통찰적인 추리기술과 능력은 치료과정에서 놀이라고 불린다. 상담자는 학생들 스스로 내적 자원을 이끌어내어 문제를 효과적으로 해결할 수 있도록 돕는 촉진자로서 행동해야 한다. 브레인스토밍 기술을 상담과정에 적용하여, 개인적인 어려움을 이끌어낸다.

통찰력이 뛰어난 학생을 상담하는 일은 흥미로운 일이다. 그러나 2장에서 Lovecky가 지각능력이 뛰어난 학생에 대해 기술하였듯이 단점도 있다. 영재들은 생각에 쏠려서 상담 세션을 지적 연습과정으로 바꾸게 되어, 통찰은 보다 큰 목적을 위한 수단이 되기보다는 그 자체로 목적이 되어 버릴 수도 있다. 그러므로 영재의 생각을 좇다가 상담 자체가 쓸려가지 않도록 상담자는 주의해야 한다. 기억해야 할 두 가지는 (1) 통찰력은 감정을 위한 대체물이 아니므로, 통찰력이 뛰어난 학생들은 자신의 감정에 계속적으로 집중해야 한다. (2) 통찰력은 행위를 위한 대체물도 아니다. 그러므로 이해뿐 아니라 이해한 바를 적용하려는 노력이 필요하다. 통찰력을 행동계획으로 전환해야 한다.

이해에 대한 요구(The Need to Understand)

지적 호기심으로 인해 지식을 추구하게 되므로, 지적 호기심은 그 자체로 지적이고 성격적인 측면이 있다. 호기심은 영재 부모들이 가장 빨리 발견하는 특징들 중 하나이다(Louis & Lewis, 1992; Munger, 1990; Parkinson, 1990). Parkinson의 연구에 참여한 부모 중 81%는 자녀들이 호기심이 많고, 연구하기를 좋아하고, 예리한 질문을 하였다고 지적하였으며, 66%는 자녀들이 보다 더 알기 위해 끊임없이 자극을 조사하고 탐구하였다고 언급하였다. Roeper(1991)에 의하면, 이러한 욕구는 일생 동안 계속된다.

> 성인이 되고서도 영재는 자신의 영재성에 사로잡힌다. 영재는 욕구, 에너지, 행동하지 않고는 배기지 못하게 하는 것이 무엇인지 모른다. 영재는 탐구하고, 작곡하고,

> 글을 쓰고, 이론을 만들고, 교육하고, 연구를 수행하고 혹은 마음에 떠오르는 것을 우선적으로 하는 수밖에는 어쩔 도리가 없다. 이들은 알고자 하며, 배우고자 한다. 영재는 산이 그곳에 있기 때문에 산에 오른다. 이 "이끌림(driven-ness)", 한쪽으로 쏠려버려서 영재는 관심이 가는 것 때문에 먹지도 자지도 않을 수도 있다.
>
> 영재의 이러한 요구는 어디에서 생기는 것인가? 부분적으로는 심리적 필요 때문이다. 세상을 인식하고, 이해하며, 자신의 세계를 창조하고자 하는 요구에서 비롯된다. 지적으로, 창의적으로, 신체적으로 지배하고자 하는 요구이다(pp. 90-91).

대부분의 영재들은 자신의 정신구조에 호기심을 가지고 있으며, 자신을 조절하는 주제에 사로잡힌다. 심리학 과정이나 심리학을 세미나와 토론 및 다른 특별한 방안에 삽입하여 제공할 수 있다. 영재들은 대개 성격검사를 받거나 정신내부 및 가족역학관계에 대해 알아보는 것을 좋아한다. 『*Psychology for Kids*』(Kincher, 1990)는 10세나 그 이상의 학생을 대상으로 실시할 수 있는 성격-유형검사를 소개한다.

영재들로 하여금 자기 자신을 실험 대상으로 인식하게 함으로써 영재의 선천적인 호기심을 상담과정에 통합할 수 있다. 영재는 다양한 상황 하에서 자신을 관찰할 수 있다. 영재는 정서 상태를 적거나, 기록하거나, 차트로 만들거나 숫자로 평가할 수 있다. "만약 …라면 어떤 일이 일어날 것인가?"라는 질문을 통해서, 다른 잠재적 행동과 결과를 보도록 도움을 줄 수 있다. 연구자로서 학생은 또한 스스로 선택한 상이한 중재 방법들을 통해 자신의 진척사항을 모니터할 수 있다.

정신적 자극에의 요구(The Need for Mental Stimulation)

영재들은 심지어 영아기일 때도 엄청난 정신적 자극을 갈구한다. 영아에 대한 연구에 따르면(Fisher, 1990; Storfer, 1990), 조숙한 영아들은 친숙한 자극(습관화)에 대해서는 빨리 흥미를 잃어버리고 새로운 것을 좋아한다. 영재의 엄청난 기억력과 빠른 발달속도와 빠른 학습속도(rapid learning rate)는 유아기에서도 관찰할 수 있다(Louis & Lewis, 1992; Parkinson, 1990). Parkinson(1990)의 연구대상이었던 부모들이 언급한 영재의 가장 두드러진 특징은 뛰어난 기억력이다; 부모 중 88%는 자녀가 쉽고 빨리 배웠다고 하였다.

영재들이 학교에서 겪는 가장 큰 문제는 빨리 학습하기 때문에 다른 학생들의 속도와 맞지 않는다는 점이다(Feldhusen, 1992; Robinson & Noble, 1992). Lovecky(1992)와 Tolan(1985)은 뛰어난 영재들이 자극적이지 못한 학교수업에 집중할 수 없다고 주장하였다. 영재의 마음은 통제범위를 넘어서서 여행을 떠난다.

> Jim은 선생님을 기쁘게 하려고 하였지만 매 시간 문제에 봉착할 수밖에 없었다. 공부를 하려고 하지 않는 자신을 발견하게 되는 것이었다. Jim의 두뇌는 선생님이 주신 과제를 풀 수 없었고, 과제에 마음을 집중할 수 없었다. Jim은 수준에 맞는 과제에 대해서는 집중하거나 과제를 완성하는 데 아무런 문제가 없었다(Lovecky, 1992, p. 4).

Lovecky에 따르면, 정신적 자극에 대한 강한 요구가 바로 매우 뛰어난 영재를 일반적인 영재와 구분짓는다. “매우 뛰어난 영재는 결코 꺼지지 않는 마음을 가지고 있다. 400권 이상의 책을 저술한 Isaac Asimov는 자극에 대한 자신의 요구를 방음 처리된 천장타일에서 구멍을 세는 절박함으로 묘사하였다”(1992, p. 3). Francis Galton 또한 무언가를 세어보는 경향이 있었다. 그는 모든 것을 세고 또한 상상할 수 있었다—어떤 공연에서 하품하거나 안절부절 못하는 관객의 지루함을 20,000번의 붓질로 자화상을 그린 어느 화가로!(Schultz, 1981).

아이들의 뛰어난 기억력과 빠른 학습능력, 그리고 정신적 자극에의 요구를 학교상황에서 효과적으로 다루어야 한다. 상담자들은 프로그램, 교육과정 및 교수법을 수정하도록 조장할 수 있다. 교사들로 하여금 학생을 위해 진단과 처방 접근법을 사용하거나(Nelson, 1992), 학생들이 같은 것을 또 배우고 있지는 않은지 평가하도록 권장할 수 있다. 능력별로 집단을 편성함으로써 교수속도를 빠르게 한다. 아이들에게 지적인 자극과 도전을 지속적으로 유지해 주는 수단으로서 독립 프로젝트, 속진, 상급수준의 과목, 심화 기회, 수업 외 평가, 교육과정 압축 및 마그넷 학교 등을 찾아볼 수 있다. 사립학교 선택안, 지역사회 심화자원, 심지어 자택학습 자원에 대해 알고 있는 상담자는 학교가 아이들에게 충분한 자극이 되는 과제를 제공하는지 증명해 주어야 한다.

사람들은 기억하고 있는 것에 대해 정서적으로 반응하기 때문에 또한 기억력이 뛰어나다고 하는 것이 단점이 되기도 한다(Piechowski, 1991). 영재들은 모든 실패와 모든 수모를 생생하게 기억하고, 그들이 겪은 일에서 다시 일상으로 나오는 데 수년이 걸린다. 무기력과 쓰디쓴 분개감을 지속시키는 자기 파괴의 순환 고리를 깨는 것이 상담자에게 커다란 도전과제가 된다. 역할극을 통해서 학생들로 하여금 그 당시 상황의 피해자로서보다는 우월한 위치에서 그 상황을 다시 경험하게 한다. 역할극은 오랜 기억을 대체하고, 미래에 비슷한 상황이 일어날 경우 새로운 기술로 대처할 수 있다는 점을 인식하도록 돕는다.

학생들의 정신적 자극에 대한 욕구를 반드시 상담 세션에서 언급해야 한다. 이때 세션을 빠른 속도로 진행해야 한다. 어떤 학생들은 상담자가 적용하는 심리 이론에 대해 읽어보는 것을 좋아하고, 이 과정에 대해 잘 알고 있다고 느낄 때 상담에 참여할 수 있다.

완벽주의(Perfectionism)

추상적인 능력이 뛰어난 것과 완벽주의는 영재의 가장 두드러진 특징이지만, 이 둘의 관계가 다소 불명확해 보일 수도 있다. 이 둘은 영재를 이해하는 중요한 요소이므로, 보다 자세히 설명하고자 한다. Snyderman과 Rothman(1988)은 661명의 심리학자들을 대상으로 지능의 본질에 대해 전문적으로 일치하는 견해가 있는지 조사하였다. 언론 매체에서는 일치된 견해가 없다고 하지만, 99.3%가 추상적인 능력이 지능의 핵심적 요소라고 생각하였다.

> 심리학자나 교육학자들이 서로 "지능"이라는 용어를 사용할 때, 기본적으로 동일한 개념 즉, 학습할 수 있는 능력, 추상적인 추리 및 문제해결 같은 보다 복잡한 인지적인 능력을 언급하고 있다고 결론내릴 수 있다. … 여러 면에서, 지능에 대한 Terman(1921)의 정의에서도 추상적인 능력을 지능에 대한 현 사고의 핵심으로 간주하고 있다.

추상적 사고능력은 영재의 필수조건(sine quo non)이다. 어린 시절에도, 추상적 사고능력은 유아 영재와 그렇지 않은 유아를 구분짓는다(Lewis & Louis, 1991; Louis & Lewis, 1992).

대부분 추상적인 추리력이 영재를 나타내는 가장 중요한 특징이라는 점을 인정한다. 비록 추상적인 추리력의 직접적인 결과로 인해 완벽주의가 비롯되었다고 하지만, 완벽주의를 제대로 이해하지 못하고 잘못 생각하는 것이다. 완벽이라는 것은 추상적인 개념이다. 완벽은 무엇이 가능한지에 대한 인식으로, 구체적인 현실에서 존재하는 것을 뛰어넘는 추상적인 이상이다. Dabrowski의 수준 3 "현재 상태(what is)"와 "당위의 상태(what ought to be)" 사이의 갈등으로 보다 높은 수준의 이상을 추구한다(Dabrowski, 1970, p. 106). Dabrowski의 관점에서, 완벽주의는 긍정적인 성격 특징으로, 완벽한 자아에 대한 노력을 통해서 보다 높은 수준의 발달로 나아가게 된다(Silverman, 1990).

완벽주의는 또한 영재들의 비동시적(asynchronous) 발달의 기능도 한다. 정신이 육체보다 빨리 발달할 때, 영재의 추리능력과 가치는 같은 연령의 아이들보다는 정신적으로 수준이 비슷하지만 나이가 좀더 많은 또래들과 같은 수준이다. 영재는 이와 같은 진보된 수준의 인식에 기초하여 자신의 기준을 설정한다. 때때로 영재는 몸이 정신을 따라갈 정도로 충분히 성장하지 못한 경우도 있다. 1장의 예에서 보듯이, 다섯 살짜리 아이 손가락으로 여덟 살짜리 아이가 생각하는 바대로 진흙을 빚어내지 못할 수 있기 때문에 좌절이 뒤따라온다. 어떤 사람들은 이런 아이들이 불가능한 기준을 세워놓았기 때문에 "너무 완벽"하고자 한다고 생각한다. 그러나 기준을 세운 아이가 너무 앞서 있기 때문에, 세워 놓은 기준이 더욱 합리적으로 보이게 된다. 상담을 담당하는 사람들은 아이의 뛰어난 부분이 체계의 다른 부분, 즉 육체적으로 한계를 가지고 있음을 이해하게 도움을 준다.

수많은 교육학자와 임상학자들은 영재의 완벽주의적 경향을 인식해 왔지만(Adderholdt-Elliott, 1987; J. Gallagher, 1990; Hollingworth, 1926; Karnes & Oehler-Stinnet, 1986; Kerr, 1991; Manaster & Powell, 1983; Robinson & Noble, 1991; Roedell, 1984; Whitmore, 1980), 심지어 영재교육계에서도 이러한 경향을 부정적인 관점에서 다루었고 부모들을 비난하기도 하였다.

> 여기서 완벽주의는 일하는 습관, 사소한 것에 대한 집착, 자신과 타인에 대한 지나치게 높은 기준, 외부평가에 대한 무분별한 묵인, 엄격한 관행 등에 관한 강박관념을 포함하는 특징과 행동을 복합적으로 표현한 것이다. … 완벽주의의 원인에 대한 통념은 직접적으로 완벽주의 성향이 있는 아이들이 "억지를 부리거나", 가혹한 부모 탓으로 돌리지만, 임상적 경험상 이와 같은 결론은 정당하지 못하다. … 대다수 완벽주의 성향을 보이는 영재들은 현실적인 기대를 갖고 있는 편안하고 온건한 부모들의 자녀들이다. … 어떤 아이들은 정돈된 환경, 혼돈을 싫어하는 기질을 단지 가지고 태어나는 것으로 보인다(Kerr, 1991, p. 141).

그러나 Roedell(1984), Robinson과 Noble(1991)는 완벽주의 특징의 부정적인 측면과 긍정적 측면을 동시에 언급한다. "긍정적 측면에서, 완벽주의는 엄청난 성취를 이끌어내는 원동력을 제공한다"(Roedell, 1984, p. 128).

> 높은 기준을 갖고 달성하는 것은 성취, 효율성, 그리고 에너지 … 낙관주의 및 자기 확신 … 높은 자아 존중감, 그리고 결과적으로 창의적 산출물, 새로운 신기술 등 긍정적 결과를 초래한다. 그렇지만 완벽주의의 부정적 부산물—자신의 발전에 대한 올바른 인식 없이 미래에 의존하기, 전부가 아니면 전혀 생각이 없는 것, 완고함 이외에도, 우울, 수치와 죄책감, 수줍음 및 지연—등에 대해 지나친 관심을 기울여 왔다.
>
> 영재들이 높은 기준을 발전시킨다고 생각하는 몇 가지 이유가 있다. 영재는 다른 아이들보다 목표를 달성하는 데 보다 뛰어나고, 목표 달성에 익숙하기 때문에 앞으로 달성할 것에 대해서도 낙관적이다. 영재는 보다 복잡하고, 세밀하고, 성숙하고, 완벽하고, 또래보다 "창의적으로" 목표를 구체화할 수 있기 때문에, 보다 성숙하고 도움을 주는 나이가 많은 친구를 사귄다(Robinson & Noble, 1991, p. 65).

호기심과 완벽주의는 영재의 성격에서 엄청난 추진력이 된다. 어느 것도 숨죽이거나 "치료"될 수 있는 것이 아니고, 그래서도 안 된다. 영재의 정신은 그것이 위험할지라도 항상 문제를 제기한다. 그리고 영재들은 항상 자신에 대해 불가능할 것 같은 기준을 설정하고, 돈키호테처럼 풍차와 싸움을 벌이고, 다른 사람들이 포기할 때조차도 싸우며, 어려움에 직면해서도 가능성에 대한 비전을 유지하려고 한다. 영재는 중요하다고 느끼는 목표를 달성하기 위해 모든 이성적 한계를 넘어서 내닫는다. 완벽주의가 없다면 올림픽 챔피언도, 위대한 예술적 노력도, 과학적 돌파구도, 아름다운 예술품도, 어떤 도덕적 촉진자도 없었을 것이다. 완벽주의는 수월성(excellence)을 달성하는 기본적인 추진력이다.

하지만, 오늘날은 애석하게도 이러한 강력한 힘을 일종의 마음 혹은 정신의 병으로 간주한다. 서점에서는 완벽주의를 없애는 방법에 도움이 되는 책들로 가득차 있다. 영재의 특징을 제대로 이해하지 못하고, 이와 같은 특징을 바람직하지 못한 것으로 생각하고, 내담자의 구조에서 제거해야 할 정신 경향으로 파악하는 임상학자나 상담자는 영재에게 해를 미칠 수 있다. 상담자는 이상의 영재 특징을 이해 및 존중하고, 삶을 살아가면서 이들 특징을 생산적으로 사용하도록 도와야 한다.

성격을 구성하는 하나로서 완벽주의는 수월성을 성취하는 긍정적인 방향으로 사용될 수도 있지만 또한 지난 과거의 실패에 집착함으로써 부정적인 방향으로 사용될 수도 있다. 완벽주의를 생산적으로 사용하기 위해서, 학생들은 우선순위를 두는 방법을 배워야 한다. 여러 분야에서 동시에 완벽하려고 하는 학생은 엄청난 좌절을 겪을 수 있다. 곤경에 빠진 고래에 대해 최고의 논문을 쓰는 것이 중요하다면, 수학시험에서 A 학점은 포기해야 할지 모른다. 이 학생은 논문을 위해 수학에서 B를 받는 것이 가능할까? 완벽주의에 대해 취할 수 있는 또 다른 접근 방법은 “실수”를 “학습경험” 그리고 미래성취를 위한 디딤돌로 생각을 전환하는 것이다(Blackburn & Erickson, 1986; Webb, Meckstroth, & Tolan, 1982). 암 치료법을 연구하는 과학자들은 성공에 이르기 전에 실패를 수천 번 경험한다. Walker(1991)는 다음의 예를 들어 이러한 경우를 보여 준다:

> Thomas Edison은 전구에 쓸 필라멘트를 찾기 위해 1,500개의 필라멘트를 실험하였다. 마지막 실험 후에 한 조교가 물었다. “선생님, 맘에 드는 필라멘트를 찾기 위해 1,500번 실패한 것에 대해 어떻게 생각하십니까?” 그러자 Edison은

> "아니지, 그것은 실패가 아니네. 지금 우리는 제대로 작동하지 않는 1,500개의 전구를 알고 있지 않은가"라고 대답하였다.

이와 같은 노력은 실수나 인생의 미로에서 단순한 일로밖에 비춰지지 않을지 모른다; 각각의 막다른 길이 오히려 가능성들을 압축하고, 목표에 한 발 가까이 가게 해준다.

상담자들은 완벽주의자들에게 자신의 비전을 신뢰하고 목표를 달성할 능력이 있다고 믿음을 주어야 한다. 목표에 대한 믿음이 있을 때, 장애물을 극복하고 정상에 올라설 용기를 갖게 된다. 억제하기보다는 이상주의를 증진해야 한다. 이상주의자들이 필요하다; 높은 목표기준과 자신 및 사회의 발전을 위해 땀 흘리고 희생하려는 사람들이 필요하다.

정확에 대한 요구(The Need for Precision)

도덕적 강박관념같이, 영재들은 논리적 강박관념을 갖고 있는데, 이는 그들의 복잡한 사고과정에서 비롯된다. 영재는 세상이 이치에 맞아야 한다고 기대하기 때문에, 그렇지 못할 때 강하게 반응을 보인다. Parkinson(1990)에 의하면, 영재의 70%는 복잡한 생각을 선호하고, 일상적인 것에 짜증을 내고 지루해 하였다. 이와 관련된 특징이 바로 **정확과 명확에 대한 요구**이다. 고도 영재의 경우 이러한 특징이 더욱 두드러진다(Kline & Meckstroth, 1985).

> 모든 정신과정의 특징은 **정확성**이며 정확한 사실을 선호한다. 여러 관계에서 사물에 대한 인식은 다음과 같은 말—글쎄, "그것은 상황(형편)에 따라 다르지"—에서 찾아볼 수 있다. "상황에 따라 다르지!"라는 말을 자연스럽게 사용하는 아이들은 영재를 잘 알고 있는 사람의 관심을 받기 마련이다(Hollingworth, 1927, p. 4).

사물의 다양한 관계를 인식하는 능력은 의사결정을 어렵게 할 수 있다. 어떤 것도 보이는 것만큼 단순하지 않다. '예/아니오'로 정답을 요구하는 질문들은 악몽일 것이고, 선택형 객관식도 마찬가지로 혼란스러울 것이다. 이들 학생들은 지필형 객관식 시험에 나오는 것보다 훨씬 많은 가능성들을 찾는다. "상황에 따라 다른데"는 정해진 답이 있는 시험에서는 나올 수 없다. 이런 이유로 인해, 뛰어난 영재는 또래들이 보는 시험에서 성적이 그다지 좋지 않을 수 있다. 집단 및 개별 IQ 측정치에서 그 차이가 가장 큰 경우가 고도 영재이다(Pegnato & Birch, 1959).

세상이나 그 안에 살고 있는 사람들이 논리적이어야 한다는 욕구가 종종 논쟁을 야기한다. 이들 학생은 잘못을 수정하고, 기록을 바로잡으며, 어떤 언급에 대해 반대하는 사례를 집중적으로 언급하고자 한다. 이와 같이 정확성, 정밀성, 사고와 표현의 정밀성을 요구하게 되면 사회관계가 좋아질 수 없다. 선생님들도 특히 학생 앞에서 자신이 말한 것을 고치고 싶어하지 않으며, 학생들도 만물박사를 피한다. 상담자들은 이들 학생들이 다른 사람들에게 얼마나 비판적으로 보이는지 인식하도록 도움을 줄 수 있다. 사회적 기술은 학습될 수 있으며, 개인 혹은 집단상담 과정을 통해 적절한 관계를 맺는 방법을 연습할 수 있다.

사고과정의 복잡성을 보여 주는 또 다른 특징은 각 상황에서도 여러 의미를 볼 수 있는 능력이다. "다양한 의미, 주석 및 자의식이 우리를 괴롭힌다"(American Association for Gifted Children, 1978, p. 9). 사회생활에 있어 혼란과 당혹감에 휩싸인 채, 영재들은 복잡한 메시지를 쉽게 이해한다. 이러한 메시지 중에서 영재는 어떤 것에 반응할까? 그들이 잘못 선택한다면 어떻게 될까? 또래들은 사물을 단순히 흑백의 관점에서 보지만, 영재는 끝없는 회색빛으로 대응한다.

상담과정에서, 학생들의 내적 논쟁을 귀담아 듣고, 말하고자 하는 것을 정확하게 전달할 수 있도록 스스로 생각을 정련할 시간을 많이 허용한다. 때로는 이러한 정확에 대한 요구가 양방향적 의사소통을 방해하여, 상담자를 대화의 참석자가 아닌 관찰자로 만들 수도 있다. 상담자는 점진적으로 학생들에게 듣는 기술을 가르치고 자연스럽게 대화의 흐름에 참여하도록 도와준다. 어떤 세션에서는 설명해야 할 변수들이 많기 때문에 시간을 들여서 사건의 복잡한 내용들을 들어주어야 한다. 핵심적인 정보를 획득한 후에는, 논의하고 있는 문제에 집중하도록 학생의 내적 논쟁이나 세부적인 설명을 중단할 필요가 있다. 상담자의 책임은 복잡한 사고과정으로 인해 생긴 수많은 정보를 분류하고, 관련 있는 것과 없는 것을 구별하여, 의사결정과 실행으로 옮길 수 있도록 도와주는 것이다.

탁월한 유머감각(Excellent Sense of Humor)

영재성의 가장 유쾌한 측면은 아마도 뛰어난 유머감각에서 비롯된다. 영재성을 기술한 많은 평정척도에 유머감각 특성이 포함되어 있으나, 최근의 관찰을 통해서 경험적으로 검증되었다. Shade(1991)에 의하면, 일반 학생에 비해 영재는 훨씬 더 다양한 형태의 유머에 반응하고 이해한다. Hollingworth(1940)는 이러한 특징을 "구원적인 감각(saving sense)"이라 불렀는데, 이는 유머를 통해서 영재 자신을 둘러싼 어리석음에 제대로 대처할 수 있도록 해 주기 때문이다. 유머와 생생한 상상력(vivid imagination)과의 상관관계는 그다지 명백해 보이지는 않는다. 훌륭한 유머를 가진 사람들은 종종 불합리하고 부조화한 상황을 보게 된다. 상상력을 통해 이 상황의 우스꽝스러운 측면을 과장한다. Dabrowski는 본래 이러한 유머를 고양된 사고[상상적 과흥분: imaginational overexcitability]의 한 기능으로 인식하였으나(Dabrowski & Piechowski, 1977), 지능 요소[지적 과흥분: intellectual overexcitability] 또한 관련 있는 것으로 보인다. "부조화를 이해하는 것은 문제해결과 유사한 정신과정을 포함한다. … 유머도, 문제해결처럼 어떤 상호관계를 인식하고 이해하는 요소라고 할 수 있다"(Ziv & Gadish, 1990). 개인이 전개하는 이러한 유형의 유머는 그 개인의 발달수준을 반영한다(Dabrowski & Piechowski, 1977). 자아실현을 한 사람들은 철학적, 비적대적인 유머감각을 지니고 있다(Maslow, 1970).

유머를 상담자의 목록에 포함하여야 한다. 많은 상담이론가들에 의하면 유머는 치료에 도움이 된다. Berg와 DeMartini(1979)는 영재상담에 있어—사회성 촉진, 분노 자제, 자기표현, 심리기능 진단, 동기, 통찰력 발달 촉진, 자기실현을 위한 자기발전을 포함하여—유머를 사용하도록 기술하고 있다. 능숙한 상담자는 영재들에게 불합리하게 보이는 상황에 대처할 때 유머감각을 사용하도록 도움을 준다. 예를 들어, Kramer(1986)는 직업인식 세미나에서 유머를 사용하여 성인 영재 여성들이 세상의 불합리한 여성 차별에 대처하도록 도움을 주었다. Kramer는 "안식과 긴장이완을 촉진하는 장치로서" 유머의 사용을 추천하였다(p. 130). 그러나 신중하게 유머를 사용하여야 하며, 시기적절하게 사용하는 것이 중요하다. 어떤 경우에도 빈정거리는 것은 적절하지 못하다. 유머는 상담자와 학생 사이에 확고한 신뢰의 터전을 쌓고, 논의하는 주제에 적합하며, 학생들이 "태도와 갈등"을 인식할 때 가장 효과적이다(Berg & DeMartini, 1979, p. 203).

감수성/공감(Sensitivity/Empathy)

Dabrowski의 이론을 통해서 영재의 감수성과 강렬함을 가장 잘 이해할 수 있다. 도덕적 관심이 지적 과흥분성의 한 기능으로 나타난 것이라면 감수성과 공감은 정서적 과흥분성의 표현으로서, 가치의 위계성 발달과 관련이 있다(Piechowski, 1979). 도덕적 관심이 공감과 결합할 때, 도덕적 행동으로 전환된다. 도덕적 문제에 대한 조기 관심을 종종 영재에게서 볼 수 있다(Hollingworth, 1942; Munger, 1990; Passow, 1988; Silverman & Ellsworth, 1980; Ward, 1985):

> 고도 영재는 또한 아주 어린 나이에 복잡한 도덕문제를 다룬다. 5세 아이가 그의 엄마에게 묻는다. "엄마 저 닭을 죽였어요? 만약 엄마가 죽였다면 나는 그것을 먹지 않을 거예요." 9세 아이는 자기 때문에 죽은 생물을 먹지 않았다. 한 고도 영재인 아이는 고기를 먹는 가정에서 채식주의자가 되었다. 이들은 다음과 같이 대답하기 어려운 질문들을 하곤 한다. "악이 무엇이죠? 왜 폭력은 있죠? 신은 있나요? 죽으면 무슨 일이 일어나죠? 우리가 다른 사람의 꿈속에 있는 것이 아니라 실제 존재한다는 것을 어떻게 알죠?"(Silverman, 1989, p. 76)

자기 자녀가 천부적인 도덕에 대한 지각능력을 가고 있다고 소개하려고 어떤 엄마가 5세 반 된 딸을 데리고 왔다: "B는 옳고 그름에 대한 강한 감각을 지니고 있어요. 그 아이는 그런 것 같아요. 일반적으로 우리는 원칙의 예를 보고 혹은 이끌리어 그렇지만, B는 거의 본능적으로 무엇이 선이고 무엇이 아닌지 알았어요." 문장완성 검사를 하면서, 10세 된 한 미성취 영재 남학생이 다음과 같이 말했다. "나는 사랑하고 돌보아 주는 보다 좋은 세계에 대해 꿈을 꾸어요"; "만약 할 수 있다면 … 보다 평화로운 세계를 그릴 거예요"; "날 슬프게 만드는 것은 사람들이 서로 관심이 없다는 것이에요"; "나는 왜 세상이 잘 지내지 않는지 알고 싶어요. 왜냐하면 서로 잘 지낼 수 있을 것 같거든요"; "나는 세상이 계속 싸운다면 무슨 일이 일어날지 가장 두려워요."

영재의 감수성 및 이에 대한 예는 1장과 2장에서 언급하였다. 감수성과 공감은 상호 연관되어 있지만 항상 같이 발생하는 것은 아니다. 어떤 아이들은 비평에 매우 민감하여 쉽게 감정을 다치지만 다른 사람의 감정에는 무감각한 경우도 있다. 대부분 영재는 어리고, 장애가 있거나, 노인을 보호하려고 하지만, 이에 비해 형제/자매나 또래의 감정에 무관심할 수도 있다.

그러나 모든 상황에서 정말 공감을 잘하는 영재도 있다. 이러한 영재를 "정서적 영재(emotionally gifted)"라고 간주할 수 있다(Piechowski, 1991; Roeper, 1982). "정서적 영재는 때때로 사회의 기대 때문에 자신의 공간능력을 제한하는 어른의 수준을 넘어서는 그 정도로 타인에 대한 엄청난 공감능력을 보여 준다"(Roeper, 1982, p. 24). 예를 들어, 부모 질문지상에서 한 4세 된 아이가 "관계 기술이 매우 성숙하여 … 친구나 다른 아이들을 때리는 법이 없다"고 아버지가 응답하였다.

A는 리더일 뿐 아니라 누구와도 잘 지냅니다. 1세에서 10세까지의 나이가 달라도 사이좋게 잘 지냅니다. A는 집단에서 받아들일 만한 문제해결 방법을 제시하여 모두를 행복하게 합니다.

A는 신사답고 친절한 아이입니다. 다른 아이를 때리거나 차는 것을 본 적이 없습니다. 사실 가르쳤습니다. 그의 작은형이 그를 때리는 것은 옳지 않다고 말입니다. … A는 아주 사랑스런 아이입니다(예를 들어, A는 "나는 아빠가 집에 올 때 매일 매일 아주 기뻐요"라고 노래를 불러 줍니다). A는 매일 아내와 나에게 자기 동생을 잘 보살펴 달라고 기도를 합니다. A는 게임을 매우 좋아하여 종종 같이 게임을 할 어른들을 찾아다닙니다. 친구와 게임을 할 때, 게임을 아주 잘 할 수 있는 방법을 찾아서 일부러 져 주기도 합니다. A는 누군가가 불공정하게 대접을 받았다고 생각하면 스스로 화를 냅니다(예를 들어, 누군가 친구의 장난감을 가져가 버렸다고 흐느껴 울었습니다. 정작 친구는 울지 않는데 말입니다).

어떤 부모는 아이가 믿을 수 없을 정도로 타인의 감정을 인식하고 걱정하며, 형제간에 경쟁의식이 없고 … 거절하는 기술이 뛰어나서, 다른 사람들은 아이가 틀리고, 불안전하고, 지루하다고 생각하는 것들은 전혀 하지 않는다고 생각하게 만든다고 말한다.

9세 된 K는 감수성이 뛰어나고 분별이 있는 아이다. 어릴 적부터 주위 세계에 대한 예리한 지각을 보여 주었다. 특히, 이것은 다른 사람들의 욕구와 감정에 관한 것이다. 최근까지 K는 자주 감정적으로 성숙되지 않았다고 부담감을 느끼는 것처럼 보였다.

지난 여섯 달 정도 동안, K에게 생긴 큰 변화를 볼 수 있었다. K는 눈에 띄게 행복해 보였고, 덜 침울하고, 보다 안정적이고, 다른 사람의 실패로 인해 덜 괴로워하였다. K는 선생님이나 친구가 자신에 대해 어떻게 해야 한다고 하는 것보다는 스스로 자신이 누구인지에 대해 개인적으로 결정을 내린 것 같았다.

이 예에서, 정서적 영재의 특별한 감수성과 공감을 볼 수 있으며, 필요한 상담반응의 유형에 대한 몇 가지 단서를 얻을 수 있다. 감수성이 예민한 아이들은 그들 그 자체로 인정할 필요가 있다. "너무 민감하다"라는 표현을 우리의 단어에서 없애야 한다. 감수성이 부족한 세계에서, "매우" 과민한 것으로 보이는 학생들이 파괴되고 있는 지구를 지키고 홈리스에 대한 해결방안을 모색할 때 정말 필요한 민감성을 지니고 있을지도 모른다(감수성의 상담 제안점은 2장을 참조하기 바란다).

강렬함(Intensity)

배움에 대한 열정은 지적 특징목록에 포함하기에는 낯선 항목처럼 보일 수 있다. 열정은 분명히 정서적인 용어이다. 그러나 영재들이 배움에 대해 가지고 있는 열정은 차갑고, 비인격적인 용어로 대체될 수 없다. 영재는 아이디어, 새로운 말, 패턴, 그리고 관계에 매혹된다. 공통적으로 국제학사 프로그램(International Baccalaureate program)에 등록한 학생들은 "배움을 사랑하는" 학생들과 함께 배울 수 있는 기회가 프로그램의 가장 흥미진진한 부분이라고 하였다. 그들은 이질 학급(heterogeneous class)에서처럼 배움에 대한 사랑을 숨길 필요가 없다. "어떤 주제에 대해 관심과 지식이 있는 학생들과 함께 공부하는 것이 정말 좋았다"(1990년 2월 5일, S. Jones와의 개인적인 의사소통에서).

과흥분을 강렬함으로 생각한 이래, 강렬함은 사실상 모든 특징들과 관계가 있다. 한 가지 특징은 영재들이 관심을 추구하는 강렬한 방식이다. 영재는 공룡, 천문학, 야구, 컴퓨터 혹은 그리스신화에만 관심을 갖는 시기가 있으며, 한 분야에서 알 수 있는 모든 것을 알고 싶어한다. 영재는 완전히 한 가지에 전념하고, 끝없이 질문하며, 막대한 양의 자료를 배우고, 힘을 다 소진할 때까지 먹고 자고 숨 쉬는 것 외 다른 것은 생각할 수 없다. 이들은 호기심이 충족되었을 때 또 다른 몰두할 만한 것을 찾는다.

2세 때 B의 첫 관심분야는 Outer Space이었다. 이 주제에 대한 책을 수집하는 것을 시작하여, 나와 우주선의 모델을 만들고, 케네디 우주센터를 방문하여 NASA 비디오 등을 모았다. B의 두 번째 열정은 그리스신화였다, 3세 때 시작해서, 그 주제에 대해 찾을 수 있는 모든 것을 찾아 읽게 해 주었다. 4세가 되었을 때 그리스와 로마신화에 나오는 대부분의 신을 외웠다. 아마도 그 다음으로 좋아한 것은 야구였다. B는 1,000개나 되는 카드를 가지고 있었고, 대부분을 암기하였다. 지난여름, 그 카드들을 암기하고 분류하는 데 여름을 거의 다 보냈다. B는 여러 투수들의 피칭 기법을 연구하여 실제 야구를 할 때 이를 모방하는데 까지 발전하게 되었다.

공립학교는 영재가 보여 주는 배움에 대한 강렬한 갈구를 수용해 주지 못한다(Ward, 1985). 만약 이들 학생들이 배움에 대한 열정을 추구하도록 수용해 준다면, 학교는 교육받는 내내 신나고 생기를 유지할 것이다. 대신, 일반 학생들의 전형적인 주의집중 시간에 맞추어, 교육을 대개 20~40분 시간 단위별로 제시하는 과목영역들로 구분해 놓는다. 영재는 끊임없이 복습을 하고, 주의집중을 하기엔 너무도 느린 속도로 새로운 자료를 접하게 된다. 영재를 위해서는 정규 교육과정의 한 부분으로 독립 프로젝트를 실시해야 한다.

영재는 지식의 다른 영역에서도 똑같은 열정을 가지고 자기 발전을 추구한다.

비록 학교에 다니는 동안 배움에 대한 열정을 잃어버린 아이들도, 이들에게 의미 있는 학교를 만들기 위해, 상담자가 흥미를 적절하게 사용한다면 동기를 유발할 수 있다(Emerick, 1992). 옹호자로서 상담자는 학생에게 보다 반응적인 학교환경을 조성하고자 시도할 수 있다. 한 고도 영재는 대도시 신문의 정기 기고란을 가지고 있지만, 자신에게 할당된 일을 다 할 수 없기 때문에, 언어영역에서 D 성적을 받았다. 이 학생은 상담자에게 영어 선생님께 일반적인 숙제 대신에 보다 독립적인 연구 프로젝트를 줄 수 있는지 물어봐 주도록 부탁하였다. 2장에서, Lovecky는 "흥분성(excitability)"이 높은 학생에 대해 언급할 때 부가적인 상담중재방안을 기술하였다.

지구력(Perseverance)

영재는 만약 하고 있는 것에 정말 관심이 있다면, 또래에 비해 잘 집중한다. 주의집중을 오랫동안 잘 하는 것은 유아기에서도 나타난다(Rogers, 1986):

> 한 부모는 아이가 친구들보다 오래 게임을 하고, 친구들이 그만두고 떠나려고 하면 화를 낸다고 말했다. 다른 부모는 아이가 단지 2세인데도 30분 이상 퍼즐을 하고 책을 읽었다고 말했다(Rogers & Silverman, 1988, p. 5).

그러나 "자료가 충분히 지적으로 자극을 주지 못할 때 영재에게 집중은 문제를 유발할 소지가 있다"(Lovecky, 1992, p. 4). 주의가 결핍되어 있는 영재에게 에너지를 집중하는 것 또한 어렵다. 지구력은 주의집중 폭과 집중하는 능력에 관계가 있다. 또한 의지-아동의 경우 끈기와도 연관이 있다. 어떤 영재는, 타고날 때부터, 매우 목표지향적인(Ward, 1985) 반면, 또 어떤 영재는 과정 그 자체에 보다 집중하기도 하여, 과정 중에 흥미를 잃어버리게 되면 목표는 무의미하게 된다. 대부분 영재는 목표-지향적이기보다는 과정-지향적이다; 성숙함에 따라 지구력도 길러진다.

상담과정에서, 지구력은 학생들이 변화하고자 하는 패턴을 실제 바꾸는 데 도움을 주기 때문에 필요하다. "연습이 완벽함을 만든다" 혹은 기꺼이 매진한다는 인식이 없는 완벽주의는 미성취를 가져온다. 상담자는 학생들이 성공으로 향해가는 과정 중에 어려움에 직면하거나 좌절할 때 학생들을 격려함으로써 목표를 달성하도록 도움을 줄 수 있다. 상담자는 성공으로 가는 각각의 단계뿐만 아니라 그 단계에서 생길 수 있는 어려움도 인식하고 있어야 한다(4장 참조).

예민한 자아인식(Acute Self-Awareness)

고도 영재는 대개 분석적 사고자들이다(Altman, 1983). 그들은 예리한 감각을 가지고 있어, 경험, 사람들, 음식, 음악 등을 평가하며 비판적으로 검토하는데 매우 뛰어나다: 사물을 정신에서 분리하여 자신을 포함해서 개선이 가능한 모든 복잡한 방식으로 바라본다. 예민한 자아인식은 날카로운 이성이 내적으로 집중될 때 생긴다. 일곱 살 아이를 둔 부모가 다음과 같은 글을 썼다:

> 이것을 보고 아이가 분석적으로 문제해결하는 것을 좋아한다는 것을 알게 되었다. 세 살이었을 때, 아이의 문제해결 능력을 알게 되었다. 당황스럽게도 아이는 문제를 장황하게 어휘적으로 표현하고 해결방법을 이론화하곤 하였다. 아이가 자기 사고에 열중하면서 주방 바닥을 걸어다니는 것을 보면 웃음이 나왔다! 처음에는 대부분 사랑, 결혼, 운동장에서 누구와 왜 싸웠는지 같은 인간관계에 관한 것이었다. 하지만, 아이가 종교, 구체적으로 신(神), 신의 전능, 죽음 등에 대해 질문했을 때, 적지 않게 놀랐다. 이것들은 매우 심층적인 질문으로, 단순히 "제가 나쁜 짓을 하면 하나님이 보나요?"와 같은 것이 아니었다. 심리적으로, B는 다루기 힘들 수 있다. B는 우리와는 매우 다르게 집중적인 자기 비판의 시기를 겪을 수 있다.

이러한 특징을 자기 수용을 통해 조절하도록 배우지 못한다면, 자기 자신을 잔인하게 다룰지도 모른다. 긍정적으로 숙고하도록 함으로써, 상담자들은 이들이 자신을 제대로 인식하고, 선택한 것이 그 당시로는 최상의 것이었다는 것을 일깨워 줄 수 있다.

분석가들은 사태가 잘못될 수 있다고 생각하여 최악의 상태를 준비하며, 최대한 그러한 결과에 대해 보호막을 칠 수 있도록 걱정을 많이 한다. 재난에 대한 보험 정책처럼 인생을 살아간다. 그리고 예상치 못했던 일이 발생하면 "그걸 미리 알고 있었어야 했는데 …"라고 자기 자신을 학대한다. 시각화(visualization)라는 방법을 통해서, 이들의 추진력을 부정적에서 긍정적인 결과로 재유도할 수 있다. 예를 들어, Gestalt(형태) 기법은 그들로 하여금 불안(비극적 환상)을 야기하는 최악의 결과를 시각화하고, 가장 적합한 결과물(반대의 환상)을 시각화하여, 두 가지 이미지에서 발생할 수 있는 가장 현실적인 그림을 만들어 줄 수 있다. 현실은 우리가 두려워하는 만큼 나쁜 것도 아니고, 우리가 바라는 만큼 좋은 것도 아니기 때문이다.

비순응성(Nonconformity)

요즈음 영재와 창의성이 서로 다른 부류인 것인 양 기술하는 것을 듣곤 한다. 그러나 전통적으로 영재들은 창의성이 있다는 인정을 받아 왔다. Goethe, Leibnitz, John Stuart Mill과 Francis Galton 같은 사람들은 "검사를 하였거나 이들의 전기를 조사하였을 때 가장 지적이라 일컬어지는 사람들이며"(Boring, 1950, p. 461), 이들의 학습능력은 매우 뛰어났다. 이들 모두는 IQ 200 정도로 예측되며, 그들이 한 창의적인 기여는 가히 엄청나다. 성인 영재들은 창의적인 경향이 있으며(Albert, 1980; Rocamora, 1992; Roeper, 1991), 이 창의성이 영재로 되는 경향이 있다(Gowan, 1979). Rocamora(1992)에 의하면 자기실현을 하는 성인 영재들은 "끊임없는 호기심과 확산적인 사고능력을 가지고 있다."

> 영재는 창의적인 과정으로부터 엄청난 만족을 얻는다. 나는 그 모든 과정이 생동감, 힘, 능력, 그리고 육체와 정신의 한계를 초월하는 감정을 동반한다고 믿고 있다. "독창적인 자아"가 세상 밖으로 흘러 나간다. 그것은 출생과 같다. 창의적 표현은 직접적으로 독창적인 자아로부터 나오는 것이며 이와 같은 활성화는 덜 유쾌한 감정 즉, 슬픔, 두려움, 고통을 수반할지라도 내재적인 행복감과 생동감을 가져온다. 그 이면에는 엄청난 발견의 기쁨과 개인적 표현이 있다.
>
> 창의적 과정이 행복함을 만들어내듯이, 가장 큰 불행은 이와 같은 창의적 과정이 방해받거나 허락되지 않을 때 나타난다. 이런 경우에 내적인 압력은 제대로 방출될 수 없다(Roeper, 1991, p. 91).

Albert(1980)는 영재 소년들에게서 상당한 수준의 창의성을 발견하였고, 이들의 부모에게서는 훨씬 높은 수준의 창의성을 발견하였다. Louis와 Lewis(1992)는 창의성과 상상력을 통해서 3세 혹은 그 이하의 나이에서도 영재와 그렇지 않은 아이를 구별할 수 있다는 것을 발견하였다. 성인과 마찬가지로, 영재도 창의적으로 표현할 기회가 필요하다. 이러한 과정이 봉쇄되었을 때, 그 방향이 파괴적인 곳으로 전환될 수 있다. 어떤 영재들은 매우 확산적인 사고자들이다. Lovecky(1991)는 확산적 사고자를 "비록 구체적인 산출물을 창출하지 못할지라도, 독특하고, 평범하지 않으며, 독창적이고 창의적인 반응을 선호하는 사람"으로 정의한다(p. 7). 2장에서 Lovecky는 확산적 사고자를 상담하는 가이드라인을 제공하였다.

비순응성은 창의성의 부산물로서 이로 인해 또래 및 교사들과 문제를 일으키기도 한다. 상담자의 역할은 창의적인 학생들의 독특함을 존중하고, 그들과 다른 사람과의 차이를 효과적으로 메워 주는 것이다. 상담자는 학생들로 하여금 "긍정적 부적응"(Dabrowski, 1972)과 저항(rebellion)을 구분하도록 도움을 줄 수 있다. 만약 어떤 학생이 보다 고차원적인 도덕적 규준 때문에 집단의 규범을 수용하지 않는다면, 이러한 비순응을 칭찬해 주어야 한다. 반면에, 만약 불안감이나 집단에서 무언가를 증명하고 싶어서 순응하지 않는 것이라면, 치료를 해야 하는 문제인 것이다.

권위에 대한 문제의식(Questioning of Authority)

영재들이 잘 하는 말 중 하나는 "공정하지 못하다"일 것이다. 아주 어릴 때부터 자신과 다른 사람들에 대해 불공정하다고 생각되는 것에 빠르게 반응한다. 정의에 대한 인식으로 규칙과 권위에 대해 문제를 제기하게 된다(Munger, 1990; Schetky, 1981). 영재들이 권위적인 것들이 비논리적, 비이성적, 실수가 많고, 불공정하다고 인식하게 되면, 권위에 대해 부정적인 생각이 생기게 된다(Hollingworth, 1940).

호기심이 많게 되면 당연히 문제제기도 많아지게 된다. 고도 영재에게 있어, 문제제기와 논쟁은 정신적인 연습의 한 형태로서, 요점을 파악하는 것뿐 아니라 학습하는 방법 및 순연한 즐거움에 대한 추구로서 볼 수 있다. 대학 신입생을 대상으로 여러 학습 방식을 가르치는 공학 프로그램을 실험하였다. Myers-Briggs 유형검사에 따라 학생들을 네 집단으로 나누었다(Myers, 1962): 직관적 감정형(Intuitive Feelers, NF), 직관적 사고형(Intuitive Thinkers, NT), 감각적 감정형(Sensing Feelers, SF), 감각적 사고형(Sensing Thinkers, ST). 네 집단들은 "어떻게 하면 가장 잘 배울 수 있는지"에 대해 토론하였다. 직관적 사고형 집단의 첫 번째 대답은 "논쟁(argue)"이었다. 많은 고도 영재들은 NT형으로, 날카로운 논리와 매우 발달된 직관을 가지고 있다. 그들은 논쟁하는 것을 즐겨하며, 대개 논쟁에서 이긴다. 그들은 법정에서 자신의 미래를 펼칠 확률이 많다.

어떤 집안에서는, 논쟁 자체가 의사소통의 가장 기본적 형태이다. 모든 사람들은 게임의 법칙을 이해하고, 가장 설득력 있는 사람들은 유머로 정신적인 싸움에서 우위를 차지하고, 영리함 때문에 칭찬을 듣는다. 직관적인 사고형의 사람들은 변론에 능하고, 반대되는 관점에 대해 쉽게 논쟁하며, 때때로 대화에서 신랄하게 비평을 하거나, 다른 사람의 주장을 들은 후에 토론에서 다른 사람의 주장을 옹호하기도 한다. 하지만 세상은 직관력을 지닌 사람들로만 이루어지지 않았으므로, 이와 같은 사람들은 다른 유형의 사람들에게 위협적으로 비춰질 수 있다. 일부 감성의 예민함을 고루 갖추지 못한 직관적 사고형의 사람들은, 경쟁적이고 이기려고 하는 경향이 강한 경우가 많다. 이러한 날카로운 지적인 방어기술들은 타인의 감정 및 논쟁에 대한 반응을 이해함으로써 조절되어야 한다.

상담은 다른 사람의 필요를 이해하고 지속적으로 도전받는 이들의 불편함을 이해하는 데 도움을 준다. 사회적 상호작용의 여러 형태들을 도입하고 시현할 수 있다. 학생들은 win-win을 지향하는 것에서 효과적으로 갈등을 해결하고 협상하는 방법들을 배울 수 있다. 학생들은 자신의 새로운 기술에 대한 여러 사람들의 반응을 모니터하면서, 교사, 부모, 형제자매 및 또래들과 함께 이상의 것들을 실행해 볼 수 있다. 상담자는 자비와 정의가 갖는 가치에 대해 학생들이 토론하도록 유도할 수 있다. 위에서 살펴본 주제를 다루는 책, 영화, 연극 및 실제상황을 함께 공유한다. 학생에게 다음과 같이 질문할 수 있을 것이다. "왜 자비가 정의보다 더 적절한가?"

보다 어린 아이들에게는 공평성의 개념이 상호관계로 확장될 수 있다. "공평하지 않아"라고 우는 아이에게 "너에게만 공평하지 못한 것이니, 아니면 다른 사람들에게도 공평하지 못한 것이니?"라고 질문을 함으로써, 보다 진보적으로 생각하는 능력과 다른 관점을 받아들이는 포용력을 얻게 도와줄 것이다. 지구 생존을 위해, 경쟁적인 것들을 협력관계로 대체하는 협동모델의 필요성과 일반적인 상호의존성에 대해 토론하는 것도 도움이 된다. 모든 논쟁에서 이겨야 하고 스스로 항상 옳지 못할 경우에 위협을 느끼는 학생들은 자신감이 낮아진다. 문제의 뿌리를 제거하기 위해서는 개별 그리고 가정상담이 필요하다. 권위에 대한 문제의식에 관해서는 7장에서 좀더 살펴볼 것이다.

내향성(Introversion)

숙고하는 능력(capacity of reflection)은 적어도 철학적으로는 동경하는 행동이지만, 우리 사회는 순간적인 능력(impulsivity)을 선호한다. 교실에서 기다리는 시간에 관한 연구는 이것을 잘 보여 준다. 녹화한 교실 토론의 테이프를 분석한 결과, 교사들은 학생들이 질문에 대답하기를 단 1초도 기다리지 않는다는 것을 발견하였다(Rowe, 1974). 지능검사는 속도에 보너스 점수를 주고 반면 생각하려는 학생에게는 벌점을 준다. Wechsler Preschool and Primary Scale of Intelligence-Revised (WPPSI-R)과 Wechsler Intelligence Scale for Children-III(WISC-III) 같은 새로운 검사들도 심지어 예전의 지능검사보다 속도를 강조한다.

> 영재성을 측정하는 데 있어 가장 부정적인 것은 WPPSI-R에서 문제해결 속도를 그리고 실제적으로 WISC-R에 비해 WISC-III에서 수행속도를 강조하게 되었다는 것이다. 속도 요소는 생각이 깊거나 경미한 협응문제 같은 비인지적 요소에서 수행이 늦은 영재에게 불리한 것이다(Kaufman, 1992, p. 158).

숙고하는 것에 가치를 두자! 언어적으로 자신의 주장을 펴는 것을 가르치는 상담과정이 있다: 언어적으로 자신의 주장을 펼치는 것은 재판장, 법적인 회의, 그리고 학문적인 토론에서 중요시되어 왔다. 우리 사회는 말하는 것은 잘 하지만, 듣는 것에는 대단히 약하다. 이는 우리 사회에서 만연된 경쟁개념을 반영하는 것이다.

숙고하는 능력은 내향성을 가진 사람에게서 가장 잘 나타난다. 사교적인 집단에서 내향적인 사람은 소수에 불과하며, 미국 사회에서 이들 내향적인 사람은 25% 정도 된다(Bradway, 1964; Myers, 1962). 최소한 영재 중 반은 내향적인 사람이므로, 영재의 이러한 유형의 성격특징을 이해하고 상담하는 것이 중요하다(S. Gallagher, 1990; Hoehn & Bireley, 1988; Myers, 1962). Shelagh Gallagher(1990)는 영재 프로그램에 등록한 1,725명의 학생을 대상으로 연구하여 이들 중 50%가 내향성임을 보고하였다. 영재센터에 등록한 고도 영재를 대상으로 실시한 연구에서도 내향성은 IQ가 증가할수록 증가되는 것으로 나타났다(Silverman, 1986; Dauber & Benbow, 1990); IQ 160 이상의 아이들 중 75%는 내향성으로, 이는 전국 평균의 3배에 해당된다.

내향적인(Introvert) 사람과 외향적인(Extravert) 사람의 가장 큰 차이는 에너지의 원천이 어디에 있느냐 하는 것이다. 외향적인 사람들은 그들 자신 밖에 있는 사람이나 사물에서 에너지를 얻는 반면 내향적인 사람들은 자신 안에서 에너지를 얻는다. 두 번째 가장 큰 차이점은 외향적인 사람들은 단층의 성격을 보이지만, 내향적인 사람들은 개인적인 자아와 공개적인 자아("persona")를 갖는다. 행동적으로 볼 때, 내향적인 학생들은 학교에서 완벽하고자 하고, 부정적인 감정을 내적으로 숨기고, 대개 엄마같이 안전하고 믿을 수 있는 사람과 함께 있는 것을 좋아한다.

내향성이라는 용어를 만든 Jung(1938) 역시 내향적인 성향을 가지고 있었으며 외향적인 것에 비해 내향적인 것이 낮은 가치를 갖는다고 생각하지 않았다. 사람들은 누구나 내향성과 외향성을 어느 정도 가지고 있고, 이 둘의 성격 지배 정도를 오늘날 성격과 학업도구의 기초인, Myers-Briggs 유형척도(Myers, 1962)를 사용하여 측정할 수 있다. 불행하게도 내향성이 성격발달에 미치는 중요한 역할에 대한 인식이 없어, 이에 대해 관심이 적다는 점이다. 외향성과 내향성의 본질적 차이는 다음과 같다.

외향성	**내향성**
상호작용에서 에너지를 얻음	내부 자신으로부터 에너지를 얻음
사람들로 인해 활성화되는 감정	사람들로 인해 소진된 감정
단층의 성격을 가짐(개인적·공개적인 자아가 동일)	외적 자아와 내적 자아를 가짐(여러 사람이 있을 때 최선의 자아를 보임)

개방적이고 신뢰로움	사생활의 필요
겉으로 소리내어 말하면서 생각함	말하기 전에 마음속으로 되뇌어 봄
관심의 대상이 되기를 좋아함	관심의 대상이 되는 것을 싫어함
행함으로 배움	관찰함으로써 배움
새로운 환경을 편하게 생각함	변화를 불편하게 생각함
쉽게 많은 친구들을 사귐	소수의 절친한 친구들과는 허물없이 지냄
다소 산만함	집중력이 강함
충동적임	숙고적임
집단에서 모험을 감수함	창피한 것을 싫어해서 집단 속에서 조용히 있음

다음은 내향적인 아이들의 예이다: "J는 학교에서 혼자 있는 것을 좋아해." "M은 사람들이 많을 때 수줍어하고 개인적인 만남에서 더 열린 마음을 가졌어. M은 매우 조심스럽고 새로운 환경을 만났을 때 변화하려고 하지 않아. M은 참여하는 대신 관찰을 해." "J는 사람들이 많을 때 빨리 피곤해하고 주말에는 계획해 놓은 활동들에서 빠지고 싶어해. J는 자기 방에서 그림을 그리거나 책을 읽을 때 방해 받지 않는 것을 좋아해."

L은 집에 있지 않을 때 매우 예의 바르다. L은 집에 있을 때 화를 잘 내고, 즐거워하지 않는다. 자신의 감정을 드러내는 데 익숙하지 못하며 친한 친구가 한 명 있었다. L은 학교에서 혼자 지내며, 초대 받기 전에 어떤 집단에 들어가는 것을 원치 않고, 다른 사람들이 하는 것에도 관심이 없다. … 변화를 싫어하고 계획에서 변화가 있으면 잘 대응하지 못한다. 새로운 것 및 방법이나 자신이 "기대"하던 것에 변화를 줄 때에는 사전에 많이 알려 주어야 한다.

내향성을 이해함으로써 가족의 역동성은 매우 향상될 수 있다. 바로 감정 상황에 대해 이야기해 주길 원하는 외향적인 부모들은 불화를 초래한다. 자신의 깊은 감정에 대해서 바로 말해버리는 외향적인 배우자들은 종종 내향적인 배우자들을 침묵하게 만들어 버린다. 내향적인 사람들은 말하기 전에 숙고하고, 감정을 정리하고,

문제의 가능한 해결책들을 생각할 시간이 필요하다. 내향적인 사람들은 어떤 것에 대해 충분히 "생각할" 시간을 최소한 24시간 가진 후에 토론이 가능하다.

무엇보다도 내향적인 사람들의 내향성을 존중해야 한다. 부모나 교사들은 외향적인 사람들을 내향적으로 만드는 데 시간을 소요하지 않고, 내향적인 사람들을 외향적으로 만들려고 한다. 이렇게 불평하는 부모는 거의 없다. "아이가 밖에서 너무 많이 놀아요. 집에 앉아서 책 좀 읽었으면 좋겠어요." 내향적인 아이들은 외향적인 아이들보다 더 많이 책을 읽는다. 왜냐하면 이들은 혼자 있는 시간이 더 많기 때문이다. 상담자들은 이러한 내향성이 지극히 정상적인 것이고 치료가 필요한 것이 아니라는 것을 부모와 교사들에게 주지시켜야 한다. 상담자들은 익명성(confidentiality)을 유지하는 훈련을 받고, 내향적인 자녀들의 은밀함을 유지시켜 주는 것에 대한 중요성을 부모와 교사에게 가르칠 수 있다. 이들 아이들은 사생활을 존중받기 원하며, 남 앞에서 드러내 놓거나 칭찬받는 것에 당황하기 쉽고, 숙고할 시간을 필요로 한다. 부모와 교사와 함께 자녀의 내향성에 대해 토론하기 좋은 책으로 『*Please Understand Me*』(Keirsey & Bates, 1978)가 있다.

상담에 있어 내향적 그리고 외향적 접근법의 차이는 흥미롭다. 외향적인 학생은 상담실에 와서 50분 동안 휴식 없이 혼자서 내, 외적인 일들에 대해서 모두 이야기하고, 상담자에게는 말할 기회조차 주지 않은 후, 도움을 줘서 고맙다는 인사와 함께 방을 나간다. 만약 상담자가 서둘러 해결책을 제시하려고 하면, 이들은 오해받은 느낌을 갖거나, 자신의 문제가 사소한 취급을 받았다고 생각할 것이다. 외향적인 사람들은 자신이 중요하다고 생각하는 것을 들어줄 상대가 필요하다. 이들은 다른 사람들에게 말함으로써 자신의 문제를 해결한다. 이것은 자신의 생각을 구체화하는 여러 과정 중의 하나이다. 외향적인 사람들은 이야기함으로써 자신의 생각을 분류하고 정리한다.

반면에, 내향적인 사람들은 자신의 문제에 대해 다른 사람들에게 거의 말하려고 하지 않는다. 그들은 거의 폭발직전까지 부서진 녹음기처럼 마음속에 그 상황을 반복해서 생각한다. 만약 상담자를 찾아오면, 바로 내향적인 사람들이 조언 그것을 원했기 때문이다. 이들은 문제에 대해 더 이상 이야기하거나 생각하고 싶어하지 않고, 해결책만을 원한다. 상담자에게 더 자세한 정보를 주는 것은 그들에게 매우 큰 고통이 될 것이다. 서로 다른 성격 유형을 갖는 상담자와 내담자의 상호작용에서 좀 우스운 상황이 벌어질 수 있다. 내향적인 상담자는 외향적인 내담자가 너무 많은 것을 이야기하는 데 사용하고, 중요한 요지에는 전혀 도달하지 않는다고 생각할 것이고, 외향적인 상담자들은 내향적인 내담자가 의사소통을 하지 않으려 한다고 생각할 것이다! 내담자의 성격 유형은 물론 상담자는 자신의 유형을 파악하는 것이 중요하다.

종합적으로, 이들 여러 성격과 상호작용을 통해서 영재들에게 왜 특화된 상담 서비스가 필요한지를 알 수 있다. 영재의 독특한 특징에 대해 훈련을 받지 않은 상담자는 많은 행동들을 오해할 수 있고 학생의 발달에 저해요소가 될 수 있다.

지원 체제

아이의 발달을 지원하는 데 영향을 미칠 수 있는 다섯 가지 맥락이 있다:

1. 가정환경
2. 학교환경
3. 또래 관계
4. 지역사회 지원
5. 자아(심리내적 환경)

이상의 모든 환경 내에서, 여러 요인들을 고려해야 한다. 예를 들면, 가정환경에서, 가족구조, 사회경제적 지위, 가치체계, 가족 내 아이의 위치, 아이와 영재성에 대한 태도, 이상의 모든 것들이 가족이 자녀의 능력을 키워주는 방법에 영향을 미친다. 자녀를 완전히 이해하고 이들의 요구에 적절하게 반응하기 위해서는 영재와 관련된 성격 특징에 대한 정보를 보다 많이 알고 있어야 한다. 가족상담은 다음 7장에서 다룰 것이다.

학교환경은 이 책의 중심적인 맥락이다. 학교는 영재의 지적 및 정서적 발달을 증진하는 주요 책임을 갖고 있다. 비록 경제적, 시간적, 인적인 많은 제약과 갖추어야 할 많은 편의시설들이 있지만, 체계 내에서 한 명의 지지자만 있다면 아이가 받는 학교경험의 질을 증진시킬 수 있다. 그 한 사람이 담임교사, 영재에 관해 훈련 받은 사람, 상담자, 학교심리학자, 교장, 사회사업가 혹은 장학사가 될 수도 있다. 이들 각 개인이 갖는 중요성에 대해서는 다음의 8장에서 다룰 것이다. 학교는 영재들의 필요에 부응하기 위해 여러 면에서 재구조화 될 수 있다: 교실 내 능력별 편성, 사사제도나 인턴십의 마련, 방과 후 지원집단의 구성, 교육과정 내의 정서 발달 강조, 전문적으로 훈련받은 사람에게 받는 집단상담, 영재집단, 개별, 그리고 가족을 위한 예방적 상담에 배정된 자유 시간.

영재들에게 가장 필요한 것이 무엇인지 질문하면, 대개 "친구"라고 대답한다. 이들 학생들의 학교경험은 완전히 또래 관계의 있고 없느냐에 따라 다르게 나타난다. 학교체계의 가장 위험한 가정 중 하나는 능력과 관계없이 같은 연령의 또래와 사회적으로 만나야 한다는 것이다. 나이에 기초한 강압적인 상호작용은 어른들과 마찬가지로 아이들에게도 좋지 않다. 영재들은 성인과 마찬가지로 자신들과 유사한 흥미를 가진 사람과 진정한 우정을 형성하고자 한다. 이러한 생각들을 한 곳에 엮어놓을 수 있는 정보센터로서의 역할을 한다면, 학교는 영재의 긍정적인 사회성 발달을 위한 강력한 힘을 행사하게 된다. 이것은 Leta Hollingworth의 실험교실에 등록한 아이들을 대상으로 실시한 종단연구에서 밝혀진 바이다(Harris, 1992). 하지만, 만약 학교가 의도적으로 사회적/정치적인 협의사항을 실행하기 위해, 영재들을 서로 격리시킨다면, 그 결과는 건강한 사회 태도 함양에 부정적인 영향을 미치게 된다. 자신과 비슷한 다른 사람들과 지내지 못하는 사람은 사회적 격리, 희생양, 손상된 자아개념, 반사회적 반응, 사회적 상호작용으로부터 위축, 우울 등의 위험에 노출될 수 있다. 정규교실을 영재의 가장 좋은 "사회화"의 장이라고 생각하는 것은 역설이다. 오히려 때때로 정반대의 결과가 생긴다.

지역사회는 성인 역할모델, 사사, 도덕적으로 모범이 되는 사람 및 열정을 가지고 삶을 살아가는 사람으로 이뤄진 귀중한 자원으로, 영재들로 하여금 그들의 열정을 발전시키도록 유도할 수 있다. 부모 지원 집단은 네트워크 기능을 하여 사회적 목적과 지적 자극을 영재에게 제공할 수 있다. 대학들은 영재를 위한 토요일 프로그램, 여름 심화프로그램, 그리고 방과 후 프로그램들을 운영하고 있다. 이들 기관들은 전국적으로 재능을 가진 학생들을 찾아 지원하고, 많은 비용을 들이지 않고 영재를 판별하고, 영재의 성취를 여러 대회를 통해 인증해 주고, 속진과정을 캠퍼스에서 제공한다. 과학센터나 박물관, 천문관, 동물원, 사회학교들, 그리고 공원이나 레크리에이션 단체도 비슷한 흥미를 가진 영재들을 한 곳에 모으는 데 좋은 자원이 된다.

이상의 모든 환경 지원체제를 통해 영재들이 긍정적으로 발달하도록 도움을 제공할 수 있다. 그러나 고려해야 할 개인의 내적인 세계가 있다. 앞서 살펴본 영재의 독특한 지적, 성격적 특성들은 확연히 다른 아이들과 구분 짓는 내적인 경험을 야기한다. 이들 경험들이 건강한 방식으로 통합되기 위해서는, 성인의 이해에 따른 해석이 필요하다. 부모들은 아이들의 첫 번째 상담자요, 가장 좋은 지지자이므로 아이들의 특별한 내적 가치와 독특한 요구에 민감해질 필요성이 있다. 이와 같은 지식이 없다면, 종종 아이들에게 해를 끼칠 수 있는 현 교육과정에 휩쓸리기 쉽다(예를 들어, 여름에 태어난 남자 아이는 항상 뒤처진다; 학생들은 실제 세계에서 잘 지내는 방법을 배워야 한다; 앞선 아이들은 사회적으로 잘 적응하지 못한다; 3학년이 되면, 다른 아이들이 따라잡을 것이다). 부모들도 나쁜 충고로부터 보호가 필요하다.

중 재

중재의 유형

- ❑ 또래와 함께 집단편성
- ❑ 재구조화 시스템
- ❑ 네트워킹
- ❑ 집단상담/토론
- ❑ 독서치료
- ❑ 도덕적으로 모범이 될 사람
- ❑ 사사

- ❑ 인턴십
- ❑ 또래상담
- ❑ 가족상담
- ❑ 개별상담
- ❑ 지원집단

상담중재는 여러 양식을 취할 수 있다. 가장 심도 있는 상담유형은 전문적으로 훈련을 받은 심리치료사(심리치료사, 심리학자, 사회사업가 혹은 자격증 있는 상담자)와 하는 개별상담이다. 개별상담은 심리적으로 문제가 있는 사람들로 한정해서는 안 된다; 반대로, 훈련된 전문상담자는 심리적 장애가 발생하는 것을 막을 수 있다. 상담자들이 영재의 독특한 내적 심리적 상황을 인식하고 있다면, 영재 역시 그들 삶의 어느 시점에서 개별 치료의 덕을 볼 수 있다. 개별상담 맥락에서, 깊은 감정, 과거의 경험, 그리고 풀리지 않는 갈등을 탐색할 수 있다. 전문치료사들은 (1) 내담자로 하여금 자신의 차이를 수긍하게 할 수 있고, (2) 잠재적인 발전가능성을 인식하고 발전을 위해 노력하도록 도와주며, (3) 자신의 철학을 재정의하도록 대화에 참여시킬 수 있으며, (4) 내담자의 모든 에너지를 열망달성에 집중하게 하며, (5) 태도와 행동을 변화시키려는 시도를 지원하고, (6) 진척상황을 점검하고 성공을 축하하고 도와줄 수 있다. 상담은 건강한 자아발전을 위한 긍정적인 지원체계로 비춰져야 한다(4장 참조).

개별상담은 비용이 많이 들어, 학교에서는 대안적 형태의 상담들을 마련해야 한다. 학교상담자나 영재교육 전문가들은 예방적인 상담집단을 세울 수 있다(5장과 6장 참조). 또래상담은 특히 또래의 능력과 성향이 서로 맞을 경우, 효과적인 지원수단으로 생각되어 왔다. 지원 집단은 학교에서 학습중이거나 방과 후에 조직될 수 있다. 교사가 아이들로 하여금 그 아이와 유사한 관심사를 갖고 있는 인물이 등장하는 책을 잘 알고 있다면 독서치료(bibliotherapy)를 정규 수업에 포함할 수 있을 것이다.

발달적인 상담의 목표

발달적인 상담 모형에서, 궁극적인 목표는 개인의 자아실현이다. 아이의 발전 잠재력을 인식하고, 개인을 진화하는 체계로 간주한다. 상담의 초점은 높은 이상을 향한 성장이다. 이러한 높은 이상은 다음과 같은 것들을 포함한다:

- ❑ 도덕적 용기
- ❑ 동정
- ❑ 반성적 판단
- ❑ 책임감
- ❑ 목표에 대한 전념
- ❑ 놀라움
- ❑ 성실함
- ❑ 윤리적 태도
- ❑ 창의성
- ❑ 자율성
- ❑ 진정성
- ❑ 이타주의
- ❑ 강한 자기효능감
- ❑ 자아실현
- ❑ 사회에 대한 공헌
- ❑ 일반적인 자각
- ❑ 높은 이상에 대한 헌신
- ❑ 높은 수준의 도덕 발달
- ❑ 상위 수준의 정서 발달
- ❑ 지혜

결 론

영재의 자아발전을 존중할 때(Roeper, 1992), 우리의 역할이 이러한 발전을 촉진하는 데 있음을 인식하고 있다. 영재는 미래의 리더들이며, 우리에게는 그들의 마음을 지식으로 채워주는 것 그 이상의 도덕적 책임이 있다. 지혜와 윤리가 없는 지식은 위험하다. 우리가 원하는 가치를 그들에게 주입시킬 수 없지만, 우리 자신의 태도와 행동을 통해서 그들의 발달을 고취시킬 수 있다. 우리는 이러한 아이들의 역할모델이고, 만약 우리가 이러한 가치들을 우리 자신의 생활에서 구체화한다면, 말이나 행동보다는 바로 우리 자신으로부터 영재를 가르칠 수 있을 것이다. 또한 우리 자신이 그들로부터 배울 수 있을 것이다.

참고 문헌

Adderholdt-Elliott, M. (1987). *Perfectionism: What's bad about being too good?* Minneapolis, MN: Free Spirit.

Albert, R. (1980). Exceptionally gifted boys and their parents. *Gifted Child Quarterly, 24*, 174-179.

Altman, R. (1983). Social-emotional development of gifted children and adolescents: A research model. *Roeper Review, 6*, 65-68.

American Association for Gifted Children. (1978). *On being gifted.* New York: Walker.

Berg, D. H., & DeMartini, W. D. (1979). Uses of humor in counseling the gifted. In N. Colangelo & R. T. Zaffrann (Eds.), *New voices in counseling the gifted* (pp. 194-206). Dubuque, IA: Kendall/Hunt.

Blackburn, A. C., & Erickson, D. B. (1986). Predictable crises of the gifted student. *Journal of Counseling and Development, 9*, 552-555.

Boring, E. G. (1950). *A history of experimental psychology* (2nd ed.). Englewood Cliffs, NJ: Prentice-Hall.

Bradway, K. (1964). Jung's psychological types. *Journal of Analytical Psychology, 9*, 129-135.

Cornell, D. G., & Grossberg, I. N. (1989). Parent use of the term "gifted": Correlates with family environment and child adjustment. *Journal for the Education of the Gifted, 12*, 218-230.

Dabrowski, K., with Kawczak, A., & Piechowski, M. M. (1970). *Mental growth through positive disintegration.* London: Gryf.

Dabrowski, K. (1972). *Psychoneurosis is not an illness.* London: Gryf.

Dabrowski, K., & Piechowski, M. M. (1977). *Theory of levels of emotional development* (Vols. 1 & 2). Oceanside, NY: Dabor Science.

Dauber, S. L., & Benbow, C. P. (1990). Aspects of personality and peer relations of extremely talented adolescents. *Gifted Child Quarterly, 34*, 10-15.

Emerick, L. J. (1992). Academic underachievement among the gifted: Students' perceptions of factors that reverse the pattern. *Gifted Child Quarterly, 36*, 140-146.

Feldhusen, J. F. (1992). Early admission and grade advancement for young gifted learners. *The Gifted Child Today, 15*(2), 45-49.

Fisher, K. (1990, April). Interaction with infants is linked to later abilities. *The APA Monitor* (American Psychological Association), p. 10.

Gallagher, J. J. (1990). Editorial: The public and professional perception of the emotional status of gifted children. *Journal for the Education of the Gifted, 13*, 202-211.

Gallagher, S. A. (1990). Personality patterns of the gifted. *Understanding Our Gifted, 3*(1), 1, 11-13.

Gowan, J. C. (1979). Creativity and the gifted child movement. In J. C. Gowan, J. Khatena, & E. P. Torrance (Eds.), *Educating the ablest: A book of readings on the education of gifted children* (2nd ed., pp. 4–17). Itasca, IL: F. E. Peacock.

Harris, C. R. (1992). The fruits of early intervention: The Hollingworth group today. *Advanced Development*, *4*, 91–104.

Hoehn, L., & Bireley, M. K. (1988). Mental processing preferences of gifted children. *Illinois Council for the Gifted Journal*, *7*, 28–31.

Hollingworth, L. S. (1926). *Gifted children: Their nature and nurture*. New York: Macmillan.

Hollingworth, L. S. (1927). Who are gifted children? *Child Study*, *5*(2), 3–5.

Hollingworth, L. S. (1940). Intelligence as an element in personality. In G. M. Whipple (Ed.), *Intelligence: Its nature and nurture: Part I. Comparative and critical exposition*. 39th yearbook of National Society for the Study of Education (pp. 271–274). Bloomington, IL: Public School Publishing.

Hollingworth, L. S. (1942). *Children above 180 IQ Stanford-Binet: Origin and development*. Yonkers-on-Hudson, NY: World Book.

Jung, C. G. (1938). *Psychological types or the psychology of individuation*. (H. G. Baynes, Trans.). London: Kegan Paul, Trench, Trubner & Co., Ltd.

Karnes, F., & Oehler-Stinnet, J. (1986). Life events as stressors with gifted adolescents. *Psychology in the Schools*, *23*, 406–414.

Kaufman, A. S. (1992). Evaluation of the WISC-III and WPPSI-R for gifted children. *Roeper Review*, *14*, 154–158.

Keirsey, D., & Bates, M. (1978). *Please understand me: Character and temperament types*. Del Mar, CA: Prometheus Nemesis Books.

Kerr, B. A. (1991). *A handbook for counseling the gifted and talented*. Alexandria, VA: American Counseling Association.

Kincher, J. (1990). *Psychology for kids: 40 fun tests that help you learn about yourself*. Minneapolis: Free Spirit.

Kline, B. E., & Meckstroth, E. A. (1985). Understanding and encouraging the exceptionally gifted. *Roeper Review*, *8*, 24–30.

Kramer, L. (1986). Career awareness and personal development: A naturalistic study of gifted adolescent girls' concerns. *Adolescence*, *21*, 123–131.

Lewis, M., & Louis, B. (1991). Young gifted children. In N. Colangelo & G. A. Davis (Eds.), *Handbook of gifted education* (pp. 365–38 1). Needham Heights, MA: Allyn & Bacon.

Louis, B., & Lewis, M. (1992). Parental beliefs about giftedness in young children and their relation to actual ability level. *Gifted Child Quarterly*, *36*, 27–31.

Lovecky, D. V. (1991). The divergently thinking child. *Understanding Our Gifted*, *3*(3), 1, 7–9.

Lovecky, D. V. (1992). The exceptionally gifted child. *Understanding Our Gifted*, *4*(4), 3–4.

Manaster, G. J., & Powell, P. M. (1983). A framework for understanding gifted adolescents' psychological maladjustment. *Roeper Review*, *6*, 70–73.

Maslow, A. H. (1970). *Motivation and personality* (2nd ed). New York: Harper & Row.

Morelock, M. J. (1992, February). *The child of extraordinarily high IQ from a Vygotskian perspective*. Paper presented at the Esther Katz Rosen Symposium on the Psychological Development of Gifted Children, University of Kansas, Lawrence.

Munger, A. (1990). The parent's role in counseling the gifted: The balance between home and school. In J. VanTassel-Baska (Ed.), *A practical guide to counseling the gifted in a school setting* (2nd ed., pp. 57-65). Reston, VA: The Council for Exceptional Children.

Myers, I. B. (1962). *Manual: The Myers-Briggs type indicator*. Palo Alto, CA: Consulting Psychologists Press.

Nelson, K. C. (1992). Curriculum compacting: A model for teacher/specialist/parent collaboration. *Understanding Our Gifted, 4*(5), 5-6.

Parkinson, M. L. (1990). Finding and serving gifted preschoolers. *Understanding Our Gifted, 2*(5), 1, 10-13.

Passow, A. H. (1988). Educating gifted persons who are caring and concerned. *Roeper Review, 11*, 13-15.

Pegnato, C. W., & Birch, J. W. (1959). Locating gifted children in junior high schools: A comparison of methods. *Exceptional Children, 25*, 300-304.

Piechowski, M. M. (1979). Developmental potential. In N. Colangelo & R. T. Zaffrann (Eds.), *New voices in counseling the gifted* (pp. 25-57). Dubuque, IA: Kendall/Hunt.

Piechowski, M. M. (1991). Emotional development and emotional giftedness. In N. Colangelo & G. Davis (Eds.), *A handbook of gifted education* (pp. 285-306). Needham Heights, MA: Allyn & Bacon.

Robinson, N. M., & Noble, K. D. (1991). Social-emotional development and adjustment of gifted children. In M. C. Wang, M. C. Reynolds, & H. J. Walberg (Eds.), *Handbook of special education: Research and practice. Vol. 4. Emerging programs* (pp. 57-76). New York: Pergamon Press.

Robinson, N. M., & Noble, K. D. (1992). Acceleration: Valuable high school to college options. *The Gifted Child Today, 15*(2), 20-23.

Rocamora, M. (1992). Counseling issues with recognized and unrecognized creatively gifted adults, with six case studies. *Advanced Development, 4*, 75-89.

Roedell, W. C. (1984). Vulnerabilities of highly gifted children. *Roeper Review, 6*, 127-130.

Roeper, A. (1982). How the gifted cope with their emotions. *Roeper Review, 5*(2), 21-24.

Roeper, A. (1991). Gifted adults: Their characteristics and emotions. *Advanced Development, 3*, 85-98.

Roeper, A. (1992). The reality of the self. *Advanced Development, 4*, 59-60.

Rogers, M. T. (1986). *A comparative study of developmental traits of gifted and average children*. Unpublished doctoral dissertation, University of Denver.

Rogers, M. T., & Silverman, L. K. (1988). Recognizing giftedness in young children. *Understanding Our Gifted, 1*(2), 5, 16, 17, 20.

Rowe, M. B. (1974). Relation of wait-time and rewards to the development of language, logic, fate control: Part II. Rewards. *Journal of Research in Science Teaching, 11*, 291-308.

Schetky, D. H. (1981). A psychiatrist looks at giftedness: The emotional and social development of the gifted child. *G/C/T*, Issue No. 18, 2-4.

Schultz, D. (1981). *A history of modern psychology* (3rd ed.). New York: Academic Press.

Shade, R. (1991). Verbal humor in gifted students and students in the general population: A comparison of spontaneous mirth and comprehension. *Journal for the Education of the Gifted*, *14*, 134-150.

Silverman, L. K. (1986). Parenting young gifted children. *Journal of Children in Contemporary Society*, *18*, 73-87.

Silverman, L. K. (1989). The highly gifted. In J. F. Feldhusen, J. VanTassel-Baska, & K. Seeley (Eds.), *Excellence in educating the gifted* (pp. 71-83). Denver: Love.

Silverman, L. K. (1990). The crucible of perfectionism. In B. Holyst (Ed.), *Mental health in a changing world* (pp. 39-49). Warsaw: The Polish Society for Mental Health.

Silverman, L. K., & Ellsworth, B. (1980). The theory of positive disintegration and its implications for giftedness. In N. Duda (Ed.), *Theory of positive disintegration: Proceedings of the third international conference*. Miami, FL: University of Miami School of Medicine.

Snyderman, M., & Rothman, S. (1988). *The IQ controversy, the media and public policy*. New Brunswick, NJ: Transaction Books.

Storfer, M. (1990). *Intelligence and giftedness*. San Francisco, CA: Jossey-Bass.

Tolan, S. S. (1985). Stuck in another dimension: The exceptionally gifted child at school. *G/C/T*, Issue No. 41, 22-26.

Tolan, S. (1989). Special problems of young highly gifted children. *Understanding Our Gifted*, *1*(5), 1,7-10.

Walker, S. Y. (1991). *The survival guide for parents of gifted kids: How to understand, live with, and stick up for your gifted child*. Minneapolis: Free Spirit.

Ward, V. S. (1985). Giftedness and personal development: Theoretical considerations. *Roeper Review*, *8*, 6-10.

Webb, J. T., Meckstroth, E. A., & Tolan, S. S. (1982). *Guiding the gifted child: A practical source for parents and teachers*. Columbus: Ohio Psychology.

Whitmore, J. R. (1980). *Giftedness, conflict, and underachievement*. Needham Heights, MA: Allyn & Bacon.

Ziv, A., & Gadish, G. (1990). Humor and giftedness. *Journal for the Education of the Gifted*, *13*, 332-345.

상담과정

제 4 장

예방적 상담기법

Linda Kreger Silverman

얽히고설킨 사고과정과 복잡한 정서가 영재에게서는 미묘한 균형을 이룬다. 이상주의(idealism), 자기의심(self-doubt), 지각력(perceptiveness), 민감성(sensitivity), 도덕적 규범(moral imperatives), 이해에 대한 지나칠 정도의 욕구, 수용(acceptance), 사랑—이 모든 것들이 동시에 영향을 미친다. 영재의 막대한 정서적 범위로 인해 이들은 모순덩어리처럼 보이게 된다: 성숙 그리고 미성숙, 오만과 동정, 공격적인 것과 소심함. "이들 영재들은 뛰어나고자 하는 강한 욕구를 가지고 있는 한편, 주목받지 않고자 하는 열망도 갖고 있다"(Ford, 1989, p. 134). 겉으로 보기에 자기-확신에 차 보이지만 이는 깊은 확신부족의 감정을 가장하고 있는 것이다. 자기 안의 가장 좋은 것을 찾아내는 여행은 확고하지 못하고, 이 여행에 탑승한 사람은 때때로 주저하거나 길을 잃는다.

예방이 필요한 이유

세계 상황, 부정행위 및 사물의 존재 방식에 대한 보다 큰 자각은 무력감과 짝을 이뤄, 영재를 절망 속에 빠뜨린다(Delisle, 1986; Hollingworth, 1942; Strip, Swassing, & Kidder, 1991). 심지어 학교에서 꽤 잘 적응하고 성적이 좋은 학생도 종종 목표에서 성공이 약간만 못 미쳐도 부적절한 기분으로 고통을 겪는다(Yadusky-Holahan & Holahan, 1983). 이러한 모든 내부의 변인을 넘어서, 영재는 그들의 차이를 받아들이지 않는 문화에서 생활의 문제에 직면한다. 이들 문제들은 여러 미묘하게 혹은 잘 모르는 방법으로 영재라는 것이 좋지 않은 것이라고 그들에게 말한다. "아이들은 자신의 얼굴을 인식하기 전에 마스크로 가리는 것을 배운다. 이들은 미리 만들어져 있는 껍데기 속에 자신의 부드럽고, 연약한 모습을 넣는다"(Drews, 1972, p. 3). 영재는 아마도 자신의 능력을 숨기고, 고통스런 사회적 상호작용으로부터 위축되고, 교실에서 반발하거나 절망을 느끼면서 사회 전체에 반응할지 모른다.

이상의 모든 요인들이 바로 영재를 위한 상담서비스의 중요함을 극명하게 보여주고 있다. 그러나 초등학교 상담자는 매우 적고, 중학교와 고등학교에서는 엄청난 상담업무로 인해(대개 300명의 학생), 교사들은 가장 심각한 문제를 가지고 있는 학생에게 집중할 수밖에 없다. 이러한 상황으로 인해 상담의 필요가 명확해 보이지 않는 영재의 요구는 무시되고 있다. 우리의 사회는 다음의 철학에 유착되어 있다, "만일 깨지지 않는다면 고칠 필요가 없다." 그러나 부서진 아동, 부서진 영혼은 고치기 힘들고, 높은 성취를 보이는 사춘기 학생들의 경악할 만큼 높은 자살률은 이들 학생들에게, 중재방안이 너무 늦게 제공되고 있다는 사실에 경종을 울리고 있다.

청소년과 젊은 성인의 사망 원인의 두 번째가 바로 자살로서 매년 5,000~7,000명의 젊은이들이 자살로 사망하며, 400,000명 정도는 자살을 시도하는 것으로 추정되고 있다(Strip, Swassing, & Kidder, 1991). 이러한 통계수치는 엇갈리고 있다. 자살을 시도하는 또래에 비해 영재가 더 높은 위험에 빠져 있는지 확신할 수 없지만, 높은 성취를 보이고 있는 학생들이 학교에서 그리고 대학에서 자살하고 있다(Delisle, 1986, 1990; Farrell, 1989; Hayes & Sloat, 1990; Kerr, 1991b; Lajoie & Shore, 1981; Leroux, 1986).

129개의 고등학교에서 실시한 연구에서 자살을 시도한 42개의 사례를 찾아냈다. 이 중 8(19%)명은 영재로서 확인되었고, 8 사례 중 5명은 미성취 영재였다(Hayes & Sloat, 1990). Harkavy와 Asnis(1985)는 영재 고등학교의 학생 중 9%가 대개 최소한 한번은 자살을 시도했다고 보고하였다. Colorado주의 영재 프로그램의 촉진자와 함께 실시한 한 초기의 연구에서, 경험 있는 전문가(그들의 위치에서 3년 이상 근무한)는 반 친구들보다 영재들이 자살할 위험이 보다 높다고 지각하였다. 아무런 자살도 보고되지 않았으나, 여러 차례 자살 시도가 있었고 자살에 대한 생각은 꽤 일반적이었다.

> 상담자, 교육자, 연구자들이 직면하는 가장 큰 어려움은 겉보기에 부정적이지 않은 것처럼 보이는 그렇지만 자아-가치에 영향을 미치는 생활의 스트레스를 일부 학생들이 경험하기 때문이다. 반면에 어떤 학생들은 비록 보다 정신적으로 건강한 학생과 비슷해 보이지만, 이들은 너무 고통스러워서 자살이 마치 그럴듯한 대안처럼 보인다(Delisle, 1990, pp. 214, 216).

이는 민감성과 완벽주의 때문에 영재들이 자살의 위험이 높다고 생각된다(Delisle, 1986). 이들 학생들에게는 대개 자신의 이상에 도달하지 못했다는 좌절, 자신이 불완전하다는 것으로 인한 굴욕, 그리고 자신의 존재 의미를 잡기 위해 헛되게 투쟁했다는 절망감이 찾아들 수 있다. 부가적으로, 극도로 내향적인 경우는 격리를 이끌어낸다(Kaiser & Berndt, 1985). 가장 큰 위험에 빠진 사람들은 가족으로부터 소외된 사람이다. 대부분의 자살 시도나 자살 행위는 그들 문제의 중대성 때문이지 그들의 영재성 때문이 아니다(Kerr, 1991b). 그러나 소외, 굴욕, 격리, 우울증을 영재의 강렬한 특징들과 함께 경험하게 될 때 치명적일 수 있다.

심각한 수준에서 경험한 고통스런 삶은 파괴적일 뿐 아니라 구조적일 수도 있다. 일부 이론가에 따르면, 내부의 갈등은 잠재적으로 변형이 가능하고 보다 나은 발달에 사용될 수 있다(Assagioli, 1965; Dabrowski, 1972; Jung, 1954). 정신적 고통을 구조적으로 사용하기 위해서는 지도가 필요하다. 영재에게는 중요한 비밀을 털어놓을 성인이 필요하며, 이때 성인은 믿을 수 있고 그가 주는 판단에 기댈 수 있어야 한다. 어떤 아동은 운이 좋게 부모나 사사로부터 이러한 지도를 충분히 받지만 대개는 그들이 겪고 있는 것을 이해해 줄 사람 없이 강렬한 내부의 갈등을 겪는다. 심리치료사는 여러 가지 이유로 인해 만나기 어렵다: 비용, 치료에 대한 부모의 태도, 그리고 무엇보다도 문제가 있다는 인식의 부족. 또한 심리학 분야에서 영재의 독특한 정서적 요구에 대한 의식의 결핍도 이유로 생각할 수 있다. 상담자, 학교심리학자, 그리고 임상 심리학자는 영재성에 대해서 훈련을 받지 않는다.

영재의 심리적 요구를 다룰 줄 아는 상담자는 엉뚱한 자가 아니며, 바로 이들이 젊은이의 삶을 구할 수 있다. 자살의 수가 놀랄 만한 비율로 증가하고 있는 반면에(Delisle, 1986), 공립학교 상담교사는 예산절감으로 인해 그 수가 줄고 있다. 이상적인 것은, 각 학교 학군마다 영재를 위한 예방상담을 그 역할로 하는 상담자를 고용하는 것이다. 큰 학군의 경우에는 여러 명의 상담자가 필요하다. 영재의 정서적 요구를 무시해서는 안 된다－희생이 너무 크다. 이상과 같은 무시에 대해 관심을 촉구하는 일련의 비극이 없기를 바란다.

영재를 위한 예방적 상담

> 가이던스와 상담의 발전적 접근은 아동의 지속적인 성장과 관련되는 것이며 아동의 삶에서 불을 끄는 것과 관련이 있는 것이 아니다. … 단순히 상담자가 예방 대신에 중재를 하는 한, 영재의 정신 건강에 대한 요구는 채워지지 않은 채 남아 있다.
>
> 아동에게 읽기 문제가 생긴 후에야 비로소 교수법을 제공하여 읽는 것을 가르치려고 하는 사람은 없다(Culross, 1982, p. 24).

예방상담의 중요성은 심지어 영재교육의 분야에서 인지되고 있지 않다(Blackburn & Erickson, 1986; Culross, 1982). "문제가 전개되는 것을 예방하는(수단으로서) 것보다는 오히려 … 이미 문제가 드러난 학생들을 위한 치료활동으로 상담을 기술하고 있다"(Blackburn & Erickson, 1986, p. 552). 목표로서의 치료보다는 예방으로, 상담자는 문제가 위기의 차원에 도달하였을 때 중재하는 것뿐 아니라 영재의 정서적인 안녕을 촉진하기 위해 발달적인 상담프로그램을 계획할 수 있다.

상담자는 영재의 발전을 이끄는 중요한 역할을 한다. 상담자는 학생들로 하여금 자신의 능력을 이해하도록 도움을 주고, 도전적이며 속진할 수 있는 프로그램 과정을 고안하며; 학교 안팎에서 학생들이 이용할 수 있는 대안과 기회를 알려 주며; 학생들이 직업 목표, 대학, 그리고 장학금까지 탐색하는 기회를 제공하며; 학생들의 정서적 지원과 개인적 문제에 대해 상담을 할 수 있도록 특정 학교에 있으면서 학생들에게 필요한 도움을 준다. 이들 책임 외에, 상담자는 옹호자가 될 수 있고, 부모와 교사, 그리고 필요하다면 다른 사람과 연계하여 학생들의 요구를 설명하며, 학생 나름의 속도대로 발전하게 해 주고, 희생양이 되는 것을 예방할 수 있다. 상담자는 또한 부모에게 교육적 대안과 가정에서 마주하게 되는 문제에 대해 정보를 제공함으로써 도움을 준다(Colangelo, 1991, 7장 참조). 영재를 위해 개별화된 교육계획(IEP)을 사용하는 학군에서, 상담자는 계획 수립, 계획의 수행 및 가능한 실행부분에 대해 책임이 있다.

그러나 대부분의 학군에서, 이와 같은 상담에 대한 필요성은 언급되고 있지 않다. 심지어 상담자는 어떤 학생이 영재이고 또 그들을 만날 시간이 있는지조차도 모른다. 가장 확실한 영재의 요구조차도 충족시키지 못하는 학교를 관찰한 적이 있다. 이 영재는 친구가 받고 있는 것에 기초하여 자신이 수강할 과목에 대한 계획을 세웠다. 상담자는 학생의 능력 또는 열망에 맞는 이용 가능한 수강과목의 선택안 및 시도에 대해 이야기도 나누지 않고, 학생이 수강할 것에 도장을 찍었다. 이 학생들은 자신의 직업계획, 대학선택, 입학허가지원, 장학금을 수혜하는 것에 관해 지도를 받지 않는다. 만일 학생의 교육적 요구가 단지 상담자에게 형식적인 관심에 불과하다면, 학생의 정서적 요구는 무시될 것이 분명하다.

영재가 미성취와 행동 또는 정서상의 문제를 가지고 있다고 보여질 경우 상담이 필요하다고 간주할 뿐이다(Blackburn & Erickson, 1986; Culross, 1982). 그러나 상담자는 실제로 행동상의 문제로 발전하는 것을 예방할 수 있어야 하고, 학생의 우회적인 정서문제에 대처하는 기술을 개발할 수 있도록 도와주어야 한다. 위기가 오기 전에 영재의 요구를 인지하는 새롭고, 그리고 예방적인 상담개념이 필요한 것이다. Blackburn과 Erickson(1986)이 제안한 예견 가능한 영재의 발달 위기는 다음과 같다: (a) 저학년에서의 고르지 않은 발달, 특히 소년의 경우 근육 운동의 늦은 발달; (b) 도전적인 교육과정의 부재로 인한 초등 고학년에서의 미성취; (c) 초기 사춘기 때 여자 영재의 성취와 인기도 간의 갈등; (d) 다재다능함으로 인해 후기 사춘기 때의 진로선택의 어려움; (e) 대학 또는 성년의 삶에서 완벽한 성공에 미치지 못할 때 이에 대해 대처하지 못하는 무능함. "만일 이상의 학생들이 살아남아 영재로 성장하려면, 이들에게는 아마 각 예견 가능한 장애물을 도전으로 전환하는 지원과 기술이 필요하다"(Blackburn & Erickson, 1986, p. 554).

영재의 요구에 기초한 발달적인 상담프로그램의 목표는 다음과 같다:

- ❑ 자신의 강점과 약점에 대한 이해(Kerr, 1991a)
- ❑ 자기수용과 자신의 한계에 대한 인식(Culross, 1982)
- ❑ 능력 개발에 대한 노력(VanTassel-Baska, 1991)
- ❑ 내적 통제감(internal locus of control)의 발달(Perrone, 1986)
- ❑ 학습경험으로서 실수를 수용(Webb, Meckstroth, & Tolan, 1982)
- ❑ 갈등해결 기술(Betts, 1986)
- ❑ 문제해결 기술(Culross, 1982)
- ❑ 다른 사람에 대한 인식, 이해, 그리고 수용(Betts, 1986)
- ❑ 의사소통 기술(Betts, 1986)
- ❑ 공격적이기보다는 자신감이 넘치는 능력(Blackburn & Erickson, 1986)
- ❑ 대인관계의 기술(Betts, 1986; VanTassel-Baska, 1991)
- ❑ 리더십과 의사결정 기술(Perrone, 1986)
- ❑ 스트레스를 줄이는 기술에 대한 지식(Genshaft & Broyles, 1991)
- ❑ 유머를 가지고 사건과 스스로를 볼 수 있는 능력(Blackburn & Erickson, 1986)

예방차원의 상담프로그램에서 학생들은 서로 관심 있는 문제에 대해 주마다 모여서 토론할 수 있다(5장 참조). 그 외, 예방차원의 상담프로그램은 또래상담의 기술을 가르친다: 친구의 심각한 문제가 나타나는 증후를 인식하는 방법, 효과적으로 도움을 얻는 방법, 위기중재 기술, 질문하고 경청하는 기술, 갈등해결과 협상기술, 그리고 또래 사이에서 스트레스를 줄이는 방법. Strip, Swassing과 Kidder(1991)는 위기중재를 위한 또래상담 기술을 제안하였다.

오늘날의 교육적 환경에서, 대부분의 학군은 영재를 위해 특별히 상담자를 고용하는 것에 소원한 것처럼 보인다. 그럼에도 불구하고, 각 학교에서 영재의 요구사항을 상담으로 충족하려고 하는 것이 중요하다. 영재 코디네이터와 자료실 교사는 그 기능을 제대로 발휘하기 위해 상담에 관해 훈련을 받아야 한다. 집단상담에서 영재의 정서적 요구에 대해 훈련을 받은 학교 사회사업자에게도 특별한 책임이 주어진다.

영재의 정서적 요구에 대해 이해와 상담 지식이 함께 결부될 때, 결과는 영재의 정서 발달을 도모하는 준비된 상담자가 될 수 있다. 영재의 상담 필요성에 대해 이 책에서 논의하였으나, 성공적인 교사-상담자가 되기 위해 필요한 모든 기술을 제공할 수는 없다. 상담 기술 과정은 모든 관련 전문가들에게 매우 유용한 것이다. 그러나 불행히도, 영재상담에서 이용할 수 있는 특별과정이 거의 없다. Hultgren(1981)에 따르면, 실제가들과 대학관련 전문가들은 영재교육의 24개 목록 중에서 상담을 열네 번째로 중요하다고 평가하였다. 학생의 주요 요구를 생각할 때, 영재상담에 대한 특별 훈련을 영재교육의 모든 훈련 프로그램의 일부분으로 위임해야 한다.

영재의 상담 문제

Galbraith(1985)는 400명이 넘는 영재를 대상으로 영재의 "여덟 가지의 큰 고충"(p. 15)을 규정하였다: 영재성이 무엇이냐에 관해 듣지 못하는 것; 다르고 수용되지 못한다는 느낌; 부모, 교사, 그리고 친구 등의 완벽함에 대한 기대; 학교에서의 지루함; 다른 학생들이 괴롭힘; 자신을 이해해 주는 친구의 부재; 너무 많은 직업선택안으로 인한 당혹감; 어떻게 할 수 없는 세계문제에 대한 고민. 그 외 일부 영재는 고립감을 느끼고 또래에게 자신의 재능을 숨기기도 한다. 영재는 다른 사람에게 너그럽지 못하고, 반복되는 과제를 거부하고, 권위에 저항하고, 고차원적인 고민을 하고, 비평을 받아들이는 데 어려움을 겪으며, 동기가 부족하거나 우울해 한다.

이상의 문제에 대한 일부 원인을 외부에서 찾을 수 있는데, 이는 우리 사회가 영재에 대한 수용과 이해가 부족하기 때문이다. 그 외 문제에 대한 원인으로 이미 2장과 3장에서 살펴보았던 영재의 선천적인 특징에서 비롯되는 것, 성격과 학습

스타일, 비동시적인 발달, 그리고 매우 민감한 신경 체계 등에서 찾을 수 있다. 이들 내부 및 외부 요인들은 상호작용하여 영재의 가장 두드러지는 특징체를 이루게 된다.

- ❑ 차이를 느끼는 것
- ❑ 영재성 의미에 대한 혼란
- ❑ 다른 사람으로부터의 이해 부족
- ❑ 실패에 대한 두려움
- ❑ 완벽주의
- ❑ 우울증

다른 사람과 다르다고 느끼는 아동은 "무엇인가 내가 잘못된 게 틀림없어"라고 해석하기 쉽고(Janos, Fung, & Robinson, 1985, p. 78), 이에 따른 고민은 초기 판별 당시 적절한 상담을 통해서 완화될 수 있다(Colangelo, 1991; Ross, 1964). 스스로 영재라고 전혀 인식하지 못하는 학생들과 이들 학생들이 결코 영재가 아니라고 말하는 사람들에게, 수용되지 못하고 다른 사람보다 열등하다는 느낌이 일종의 불안한 현실로 자리매김할 수 있다—때때로 이런 느낌은 일생 동안 지속되기도 한다.

판별된 영재 또한 사회가 가지는 영재성의 본질에 대한 혼란으로 비싼 대가를 치른다. 영재는 또한 영재성의 의미에 대해 당황해 한다(Ford, 1989). 영재에 대한 정의가 너무 다양하여 영재는 자신의 능력이 상황에 따라 다르다고 믿는다. "난 초등학교 때는 영재였지만, 지금은 더 이상 아니야", 아동이 영재라고 인식한 순간부터 질문이 쏟아진다. "나의 영재성은 무엇인가? 영재성은 어디에서 왔는가?" "없어지기도 하는 것인가?" "지금 나에게 기대하고 있는 것은 무엇인가?" "만약 이와 같은 기대에 부응하지 못하면 무슨 일이?" "왜 나지?"

초등학생용으로 사용할 만한 훌륭한 자료로 『*Giftedness: Living with It and Liking It*』(Perry, 1985)를 들 수 있는데 이 책은 전 단원에 걸쳐 영재성에 대한 이해를 다룬다:

"영재성은 무엇이고 누가 영재성을 가지는 것인가?"

"영재성을 어떻게 얻는 것인가?"

"영재성을 파악하기"

"영재성과 다른 사람들"

"영재성과 나"

"영재성의 오용과 남용"

"영재성을 가지고 할 수 있는 것"

"영재성을 즐기며 누리기"

모든 영재 프로그램은 상담 요소를 포함해야 하며, 그 첫 번째 상담업무는 프로그램이 규정하는 바대로 학생들이 영재성을 이해하게 돕는 것이다. 예를 들어, 만일 높은 학업성취가 영재 프로그램 선발에서 주요 지표라면, 학생들로 하여금 대학 성공에서 기초가 되는 학문적 재능을 가지고 있음을 인식하게 해야 한다. 이상의 정보는 특히, 여자의 경우 중요한데(Kerr, 1991a), 여자의 경우 종종 자신의 능력을 의심하고 성적이 좋은 것이 단순히 교사를 잘 따르기 때문으로 생각한다.

영재성으로 인해 또래와는 다른 학습경험이 필요하다는 점을 알고 있어야 한다. 영재는 자신의 학습 스타일, 강점 및 약점의 유형을 알고 있어야 한다. 영재는 어떤 영역에서는 다른 사람보다는 뛰어나지만 그 반대인 경우도 있고, 이것이 실패를 뜻하는 것이 아니라는 점을 이해할 수 있도록 도와주어야 한다. 모든 것에서 최고가 된다는 것은 비현실적인 목표이다. 이 목표가 성취된다면, 그것은 단순히 도전적인 상대가 부족하다는 것을 의미한다. 영재가 동등한 능력을 가진 또래를 빨리 만날수록, 모든 분야에서 최고가 되려는 기대를 포기하기 쉽다.

영재의 능력에 대한 사람들의 오해와 적대감을 다룰 수 있도록 학생들은 준비해야 한다. 부모와 교사는 비현실적으로 영재라면 모든 것에서 잘할 것을 기대한다(Clinkenbeard, 1991; Galbraith, 1985). "만일 네가 영재라면, 어째서 넌 맞춤법도 못하니?" 영재는 다른 아이들로부터 괴롭힘을 당하거나 "책벌레" "대머리" "브레인" 그리고 "샌님" "컴퓨터"라고 놀림을 받는다. 상담프로그램에서, 이와 같은 조롱에 응대하는 방법을 토론할 수 있다. 보다 중요한 것은, 상담프로그램을 통해서 이상의 메시지를 내면화하지 않도록 정서적인 지원을 제공할 수 있다.

실패에 대한 두려움은 대개 내향적인 영재에게서 볼 수 있다. 내향적인 사람은 다른 사람에게 약점을 드러내는 것에 대해 불편하게 생각한다. 영재는 세상이 그들의 완성된 결과만을 보기 원하며, 결과에 도달하는 데 있어 잘못된 시작이나 어두운 길로 우회하길 원하지 않는다(Keirsey & Bates, 1978). 내향적인 영재들이 자신의 개인적인 요구를 존중하고 안정적인 분위기에서 새로운 기술을 학습하도록 인정함으로써 도움을 줄 수 있다.

시-공간적인 학습 스타일을 가진 아동은 또한 위험을 감수하고 실패를 받아들이는 데 어려움이 있다(Silverman, 1989). 이들은 관계를 시각화하고 공간을 전체적으로 지각함으로써 학습한다. 많은 부모들은 아이들이 "그냥 알더라구요"라고 말한다. 결론에 어찌 도달했는지 질문하였을 때, 이 아이들은 설명할 수 없다. 학교에 들어갈 나이가 되기 전에 일부 아동은 복잡한 퍼즐, 미로를 할 줄 알고, 기계 및 기계 같은 것을 분리하고, 아기였을 때 한 번 간 곳의 외관을 명확히 기억한다. 그들은 시행착오보다는 관찰에 의해 복잡한 기술을 마스터한다. 한 6세 된 소녀가 몇 달 동안 두 발 자전거를 건드려 보지도 않았다. 그러던 어느 날 자전거에 올라 완벽하게 탔다. 당황한 부모에게 자전거를 타고 있는 자신을 그려보고 균형을 잡는 법을 배웠다고 말했다.

만일 공간학습자가 질문에 대한 답을 몰랐다면, 해결책에 도달하는 경로를 안 가지고 있어 대개는 초조해한다. 대부분의 사람들에게, 학습은 계열적이며 단계적인 과정이지만 공간학습자는 유형의 형태로 다가오는 문제 각 요소를 함께 떠올려 어떤 패턴으로 묶음으로써 시각화한다. 질문을 하면, 처음에 이들은 대답을 모르다가 갑자기 알게 된다. 이들에게는 단지 시작과 끝만이 있을 뿐이며, 한 점에서 다른 점으로 도달하는 것에 대한 안정적인 책략은 없다. 이들에게 새로운 상황은 특히 불안을 유발하게 된다. 이와 같은 아이들이 정확한 대답에 도달하기 위해서는 마음속에서 음악이 흘러나와 패턴이 시작될 것이라는 믿음이 필요하다.

컴퓨터는 내향성과 시-공간 학습자에게 매우 유익하다. 컴퓨터에 대고 실수를 해도 괜찮다. 즉 실수를 한 학생의 특징에 대해 컴퓨터는 어떤 반감도 갖지 않기 때문이다. "네가 그것을 몰라서 놀랐어!"라고 하면서 눈썹을 치켜세우거나 소리 지르지 않는다. 컴퓨터는 시각적인 학습양식을 적용하여 시-공간 학습자의 강점을 최대한 이용한다. 컴퓨터는 아동이 앞으로 나아가는 데 얼마나 걸릴지 신경을 쓰지 않는 것처럼 보인다. 컴퓨터는 매우 "관대"하며 성공을 할 수 있도록 항상 다른 기회를 제공한다. 컴퓨터는 학생 개인의 속도에 맞추어 도전적인 과정을 계속 제공한다. 컴퓨터는 아동처럼 완벽주의자로서 가깝게 간 것으로는 결코 충분하지 않다! 아마 컴퓨터를 사용하여 영재의 완벽주의에 대응할 수 있다.

다음은 영재 발달센터의 사례 파일에서 얻은 완벽주의의 예이다.

J(4세)는 완벽주의 특징을 가지고 있어, 모든 것을 정확하게 해야 되고 쉽게 다른 대안을 수용하지 않는다. 18개월에 J는 가장 작은 것에서 가장 큰 것 순서대로 차, 신발, 카드 등을 줄로 세우곤 하였다. …

M(10세)은 극도로 강렬하고, 자기 비판적으로, 다른 아이들에게 관대하지 못하다. M은 비판에 민감하고, 주어진 상황의 공정함과 공평함을 예민하게 인식한다. 중요하다고 생각하는 문제에 대해서 완벽하려는 경향을 보인다. 일단 어떤 활동에 참여하면, 그 활동을 완벽하게 수행하려는 데로 쏠린다.

상담자는 완벽주의를 영재성의 기본적인 일부분으로 수용하고, 이것의 긍정적인 면을 강조하며, 완벽주의로 인해 생기는 고민과 짜증에 대해 알게 함으로써, 학생들이 완벽주의에 대처하도록 도움을 줄 수 있다. 평범함보다 우수함을 성취하려면 시간과 노력이 필요하다. 목표에 도달하는 것이 가능하다고 믿는 사람들은 노력을 한다. 목표가 보다 어려울수록, 보다 많은 고민과 좌절이 생긴다. 이와 같은 기분은 어려운 도전에 직면할 때마다 생길 수 있으며 이런 감정들을 극복할 내적 힘을 가지고 있다는 것을 이해하도록 이끌어 주어야 한다.

완벽주의자는 우선권을 부여하는 것과 자신에게 너무 많은 짐을 지우지 않도록 하는 방법을 배워야 한다(Kerr, 1991b). 충분한 시간이 있을 때 완벽한 보고서를 제출하는 것은 가능하지만 모든 과제에서 그리고 몇몇 방과 후 활동에서 동시에 완벽한 점수를 얻기는 불가능하다. 학생들이 너무 확대해서 자신에게 너무 많은 짐을 지우게 될 때, 그 활동수준에서 멈추고, 정말 중요한 것이 무엇인지 조사하고, 자기 파괴적인 행동을 억제할 시간을 갖는다(3장 완벽주의 참조).

우울증은 너무 많은 압박과 과도한 행위, 외로움, 외재적 동기에 대한 의존, 극한 경쟁과 스트레스로 인해 생길 수 있다(Kerr, 1991b). 영재는 또한 "인간 존재의 문제에 대한 관심 때문에 파생된 미숙한 형태의 '존재적 우울'(existential depression)로 고통을 받을 수 있다"(Webb, Meckstroth, & Tolan, 1982, p. 193).

> 영재 및 사춘기에서 볼 수 있는 미숙한 존재적 우울은 … 어지럽게 하는 사건에 대한 정보를 흡수하는 능력이 이를 처리하고 이해하는 능력보다 더 클 때 생긴다. … 일부 영재는 심지어 가장 현명한 어른도 고심하는 개념과 씨름하느라고 존재적 우울을 경험하는 것처럼 보인다. 인생의 의미, 죽음의 불가피함, 그리고 우주의 시작과 끝은 이를 이해하려는 아동이나 청소년을 우울로 끌어들이는 주제들이다. 아마도 이 우울은 아동의 발달단계와 지적능력의 불일치로 인해 생긴 결과이다(Kerr, 1991b, p. 138).

Kaiser와 Berndt(1985)는 175명의 1학년과 3학년 고등학생 영재 1/8이 우울증, 분노, 그리고 외로움을 경험한다고 보고하였다. Berndt, Kaiser, 그리고 van Aalst(1982)는 영재의 상당수가 죄의식을 포함하여 "성공우울증", 낮은 자존감 및 높은 스트레스에 직면하였을 때 무기력을 경험한다는 점을 발견하였다. 자아실현 및 존재감 발전에 대해 지도를 받은 학생의 경우 우울감이 덜한 것으로 보고되었다.

집단 및 개별상담

상담을 통해 학생에게 다양한 대인관계의 기술을 가르칠 수 있다(Betts, 1986). Perrone(1986)에 의하면 "영재는 개별 및 집단상담을 통해서, 사회기술, 사회적인 자기주장, 리더십, 의사결정기술, 자아평가 기술을 발달시킬 수 있다"(pp. 564~565). 자아-비평을 잘 하는 아동은 타인의 비평에 상처를 받는다. 어떻게 친구를 사귀고, 친구가 되며, 다른 사람과의 상호작용에 민감해져야 하는지, 또한 비평뿐만 아니라 칭찬에 관해서도 신중한 방법으로, 또 건설적으로 비평하는 것에 대해서도 가르쳐야 한다. 존경과 주의를 기르는 풍토에서, 학생은 다른 사람에게 해가 되는 태도를 배우지 않을 것이며 그것을 건전한 상호 지지와 존경의 태도로 대체할 것이다.

집단상담

전통적으로, 중·고등학교 수준에서, 어느 특정 주제에 대해 학습 비중을 많이 둠으로써 정서 발달에 대한 교육과정에 거의 여지를 남기지 못하고 있다. 그러나 몇몇 혁신적인 학군에서 효과적인 상담 세미나를 중·고등학교의 영재를 위해 마련하고 있다. 예를 들어, Colorado의 the Aurora Public School에서는, 중학생 영재를 위한 정서 교육과정을 개발하였다. 그 교육과정은 다음과 같은 주제에 집중된다.

- ❑ 영재성의 이해
- ❑ 자기 기대
- ❑ 타인의 기대에 대한 대응
- ❑ 다른 사람과 다름을 느낌
- ❑ 또래압력
- ❑ 민감성
- ❑ 관대함
- ❑ 가족 구성
- ❑ 타인에 대한 책임감
- ❑ 진로 탐색
- ❑ 리더십 훈련(Beville, 1983)

위의 주제들은 영재의 속성에 관련된 것들로 활발한 토론을 이끌어낸다. 학생들은 그들의 기대를 나누고, 서로에게 유사한 문제에 대응하는 방법을 제안한다. The Aurora 정서 발달 프로그램은 시뮬레이션과 조직적인 집단활동을 결합하고, 영재교사가 진행한다. 5장에 제시한 집단상담 지도안을 교사/상담자가 실시한다.

집단상담은 또한 본래 국소적이기보다는 개방적이다. 이상의 형식은 학생들로 하여금 자신의 생활에서 쉽게 볼 수 있는 관심사 중 문제가 되는 것을 서로 나누게 하는 훈련된 상담자의 지도 하에 최고의 효과를 거둘 수 있다. 상담 세션은 다음과 같은 질문으로 시작한다. "오늘 함께 나누고 싶은 문제가 있는 사람은?" 상담자는 집단의 다른 멤버들을 토론에 끌어들이고, 비언어적으로 표현되는 불편함을 감지하고, 생산적인 속도로 집단이 진행해 나갈 수 있도록 집단과정에 대한 소정의 훈련과정을 밟아야 한다. 역할극(role-playing)을 집단에서 사용하여 다른 사람의 관점을 인식하고, 갈등을 해결하고, 타협하는 기술을 발전시킬 수 있다.

일부 지역사회에서, 만일 영재를 위한 집단활동이 효과적이라면, 모든 학생에게도 효과적일 것으로 제안하였다. 그러나 예방차원의 상담은 학생들이 안전하다고 느낄 때에만 효과적이다. 영재가 경험하는 문제는 종종 이질적인 집단에서 느끼는 정서적인 불안감과 관련이 있다. 영재는 또래와는 다른 문제를 가지고 있으며, 진정한 관심사를 혼합능력집단에서는 드러내지 않는다. 영재는 다른 사람에 의해 괴롭힘을 받지 않기 위해 자신의 능력을 숨기는 많은 방법을 가지고 있다. 문제가 심각할 경우 불확실함과 내부 갈등을 유발하기도 한다. 이들 문제들은 이질집단에서 잘 나타나지 않고 또 해결되지도 않는다. 서로 숨기길 원하는 학생집단에서 자신의 차이점을 수용하는 좋은 방법을 서로 찾아보도록 격려할 수 있다(5장 참조).

개별 및 가족상담

"죽었으면 좋겠어"라고 말하는 영재는 학교에서 개별상담을 하든 그렇지 못하든 상관없이 개별상담을 받아야 한다. 이것이 단지 "주의를 끌려는 행동"이라고 가정하는 것은 현명하지 못하다. 이와 같은 도움요청을 심각하게 다루어야 하며, 부모, 친구, 교사 및 상담자는 자살 시도를 예방하기 위해 즉시 반응을 해야 한다. 영재는 사고처럼 보이는 자살을 시도한다. 영재는 상으로 받은 것을 치우고, 돌볼 애완동물이 잘 있는지 확인하고, 성취, 외모, 그들의 일상적 활동에서 흥미를 잃고, 스스로를 격리시키는 등의 일을 하면서, 전형적인 단계, 예를 들어, "난 아마 다음 주에는 없을 거야" 같이 흘리는 힌트(dropping hints)를 보이지도 않는다. 모든 일이 잘 되고 있다고 상담자를 안심시켜 놓으면서, 상담 세션에서 빠져나갈 수도 있다(Kerr, 1991b). 그러므로 자살할 만한 학생을 조심스럽게 관찰하고, 이들을 혼자 남겨 두어서는 안 된다. 상담자는 위기 예방기술과 자살예방 접근법에 대해 숙지하고 있어야 한다(Kerr, 1991b).

개별상담이 필요한 추가적인 징후를 살펴보면 다음과 같다:

- ❑ 강한 경쟁심
- ❑ 사회적 격리
- ❑ 가족 내에서의 소외
- ❑ 감정표현 및 분노 통제의 무능
- ❑ 과도한 조작
- ❑ 만성적인 미성취
- ❑ 우울과 계속되는 지루함
- ❑ 성적인 행위
- ❑ 어느 특정한 종류의 것을 남용하였다는 증거
- ❑ 최근의 사랑하는 사람과의 이별과 외상적인 경험

10세 미만의 아동들에게 대개 놀이치료는 효과적인데, 놀이치료에서 아동은 치료사와 자신의 감정 및 행동에 대해 이야기를 나누면서, 좌절과 내부갈등을 동물, 인형과 장난감을 가지고 표현한다. 좀더 나이 많은 학생들은 보다 성인이 취하는 치료를 선호한다. 어느 경우에서라도, 상담자 또는 치료사는 영재 및 학생들에 대한 철저한 경험을 겸비하고 있어야 한다. 다시 말해서, 일부 영재의 징후를 잘못 해석할 수 있으며, 아동은 자신의 치료사를 속일 수도 있다.

청소년 및 성인들은 개별상담을 자아발전을 위한 계획의 한 부분으로 찾기도 한다. 상담을 통해 직업선택, 결혼준비, 자기인식, 갈등해결 기술, 존재의 문제, 독립심, 자아 잠재력 실현 등에 대해 도움을 얻는다. 가족상담은 가족체계 내의 조화를 증진하고 각 가족 구성원들로 하여금 서로의 성격 유형과 역할을 이해하도록 돕는다. 상담은 단순한 치료가 아닌 예방을 목적으로 한 긍정적이며 활동적인 것으로 인식해야 한다.

Dabrowski의 이론과 상담

학생들은 사회에서 보내는 건전한 정서 발달에 역행하는 메시지를 내면화한다. 학생들은 자신에게 문제가 없고, 분노, 상처, 또는 불행 같은 "부정적인" 감정을 가지면 안 된다고 생각하게 된다. 이들은 "과도하게" 내부 갈등에 민감하거나 갈등을 경험해서도 안 된다. 이상의 감정을 가진 사람은 "미성숙" "부적응" "정신적으로 불안정"하다고 불린다. 민감한 영재가 다른 사람에게는 "사소한" 것으로 보이는 것에 대해 큰 고통을 느낄 때, 이와 같은 부정적인 딱지(label)를 가지고 자신을 지각하게 된다. "이렇게 느끼니까 나에게 문제가 있음에 틀림없어." 훌륭하게 성장한 어른들도 이 학생에게 "그러지 말거라"라고 말해 줄 것이다. 만일 "지금 네 방식은 아니야" 같은 메시지가 너무 강하다면, 학생들은 심각하게 우울해질 수 있다.

Dabrowski의 이론은(Dabrowski, 1972) 상담자와 학생의 태도 변화를 도모하는 데 가장 효과적이다. 상담자는 강한 내적 경험을 부정적인 정서 장애의 지표가 아닌 긍정적인 발달 징후로 바라보게 된다. Dabrowski의 모델을 적용한다고, 상담자는 학생들이 자신의 문제를 해결하도록 돕는 시도를 하고 있는 것은 아니다. 관련 문제에 대해 편을 드는 것 없이 혹은 모든 문제의 입장을 확인하지 않고서도 지원을 한다. 이런 방식으로, 학생들은 자신의 문제가 외부인에 의해 해결되는 하찮고 쉬운 문제가 아닌 실제적이고 중요한 것임을 느낀다. 학생은 스스로 내부의 갈등을 해결하기 위해 필요한 만큼 갈등을 한다. 상담자는 내적 갈등이 개인성장을 위해 중요하다고 믿고 있기 때문에, 학생을 치료하려고 "서두르지" 않는다. 오히려 충분한 시간을 주고 격려를 한다.

Ogburn Colangelo(1989)는 자신의 재능을 발전시키려는 요구와 이를 지원하지 않는 가족 구성원 간의 갈등을 경험한 대학 1학년 영재를 대상으로 Dabrowski 이론을 적용하였다. 상담자가 학생의 개인적인 성장을 증진하기 위해 사용한 책략은 지지하기(supporting)와 재구성하기(reframing)이다.

> 지지하기는 기존의 행동, 태도 및 감정을 인정해 주는 것이다. … 재구성하기는 기존의 행동, 태도 및 감정에 새로운 의미를 부여하는 것이다—즉, 발달과정

> 동안 내담자가 자신의 여러 면을 다르게 이해하도록 돕는 것이다. 이 이론은 어느 행동, 태도 및 감정을 재구조화할 것인지 상세화하며 재구조화할 원칙과 행동이 대체될 구조를 모두 제시한다(p. 88).

특별한 경우에, 상담자는 학생들이 갖는 애착의 강점을 인정한다—관계를 경험하는 능력. 동시에 상담자는 학생들로 하여금 자아-실현을 향한 내적 압력을 그 자신으로부터 발견하게 한다. 상담자는 위 두 가지의 요구가 갈등을 유발시키지만 이 갈등은 건강한 것임을 인지하게 돕는다. 상담자는 또한 학생들로 하여금 자신의 강점을: 가족에 대한 책임감, 자신의 재능에 대한 인식, 자신의 미래를 결정하는 의지를 인식하도록 돕는다. 자신의 판단력을 믿도록 권고하는 한편, 상담자는 부모가 디자인한 방법 대신 상담자가 고안한 방법을 진행함으로써 학생들이 직면하게 되는 부정적인 결과를 분산시키지 않는다.

상담자는 학생의 관점에서 문제와 선택의 어려움을 볼 수 있다. 상담자는 학생의 말을 듣고, 학생 스스로 문제를 정리하도록 도우며, 그 문제상황에 대처할 수 있는 힘과 능력이 있다는 확신을 학생에게 준다.

> 그래서 Sara를 상담하면서, Sara의 재능 자체 때문이 아니라 재능에서 오는 정서구조 때문에 양육자의 역할을 하려고 하였다. 우리는 내담자가 계속 성장하도록 자극하는 기존에 이미 존재하고 있는 힘을 지지하고 재구조화함으로써 이것을 성취할 수 있었다(Ogburn Colangelo, 1979, p. 186).

Dabrowski의 이론에 따르면, 민감한 상담자는 영재들로 하여금 자기-수용을 이루지 못하도록 방해하는 고민과 잘못된 인식을 지울 수 있다. 상담자는 학생의 감정을 인정하고, 자신의 감정반응이 건전하다고 생각하도록 돕는다. 상담자는 학생의 문제, 즉 갈등의 본질과 학생들이 내적 성장경험을 가지고 있다는 점을 존중한다. 상담자는 학생의 내부세계를 부모, 교사 및 다른 사람들에게 해석해 주는 역할을 한다. 상담자는 학생이 갈등을 느끼는 감정, 즉 자기 불신 및 자기 비하 등의 부정적인 태도를 재구조화하도록 돕는다. 상담 중에 Dabrowski의 이론에 노출된 내담자는 안정감과 새로운 희망을 경험하게 된다. 내부갈등을 발달적으로 건전한 것으로 지각할 때, 저항은 수그러들고, 새로운 시기에 대처해 보려는 새로운 에너지가 생긴다.

개별상담기법

숙련된 전문가가 있을 때까지, 학생의 정서적 요구를 충족시키기 위한 책임은 학급 교사와 부모에게 있다. 영재와 활동하는 모든 사람들은 상담능력을 키울 수 있도록 준비해야 한다(Parke, 1990). 다음 두 섹션은 상담훈련에 포함되는 상담 기술들이다. 부모, 교사, 코디네이터, 교장 및 학생 자신도 이 기술의 대부분을 마스터 할 수 있다. 과정, 워크숍, 그리고 사적인 상담에서의 부가적인 훈련과 경험이 상담 기술을 증진할 것이다.

비록 상담접근이 다르다고 할지라도, 접근법의 효율성은 단순한 원리에 있다: 즉, 다른 사람을 존중하기. 학생을 진심으로 존중하는 교사는 학생의 상담상대, 친구, 그리고 상담자가 되기 쉽다. 상담관계에서 세 가지 필요한 구성요소가 있는데, 이들 모두는 존중의 여러 면으로 생각할 수 있다: 진성(genuineness), 무조건의 긍정적 관심(unconditional positive regard), 그리고 주의 깊은 공감(accurate empathy)(Rogers, 1961). 진성은 신뢰의 기반을 형성하는 진정성 또는 정직함이다. 무조건의 긍정적 관심은 다른 사람을 판단하는 타고난 경향성을 극복하고, 자신의 활동과 별개로 사람을 이해하는 것이다. 주의 깊은 공감은 다른 사람의 세계로 들어가는 능력이며, 다른 사람이 느끼는 것처럼 느낀다. 누군가가 "그 사람의 입장에" 있다면, 그 사람의 내적 갈등을 존중하게 될 것이다. 만일 누군가가 다른 사람의 문제를 쉽게 생각한다면, 이는 대개 공감이 부족하다는 것을 나타낸다.

좋은 상담의 본질적인 요소는 기타 여러 철학적 방향성과 상관없이, 유사하다(Garfield, 1986). 좋은 상담자는 적절한 질문을 하고, 잘 들어주고, 진심어린 피드백을 주며, 신실하게 내담자와 그의 문제를 존중하고, 안전하고, 자신감 있고, 판단을 하지 않는 분위기 속에서 내담자와 같은 감정을 공유한다.

치료를 다르게 하는 가장 주된 방법은 상담자가 제시하는 방향의 양이다

(Corey, 1991). 영재와 활동할 때는, 방향을 많이 제시하는 것보다 거의 주지 않는 것이 효과적이다. 영재는 문제해결 능력이 뛰어나므로 단순한 능력에만 자극이 필요하다. 영재는 그들의 문제에 대한 누군가의 대답에 분개하며 충고를 거절한다. 영재는 철저한 문제해결 과정을 통해서 자신을 이끌어 주고, 자신의 관점에 변화를 줄 문제에 대한 통찰력을 제공해 줄 수 있는 사람을 선호한다. 교사/상담자는 학생들에게 자신의 문제를 탐색할 안전한 곳을 제공하면서도 비지시적인 접근법을 사용할 수 있다; 이와 같은 방법을 통해서, 원하지 않는 충고가 주는 위험을 줄이고, 부모에게 화를 내는 것, 또는 자격 없이 치료를 실시하는 것에 대한 비난을 줄일 수 있다.

다음의 제안점들은 초보 상담자, 교사/상담자, 또래상담자, 또는 집중적인 훈련을 받지 않고 상담역할을 수행하는 여러 사람들에게 더욱 유용할 것이다.

감정을 공유하도록 학생을 초대하기. 상담 세션은 보통 개방형 질문으로 시작한다. 즉, '네/아니오'의 한 단어로 답하는 것 그 이상을 요구하는 질문이다. 질문은 관심과 들을 준비가 되었음을 알려 주는 것이다. 상담자는 또한 학생의 정서 상태를 관찰하고 감정표현을 격려할 수 있다.

> "최근에 무슨 일 있었니?" "요새 교실에서 의기소침해 보이는구나. 무슨 일이 있니?" "오늘 슬퍼 보이는구나. 무슨 일이니?" "지난 번 이야기 나눈 뒤로 무슨 일이 있었니?"

적극적으로 경청하기. 듣는 것은 너무 분명해 보이지만 그렇게 쉬운 것이 아니다. 우리의 생각 때문에 쉽게 주의가 산만해지고, 다른 사람에게 완전히 집중하기란 어렵다. 일부 영재에게 상담 기간은 어른의 집중적인 관심을 받는 비일상적인 시간이다. 적극적인 듣기는 효과적인 상담의 열쇠이다. 상담자는 몸짓, 표정 및 눈 마주침을 통해서 학생의 기분과 경험을 수용하고 있음을 보여 줄 수 있다(Egan, 1990). 또한 상담자는 듣는 과정 동안에 따뜻함, 진실함, 그리고 안전감을 전달해 줄 수 있다. 이 모든 것은 비언어적 의사소통을 통해서 이루어진다.

보다 많은 정보를 묻기. 적극적으로 경청하기는 질문, 진술, 관찰, 고개 끄덕임과 몸짓으로 얻은 정보에 대한 반응을 포함한다. 의사소통 과정은 두 명의 친한 친구들이 한 명에게 집중하여 대화를 하는 것과 유사하다. 듣는 사람은 계속해서 보다 많은 정보를 모으지만, 결코 들은 상황을 모두 이해했다고 가정하지 않는다.

"좀더 얘기해 봐 …"
"그때 뭐가 일어났는데?"
"난 관계를 잘 모르겠어."
"왜 그에게 제안하지 않았니?"

이런 방식으로, 상담자는 상담자와 학생 모두에게 도움이 되는 경험, 지각, 그리고 느낌을 끌어낼 수 있다. 학생이 상황의 다른 면을 언급하고 나눌 때, 상담자는 보다 학생에게 영향을 미치는 요소와 동기를 의식적으로 인식하게 된다. 단지 어떤 문제에 관해 자세히 말하는 것만으로도 해결책을 얻는다.

들은 바에 대한 피드백을 얻기 위해 부연하기. 부연하기는 또 다른 형식의 적극적인 경청하기이다. 듣는 사람은 학생과 공유한 정보를 재진술한다. 부연설명이 발생하는 여러 수준이 있다(Egan, 1990). 먼저, 재진술은 꽤 자유롭다. 상담자는 듣고 이해한 바를 다시 체크한다. 상담자는 거울에 비추듯이 학생의 말과 강세 심지어 표정을 그대로 반영할 수 있다: "네가 말한 … 을 들었는데, 이것이 맞니?" 다른 수준으로는, 상담자가 주어진 문맥을 요약하는 것이고, 상담자의 말로 정보를 부연하는 것이다. 세 번째 수준은, 상담자가 내용에서부터 감정을 유추하고 이것을 다시 학생에게 반영하는 것이다: "그런 경험으로 몹시 굴욕감을 느낀 것처럼 들리는데 …" "그것으로 화가 났겠구나!"

감정표현을 격려하기. 어떤 상황에서 느낀 학생의 감정을 다루는 것은 상황의 사건에 대해 토론하는 것보다 효과적이다. 사건은 변하지 않지만, 학생의 감정, 태도, 그리고 지각은 변할 수 있다. 그러므로 앞으로 일어날 상황에서 행동을 바꾸기 위해 길을 닦는 것이다. 상담자는 학생이 감정 모두를 공유하도록 격려한다. "그때 어떻게 느꼈니?" "지금은 어때?"

부정적인 감정은 종종 가정환경에서는 받아지기 어렵지만, 상담자는 학생의 모든 감정이 수용되고 있다는 확신을 줄 필요가 있다: "네가 어떻게 느꼈을지 알겠다." 만일 학생이 감정을 표현하는 데 어려움을 갖는다면, 상담자는 감정적 문제를 되돌려 반영하고, 그 반영한 것이 정확한지 체크해야 할 것이다: "화가 났구나, 그렇지 않니?" "그동안 몰랐구나."

관련 있는 개인경험을 공유하기. 상담자의 개인적 경험은 학생과의 라포(rapport)를 형성하는 기초이다(Egan, 1990). 상담자 자신의 이야기를 너무 포장하여 상담의 중심이 되지 않는 한 개인적인 경험을 공유하는 것은 바람직하다. 가장 기본적인 규칙은 상담자의 경험이 학생의 경험과 얼마나 관련이 있는지 강조는 하되, 가능한 한 간단하게 자신을 드러내는 것이다. 자신을 드러내는 것은 영재를 지도하는 교사나 상담자에게 있어 효과적인 기술이다. 영재는 종종 외로움을 느끼기 때문에 다른 사람들도 똑같은 감정을 갖는다는 점을 알려 주면 도움이 된다.

학생의 강점을 인정함으로써 격려하기. 많은 학생들은 자신의 강점을 인지하지 못한다. 영재들은 자신의 높은 기준 때문에 그리고 능력을 깎아내려 또래들에게 "단지 평범한 사람"임을 보이려고 자신의 단점을 늘어놓는다(Ford, 1989). 영재들이 빚이라고 생각하는 일부 특성들(예: 충동성 그리고 완고함)도 유용한 특징(예: 결단과 조직)으로 재구조화될 수 있다(Corey, 1991; Dinkmeyer & Losoncy, 1980). 학생들은 자신의 내적 자원을 인지하고 사용하기 위해서는 상담자의 격려가 필요하고 이러한 격려를 통해서 자기를 비하하는 생각과 행동을 변화시킬 용기를 얻는다.

문제에 대해 편을 나누지 않고 감정을 지지하기. 문제에 대해 편을 나누지 않고 학생의 감정을 인정해 주는 것이 중요하다. 대부분의 경우에, 학생들은 이야기의 한 부분만 제안하기 쉬운데, 이는 학생의 현재 감정적 상태 때문이거나 혹은 의식적으로 상황의 한 요소만을 인지하기 때문이다. 상담자가 학생들의 현재 지각과 믿음을 지지할 때, 상담자는 학생들로 하여금 새로운 관점을 보지 못하게 방해하면서, 학생들을 얼어붙게 만들 수 있다. 잠재의식적으로 과도한 언어적 동의와 고개 끄덕임 등을 통해서 이러한 것들이 생긴다. 대조적으로, 효과적인 상담자는 자신이 오직 국부적인 문제만 다룬다는 점을 알고 있다. 이와 같은 상담자는 상황자체에 대한 판단을 보류하고 보다 많은 데이터를 얻으려고 시도하는 한편, 사람들의 감정을 지지한다. 예를 들어, "다른 사람들이 너를 대하는 방식에 대한 감정 때문에 신경을 쓰는구나. 왜 그런 관계에 머물러 있는 것이니?"

문제의 긍정적인 면을 탐색하기. Ogburn Colangelo(1989)가 이미 언급한 바대로, 상담자는 갈등 자체의 긍정적인 면을 알아야 한다. 상담을 찾을 때, 학생들은 부정적인 요소로 문제 상황을 기술하기 쉽다. 문제의 복잡성에 대해 보다 균형적인 시각을 얻기 위해서는 긍정적 요소를 끌어내는 것이 중요하다. 예를 들어, "만일 집을 떠난다면, 가족에 대해 무엇을 그리워하겠니?"

행동유형을 변화시킬 때, 변화시키고자 하는 유형의 이점을 찾아보는 것이 바람직하다. 예를 들어, 몸무게를 줄이려 한다면, 상담자는 몸무게를 줄이는 방법과 학생에게 필요한 음식에 대한 것을 모두 목록으로 작성해 보게 할 수 있다(Bandler & Grinder, 1979). 이러한 정보 없이, 만일 문제와 관련이 있는 모든 것을 다루지 않는다면, 체중감량 프로그램은 비효과적일 수 있다.

문제를 명백히 하도록 돕기. 상담예술의 상당 부분은 문제를 명확히 하는 데 있다. 대부분 상담자는 겉으로 나타난 문제가 진짜 문젯거리가 아님을 알고 있다. 비전문가는 해결책처럼 보이는 것에 즉각적으로 뛰어들지만, 상담자는 문제 그 자체를 보는 데에 생각할 시간을 갖는다. 문제는 많은 면을 가지고 있어, 그 각각을 분리해서 조사해야 한다. 문제를 진술하고 많은 사건과 인상을 분류할 때 영재는 도움이 필요하다. 영재에게 문제에 대해 생각하는 것 외에 그 청사진을 그릴 것도 요청할 수 있다.

문제를 분석하고 우선순위를 부여하도록 돕기. 그 다음, 상담자는 학생들로 하여금 문제를 분석하고 해결할 문제에 우선순위를 부여하는 것에 도움을 줄 수 있다. 우선순위는 문제의 각 부분들을 가장 쉽게 변화될 수 있는 것인 양 목록으로 나열하는 것이다.

무엇이 변화될 수 있는지 결정하기. 한 상황의 어떤 면들은 변화될 수 있으나 그렇지 않은 면들도 있다. 상담자는 학생들로 하여금 여러 면을 분류하고 어떤 것이 변화될 수 있는지 결정하도록 돕는다. 이것은 바로 학생이 통제할 수 없는 것을 통제할 수 있는 것과 분리하는 것을 의미한다. 학생들은 문제의 어느 부분도 자신의 통제 하에 있지 않으며 자신이 불공정한 환경의 희생자일 뿐이라고 생각한다. 변화가 발생하기 전에, 이와 같은 지각에 의구심을 가져야 한다. 개인이 무기력한 희생자라고 느끼는 한, 상담노력에 걸 수 있는 희망은 "지독한 것(ain't it awfuls)"과의 교환이지 개선이 아니다(Berne, 1964).

어느 상황에서도, 바꿔야 하는 것은 자기 자신이다. 개선을 하려면, 문제의 책임감을 기꺼이 수용해야 한다. 문제에 대한 주인의식은 목표설정과 행동변화를 위한 기초를 제공한다(Meichenbaum, 1985). 학생은 상황 중 어느 면을 자신이 변화시킬 수 있는지 살펴보아야 한다.

새로운 관점을 제시하기. 누군가에게 문제에 대해 이야기하는 것의 장점들 중 하나는 그 상황에 대해 새로운 관점을 얻는 가능성이다. 직접적으로 관련이 없는 사람도 새로운 관점을 제시할 수 있다. 관찰자 역시 보다 더 객관적이며, 다른 시간 구조에서 문제를 볼 수 있다. 학생이 고통에 있을 때, 학생 자신은 영원히 고통에 있을 것이라고 생각한다. 상담자는 항상 지금과 같은 곳에 있는 것이 아니고 현재의 위기를 벗어날 것이라고 학생에게 확신을 줄 수 있다.

지각력이 있는 상담자는 객관성뿐만 아니라, 일종의 유용한 주관성—즉 문제에 대해 개인적인 통찰력을 갖는—을 부여한다. 때때로 이와 같은 통찰력은 직접적으로 주는 정보 및 학생 성격에 대한 상담자의 지식과 관련이 있다. 또한 통찰은 상담자의 개인적 경험 혹은 유사한 상황에 직면한 다른 사람을 연상함으로써 생기기도 한다. 이상의 통찰을 쉽게 추적할 수 없는 경우도 있다. 상담자는 이와 같은 직관적인 반응을 일종의 "육감"으로서 제공하여 학생과 함께 이를 점검한다. 예를 들어, "지금 막 생각이 났는데, 이것이 너에게 적합한지 말해 줄래."

기본 가정을 검사해 보도록 학생을 돕기. 학생과의 라포(rapport)가 확고하게 형성되면, 상담자는 학생들로 하여금 심도 있게 믿음과 갈등을 조사해 보게 한다. 섬세하게 학생을 마주 대해야 하며, 학생에 대한 완전한 수용과 무엇이든지 학생이 다룰 수 있다는 학생 능력에 대한 믿음을 보여 주어야 한다(Ellis, 1989). 점진적으로 자기 패배적인 가정에 도전한다: "과목에서 C를 받았을 때, 생길 수 있는 가장 최악의 일은 무엇이라고 생각하니?"

불일치를 반영하기. 학생이 보다 많은 정보를 보여 주면, 갈등의 맥락이 나타나기 시작한다. 이들 갈등은 때론 정보, 태도, 감정의 불일치한 면으로 나타나며, 어떤 경우엔 신체적 몸짓을 통해 나타나기도 한다. 예를 들어, 슬픈 사건을 말하면서 웃기도 하고, 다리를 마구 떨면서 기분 좋아 웃기도 한다. 상담자는 이와 같은 불일치한 면을 적어두고, 상담 기간 중 적절한 시간을 골라 학생이 이 점에 주의를 기울이게 한다: "넌 지금 나에게 이것이 전혀 문제가 되지 않는다고 하는데, 너의 발은 지금 무엇을 말하고 있는 것이니?"(Perls, 1973). 상담자는 나타난 불일치를 지적하면서 "난 무척 …로 인해 혼란스럽구나. …" "지난 주 너의 엄마가 널 지지한다고 하였는데, 이번 주에는 그렇지 않다고 하는 것을 보여 주는 세 가지 일들에 대해 말하고 있구나." 이와 같은 유형의 반영은 학생이 의식적으로 연결짓지 못하는 내부갈등의 요소를 함께 의식하도록 돕는다.

학생이 목표를 세우도록 돕기. 목표설정은 변화를 위해 노력하겠다는 것을 의미한다. 몇몇 학생들은 단지 어깨에 기대서 울기를 원한다; 학생은 실제 일어날 변화를 두려워하는 것이다. 격려를 통해, 상담자는 학생이 여러 조화로운 방법이 가능하며 이 방법이 달성될 수 있음을 지각하도록 돕는다. 요지는 학생이 옵션을 탐색할 준비가 되었다는 것이다. 학생들이 잠재적인 해결방안을 생각하도록 돕기 전에, 먼저 라포를 형성하는 것이 중요하다.

옵션들을 탐색하도록 돕기. 옵션을 만드는 것은 브레인스토밍과 비슷하다. 대부분 영재는 학급에서 브레인스토밍을 해 본 적이 있다. 상담자는 일종의 가이드로서 학생들이 자신의 아이디어를 다 끄집어낼 때까지 어떤 제안도 하지 않는다. 시각적인 다이어그램을 통해 옵션을 탐색할 수 있다. 마지막 생각이 나올 때까지, 어떤 옵션도 적절한 해결방안으로 판단을 내리지 않는다. 성공할 가능성이 가장 많은 옵션들을 선택하고, 그러고 나서 시도해 볼 만한 것에 대해 우선순위를 부여한다.

변화를 시도하기 전에 관찰하도록 요청하기. 첫 번째 단계는 행동을 관찰하는 것이다. 자신의 행동을 관찰하면서, 스스로 "주체-객체"를 개발하기 시작하는데 (Dabrowski, 1970, p. 178), 이는 자신을 객관적으로 평가하게 하는 기능을 한다. 상담자는 학생들에게 자신의 반응을 한 주간 관찰하도록 하여, 어느 상황에서 특별한 패턴이 반복되어 나타나는지 주목하게 한다. 생각, 감정 및 행동이 다른 사람에게 미치는 영향까지 포함하여 매우 상세하게 관찰한다(Meichenbaum, 1986). 관찰행동 그 자체를 통해 개선을 증진할 수 있다. 실험가로 참여하도록 함으로써, 영재는 자신에 대한 통제감을 가지고 변화에 대한 저항을 줄인다.

진척사항을 인식하고 알리기. 한 사람의 삶에서 변화를 이행하는 것은 어려우며, 인내와 시간이 소요되는 것이다; 바로 상담자는 이러한 과정에서 지지와 피드백을 제공하기 위해 필요한 것이다. 상담자는 학생에게 이것은 두 발짝 앞으로 가고 한 발짝 뒤로 가는 것과 같다고 경고를 해 주며, 안정을 얻도록 준비시킨다. 상담자는 목표를 향한 각 단계와 목표 과정에서 학생 자신이 얼마나 떨어져 있는지 학생들에게 알려 준다. 만일 학생들이 장애물에 들어서면, 학생들이 그 상황을 재평가하고 필요한 대안 행동과정을 계획하도록 돕는다. 심지어 상담 기간이 끝났더라도, 학생과 접촉을 유지하고, 학생의 성장과 발전을 모니터할 수 있다. 학생들에게 위기가 닥치면 다시 상담자는 이들의 백업 시스템이 될 수 있다. 일단 상담자와 학생 간에 관계가 형성되면, 관계를 맺은 정도에 상관없이 계속적으로 관계를 지속한다. 이와 같은 유대관계는 다른 사람과 오랜 관계를 형성하도록 하는 건전한 기초가 된다.

말해야 할 때를 알기. 심지어 가장 숙련된 상담자에게도 훈련, 경험 및 능력 범위를 넘어서는 상황이 발생하기도 한다. 어떤 학생은 입원하여 치료를 받아야 하는 정신분열증 증상을 가지고 있거나, 알코올 중독이나, 약물 과용 및 가정 폭력에 의해 피해를 받고 있는 경우가 있다. 학생과 그의 가족들이 전문가의 치료를 받을 수 있도록, 상담자는 지역사회에서 특별한 문제를 다루는 기관을 잘 알고 있어야 한다. 한 개인이 모든 심리적인 문제를 효과적으로 다룰 수 있다고 생각할 수 없다. 자신의 역량을 벗어나는 때가 언제이며, 도움이 필요한 학생을 위해 어디에서 도움을 얻을지 알고 있는 것이 중요하다. 이것은 특히, 초보 상담자에게 중요하다.

학생의 비밀을 유지해 주고 그 비밀유지의 한계를 설명하는 것이 중요하다. 학생을 보호하는 것이 비밀유지보다 우선이다. 친구의 자기 파괴적인 행동에 대해 도움을 줄 만한 누군가에게 이야기하는 것이 신의를 지키는 것보다는 우선시된다는 점을 또래상담자가 이해하는 것이 중요하다(Strip, Swassing, & Kidder, 1991). 비상담자가 효율적으로 사용할 수 있는 부가적인 상담책략으로 스트레스를 줄이는 기법과 독서치료가 있다.

스트레스를 줄이는 기법

스트레스를 관리하는 것은 예방상담의 중요한 일면이다. 스트레스는 신체적 반응으로, 환경에 대처할 수 없다고 느낄 때 발생한다. 즉, 위험에 처해 있다는 일종의 신호체계(Genshaft & Broyles, 1991)이다. 만일 스트레스를 무시하면, 육체적 질병이 생기고, 우울증 및 자살 관념이 형성될 수 있다. 그러므로 스트레스를 줄임으로써 병, 정서 장해, 그리고 자살을 예방할 수 있다.

영재는 비동시성의 발달과 개인적 특징 때문에, 보다 스트레스에 민감하다(Genshaft & Broyles, 1991; Kaiser & Berndt, 1985; Kerr, 1991b; Kline & Meckstroth, 1985). 영재의 일반적인 스트레스 요인으로는 외로움(Kaiser & Berndt, 1985), 타인으로부터 수용되기 위해 자신의 능력을 숨겨야 하는 필요성을 느끼는 것(Cross, Coleman, & Terhaar-Yonkers, 1991), 과도한 높은 기준(Buescher, 1991; Ford, 1989; Karnes & Oehler-Stinnet, 1986), 학업적 압박(Yadusky-Holahan & Holahan, 1983), 지역사회로 부터의 높은 기대(Kerr, 1991b), 그리고 이들 기대에 도달하려고 노력할 때 반 친구로 받는 적대감(Clinkenbeard, 1991; Ford, 1989) 등을 들 수 있다. 청소년의 완벽주의는(Buescher, 1991; Kline & Short, 1991) 영재가 자신의 성취에 불만족할 때 강해진다. 높은 능력을 가진 사춘기 여학생은 특히 우울증과 두려움에 대해서 상처받기 쉽다(Gilligan, 1991; Kline & Short, 1991; Petersen, 1988).

일부 영재는 태어날 때부터 매우 강렬하고 쉽게 자극받는다(Turecki & Tonner, 1985). 이들 영재에게 삶 그 자체는 스트레스로 가득하다. 부모는 쉽게 자극받는 아동에게 자는 시간에 노래를 불러주거나, 밤에 등을 긁어 주거나, 마음을 달래주는 음악을 들려주고, 몸을 이완시켜 주는 운동 같은 조용한 활동을 마련해 줌으로써, 안정을 찾을 수 있도록 돕는다. 보다 나이가 든 학생들은 부모, 행정가 및 부모의 기대에 부응하려고 극심한 스트레스를 받는다(Ford, 1989; Kerr, 1991b). 다른 삶들의 기대를 조사하고 점진적으로 다른 사람의 평가에 의존하는 것에서 자기평가로 옮아가도록 이들 학생들에게 도움을 제공할 수 있다.

영재는 부정적인 감정에 휩쓸리지 않도록 감정을 다루는 방법을 배울 수 있다. 다음의 단계를 통해서 스트레스 상황에 대처하도록 학생들을 도울 수 있다.

1. 스트레스로 인한 신체적 작용을 인식하기
2. 스트레스와 상호작용하는 것을 멈추기
3. 스트레스 상황으로부터 자신을 떼어놓기
4. 혼자 있을 장소를 찾기
5. 감정을 인식하기
6. 감정을 표현하기
7. 이완운동을 하기
8. 반응에 대한 이유를 이해하려고 노력하기
9. 스트레스 상황에 대한 다른 관점을 갖기
10. 갈등해결을 위한 계획을 세우기
11. 계획을 실행하기

위험 신호로 볼 수 있는 스트레스의 심리적 징후가 있다(Genshaft & Broyles, 1991). 심지어 어떤 사람은 신체언어라는 정교한 코드를 가지고 있어, 신체 부분에 따라 다른 감정을 느낀다. 굴욕으로 얼굴이 붉어지고, 무대 공포로 인해 심장박동이 빨라지며 속이 울렁거리고, 화가 났을 때 등이 쑤시고, 짜증으로 목과 어깨가 긴장되고, 상처를 입어 눈물이 나거나 두통이 생기게 된다. 스트레스를 받는 사람에게 유용한 방법은 긴장의 증상, 즉 신체의 독특한 의사소통 체계를 인식하도록 돕는 것이다.

"무엇을 느끼고 있니?" "이러한 것을 어디서 느끼니?" "누군가 너를 모욕했을 때 몸 어디서 반응이 일어나니?" "작은 상처같이 큰 상처도 같은 곳에서 고통을 느끼니?"

Genshaft와 Broyles(1991)는 영재가 자신의 반응에 대해, 예를 들어, 졸음이나 위장병, 분위기 변화 등과 같은 "경고 사인 체크리스트"(p. 83)를 만들어 몸에서 알려 주는 메시지를 인식하게 도움을 주어야 한다고 제안하였다.

일단 자신의 몸에서 보내는 신호체계를 인식하면, 학생들은 이 신호에 주의를 기울이고 고통을 야기하는 것을 멈추는 것을 배울 수 있다. 대부분의 경우에, 부정적인 감정을 야기하는 것과 상호작용을 그만하고, 안정과 통제감을 다시 얻을 때까지 그 상황으로부터 자신을 떼어놓는 것이 가능하다. 논쟁 중에 휴식시간을 허용하거나 갖도록 조언을 준다. 집 밖에서 쏟아 내거나 문을 쾅 닫는 것보다, 학생들은 싸움을 중지하고 보다 덜 과열된 환경에서 토론이나 협상을 재개하려는 자신의 의향을 전달할 수 있어야 한다. 그러고 나서 이 상황을 보다 잘 통제하고 있다고 생각할 수 있도록, 학생들은 다음 만날 시간, 장소, 환경을 결정할 수 있다.

과열된 토론에서 다음과 같이 중재할 수 있다:

"이 토론이 굉장히 불편해. 내일 우리 모두 평정을 찾았을 때 다시 이야기하자." "나는 그것에 대해 생각할 시간이 필요해. 좀 걸어야 하겠어, 1시간 뒤에 올게." "이것에 대해 더 이상 이야기하고 싶지 않아; 내가 그것에 대해 좀더 생각해 본 뒤에 연락할게."

그 밖의 것들도 안 되면, 사람은 대개 기분전환을 위한 몇 분의 개인적인 시간을 얻을 수 있다: "잠시만요. 화장실이 어디죠?"

자신을 구해내는 것에 한번 성공하면, 자신의 감정에 대해 인식할 수 있다: 고통, 아픔, 두려움, 짜증, 화 … 기분을 표출하는 것은 매우 도움이 된다. 감정을 표현하는 여러 방법이 있다: 조깅 … 소리 지르기 … 청소 … 체육관에서 펀칭백을 두드리기 … 증오의 편지를 쓰고 찢어 버리기 … 그림 그리기 … 울기 … 베개를 치기 … 상상 가능한 대화를 떠올리기. 신체운동을 통해 긴장을 방출함으로써 에너지를 회복하며, 기분을 보다 평온하게 하고, 보다 잘 대응할 수 있다(Genshaft & Broyles, 1991). 일기를 씀으로써 언어 영재는 자신의 기분을 표현하고, 감정을 정리하고, 후에 가능한 해결방안으로 분석할 수 있는 정보를 기록으로 남길 수 있다. 긴장을 방출하는 데 있어 언어적 혹은 비언어적인 방법 어느 것을 선호하느냐는 대개 개인의 기질과 관계가 있다.

학생이 안전한 환경에 있다고 느낄 때 감정을 표현한다. 이와 같은 경우를 계획할 때, 학생들은 스스로 감정을 표출하는 것에 대해 브레인스토밍 할 수 있다. 상담자와 학생간의 강한 신뢰감이 쌓이면, 일부 감정을 표출하는 방법을 상담자의 지도하에 시도해 볼 수 있다.

감정을 표현한 후의 다음 단계는 이완이다. 높은 과흥분성 수준을 가진 영재에게는 대처할 때 도움이 되는 이완기법이 필요하다. 심호흡은 몸의 각 모든 부분, 머리부터 발 끝까지 긴장되었을 때 이완하는 좋은 방법이다. 창의적인 시각화(예: 바다 혹은 좋아하는 공간) 또한 느린 템포의 부드러운 음악처럼 평온하게 하는 효과를 가지고 있다. 바이오피드백 장치는 점점 인기를 얻고 있고 스트레스를 줄이는 한 방편으로 받아들여지고 있다. 지시에 따라 적절하게 사용한다면, 모든 학교에서 바이오피드백의 장치를 마련해 놓는 것이 좋다. 영재는 쉽게 원리를 파악하고 자신의 자동 신경체계를 통제하는 것을 배울 수 있다.

스스로 평온을 찾는 것에 성공하면, 영재는 자신의 분석하는 능력을 상황에 적용하고 자신의 반응에 대한 이유를 이해하려고 노력한다. 그것이 사람의 소리인가? 사람의 단어와 신체적 언어 사이에 불일치가 있는가? 어떤 사건으로 어릴 적 화를 돋우는 경험을 기억해낼 수 있는가? 영재는 여러 다른 관점에서 객관적으로 문제를 보려고 시도할 수 있다.

다음 단계는 갈등해결이다. 창의적 문제해결의 경험은 특히 문제해결 과정에서 중요하다. 영재는 가능한 한 상황을 보다 효과적으로 다루는 데 많은 대안을 찾아낸다. 만일 시간이 허락한다면, 상담자나 친구의 도움으로 대안을 얻을 수 있다. 갈등해결의 중요한 기술은 바로 협상이다. 많은 학생들은 원하는 것을 어떻게 요청할지 모르며, 다른 사람이 원하는 것을 어떻게 들어줄지 모른다. 그리고 모든 사람이 만족할 요지를 협상하고 어떻게 win-win 결과를 달성할지 모른다. 상담자나 교사/상담자들이 이상의 기술들을 가르칠 수 있다.

마지막 단계는 계획 이행으로서, 개인의 선택 하에 협상 이후에 계획을 이행하게 된다. 만일 계획이 성공하지 못하면, 다른 대안책략을 만들 수 있다. 만약 이상의 과정을 상담자의 도움으로 진행한다면, 학생들은 대안책략을 시도하기 전에 안전한 환경에서 대화 및 협상하는 것을 되풀이할 수 있다. 학생들은 부정적인 결과에 대처하기 위해 계획의 결과 및 계획책략을 상상해 볼 수 있다. 또한 긍정적인 결과를 시각화할 수 있다. 상담자는 학생들에게 어떻게 협력하여 상황에 접근하며 "반대세력"의 협조를 구하는지 가르칠 수 있다.

> 스트레스를 다루는 접근법에는 스트레스에 대한 신체적 반응을 인식하고, 스트레스를 강화하는 잘못된 믿음을 파악하고, 긍정적인 대응책략을 개발하고, 이완기법을 실시하는 것이 포함된다. 사춘기 영재들과 함께한 사람들은 또한 긍정적인 문제해결 책략을 가르치고 신체운동 혹은 작문 같은 일상적 활동을 증가하면 도움이 된다는 것을 알고 있다. 아마도 가장 중요한 도움은 가까운 어른으로부터의 정서적 지지를 형성하는 것이다(Genshaft & Broyles, 1991, p. 86).

독서치료

> 나는 혼자야. 늘 혼자였어. … 만일 내가 혼자가 된다면, 좋아, 아닌 척하느니 받아들이는 것이 나아. 나는 이러한 사회에 단지 맞지 않는 사람이야. 누군가 나를 좋아하리라 기대하는 것은 어리석은 일이야. 무엇 때문에 그들이 나를 좋아해야 하지? 내 좋은 머리? … 누구도 좋은 머리를 좋아하지 않아. 뇌는 추한 것이야. 어떤 사람들은 버터를 둘러 튀긴 것을 좋아하지만 미국인은 아니야(『*Very Far Away from Anywhere Else*』, LeGuin, 1976, p. 61).

부모, 교사, 상담자, 그리고 영재에게 가장 효과적인 상담 기술의 하나는 독서치료이다. 독서치료(bibliotherapy)는 책을 사용하여 개인적인 문제를 이해하고 해결하도록 돕는다(Frasier & McCannon, 1981). 영재들은 높은 읽기 기술을 가지고 있고, 책 읽는 것을 좋아하므로, 독서치료는 영재에게 특히 효과적이다. 영재는 구성에서 등장인물에 대한 책의 은유적인 함축뿐 아니라 자신에 대한 은유적인 함축도 찾을 수 있다. 좋은 문학작품을 통해 지적으로, 상상적으로, 그리고 정서적으로 과흥분성을 매우 자극할 수 있다. 영재는 때로 3피트 내에서 자신의 이름이 불려도 모르고 책에 빠져 있다. 외로움을 느끼는 영재는 종종 책에서 친구를 찾아낸다.

발달적인 상담프로그램의 부분으로서, 치료적 독서를 통해서 학생들은 실생활의 결과 없이 대리적으로 다양한 접근을 시도해 볼 수 있다(Frasier & McCannon, 1981). 학생들은 이러한 방법이 직접적인 상담보다 덜 위협적이라 생각하고 교사들도 종종 다른 상담책략보다 이 방법에 대해 편안해 한다. 독서치료로 학생들은 자기지식과 다른 사람에 대한 지식을 증가시킨다. 등장인물에 대한 동일시는 문제에 대한 감정과 통찰을 방출하도록 이끌어낸다(Halsted, 1988). 치료적 독서프로그램에서, 상담자 또는 교사/상담자는 다음과 같이 이야기가 주는 개인적 의미에 대해 토론하도록 이끌 수 있다. "…와 비슷한 입장에 있었던 적이 있니?" "너는 무엇을 했니?" "…가 너의 입장에 있었다면 어떻게 했을 것이라고 생각하니?"

도서관 사서는 학생의 현 문제를 다루는 적절한 책을 찾는 데 도움을 줄 수 있도록 상담을 받아야 한다. 문제 및 이슈에 따라 공공도서관에는 아동문학을 목록화해 놓은 여러 참고자료가 있다. 이 중 가장 대중적인 것이 『*The Bookfinder 4: When Kids Need Books*』(Spredemann-Dreyer, 1989)이다. 이 지침서는 주석을 달아 놓고 적절한 읽기 단계를 명시하고 있다. 『*Counseling Children*』(Thompson & Rudolph, 1983)은 다음과 같은 주제에 따라 독서 미니 가이드를 수록하고 있다: 유기, 입양/아동보호시설, 아동학대, 죽음, 이혼, 가족, 우정-소속감과 편부모. 또한 이 책은 영재에 관한 책 목록을 포함하고 있다.

영재에 대한 그리고 영재를 위한 책에 권위가 있는 사람으로 E. L. Konigsburg(예: 『*George*』, 1970); Madeleine L'Engle(예: 『*A Wrinkle in Time*』, 1962); Stephanie Tolan(예: 『*Pride of the Peacock*』, 1986); Katherine Paterson(『*Bridge to Teribithia*』, 1977); 그리고 Ursula LeGuin(예: 『*Very Far Away from Anywhere Else*』,

1976) 등이 있다. Sisk(1982)는 Danziger의 『*The Cat Ate My Gymsuit*』(1974)와 Blume의 『*Otherwise Known as Sheila the Great*』(1972)를 사용하여 두 개의 독서치료 단원을 기술하였다(추가적인 책은 부록 참조). 이들 작품들은 성인과 영재 모두가 매우 좋아하는 것들이다. 이 책들을 학급 전체에서 토론하거나 교사가 크게 읽어 줄 수 있다; 잠자기 전에나 가족 독서시간에 읽을 수도 있다. Frasier와 McCannon(1981)은 영재들에게 독서치료를 사용하는 틀을 제시하였고, 영재에 대한 책을 목록으로 작성하고 세 가지 주제로 조직하였다: 개인문제, 사회문제, 교육/직업문제. 전기 연구물 또한 학생에게 역할모델을 제시해 주기 때문에 또한 치료적으로 사용할 수 있다(Hollingworth, 1942).

영재들의 존재적 우울증에 대처하도록 도울 때 독서치료를 유용하게 사용할 수 있다(Kerr, 1991b). 영재상담을 위한 적절한 책에 대해 주석을 달아 놓은 목록을 Schroeder-Davis(1990)가 개발하였는데, 이 목록을 Kerr(1991b)의 책, 『*A Handbook for Counseling the Gifted and Talented*』의 부록에서 찾아볼 수 있다. 이 아동들의 책은 다음의 기준을 고수한다:

1. 좋은 문학이다. 즉, 영재에만 관련된 것이 아니며, 책들이 잘 적혀 있고 읽기에 재미있다. 다수의 책들이 수상 작가가 쓴 것이거나 수상작들이다.
2. 영재성은 중요하지만 반드시 이야기의 중심은 아니다. 책은 영재와 관련이 있지만 영재성에 대한 것은 아니다.
3. 독자는 인물, 주제 및 갈등을 파악할 수 있다. 그러므로 묘사는 판에 박힌 것, 경멸적인 것보다는 풍부하고, 다양하고, 현실적인 것이다(Kerr, 1991b, p. 139).

본서 부록에 수록한 책들 역시 Schroeder-Davis의 기준에 맞는 것이다. 이들 책들은 아동문학에 관해 뛰어나고 잘 알려진 작가에 의해 쓰인 것들이다; 어떤 것은 영재가 주인공이다. 치료적인 독서의 목적을 위해 이들 책에서 언급한 문제유형을 정하려면, 『*The Bookfinder 4*』를 참조하기 바란다(Spredemann-Dreyer, 1989). 또한 소설가 Stephanie Tolan의 저널 「*Understanding Our Gifted*」의 정규 특종기사인 "The Reading Room"에서 여러 책의 심도 있는 개관을 볼 수 있다.

영재의 읽기능력이 대개 이들의 생활연령을 뛰어넘기 때문에 여기 책 목록에서는 연령수준을 표기하지 않았다. "Young Adult"라는 표시는 책의 내용이 사춘기에 보다 적절하다는 점을 나타내는 것이다. 자신의 연령수준을 앞서는 책을 읽는 아동들은 성적인 자료를 접하게 되는데, 이것이 해롭다는 증거는 없다. 매우 주의 깊은 한 사서는 아동들이 사서도 완전히 이해하지 못하는 것에 주석을 달아주었다고 알려 주었다. 그러나 폭력에 노출되고 불공정에 대해 해석을 달아 놓는 것이, 영재들로 하여금 참을 수 없는 정보를 인식하도록 하기 때문에, 오히려 이들을 황폐하게 하는 효과를 가져올 수 있다. 우리는 미디어의 폭력으로부터 아동을 거의 보호하지 못하고 있다. 따라서 부모를 지도해 주어 이들이 노출된 폭력의 강도와 양에 대해 자녀들이 대응하도록 해야 한다.

치료적 독서프로그램은 단지 읽는 것 그 이상을 포함한다. 즉, 토론과 통찰을 공유하는 기회를 제공한다. 독서프로그램은 집단 또는 개인 단위로 실행할 수 있다. 효과적인 토론을 이끌 수 있도록 촉진자는 책에 익숙해져야 한다. The Great Books Foundation(1974)은 부모와 교사들이 문학작품에 대해 통찰력 있는 토론을 이끌어 갈 수 있도록 프로그램을 제공한다. 『*Exploring Books with Gifted Children*』(Polette & Hamlin, 1980)은 적절한 읽기와 토론 문제를 위한 좋은 자료이다. 제안된 문제 유형을 통해 아동들은 독서의 심오한 중요성을 식별할 수 있다. Polette(1984)의 새로운 책, 『*Books and Real Life: A Guide for Gifted Students and Teachers*』는 교사가 학생들의 독서를 지도하는 날카로운 질문들을 수록하고 있다. 다른 효과적인 책으로 Halsted(1988)의 『*Guiding Gifted Readers from Pre-School to High School*』이 있다. 이것은 특별히 영재들이 대답할 수 없는 질문을 다루는 데 도움을 주는 좋은 책이다. Flack과 Lamb(1984)은 영재에 대해 가장 많이 추천을 받은 책을 읽은 뒤에 할 수 있는 활동들을 제시하였다. 부가적인 책으로 『*Books for the Gifted Child*』(Hauser & Nelson, 1988)과 『*Reading Ladders for Human Relations*』(6판, Tway, 1981)의 두 개가 있다.

결 론

영재의 상담에 대한 요구는 독특하고 다양하다. 영재는 예방차원의 집단상담과 개인상담, 직업상담, 또래상담, 독서치료를 받을 수 있다. 영재는 삶에서 경험하는 강렬함 때문에, 종종 우울증과 파괴적 행동의 위험에 빠질 수 있다. 영재를 위한 상담 서비스가 증가했다는 점은 성취와 미성취, 평화와 절망, 우정과 외로움, 삶과 죽음의 차이를 의미할 수 있다. 상담자는 영재의 정서적 특성에 대해 훈련이 되어 있어야 한다. 교사는 교사/상담자로서 기능하기 위해서 상담 기술에 대한 훈련을 받아야 한다. 영재상담을 위한 특별훈련은 영재교육 내 모든 대학원 프로그램에서 실시해야 한다. 학교의 전체 환경은 영재의 정서적 필요에 대한 우리의 이해와 반응정도에 따라 건설적이 되거나 파괴적이 될 수도 있다.

우리는 단지 영재의 정서적 발달을 탐색하기 시작했을 뿐이다. 영재가 매우 민감하고 이러한 민감성이 정서적 건강을 발전시키기 위해 길러져야 한다는 점을 알고 있다. 또한 영재의 민감성, 완벽주의 및 과흥분성 수준들이 사회에서 매우 가치 있게 여겨지고 있지 않다는 점도 알고 있다. 좋은 영재 프로그램이 되기 위해서는, 영재의 정서적 발달을 위한 안전한 피난처를 제공해야 한다. 만일 우리가 영재들이 절대적으로 필요로 하는 것을 이해하지 못한다면, 영재의 정서적 민감성을 정서적 장애로 전환하게 하여 이들 영재를 영원히 잃어버리는 위기를 초래하게 된다. 이는 우리 중의 누구도 받아들일 수 없는 위기이다.

참고 문헌

Assagioli, R. (1965). *Psychosynthesis: A manual of principles and techniques*. New York: Hobbs, Dorman.

Bandler, R., & Grinder, J. (1979). *Frogs into princes: Neurolinguistic programming*. Moab, UT: Real People Press.

Berndt, D. J., Kaiser, C. F., & van Aalst, F. (1982). Depression and self-actualization in gifted adolescents. *Journal of Clinical Psychology*, *38*, 142-150.

Berne, E. (1964). *Games people play: The psychology of human relationships.* New York: Grove Press.

Betts, G. T. (1986). Development of the emotional and social needs of gifted individuals. *Journal of Counseling and Development, 64,* 587-589.

Beville, K. (1983). The affective development curriculum. In S. M. Perry, *The Aurora gifted and talented handbook for middle school.* Aurora, CO: Aurora Public Schools.

Blackburn, A. C., & Erickson, D. B. (1986). Predictable crises of the gifted student. *Journal of Counseling and Development, 9,* 552-555.

Blume, J. (1972). *Otherwise known as Sheila the great.* New York: Dell.

Buescher, T. M. (1991). Gifted adolescents. In N. Colangelo & G. A. Davis (Eds.), *Handbook of gifted education* (pp. 382-401). Needham Heights, MA: Allyn & Bacon.

Clinkenbeard, P. R. (1991). Unfair expectations: A pilot study of middle school students' comparisons of gifted and regular classes. *Journal for the Education of the Gifted, 15,* 56-63.

Colangelo, N. (1991). Counseling gifted students. In N. Colangelo & G. A. Davis (Eds.), *Handbook of gifted education* (pp. 273-284). Needham Heights, MA: Allyn & Bacon.

Corey. G. (1991). *Theory and practice of counseling and psychotherapy* (4th ed.). Pacific Grove, CA: Brooks/Cole.

Cross, T. L., Coleman, L. J., & Terhaar-Yonkers, M. (1991). The social cognition of gifted adolescents in schools: Managing the stigma of giftedness. *Journal for the Education of the Gifted, 15,* 44-55.

Culross, R. R. (1982). Developing the whole child: A developmental approach to guidance with the gifted. *Roeper Review, 5*(2), 24-26.

Dabrowski, K., with Kawczak, A., & Piechowski, M. M. (1970). *Mental growth through positive disintegration.* London: Gryf.

Dabrowski, K. (1972). *Psychoneurosis is not an illness.* London: Gryf.

Danziger, P. (1974). *The cat ate my gymsuit.* New York: Dell.

Delisle, J. R. (1986). Death with honors: Suicide and the gifted adolescent. *Journal of Counseling and Development, 64,* 558-560.

Delisle, J. R. (1990). The gifted adolescent at risk: Strategies and resources for suicide prevention among gifted youth. *Journal for the Education of the Gifted, 13,* 212-228.

Dinkmeyer, D. C., & Losoncy, L. E. (1980). *The encouragement book: Becoming a positive person.* Englewood Cliffs, NJ: Prentice-Hall.

Drews, E. (1972). *Learning together: How to foster creativity, self-fulfillment, social awareness in today's students and teachers.* Englewood Cliffs, NJ: Prentice-Hall.

Egan, G. (1990). *The skilled helper* (4th ed.). Pacific Grove, CA: Brooks/Cole.

Ellis, A. (1989). Rational-emotive therapy. In R. J. Corsini & D. Wedding (Eds.), *Current psychotherapies* (4th ed., pp. 197-238). Itasca, IL: F. E. Peacock.

Farrell, D. M. (1989). Suicide among gifted students. *Roeper Review, 11,* 134-139.

Flack, J. D., & Lamb, P. (1984). Making use of gifted characters in literature. *G/C/T,* Issue No. 34, 3-11.

Ford, M. A. (1989). Students' perceptions of affective issues impacting the social emotional development and school performance of gifted/talented youngsters. *Roeper Review, 11*, 131-134.

Frasier, M. M., & McCannon, C. (1981). Using bibliotherapy with gifted children. *Gifted Child Quarterly, 25*, 81-85.

Galbraith, J. (1985). The eight great gripes of gifted kids: Responding to special needs. *Roeper Review, 8*, 15-18.

Garfield, S. L. (1986). An eclectic psychotherapy. In J. C. Norcross (Ed.), *Handbook of eclectic psychotherapy* (pp. 132-162). New York: Brunner/Mazel.

Genshaft, J., & Broyles, J. (1991). Stress management and the gifted adolescent. In M. Bireley & J. Genshaft (Eds.), *Understanding the gifted adolescent* (pp. 76-87). New York: Teachers College Press.

Gilligan, C. (1991). Women's psychological development: Implications for psychotherapy In C. Gilligan, A. G. Rogers, & D. L. Tolman (Eds.), *Women, girls & psychotherapy: Refraining resistance* (pp. 5-31). New York: Haworth Press.

Great Books Foundation. (1974). *Getting into books.* San Mateo, CA: Author.

Halsted, J. (1988). *Guiding gifted readers from pre-school to high school. A handbook for parents, teachers, counselors and librarians.* Columbus: Ohio Psychology.

Harkavy, J., & Asnis, G. (1985). Suicide attempts in adolescence. Prevalence and implications. *New England Journal of Medicine, 313*, 1290-1291.

Hauser, P., & Nelson, G. A. (1988). *Books for the gifted child.* New York: R. R. Bowker.

Hayes, M. L., & Sloat, R. S. (1990). Suicide and the gifted adolescent. *Journal for the Education of the Gifted, 13*, 229-244.

Hollingworth, L. S. (1942). *Children above 180 IQ Stanford-Binet: Origin and development.* Yonkers-on-Hudson, NY: World Book.

Hultgren, H. M. (1981). *Competencies for teachers of the gifted.* Unpublished doctoral dissertation, University of Denver.

Janos, P. M., Fung, H. C., & Robinson, N. M. (1985). Self-concept, self-esteem, and peer relations among gifted children who feel "different." *Gifted Child Quarterly, 29*, 78-82.

Jung, C. G. (1954). *The development of personality.* (R. F. C. Hull, Trans.) Bollingen Series 20. Princeton, NJ: Princeton University Press.

Kaiser, C. F., & Berndt, D. J. (1985). Predictors of loneliness in the gifted adolescent. *Gifted Child Quarterly, 29*, 74-77.

Karnes, F., & Oehler-Stinnet, J. (1986). Life events as stressors with gifted adolescents. *Psychology in the Schools, 23*, 406-414.

Keirsey, D., & Bates, M. (1978). *Please understand me: Character and temperament types.* Del Mar, CA: Prometheus Nemesis Books.

Kerr, B. A. (1991a). Educating gifted girls. In N. Colangelo & G. A. Davis (Eds.), *Handbook of gifted education* (pp. 402-415). Needham Heights, MA: Allyn & Bacon.

Kerr, B. A. (199lb). *A handbook for counseling the gifted and talented.* Alexandria, VA: American Counseling Association.

Kline, B. E., & Meckstroth, E. A. (1985). Understanding and encouraging the exceptionally gifted. *Roeper Review, 8*, 24-30.

Kline, B. E., & Short, E. B. (1991). Changes in emotional resilience: Gifted adolescent females. *Roeper Review, 13*, 118-121.

Konigsburg, E. L. (1970). *(George)*. New York: Atheneum.

Lajoie, S., & Shore, B. (1981). Three myths? The overrepresentation of the gifted among dropouts, delinquents, and suicides. *Gifted Child Quarterly, 25*, 138-143.

LeGuin, U. (1976). *Very far away from anywhere else*. New York: Bantam.

L'Engle, M. (1962). *A wrinkle in time*. New York: Farrar, Straus & Giroux.

Leroux, J. (1986). Suicidal behavior and gifted adolescents. *Roeper Review, 9*, 77-79.

Meichenbaum, D. (1985). *Stress inoculation training*. New York: Pergamon Press.

Meichenbaum, (986). Cognitive behavior modification. In F. H. Kanfer & A. P. Goldstein (Eds.), *Helping people change: A textbook of methods* (3rd ed., pp. 346-380). New York: Pergamon Press.

Ogburn Colangelo, M. K. (1989). Giftedness as multilevel potential: A clinical example. Advanced Development, 1, 87-100. [Originally appeared in its entirety in N. Colangelo & R. T. Zaffrann (Eds.), *New voices in counseling the gifted* (pp. 165-187). Dubuque, IA: Kendall/Hunt]

Parke, B. N. (1990). Who should counsel the gifted: The role of educational personnel. In J. VanTassel-Baska (Ed.), *A practical guide to counseling the gifted in a school setting* (2nd ed., pp. 31-39). Reston, VA: The Council for Exceptional Children.

Paterson, K. (1977). *Bridge to Teribithia*. New York: Thomas Y. Crowell.

Perls, F. (1973). *The Gestalt approach and eye witness to therapy*. New York: Bantam Books.

Perrone, P. A. (1986). Guidance needs of gifted children, adolescents, and adults. *Journal of Counseling and Development, 64*, 564-566.

Perry, S. M. (1985). *Giftedness: Living with it and liking it*. Greeley, CO: Autonomous Learner Publications (ALPS).

Petersen, A. (1988). Adolescent development. *Annual Review of Psychology, 39*, 583-607.

Polette, N. (1984). *Books and real life: A guide for gifted students and teachers*. Jefferson, NC: McFarland.

Polette, N., & Hamlin, M. (1980). *Exploring books with gifted children*. Littleton, CO: Libraries Unlimited.

Rogers, C. R. (1961). *On becoming a person: A therapist's view of psychotherapy*. Boston: Houghton Mifflin.

Ross, A. O. (1964). *The exceptional child in the family*. New York: Grune & Stratton.

Schroeder-Davis, S. (1990). *Affirming gtftedness through fiction*. Unpublished doctorial dissertation, College of St. Thomas, St. Paul, MN.

Silverman, L. K. (1989). The visual-spatial learner. *Preventing School Failure, 34*(1), 15-20.

Sisk, D. A. (1982). Caring and sharing: Moral development of gifted students. *The Elementary School Journal, 82*, 221-229.

Spredemann-Dreyer, S. S. (1989). *The Bookfinder 4: When kids need books*. Circle Pines, MN: American Guidance Service.

Strip, C., Swassing, R., & Kidder, R. (1991). Female adolescents counseling female adolescents: A first step in emotional crisis intervention. *Roeper Review*, *13*, 124-128.

Thompson, C. L., & Rudolph, L. B. (1983). *Counseling children*. Pacific Grove, CA: Brooks/Cole.

Tolan, S. S. (1986). *Pride of the peacock*. New York: Scribner's.

Turecki, S., & Tonner, L. (1985). *The difficult child*. New York: Bantam.

Tway, E. (1981). *Reading ladders for human relations* (6th ed.). Washington, DC: American Council on Education.

VanTassel-Baska, J. (1991). Teachers as counselors for gifted students. In R. M. Milgram (Ed.), *Counseling gifted and talented children: A guide for teachers, counselors, and parents* (pp. 37-52). Norwood, NJ: Ablex.

Webb, J. T., Meckstroth, E. A., & Tolan, S. S. (1982). *Guiding the gifted child: A practical source for parents and teachers*. Columbus: Ohio Psychology.

Yadusky-Holahan, M., & Holahan, W. (1983). The effect of academic stress upon the anxiety and depression levels of gifted high school students. *Gifted Child Quarterly*, *27*, 42-46.

제 5 장

영재집단상담

Nicholas Colangelo and Jean Sunde Peterson

학교교육의 특징 중 하나는 공개적으로든 비공개적으로든 영재를 예외적으로 다루려는 노력에서 볼 수 있다. 영재를 판별하고, 어느 방식으로든 영재를 함께 집단으로 묶는 것이 엘리트주의, 트랙 시스템(track system) 및 영재로 판별되지 않는 학생들의 부정적인 감정을 유발하게 된다고 우려한다. 사례, 정서적 반응 및 체계적인 증거가 부족함에도 여러 의견이 분분한 가운데, 이들 문제에 대한 논쟁이 끊이지 않고 있다.

때로는 영재를 집단 짓는 것에 대해 의구심을 가질 수 있으나 수학 및 읽기 같은 학문 영역을 지향할 때, 가장 그럴 듯하게 보인다. 만일 영재를 수학반으로 집단 짓는다면, 이들 영재들은 수학에 대해 상호작용하고 서로에게 동기를 부여하며 자극을 준다. 학문 내용별로 학생을 집단 짓는 것이 긍정적 결과를 가져온다고 생각한다.

그러나 학문내용에 초점을 두는 상호작용은 영재의 최대 발달을 위해서는 충분하지 않다. 또한 영재에게는 자아 발견과 대인간 및 대인내 문제에 대해 의사소통하고 상호작용하는 기회가 필요하다. 학교환경에서, 영재는 "자아"에 대해 배울 기회보다 과학에 대해 배울 기회가 많다—최소한 과학을 토론할 기회가 많다. 관찰에 의하면, 많은 영재들은 자아보다 공부하는 과정을 더 잘 알고 있다. 영재는 자신의 재능을 사용할 때 필요한 인간관계 및 리더십 기술이 부족하다(Blackburn & Erickson, 1986). 영재는 때때로 학문적인 계획에서 필요한 지혜가 부족하다(Colangelo & Kerr, 1990; Kerr, 1981, 1991; Kerr & Colangelo, 1988; Perrone, 1986, 1991). 과민감성(hypersensitivity)으로 인해 발달적 전이동안에 어려움이 생기기도 하고, 가족 역기능이 있을 때 상처를 입고, 관계에서 문제가 생기거나 자아비평 및 완벽주의 수준이 높아지게 된다. 사실 영재는 자신의 영재성으로 인해 대인관계에서 장애를 가질 수 있다. 그 외에, 높은 능력과 독특한 학습 스타일 때문에, 영재는 체계에 잘 맞지 않을 수 있다.

그러나 영재 또한 같은 연령 또래와 많은 관심사를 공유하고 있다. 물론, 영재 역시 기분이 자주 변하고 우울함을 수반하는 청소년기와 관련된 문제에서 예외적인 것은 아니다. 다른 사람과 마찬가지로, 영재의 가족이나 친구도 떠나고, 부모가 이혼과 재혼을 하고, 친척이 죽고, 관계가 깨진다. 영재는 한동안 술에 찌들어 살든지, 약물을 복용하든지, 성 및 범죄를 저지르는 등 무모하게 살 수도 있다. 식사장애를 겪거나, 학문 영역에서 상대적으로 약한 면이 생기기도 한다. 동기가 부족하고 심지어 학교를 자퇴하기도 한다. 부모 및 형제자매와 잘 지내지 못하고 심지어 학대로 고통을 받기도 한다. 다른 또래와 같이, 영재도 성공적으로 성인기로 옮아가려고 노력한다.

학교의 대부분 상담은 문제 지향적이다. 상담자는 학생의 문제 상황을 다루는 데 상당한 시간을 소요한다. 이는 합리적이고 필요하다. 그러나 우리는 상담에 관해 보다 발전적인 접근을 옹호한다(Colangelo, 1991 참조), 정확한 측정보다는 오히려 상담기능과 자아를 탐색하는 분위기를 설정하여, 사회적·정서적 성장을 위한 기회를 제공하는 데 초점을 두고 있다.

우리는 집단상담으로 영재의 사회적 및 정서적 발전을 도모할 수 있다. 집단상담을 통해서 영재는 성장과 "영재"가 의미하는 바에 대해서 여러 사람들의 노력과 문제를 공유하는 기회를 갖는다.

그러나 우리는 단순히 "주위에 모여서" 감정과 가치에 대해 이야기를 나누는 것으로 충분하다고 생각해서는 안 된다. 집단상담은 예를 들어, 영재와 집단 역동성에 대한 지식을 가지고 있는 상담자나 훈련받은 집단촉진자의 지도하에 조직되는 상황이다.

집단상담과 영재

학생들은 신뢰와 이해의 분위기 속에서 느낌과 지각한 바를 토론함으로써 성장한다. 학생들은 또한 또래와 나누길 원하는데—영재에게 "또래"는 자신과 유사한 경험을 가지고 있고, 비슷한 수준에서 응대할 수 있는 사람을 말한다. 또래를 단지 같은 나이대의 친구로 생각하는 것은 평범한 생각이다. 또래는 나이에 따른 친구가 아닌 영혼 및 정신에 따른 친구에 보다 가깝다. 영재는 영재란 무엇을 의미하고 같은 나이 또래의 친구들이 이해할 수 없는 것을 알고 있다는 것이 어떤 느낌인지 이야기할 기회가 없다. 능력이 좀 낮은 학생들처럼 똑같은 문제를 경험할 때조차도, 영재는 문제를 이해할 수 없다고 느끼는 사람들과 토론하는 것을 주저한다. 영재를 혼합능력 상담집단에 배정할지 안할지 생각할 때 이와 같은 주저함을 고려하는 것이 중요하다. 언어적 차이 또는 복잡한 것을 생각하는 능력의 차이로 인해 그들의 상황에서 자신을 드러내 보여 주는 것에 저항할 수 있다. 영재는 비록 성인이든 연령이 비슷하든지 간에, 비슷한 지적수준의 사람들과 문제 상황에 대해 보다 개방적으로 토론을 한다. 능력에 따른, 동질적인 상담집단을 통해 종종 의사소통의 길을 열어놓는다.

영재는 자신의 지적능력을 포함하여 자신이 누구인지를 숨긴다. 때론 자기 확신의 이면에 고통과 두려움을 숨기기도 한다. 집단상담에서 자신의 취약함과 의심, 강점과 견실함, 그리고 다른 사람들이 자신을 이해하고 받아들여 주길 바라는 열정을 서로 공유하도록 격려한다. 자아를 발견하는 목적을 위해 소집단에서 정기적으로 모이는 기회를 가질 때, 이것이 바로 처음으로 "또래"와 무언가를 공유하는 기회인 것이다. 영재를 위해 집단상담이 필요한 이유를 찾아본다면, 학교 생활과정에서 이와 같은 상황이 대개 자연적으로 일어나지 않는다는 점이다.

상담집단은 대개 개인문제를 다루지 않는, 경쟁적인 학문분야 밖으로 영재를 끌어들여 덜 판단적인 정서분야를 경험하게 하고, 어느 누구도 지배하지 않고 또 어떤 성적도 부여하지도 않는다. 상담집단에서 불면증을 포함하여 영재에게 일반적인 문제, 자신과 다른 사람의 기대에 대처하기 및 "부적응" 등의 문제를 공개적으로 토론할 수 있다. 효과적으로 이끌어내었을 때, 집단은 경쟁적이고 완벽주의적인 영재를 "한 단계 위로", 학문지향적이고, 성취에 기초한 상호작용에서부터 인간성과 공통점을 확보하는 것으로 옮아가도록 도울 수 있다. 이러한 종류의 주장은 현재 및 미래관계에서의 성공을 위해 중요하다.

마찬가지로, 본래 경쟁적인 학업환경에 포용할 수 없는 영재도 그 밖의 곳에서는 그간 받아들여지지 않았을 지능에 대해 인정을 해 주는 애정 어린 집단을 찾아낼 수 있다. 학업이 아닌 성취에 대해 의사소통할 수 있고, 격려하고, 여러 다양한 지능의 면을 인식할 수 있다(Gardner, 1983 참조; Ramos-Ford & Gardner, 1991). 개인의 가치는 학업적 결과 외에 다른 것으로도 규정될 수 있다. 대개 대부분 완벽주의 성향을 보이는 영재에게는 어려움이 될 수 있는 새로운 종류의 위험을 감수하는 분위기를 만들고 향유할 수 있다.

상담집단에서 성취자 및 미성취자는 각자에 대해 가지고 있는 고정관념을 깰 수 있다. 미성취자의 공포와 환멸을 공유하게 될 때, 미성취자에 대해 갖던 틀에 박힌 허세, 오만, 게으름, 사실 어떤 이들은 "반역"으로 비춰지기도 하는데, 그 이상으로 미성취자를 볼 수 있다. 성취자를 성적 그 외의 것으로 바라보게 된다.

집단은 또한 항상 "좋은" 사람들로 하여금—꼭 그런 것은 아니지만—자신의 분노와 좌절을 이완하고 표현하도록 허용한다. 집단은 또한 대개 부정적이고, 반항적이고, 적의를 표하는 사람들로 하여금 수용적인 분위기에서 자신과 긍정적인 감정을 표현하게 한다. 꽉 조이는 뚜껑 밑에서 팽팽한 분노를 가지고 있는 사람들도 "그것에 대해 말할 수" 있도록 격려할 수 있다.

Peterson(1990)은 전형적인 영재고등학생 집단들이 의사소통하는 것에 대해 언급하였다:

> 강점과 약점을 계산하는 것이 가장 어렵고 대부분의 학생들은 오만하게 보이는 것이 두려워서 "스스로를 떠넘기는" 어려운 시기가 있음을 알게 되었다. 어

떤 "약점"은 일반적이다. 즉, 지체하는 것에 대해 매우 민감하고 자기 비평적이며, 자기 확신이 부족하고, 걱정을 많이 하며, 회의적이고, 혼란스럽고, 논쟁적이며, 부끄러워하고, 인내심이 없고, 스트레스를 받는다. 이와 같은 특징들은 때로 학생들에게 수치심거리이다. 다른 사람들도 이들 특징을 똑같이 가지고 있다고 듣는다면 도움이 된다. 예를 들어, 대부분은 다른 사람들도 어떤 상황에서 부끄러움을 느낀다는 점에 놀라며, 자기 혼자만이 아닌 다른 사람들이 모두 가지고 있다고 생각한다.

… 대부분은 부모로부터 혼합된 신호를 받는다: "사교적이 되어라 그렇지만 좋은 성적을 받아라." 대개는 교실 뒤에 앉기를 원하고, 학교 토론에 자원하지 않는다. 오해받는 것을 매우 두려워한다. 대부분의 학생들은 자신의 생각을 "구워내는 시간"을 원하지만 선생님이 짧고, 빠르고, 피상적인 대답을 원한다고 생각한다. 도움을 요청하는 것 또한 어렵고, 만일 "네가 영리하다면 이것을 알아야 하지"라고 교사들이 생각하고 있다. 교사의 인정을 받고픈 강한 욕구가 있다. 학생들은 교사가 다른 것에 대해 말을 건네거나 복도나 교실에서 이름을 불러줄 때 자신을 좋아하는 것이라고 생각한다. 그러나 대부분의 학생들은 교사들이 "어루만져주기"를 꺼려한다고 생각한다. 논쟁을 하고, 낙서를 하거나, 숙제를 잘 안 해 오고, 수업중에 딴 생각을 하지만 시험을 잘 보는 학생을 교사들이 "다시 본다"라고 학생들은 말을 한다.

학생들은 자신의 안테나가 시간을 초과하여 작동되고 있으므로, 어떻게 쉬는지 그 방법을 배워야 한다. 이러한 학생의 다수는 학급에서 자신의 마음에 신경을 써주는 교사에게 감사한다고 말한다: 이들은 지루함을 즐기지 않는다. 학생들은 성인세계의 특별한 안식처를 발견하는 것에 흥미를 갖는다. 학생의 다재다능함으로 인해 선택이 매우 어렵게 되고 그들같이 완벽주의자들은 "완벽한" 학교, 직업, 친구를 찾아야 한다고 생각한다(pp. 21-22).

한 해의 마지막쯤에 볼 수 있는 토론집단의 친근함과 편안함으로 생긴 가장 공통적인 피드백은 "다른 사람들도 그렇게 느끼고 그렇게 생각하는지 몰랐어"이다. "가상의 청중" 안에서 의식적으로 비평을 상상하는(Elkind, 1981), 사춘기의 자기중심적인 고통은 외롭게 스스로를 비평하고 다른 사람의 부정적인 비판으로 절망하게 된다는 점에서 위험한 것이다. 주의 깊고, 민감하고, 공평하게 이끌 때, 집단토론은 사춘기의 "이상한 생각"을 정상상태로 만들 수 있고 긴장된 어깨를 이완되게 한다.

"집단상담"이라 불러야 하는가?

영재는 종종 상담자에게 가는 것을 꺼려한다. 상담이 필요하지 않아서가 아니다. 한 똑똑한 여학생이 말했다. "우리가 그것을 보다 잘 숨길 뿐이에요." 만일 "영재"가 높은 잠재성을 가졌지만 잘 성취하도록 충분히 동기가 부여되지 않았다면, 영재도 학교체계 내 누군가와 마찬가지로 지원과 지도가 필요하다. 확실히, 상담이 필요한 사람은 미성취자만이 아니다; 성취자 역시 독특하고 일반적인 사회적 및 정서적 문제를 가지고 있다. 이들 모두 다른 사람의 기대와 자신 내부의 기대를 다루어야 한다. 교직원 및 행정가들은 성취자 및 미성취자 어느 쪽도 가족 역기능, 부모 및 형제자매와의 갈등, 상실을 포함하여 파괴적인 사건, 이혼과 재혼 등의 변화, 관계문제, 우울과 일반적인 자기 의심으로부터 예외적이라고 가정하지 말아야 한다. 양쪽 모두 다른 사람이 겪는 것보다 발달적 및 환경적 변화를 보다 어렵게 겪는 매우 고양된 민감성을 보인다.

그러나 이들 학생들은 심리적 도움이 필요하다는 것을 수치로 인식하고 상담이 "다른 사람"을 위한 것으로만 생각한다. 많은 학생들이 자신의 높은 능력을 믿고 스스로 문제를 해결해야 한다고 생각한다. 더욱이, 자신의 정신과 성취에 대해 높은 가치를 부여하거나 "자신의 잠재력이 충족되지" 않은 것에 대해 괴로워하여도, 학생들은 대개 자신의 두려움, 낙담, 스트레스, 슬픔을 말할 어른을 찾지 않는다. 성취자는 스스로를 의심하고 있음을 다른 사람들이 이해할지 의심하고, 미성취자는 자신의 안녕에 대해 모든 사람이 너무 관심이 있거나 혹은 너무 관심이 없다고 생각한다.

심지어 도움을 요청해야 한다는 것을 알고 있을 때조차도 주저한다. 졸업 직전의 한 남학생처럼: "상담자들은 문제 학생에 많은 시간을 할애 하지요. 난 대학이 걱정이 되지만 조언을 받을 만한 마땅한 어른이 없어요. 토론집단은 나에게는 치료처럼 보여요. 이혼에 대한 토론은 특히 도움이 돼요."라고 말한다. 이 학생의 가족 상황은 학교 밖에서 도움을 얻을 여지를 남겨 두지 않았고 교사와 상담자는 이 학생을 "돌봐야 한다"고 생각했다.

이상의 이슈는 집단에게 홍보하는 방법에 문제가 있다는 사실을 강조한다. 학생에게 "상담"집단에 참여하라고 요청해도 전혀 응답을 못 얻을 수 있다. 경험상, 상담 또는 상담자와 관련된 용어를 사용하면 영재를 돌아서게 만든다. 영재교사를 존경받는 상담자와 함께 상담집단을 촉진하도록 하는 것이 불명예를 제거하는 대안이다. 분명히, 상담집단을 학교가 아닌 상황에서 사용하거나 치료상의 목적에 있어서 상호 동의가 있다면, 상담이라는 용어에 대한 주저함이 덜하게 된다.

학교환경에서, 상담집단을 "토론"집단으로 부르고 학생들을 개인, 소집단 혹은 대집단으로 소집하여 집단활동에 대해 상세하게 설명함으로써 보다 좋은 결과를 가져올 것으로 보인다. 성취자에게 상담집단에서 "기대가 주는 스트레스"를 다룰 것이며 친구와 학업선택에 대한 지도를 할 것이라 말할 수 있다. 미성취자들은 "흥미롭고" "복잡한" 사람으로, 높은 능력의 학생집단에 추가될 수 있고, "지적으로 영리한" 사람들과 공통의 문제를 토의할 것이라고 접근할 때 가장 잘 반응한다. 토의과정에 학점을 부여하지 않을 것이며, 비경쟁적이고, 편안한 활동으로 이 활동 속에서 서로서로 배울 수 있고 각 사람들을 존중한다고 미성취자들에게 말해 준다.

"만일 너를 보다 잘 알게 된다면, 단지 이렇다 저렇다 언급하는 수준 이상의 추천서를 쓸 수 있을 텐데"라고 하면서 성취수준이 높은 고등학생의 참여를 권장할 수 있다. 학생을 보다 잘 알게 될수록 학생을 존중하게 된다고 할 수 있다. 경험상, 학생들에게는 어떤 체계 내 성인의 인정을 받고자 하는 욕구가 있다. 집단상황은 위에서 언급한 것들이 발생하도록 귀중한 기회를 제공한다.

목적을 위해서, 이 책에서는 집단을 "상담집단"으로 언급할 것이며, 사실상 상담집단은 이 목적을 수행한다. 그러나 실제적으로, 상담집단을 파악하고 증진하기 위해 "토론집단"이라고 지칭하도록 권장하는 바이다.

시 작

두 번째 단계에서, 집단을 자발적으로 만드는 것이 좋다. 학급 계획에 따라 참여자, 등록 및 분류를 하기 위해 처음 의사소통을 한 후, 학기 3주나 4주에 시작하여, 수업 전 혹은 후에 점심시간 및 스터디 홀을 이용하여 집단상담을 시작할 수 있다. 학생들이 정규적으로 만나 학급 및 활동을 하고 있는 영재 프로그램에, 교사는 주 단위별 상담집단을 포함시킬 수 있다. 그러나 집단을 시작하기 전에, 상담집단의 목적과 토론을 할 분야에 대해 학생들에게 공지해야 한다.

영재라는 점과 시간이 비슷하다는 이유로 단지 함께 모였기 때문에 처음에는 서로 잘 모를 수 있다. 그러므로 몇 번 해 보거나 반응에 대한 정보 없이, 특히 학생들이 회의적이거나 공격받을 수 있다고 생각할 때, 대화를 하는 것이 어려우므로 각 세션마다 어떤 주안점을 두는 것이 좋다. 초기 세션에서는 비위협적이고 자극적인 주제를 다루는 것이 중요하다. 대개, 처음에, 공개적으로 성취자와 미성취자를 대상으로 "영재성"을 다루는 것이 바람직하다. 학생들은 자신의 영재성을 보여 줄 것인지 말 것인지에 대한 결정을 포함하여, 영재의 다차원적 면에 대해 토론하는 것을 즐긴다. 초기 질문은 다음과 같은 것들을 포함한다.

- ❑ 영재라는 것이 의미하는 바는 무엇인가?
- ❑ 네가 영재라는 것에 대한 부모님의 생각은? 너의 선생님은? 너의 또래는? 너의 형제자매는?
- ❑ 영재라는 것이 너에게 어떻게 이익이 되는가? 불이익은?
- ❑ 영재성을 고의적으로 숨긴 적이 있는가? 어떻게, 왜?
- ❑ 영재 소녀 혹은 영재 소년이 되고 싶은가? 왜?
- ❑ 어떤 아프리카계 미국인 영재가 될 것인가? 라틴계 미국인? 아시아계 미국인? 인디언계 미국인?
- ❑ 영재에 대한 일반적인 고정관념은 무엇인가? 너에게 맞는가? 어떤 것이 아닌가?
- ❑ 언제 처음으로 다른 또래보다 뛰어나다고 느꼈는가? 너의 삶에서 어떤 변화

가 생겼다는 것을 알았는가?

- ❑ 영재라는 것으로 인해 학교에서(초등, 중등, 고등학교) 특히 힘든 시기가 있었는가? 쉬웠는가? 왜?

이와 같은 질문은 결코 소모적인 것이 아니라 끊임없이 다른 관련 질문과 관심사를 이끌어낸다.

이들 질문과 관련하여, 자신의 영재성에 대한 태도 연구에서(Kerr, Colangelo, & Gaeth, 1988), 영재는 영재성이 학업적으로 이점이 있지만 사회적으로는 불리하다고 생각하는 것으로 나타났다. Colangelo(1991)에 의하면, 영재는 친구들에게 받아들여지기 위해 의도적으로 낮은 점수를 얻는 "고의적인 미성취(deliberate underachievement)"에 대해 이야기를 하였다. 성별과 민족성에 대한 연구들도(Colangelo & Kerr, 1990; Kerr & Colangelo, 1988) 영재성과 관련된 것으로 이들 두 가지 면이 갖는 중요성을 보여 주고 있다. 학생들은 이와 같은 문제에 대해 쉽게 자극받아 토론하며 토론중에 토론 영역에 대한 통찰을 얻는다.

대부분 이런 종류의 시작에 잘 반응한다. 촉진자가 영재성이 토론할 가치가 있고 중대한 관심사라고 생각한다는 점이 성취 및 미성취 영재에게 강력한 메시지를 보낸다. 대부분 학생들은 두 번째 세션에도 참여한다.

교직원은 상담집단에서 "교사를 비난"하고 부모들은 가족문제를 해결하는 데 상담집단을 이용하려고 한다면서 걱정을 할 수 있다. 그러므로 교사 및 부모에게 뉴스레터 및 대화를 통해서, 토론할 특별한 주제에 대해 알리는 것이 중요하다. 게다가 영재는 "단지 잡담"하는 것을 좋아하지 않으며 초점 없는 임기응변을 하느라 1주일에 한 시간도 할애하려고 하지 않는다. 영재들은 생활과 성격이 꽤 "구조화"되어 있어, 특별한 것을 경험하기 좋아한다.

"상담"은 기본적으로 정직과 존경의 분위기에서 "함께 말하는 것"이다. 영재는 이것을 알고 있어야 한다. 상담자나 교사는 학생들을 "교정" 또는 "회복"시켜야 한다는 목적을 가지고 집단상담에 접근하지 말아야 한다. 리더가 본능과 민감성을 가진 훈련받은 상담자 또는 영재교사이면, 토론집단은 주요 상담기능을 할 수 있다. 그리고 상담이 매우 능력이 출중한 사람을 위한 명확하고, 의미 있고, 선도하고, 고무적인 활동임을 전달해 줄 수 있다. 모든 학생이 참여하길 원한다고 단정하지 말아야 한다. 그러나 주의 깊고, 민감하며, 세션마다 여러 반응적인 리더십을 조성한다면, 영재 프로그램에서 특별히 의미 있는 경험이 될 수 있는 집단 상호작용을 설정할 수 있다.

교육적인 목적

다음은 영재를 위한 집단상담의 몇 가지 교육적인 목적이다.

1. "영재"가 무엇을 의미하는지 이해하도록 돕는다.
2. 영재 성취자와 미성취자 서로에 대한 고정관점을 깨고 공통점을 발견하도록 돕는다.
3. 자신의 능력을 수용하고 능력에 부여되는 바에 대응하는 책략을 발달시키도록 돕는다.
4. 자신과 다른 사람의 기대를 이해하고 대처할 수 있도록 돕는다.
5. 직업 목표에 대한 다재다능함에 대응하고 좋은 결정을 내리도록 돕는다.
6. 지연과 완벽주의를 다룰 수 있도록 돕는다.
7. 미래에 몰입하여 고민하는 것 대신에 현재를 즐기는 것을 배우도록 돕는다.
8. 도움이 필요할 때 도움을 요청하는 것과 덜 부끄러워하는 방법으로 상담을 찾을 수 있도록 돕는다.
9. 영재 소년 및 소녀들이 성차와 관련된 문제를 다룰 수 있도록 돕는다.
10. 영재성과 관련된 인종문제를 다룰 수 있도록 돕는다.
11. 자신에게 관심을 쏟도록 일부러 다른 사람에게 맞추는 영재를 돕는다.
12. 교사 및 학급 또래들과 지낼 때 생기는 현상에 대해 이해하도록 돕는다.
13. 교사와 다른 학생과의 갈등을 "체계" 내에서 성공적으로 대처하고 해결하도록 돕는다.

14. 자신의 학습 및 사고스타일과 이들 스타일이 학교환경에서 다른 사람과 상호작용할 때 어떤 영향을 미치는지 이해하도록 돕는다.

다음은 모든 학생에게 적용되는 교육적인 목적이지만 이 역시 영재에게도 중요하다.

1. 감정을 명료화하는 법을 배울 수 있도록 돕는다.
2. 가족, 또래 및 교사와 상호작용을 할 때 이에 대한 통찰을 얻도록 돕는다.
3. 신체변화, 정체감 확립 및 가족과의 분리 등의 발달문제를 돕는다.
4. 스트레스에 대처하도록 돕는다.
5. 부모 및 형제자매를 포함하여 가족 문제에 대처하도록 돕는다.
6. 대인관계의 뉘앙스를 정확하게 읽어내고 칭찬을 주고받는 등 사회적 기술을 발달시키도록 돕는다.
7. 자기인식과 자아존중감을 발달시키도록 돕는다.

집단의 협의사항을 설정하기

촉진자(facilitator)는 집단의 협의사항을 설정하고 집단을 이끌 때, 현명하고 민감해야 한다. 집단의 목적이 감정과 개인관심사를 분명하게 해 주는 경험을 제공하는 데 있다면, 학생들은 큰 범위에 맞게 내용과 속도를 설정할 수 있다. 이상적으로는 될 수 있지만, 지도자는 이 경우에 잠재적인 문제에 민감해야 한다.

물론, 내용이 적절해야 하고 모든 참가자에게 도움이 되어야 한다. 그러므로 모든 사람을 위해서 일부 지배적인 성격을 협의사항으로 설정하지 말아야 한다. 또한 토론에서 공평해야 하며 촉진자는 수줍어하고 부끄러워하는 학생들에게 적절한 기회를 주어 자신을 표현하고 문제해결에서 도움을 얻을 수 있도록 돕는다. 모든 수준에서, 그러나 어린 아동에 대해서, 촉진자는 발견과정을 조심스럽게 이끌어야 한다. 특별히, 학교환경에서 자신의 경험에 대해 확신이 없는 학생을 놀라게 하지 않도록 주의를 기울여야 한다.

촉진자는 학생의 불편함과 말하고자 하는 욕구를 살펴보기 위해 집단 내 비언어적인 표현을 파악하고, 모든 사람의 참여를 격려하고, 학생들이 무분별하게 표현하지 않도록 하며, 주기적으로 비밀보호에 대한 것을 알려 주고, 적절하게 토론을 종결할 때까지 대화를 부드럽고 지나치지 않도록 조정해야 한다. 모든 이상의 과제는 지도자의 많은 집중과 민감성을 요한다.

집단은 내용에 어느 정도 집중해야 한다고 하지만 융통성 있게 해야 한다. 학교 상황에서, 여러 항목분야를 기술함으로써 두 번째 수준에서 용이하게 학생을 "소집"할 수 있다. 의심이 많은 교직원, 행정가 및 부모를 위해 여러 항목분야를 목록으로 작성하는 것이 바람직하다. 또한 세션의 주안점은 이전 세션의 내용을 기억하기 쉽게 해 준다. 부가적으로, 세션의 주안점은 "특별한 주제를 다룬다"라고 하여 학생에게 만족감을 주고 각 세션에서 "무언가를 얻었다"고 느끼게 해 준다.

어느 연령수준에서도 사용할 수 있는 예제로는 다음과 같은 것이 있다:

1. 영재성: 영재성은 무엇인가; 관심사는 무엇인가; 고정관념은 무엇인가; 다른 사람은 영재성에 대해 어떻게 느끼는가; 우리는 영재성에 대해 어떻게 느끼는가.
2. 영재가 무조건적인 지지를 얻을 수 있는 곳.
3. 자신과 다른 사람의 기대를 다루기.
4. 스트레스: 스트레스란 무엇인가; 대응책략; 스트레스 포인트를 분류하기; 바꿀 수 있는 것과 바꿀 수 없는 것을 결정하기; 집과 학교에서 "스트레스 리듬"을 파악하기.
5. 화: 화를 인식하고, 표현하고, 말하는 것을 배우기.
6. 슬픔과 우울증: 슬픔과 우울증 "수준이 낮은 시기 동안(low times)" 감정을 명료화하는 것을 배우기; 슬픔에 빠진 사람에 대처하기.
7. 다른 사람과의 관계: 친구는 무엇인가; 어떻게 "친구가 되는가"; 다른 사람이 말로 표현하지 않는 것을 읽어내는 방법.
8. "지나쳐서" 염려스러울 때: 혹은 너무 부끄러워하거나, 게으르거나, 낯설거나, 완벽하거나, 친절하거나, 수다스럽거나, 독단적인 것 등.

9. 완벽주의: 완벽주의란 무엇인가; 완벽주의로 인해 "희생"되는 것은 무엇인가; 영향을 주는 것은 무엇인가.
10. "열정분야": 공룡, 로봇, 음악, 역사, 우주 …
11. 변화: 변화에 대처하는 방법; 변화에 대한 감정을 표현하는 것을 배우기.
12. 다른 사람에게 지지를 보내는 것: 칭찬하고, 반 친구, 가족, 교사를 언어적·비언어적으로 지지하기; 상호 지원관계를 형성하는 방법을 배우기.
13. 편안함을 느끼고 느낄 수 없는 곳; "영리"하다고 혹은 "멍청"하다고 느끼는 곳; 자신감을 느끼는 곳과 그렇지 않은 곳.
14. 삶에서 용기가 필요한 곳.
15. 가족의 변화를 다루는 것(이혼, 재혼, 이사, 죽음, 해고, 질병 등).
16. 영웅: 영웅 그들은 누구인가.
17. 낙관주의 대 염세주의: 삶을 바라보는 방식.
18. 흥미 있는 것에 대한 영재의 "긴장주기(intensity cycle)."
19. 다른 연령대의 또래를 사귀는 것.
20. 삶에서 변화될 수 있는 것과 없는 것.
21. 두려워하는 것.
22. 재치(tact): 책략은 무엇인가; 모델이 될 만한 사람은 누구인가; 재치가 사회적 관계에서 중요한 이유; 요청하고 요구하지 않는 방법.
23. 요구를 충족하기 위해 적절하게 주장하기.
24. 지원을 받기 위해 다른 사람에게 기대기: 또래, 교사, 상담자, 사사와의 관계를 발전시키기.
25. 학습 및 사고스타일; 학급 행동.
26. "체계"에 효과적으로 대처하는 법을 배우기.

고등학생들은 대학, 직업관심, 성, 청소년 관계, 성인이 되었을 때의 목표 및 기대, 도덕적 결정, 성역할 기대, 그리고 영재가 다른 사람보다 사회에 대해 보다 많은 책임이 있어야 되는지 아닌지에 대한 관련 주제를 추가할 수 있다.

중학교 학생들은, 자신의 자아를 찾는 관심과 함께, 이미지 및 자기지각 대 타인의 지각, 감정범위(mood range), 소문과 가십, 인기, 성숙 및 "기르기 어려운 것" 등과 관계된 주제를 탐색한다.

나이와 성적수준에 따라 통찰과 추상성에 대한 기대가 달라야 한다. 학생들이 의도하지 않은 영역 및 생각할 시간이 필요한 영역에 대해 탐색해 볼 수 있도록 몇 가지 주제를 마련한다. 그러나 주제를 효과적으로 소개하였을 때, 학생들은 일반적으로 토론을 활성화하는 것이 어렵다고 생각하지 않는다.

대부분의 영재들은 주안점이 좋다고 생각한다. 아마도 혼자서는 많은 영역에 대해 토론하지 못했을 것도 토론할 수 있었고, 주안점에 집중하여, 그렇지만 융통적이고 대화가 가능한 환경에서 토론할 수 있었다고 이야기하였다. 주안점은 또한 추구하기 어렵고, 피할 수 없는 분야에 대한 것이다. 그러나 주안점은 따라갈 수 없는 새로운 내용을 의미하는 것은 아니다. 3년 동안 집단에 참여한, 한 고3 학생은 "변화시킬 수 없는 한 가지가 있다면 바로 토론의 형식이다. 만일 어떤 것에 대해 말하기 시작하고 그 밖의 어떤 것에 대해 말을 마친다면, 그 흐름에 따라야 한다. 이것이 바로 최고의 통찰력을 얻는 방법이다"라고 제안하였다.

"그날의 주안점"을 미리 알려 주지 않는 것이 도움이 된다고 생각하였다. 처음에 많은 주제는 학생들에게 호소력이 없지만 집단 세션 동안 점차 몰두하게 된다. 결국, 학생들은 주제에 대한 촉진자의 판단을 신뢰하게 된다. 또한 학생들에게 가능한 주제를 내어 놓도록 요청할 수 있으며, 이럴 경우 촉진자는 가능한 주제에 대해 연구를 하고 일주일 정도 시간을 학생들에게 할애해 준다. 또한 집단 내 비평적이고, 현실적인 개별 학생의 문제가 그날의 주안점이 될 수 있다. 만일 학교에서 정신적인 쇼크가 있었다면, 학생들이 이와 관련된 감정을 표현할 이상적인 환경이 바로 상담집단이 될 수 있다. 가장 중요한 것은 비혐오, 응답적이고, 조심성 있고, 예의 있고, 존경할 만한 분위기를 유지할 수 있는 촉진자 혹은 집중적인 감정을 조절할 수 있는 사람이 필요하다는 것이다.

한 졸업생은 다음과 같이 적어놓았다: "우리는 '조용히 해' 혹은 '그대로 있어'라고 들은 적이 없다. 만일 어떤 주제에서 벗어나면, 단지 그대로 갔다. 그리고 많은 더 좋은 토론을 이렇게 해서 할 수 있었다." 토론을 종결할 때까지 집단을 이끌고, 지나치지 않도록 주안점에 대해 토론하게 하면서, 촉진자는 능숙하게 여러 내용을 조정하여 토론을 지도한다. 그러나 심지어 학생들은 이와 같은 촉진자의 지도를 눈치 채지 못할 수도 있다.

이상적인 집단

경험상 최고의 집단은 미성취 영재와 성취 영재를 함께 포함하는 것이다. 완벽주의와 경쟁심이 높은 성취자들은 정치문제, 학업문제 및 다른 사람에 대해서는 분명히 알고 있지만 자신의 사회적·정서적 문제를 표현하는 데 불편해하고 표현해 본 적이 없을지도 모른다. 성취 영재처럼 미성취자들도 물론 다양하며, 정서 및 정서표현에 대해 민감하고, 집단 상호작용을 증진할 수 있다. 아마, 이들은 부모와 보다 공개적인 개인갈등을, 교사와는 학업문제로 갈등을 겪고 있다. 사람들은 미성취 영재가 성취 영재에 비해 보다 감정적이라 가정해 왔다. 혼합집단을 통해 미성취 영재는 성취 영재를 알게 되는 기회를 갖게 되고 성취 영재는 그들과 다른 장점을 가진 사람들을 알 수 있는 기회를 갖게 된다. 이들은 스트레스 수준, 가치 및 대처하는 스타일을 비교할 수 있어 서로 서로와 접촉함으로써 이득을 얻는다.

심지어 영재는 다양한 연령 수준의 여러 사람들과 비슷한 지적 및 흥미를 가질 수 있다고 하지만, 사회적 및 정서적 문제에 대한 상호작용에 있어서는, 연령에 따른 동질성을 마련해 주는 것이 바람직하다. 고등학교에서 2학년은 3학년만큼 특별히 대학과 진로에 관한 주제에 반응하지 않는다. 2학년은 대학입학과 대학선택의 긴장보다는 상급과정 및 성취에 대한 압력에 보다 관심이 있다. 중학교에서 1학년은 2학년과는 달리 사회적·정서적 문제에 관심을 갖는다. 그러나 규모가 작은 학교는 같은 연령의 동질집단을 형성할 정도로 충분한 영재가 없다는 문제가 있다. 이런 경우, 비슷한 연령대 다른 사람을 포함하여 확대할 수 있다.

경험에 따르면, 대부분의 목적을 위해 성을 혼합하는 것도 좋은 방법이다. 동성집단(same-sex)에서는 토론 중에 반대 성에 대해 학습할 기회를 놓친다. 특히 남자의 경우, 동성집단에서 보다 보수적인 이미지를 가지고 있으므로 혼성집단보다는 보호막을 덜 벗어던진다. 모든 연령에서, 혼성은 양자에게 신뢰롭고 개방적인 의견

교환을 할 기회를 제공하며, 여학생에게 있어서는 남학생이 있는 집단상황에서 자신의 주장을 적절하게 제기하게 된다. 또한 사회적 기술을 실행할 기회도 마련된다. 영재 소년과 소녀의 특별한 관심을 동성과 성을 혼합한 집단에서 다룰 수 있다. 그렇지만 특정 상황 및 특정 문제의 경우 단성 토론이 보다 적절할 수도 있다.

최선의 집단크기는 연령수준과 집단구성에 따라 다양하다. 고등학교 수준에서는 12명이 최대이며, 8명이 최소이다. 때때로 8명보다 적을 때 친밀함과 진지함의 부족이 문제가 될 수 있다. 12명보다 많을 때 주어진 세션에서 모든 사람의 말을 잘 듣는 것이 어렵게 된다.

중·고등학교 수준에서, 집단은 8명이 적절한데, 상담 기간이 대개는 보다 짧고 종종 복잡한 생각을 정교화하고 난해함을 해결할 시간이 필요하기 때문이다. 초등학교 수준에서도 비슷한 이유로 인해 6~8명이 적당하다. 대다수가 산만하고 "신체적으로 활동적인" 집단에 대해서는 6명 정도의 인원이 적당하다. 주의가 산만한 학생이 적은 경우에 학생 수가 좀더 많은 것이 바람직하다.

회의시간은 40~60분이 적절하다. 보다 짧게 되면 깊이 있는 토론을 제공할 수 없고 보다 길게 되면 주의집중 영역과 신체적 안녕수준을 벗어나게 된다.

집단 세션 구조화하기

편안함 속에서 "안전하게" 의사소통하기 위해, 토론에 앞서 학생들이 감정을 분류, 평가 및 객관화할 수 있도록 간략한 지필식 반응을 요하는 활동을 할 수 있다. 물론 이것이 항상 필요하거나 도움이 되는 것은 아니지만 특별히, 감정표현이 필요할 때 바람직하다. 그렇지만 예를 들어, 스트레스의 신체적 및 행동적 증상에 관한 열두 가지 질문 중에서, 하루 이상 동안 슬펐을 때가 언제인지 질문함으로써 학생들에게 "안정된 상태"에서 그 날의 주제에 대해 심사숙고할 시간을 주는 것이다. 학생들에게 또한 자신의 일상적인 교실행동, 선호하는 자리, 교사와의 상호작용, 부모의 기대, 스트레스 지수, 완벽주의, 강점과 약점, 좌절과 분노의 원인, 자기 지각, 영웅, 혼합된 메시지, 손실, 외로움, 두려움, 고민 등을 물어볼 수 있다. 간단히 질문지를 작성하도록 하여, 사건이 될 만한 대화와 재치 있는 응답에 주의를 기울이도록 하면서, 내부를 조용히 들여다 볼 기회 및 세션에 관계된 주제에 집중하게 할 수 있다. 똑같이, 토론을 시작하면, 작성한 질문지 내용을 서로 나누고 다른 사람이 쓴 것을 듣는다. 질문지를 넘어서 자연스럽게 상호작용이 일어난다. 질문지는 진지함과 솔직함을 장려한다. 촉진자는 역시 역할모델로서 사용할 어떤 양식이든지 작성함으로써 작성한 양식뿐 아니라 연령범주를 포괄하여 서로 공통점이 있음을 알린다.

질문지 반응에 기초하여 진행중인 집단에서 언급할 점은 모든 사람들이 복잡한 감정을 구두적으로 명료화하는 기술을 이 기회에 발달시킨다는 점을 확실하게 한다. 촉진자는 들려오는 모든 것을 확인해야 한다. 그러나 누구도 말하도록 강요받지 않는다는 점을 지적해야 한다. 누구든지 어떤 항목 혹은 토론에서 그냥 지나칠 수 있다. 때때로 몇 주가 지나서야 자연스럽게 자신의 생각을 나눌 수도 있다. 그러나 대개 주의 깊게 적어 놓은 질문지 항목에 대해 무언가를 나눌 것이다. 특히, 처음에 과묵한 집단 구성원은 이것을 비형식적인 대화보다 덜 위협적인 것으로 생각할 것이다. 만일 원한다면, 자신의 질문에 대한 응답을 "편집"할 수 있다고 말해 주는 것이 보다 나이든 연령수준의 꺼려하는 학생들에게 효과적이다. 대부분 집단과 학생들은 기꺼이 자신의 반응을 공유하지만 부끄러워하거나, 위협을 느끼거나, 회의적인 학생들은 특히, 적어 놓은 것을 읽게 하였을 때 처음부터 완벽하게 잘 대답하려고 한다. 분명히, 질문지를 사용하는 것이 어떤 집단에게 불필요하거나 질문지 사용하기를 학생이 꺼려하면, 질문지를 사용하지 말아야 한다.

몇 가지의 주제에 관해서, 촉진자는 5~10분 정도 공지하는 시간을 통해서 토론을 위한 기초를 마련해야 한다–예를 들어, 우울증, 섭식장애, 비언어적 메시지, 완벽주의, 스트레스 또는 데이트 상대 강간, 이 모든 것들이 영재 청소년에게 특별히 관련이 있는 주제이다. 자기주장을 잘 못하는 영재 소녀는 데이트 중에 상처받기 쉽다. 완벽주의에는 대부분 사람들이 생각하는 것보다 생각할 차원이 더 많이 있다. 어떤 영재들은 비언어적 메시지를 잘 읽어내지 못하므로, 비언어적인 것과 이것이 갖는 중요성에 대한 정보가 필요하다. 학생들은 또한 섭식장애에 관해 보다 많은 정보를 사용할 수 있으며, 섭식장애는 영재에게서도 발생한다. 많은 종류의 정보적 조언은 토론을 위한 효과적인 촉매이다.

연사 초청

특히 나이 든 학생은, 지역사회의 초청강사를 통해서 직업 만족, 진로, 부적임자(square pegs in round holes) 및 성인세계에서의 도덕적·윤리적 문제에 대한 노력, 피할 수 없는 결과에 부딪히거나, 다중잠재력(multipotentiality)을 다루는 것에 대한 통찰을 얻을 수 있다. 방학 동안 집에 내려와 있는 대학생들은 대학 적응, 전공을 바꾸는 것, 친구를 찾고, 새 환경에서 정체성을 개발하고, 학문적 도전성을 발견하고, 부모로부터 건강하게 독립하는 것에 대해 조언해 줄 수 있다. 정신건강 전문가는 청소년기에 관계된 가정문제에 대해 조언을 줄 수 있다. 학생들은 인터뷰하는 방법 및 미리 연사에게 할 질문에 대해 생각해 보도록, 촉진자는 토론을 이끌 수 있다. 다음 집단회의에서 연사로부터 얻은 통찰에 대해 토론을 할 수 있다.

그 외에, 여러 인종적인 배경을 가진 연사와 함께 문화 속에서 영재성을 보는 방법과 문화적으로 가치를 부여하는 영재성에 대해 토론할 수 있다. 다문화적인 상담집단은 집단구성원을 자원으로 활용할 수 있다. 집단은 여러 문화적인 태도를 탐색하고 이해하기 위한 이상적인 환경이다.

집단 역동성과 집단상담기법

많은 상담자는 집단에서 개별상담기법을 사용할 수 있도록 훈련을 받았고, 이를 "집단상담"이라 부른다. 비록 개별상담과 집단상담이 상호배타적이지 않더라도, 이들 두 상담은 전혀 다르다. 일대일 상담에서 얻은 기술이 효과적이고 집단상담에서 적절할지라도, 이들 기술들은 집단상담의 본질이 아니다. 집단에서 개인기술에 전적으로 의존하게 되면 집단 역동성을 완전히 이용하지 못하는 것이다. 비유적으로, 4개 실린더 엔진 중 단지 2개의 실린더 기능만으로 운전하는 것과 같다.

집단상담의 본질은 학생을 방관자에서 참여자로 전이시키는 데 있다. 집단에서 방관자가 갖는 긍정적인 효과가 있지만, 참여자가 갖는 효과에 비교할 때 미비한 것이다(Yalom, 1985). 집단에서 방관자가 된다는 것은 관찰하고 듣는 것을 뜻하지만, 토론 주제의 정점에 약간 스칠 정도일 뿐이다. 집단구성원의 주된 역할이 방관자일 때 집단은 효과적이지 못하다.

상담자는 어떤 토론 주제를 개별구성원에게 연결시킬 기회를 취함으로써 관찰자를 참가자로 전이시킬 수 있다. 한 예로, 수직(vertical) 및 수평(horizontal)의 자기노출(self-disclosure) 개념을 이용하는 것이 유용하다.

학생들은 "영재"라고 규정될 때 자신의 기분에 대해 이야기할 수 있다. 상담자는 이때 감정을 분명하게 할 수 있도록 다음과 같이 질문할 수 있다: "얼마나 오랫동안 이런 식으로 느꼈니?" "이것으로 인해 너의 모든 것이 바뀌었니?" "누가 네가 그런 식으로 느끼는지 알고 있니?" 이상의 질문을 통해 라벨링(영재라는 딱지)에 대해 학생들이 어떻게 느끼는지 보다 많은 정보를 형성하도록 돕기 때문에 자신의 감정에 대해 보다 잘 이야기하며 수직적 자기노출을 이끌어낸다. 이처럼 정보의 언덕이 형성되면, 집단 내 다른 학생들이 듣고 고개를 끄덕이며 공감을 할 것이다. 이들은 일차적으로 방관자의 역할을 하지만 그럼에도 불구하고 학생과 상담자 간에 이와 같은 상호작용을 관찰한다는 점에서, 동정적이며 흥미로운 것이다.

똑같은 상황에서, 상담자는 수직적 자기노출에서 수평적으로 옮겨감으로써, 집단구성원을 방관자에서 참여자로 전이시킬 수 있다. 라벨링에 대해 느끼는 감정에 대해 묻는 대신, 상담자는 학생에게 질문할 수 있다. "이 집단에서 누가 너처럼 느낀다고 생각하니?" "이 집단에 있는 사람 중에서 라벨링에 대해 너와 가장 다르게 생각하는 사람은 누구니?" 이상의 질문들은 학생들을 서로서로 연결짓는다는 점에서 수평적이다. 집단 내의 학생들은 더 이상 라벨링에 대해 말하는 소녀의 이야기를 듣고만 있는 것이 아니라(방관자) 적극적으로 라벨링에 대한 자신의 감정과 지각에 대해 관여한다(참여자).

모든 집단에서 학생들이 말하고 수평적 연결을 가질 기회는 무수히 많다. 모든 수평적 연결은 집단 역동성을 보다 잘 사용하게 하며 보다 많은 에너지와 참여를 창출한다.

방관자에서 참여자로 전이하는 또 다른 기법은 개인으로보다 실체(entity)로서 집단에 집중하는 것이다. 상담자는 개인의 말과 비언어적인 것에 주의를 기울이도록 훈련을 받았다. 그러나 이와 같은 개인에 대한 관심 외에, 집단상담자는 전체로서 집단에 관심을 기울일 필요가 있다. 상담자는 집단의 "분위기"에 주목해야 한다. 집단이 흥미로운가? 그 자체로 즐거운가? 신뢰로운가? 상담자가 집단을 하나의 실체로서 언급함으로써 집단의 일부분이 되었다는 각 구성원의 생각을 증진할 수 있다. 예를 들어, 상담자가 "우리가 진정으로 집단시간 동안에 서로서로 즐거웠다고 생각해요"라고 말하는 것은 어느 특정 개인보다는 집산적으로 언급하는 것이다. 이와 같은 언급은 모든 사람들로 하여금 집단에 보다 많이 참여하고 주인의식을 갖게 한다. 만일 집단이 잘 진행되면, 구성원 모두가 공헌하였다고 느낀다. 만일 집단이 어렵거나 곤경에 빠져 있다면, 모두 이 과정의 한 부분으로 속하게 되는 것이다. 집단을 실체로 언급하는 것은 구성원들로 하여금 계속적으로 집단의 삶에 공헌하고 있음을 느끼게 한다. 집단상담 과정에서 상담자가 "집단을 실체로서" 언급하는 무수한 경우가 있다. 매 시간, 방관자적인 면보다는 참여자적인 면을 강조한다.

마지막 기술은 방관자를 참여자로 전이하여 학생이 집단과정에 집중하도록 돕는 것이다. 모든 세션의 마지막 3~5분 동안 상담자는 학생에게 "집단과정"을 묻는다. 예를 들어, 집단의 과제가 세션 동안 진행되고 있는 것처럼 집단에서 발생한 것에 대해 생각하는 바를 분명하게 하는 것이 바로 "집단과정 시간(group process time)"이다.

이 단순한 기술로 몇 가지 중요한 과제를 수행할 수 있다. 첫째, 각 학생에게 집단에서 관찰한 바를 나누는 기회를 준다. 또한 다른 학생에게는 세션 동안 일어난 것에 대해 각 구성원의 관점을 들어보는 기회를 부여한다. T. S. Eliot의 말대로, 사람들은 경험을 가질 수 있지만 그 의미를 잃어버린다. 이 기술은 의미를 잃어버릴 가능성을 최소화한다. 둘째, 집단과정 시간 내에서 그 세션을 요약하고 관련을 지우면서 종결하는 것은 좋은 방법이다. 또한 이것은 시간부족으로 토론을 할 수 없는 마지막 몇 분이 허비되지 않도록 한다. 셋째, 집단 진행시간은 다음 집단 세션을 시작하는 훌륭한 줄기가 될 수 있다. 예로, 일반적으로 "Bob이 지난 주 집단 세션에서, 내가 매우 다르게 생각하는 것을 말했어요." "나는 그것을 어떻게 보았는지 말하고 싶은데"라고 말하면서 세션을 시작할 수 있고 이것으로 집단 세션은 좋은 시작을 열 수 있다.

촉진자를 위한 조언

정서적 관심사에 관한 집단활동에서 영재교육 교사나 상담자는 교과서가 가르칠 수 없는 방식을 영재에게 가르칠 수 있다. 가장 좋은 측면에서, 이것은 "상호학습"이 될 수 있다. 사실, 경험상 "나 같은 아이에 대해 배우는" 한 방안으로 집단을 제시하면 학생들의 참여를 권장하는 데 효과적이다. 이와 같은 접근은 또한 어른이 하기에 어려운 것, 즉 촉진자로 하여금 조용하게 학생의 말을 듣도록 격려한다.

바로 이 점에서 한 가지 주의사항을 포함할 필요가 있다. 상담훈련을 받지 않은 영재 교사는 특히, 비밀보호에 대한 상담윤리를 배워야 한다. 왜냐하면 집단이 발전함에 따라 상담이 학생, 촉진자, 교직원, 부모 및 행정가에게 어떤 문제가 될 수 있기 때문이다. 학생들은 집단의 기능을 원활하게 하기 위해, 촉진자를 절대적으로 신뢰해야 한다. 그러나 처음에 촉진자에게 주어야 할 조언은 지도자란 아동학대 및 유기 그리고 자아 및 다른 사람에게 위험을 가할 사람이 있으면 이를 보고하는 것이 의무라는 점이다. 지도자는 서면으로 부모에게 참여해 줄 것을 허락받고 서명받은 문서를 비밀보호의 참고자료로 포함해 놓는 것이 바람직하다. 주의 깊이 고려함으로써 앞으로 생길 미래의 문제를 줄일 수 있으며 특히, 집단에서 이야기한 것에 대해 부모가 의심을 할 때 더욱 그렇다. 만일 촉진자가 신뢰를 받는다면, 부모는 대개 자녀가 자아인식과 지원을 받는 기회가 있다고 좋아한다.

상담훈련 혹은 최소한 상담에서 어느 정도 학위를 소지하도록 집단 지도자를 권장하는 바이다. 그러나 영재의 요구에 민감하며, 영재로 인해 기가 죽거나 두려워하지 않고, 내부적으로 문제가 없고, "행함으로써 배우려고" 하는 교사는 영재를 위한 토론집단을 적절하게 진행할 수 있다. 이미 언급한 바와 같이, 공식적으로 "상담" 집단으로 부르지 않고, 상담자가 아닌 지도자는 자신이 상담자라고 말하지 않으며, 학생들은 지도자가 훈련을 받은 상담자라고 생각하지 않는 것이 좋다. 왜냐하면 영재 교사는 영재의 특별한 욕구를 이해하고 있다는 신뢰를 받기 때문에 영재는 공개적으로 기꺼이 참여하게 된다. 한 학생은 다음과 같이 이야기하였다: "너와 비슷한 사람을 배타적으로 취급하는 사람에 대해서 이야기를 나누려고 교사를 마련해 주는 것 그 이상이다. 이것이 바로 감시를 늦추고 현실적이 되도록 충분한 신뢰를 갖게 하는 열쇠처럼 보인다."

만일 처음에 촉진자가 훈련받은 상담자와 함께 집단활동을 할 수 없다면, 상담자로부터 조언을 구하는 것이 좋다. 훈련받은 상담자의 주의를 끄는 기술, 기본적인 경청기술, 비언어적 모니터링과 토론을 이끌어내고 종결하는 책략과 기술에 대해 토론하고 따라하고 그러고 나서 실시할 수 있다.

특별한 세션 동안에 어떻게 느꼈는지 피드백과 일반적인 집단 역동성을 평가하도록 학생들에게 요청하면서, 가끔씩 집단경험을 진행하는 것이 좋다. 그러나 경험상, 학생들은 이들 경험을 "의도적으로 의식"하는 것에 저항한다. 그러므로 촉진자는 언제 그리고 어떻게 이와 같은 과정이 발생해야 하는지 민감해야 한다. 특히, 과정은 집단 내 긴장의 시간, 즉 누군가 그 활동을 그만둔다고 하거나, 누군가의 매너리즘이나 반응이 집단에서 문제가 되거나, 토론을 하는 데 어려움이 있거나, 보다 효과적으로 상호작용을 촉진하는 방법에 대해 지도자에게 조언이 필요할 때 중요하다. 어떤 집단들은 다른 집단보다 더 자주 과정이 필요하다.

개인적으로 집단을 탈퇴하는 것은 아마도 불가피하다. 촉진자와 어떤 특정 학생 간에 신뢰가 형성되었을 때, 만일 위기가 있거나 특별한 필요가 생기면 이 학생은 촉진자를 개인적으로 찾을 것이다. 이러한 때에도 역시, 전문 상담자가 아닌 촉진자는 조언과 방향을 구하기 위해 이 학생의 상담자와 접촉을 해야 한다. 만일 학생이 "말씀드릴 것이 있어요"라고 하면서 집단 밖에서 촉진자에게 접근한다면, "물론이지" 하고 반응해야 한다. 그렇지만 학생에게 "기억해 봐, 난 훈련받은 상담자가 아니야 그렇지만 난 네 이야기를 귀 기울여 들어 줄 거야. 만일 필요하다고 생각이 들면, 우리는 너의 상담자에게 점검받을 수 있어"라고 신중하게 상기시켜 주어야 한다. 전문가의 한계를 인식하고 적절할 때 추천을 해 주는 것이 중요하다. 스탭 상담자와 행정가는 외부지원에 대해 가이드라인을 제공할 수 있다. 집단의 안과 밖에서 무슨 일이 일어날지 예측할 수 없으므로, 어떤 상황에서든지 선택할 수 있는 사항에 대해 알고 있는 것이 최선이다.

영재와 함께 할 집단계획을 설명하기 위해 학교상담자를 초빙하는 것이 집단 지도자에게 좋다. 학교상담자에게 영재가 종종 상담자 및 치료자 만나는 것을 꺼려한다는 점, 집단 경험이 영재의 개인적인 관심사를 명확하게 하도록 도움을 준다는 점, 그리고 도와달라고 요청하는 것에 대한 수치심을 낮춘다는 점에서 집단상담이 중요하다는 것을 알려준다.

학교환경에서 영재를 위해 상담집단이 있다는 점은 다른 학생에게 많은 메시지를 전달한다. 이것을 통해서 영재의 요구에 대한 것을 전달할 수 있다. 이는 상담에서 초기 예방의 모형이 되며, 또한 영재 프로그램을 위한 좋은 관계를 공개적으로 보여 주는 것이기도 하다(Peterson, 인쇄중).

대부분의 촉진자는 집단을 이끄는 것이 예상보다 쉽기도 하고 어렵기도 하다는 점을 알게 된다. 경험은 좋은 교사이며, 지도자로서 전문지식과 편안함을 획득한다는 만족감은 매우 크다. 영재는 복잡하다. 집단 촉진자는 자신의 약함, 비판 및 자아비판적 속성뿐 아니라 강점을 조절할 수 있어야 하며 조절하는 것을 배워야 한다. 영재는 자신과 세계를 이해하려고 애쓰고, 심지어 매일 영재와 함께 하는 교사들이 예상하는 것보다 더 많은 지도를 필요로 한다. 집단경험은 영재에게 매우 값진 것이며 또한 촉진자에게도 역시 집산적이며 개인적으로 영재에 대한 통찰을 얻는 귀중한 기회를 제공한다.

결 론

집단상담을 통해 영재들이 사회적 및 정서적으로 발달하도록 효과적으로 도울 수 있다. 그러나 일차적 목적이 학업적 발전이 아닌 개인의 성장인 경우에, 집단활동의 기회는 드물다. 집단상담은 독특한 상담상황으로서 집단 역동성을 최적으로 이용하기 위해 특별한 지식과 기술을 요한다. 집단구성원이 방관자에서 참여자로 전이될 때 집단 역동성이 가장 잘 발전한다. 이상의 전이를 위한 기본적인 기술은 상담자 혹은 훈련받은 촉진자에 의해 통합될 수 있다. 자극적인 주제는 정보를 제공하고, 학생들을 중요한 통찰로 이끌고, 에너지가 충만한 상호작용을 창출한다. 목적과 특별한 주안점을 명확하게 함으로써 또한 학교 상황에서 다른 사람들이 인식하지 못하던 욕구를 전달할 수 있다. 영재를 위한 효과적인 집단상담은 영재의 사회적 및 정서적인 요구에 대한 민감함과 집단과정에 대한 전문성을 요한다. 영재의 관심사를 특별히 인식하는 학교상담자와 그 밖의 사람들이 개인성장을 위한 잠재력을 인식하기 바란다. 이는 영재가 집단상담에서 자신의 감정과 지각을 공유할 수 있을 때 가능하다.

추천 도서

이 장은 집단상담의 모든 복잡함을 언급하지 않았다. 집단상담에서 얼마간 기본이 되는 학교상담훈련의 일부만을 소개하였다. 집단상담에 관한 것을 살펴보고자 하는 비상담자를 위해서, 다음의 책을 추천하는 바이다. 다음의 어느 것도 영재에게 집중된 것은 아니지만, 집단 역동의 원리를 대하는 데 유용한 것이다.

Corey, G. (1990). *Theory and practice of group counseling* (3rd ed.). Pacific Grove, CA: Brooks/Cole.

Gazda, G. M. (1989). *Group counseling: A developmental approach* (3rd ed.). Needham Heights, MA: Allyn & Bacon.

Johnson, D. W., & Johnson, F. P. (1987). *Joining together: Group theory and group skills* (3rd ed.). Englewood Cliffs, NJ: Prentice-Hall.

Kerr, B. (1991). *A handbook for counseling the gifted and talented.* Alexandria, VA: American Counseling Association.

Yalom, I. D. (1985). *The theory and practice of group psychotherapy* (3rd ed.). New York: Basic Books.

참고 문헌

Blackburn, A. C., & Erickson, D. B. (1986). Predictable crises of the gifted student. *Journal of Counseling and Development*, *64*, 552-555.

Colangelo, N. (1991). Counseling gifted students. In N. Colangelo & G. A. Davis (Eds.), *Handbook of gifted education* (pp. 273-284). Needham Heights, MA: Allyn & Bacon.

Colangelo, N., & Kerr, B. (1990). Extreme academic talent: Profiles of perfect scorers. *Journal of Educational Psychology*, *82*, 404-409.

Corey, G. (1990). *Theory and practice of group counseling* (3rd ed.). Pacific Grove, CA:

Brooks/Cole.

Elkind, D. (1981). *Children and adolescents: Interpretive essays on Jean Piaget* (3rd ed.). New York: Oxford.

Gardner, H. (1983). *Frames of mind.* New York: Basic Books.

Gazda, G. M. (1989). *Group counseling: A developmental approach* (3rd ed.). Needham Heights, MA: Allyn & Bacon.

Johnson, D. W., & Johnson, F. P. (1987). *Joining together: Group theory and group skills* (3rd ed.). Englewood Cliffs, NJ: Prentice-Hall.

Kerr, B. (1981). *Career education for the gifted and talented.* Columbus, OH: ERIC Clearinghouse for Adult, Career, and Vocational Education.

Kerr, B. (1991). *A handbook for counseling the gifted and talented.* Alexandria, VA: American Counseling Association.

Kerr, B., & Colangelo, N. (1988). The college plans of academically talented students. *Journal of Counseling and Development, 67*(1), 42-48.

Kerr, B., Colangelo, N., & Gaeth, J. (1988). Gifted adolescents' attitudes toward their giftedness. *Gifted Child Quarterly, 32*(2), 245-247.

Perrone, P. A. (1986). Guidance needs of gifted children, adolescents, and adults. *Journal of Counseling and Development, 64*, 564-566.

Perrone, P. A. (1991). Career development. In N. Colangelo & G. A. Davis (Eds.), *Handbook of gifted education* (pp. 321-327). Needham Heights, MA: Allyn & Bacon.

Peterson, J. S. (1990, July/August). Noon hour discussion: Dealing with the burdens of capability. *The Gifted Child Today, 13*(4), 17-22.

Peterson, J. S. (in press). Peeling off the elitist label: Smart politics. *The Gifted Child Today.*

Ramos-Ford, V., & Gardner, H. (1991). Giftedness from a multiple intelligences perspective. In N. Colangelo & G. A. Davis (Eds.), *Handbook of gifted education* (pp. 55-64). Needham Heights, MA: Allyn & Bacon.

Yalom, I. D. (1985). *The theory and practice of group psychotherapy* (3rd ed.). New York: Basic Books.

제6장

학습장애 영재: 개별 및 집단상담 기법

Sal Mendaglio

학습적인 면에서 미성취 영재에 대한 관심은 계속되고 있다. 최근에 많은 미성취아는 학습장애가 숨겨진 영재라는 점이 드러나고 있다. 이 장은 학습장애를 가진 학생들과 그들의 가족, 교사와의 활동에 대한 임상실험에 기초한다. 학생과의 활동은 개별상담과 집단상담 모두를 포함한다. 특정 면담 기법과 상담 세션에서 발췌한 것을 인용하여 기술할 것이다. 학습장애 영재를 상담할 때 다차원적인 접근법을 추천한다. 효과적인 상담을 위해서, 과정에 도움을 주는 부모와 교사 모두를 포함하는 것이 중요하다. 아래에 이들 주요 성인들을 면담하는 유용한 기법을 기술해 놓았다.

학습장애 영재

지난 10년간 '학습장애 영재'라는 새 용어가 탄생했다. 특수교육에서 사용하는 다른 용어처럼, 그 정의가 모호하다. 본질적으로, 학습장애 영재는 "영재"와 "학습장애" 양쪽의 정의 기준을 충족시키는 아동으로 귀결된다. 학습장애(LD)의 여러 개념화에 대한 조사를 통해서 다음 세 가지 주요 기준에 맞아야 함을 제안하는 바이다. 첫째, 학생은 지능이 평균 또는 그 이상이어야만 한다. 둘째, 주요 미성취 특징을 보인다. 적어도 언어예술 및 수학 같은 영역에서 또래보다 1등급 정도 낮은 수준임을 의미하며, 일부에서는 성취검사에서 적어도 평균보다 1 표준편차 밑으로 수행하는 것 같이 통계적인 용어로 표현하기도 한다. 셋째, 학생들은 언어를 암호화하고 해석하는 등의 기술을 어려워한다.

학습장애에 대한 28권의 최근 간행본을 검토한 후, Hammill(1990)은 학습장애에 대한 11개의 정의가 현재 주목할 만하다고 보고하면서, 다음의 NJCLD(National Joint Committee on Learning Disabilities)의 정의를 소개하였다:

> 학습장애는 듣기, 말하기, 읽기, 쓰기, 추론하기, 또는 수학적 능력에 대한 사용과 획득에서 주요 어려움을 보이는 이질적 장애집단을 지칭하는 일반 용어이다. 학습장애는 개인 내 중추신경계 기능장애 때문으로 추정되며 일생을 통해 나타날 수 있다. 자기조절 행동, 사회적 지각력, 그리고 사회적 상호작용의 문제들이 학습장애로 인해 나타날 수 있으나 그 자체로 인해 학습장애가 되는 것은 아니다. 비록 학습장애가 다른 장애(예를 들어, 감각 손상, 정신지체, 심각한 정서불안) 또는 외재적 영향(문화 차이, 불충분한 또는 적절치 않은 교수)으로 인해 부수적으로 수반되어 나타날 수 있지만, 학습장애는 이상의 조건이나 영향의 결과로 인한 것이 아니다(NJCLD, 1988, Hammill, 1990, p. 77 인용).

Mercer(1986)에 의하면, 학습장애에 대한 다양한 정의는 뇌손상(brain injury), 최소뇌기능장애(minimal brain dysfunction), 학습장애라는 세 그룹으로 분류될 수 있다. 부모들과 전문가들의 부정적 반응 때문에, 뇌손상과 최소뇌기능장애 같은 용어는 잘 사용되지 않고 있다. 부모들은 뇌손상이라는 용어가 함축하는 영구성 때문에 그 용어를 싫어한다. 전문가들은 이들 학생들을 분류하거나 가르치는 데 있어 뇌손상과 최소뇌기능장애라는 용어가 별 도움이 되지 않는다고 생각한다. 얼마나 엄격하게 기준을 적용하느냐에 따라 다르겠으나, 학습장애는 전체 인구의 1.5~4.63%로 추정된다(Mercer).

학습장애 영재와 미성취 영재

상담 목적상, 이중 예외성(dual exceptionality)을 보이는 학생을 미성취 영재의 하위부류에 속하는 것으로 간주하고 있으며, 학습장애 영재에 대한 문헌뿐 아니라 학습장애에 대한 최근 문헌을 통해서 이러한 관점을 지지하고 있다(Silverman, 1989). 학습장애의 정의에 대한 합의(合意)가 확산되고 있다(Hammill, 1990). 그러나 혼란스런 많은 정의들과 판별과정에서 일어난 문제에 대해 우려하는 사람들도 있다. 학습장애라는 용어를 만들어낸 Samuel Kirk(1987)는 최근에 다음과 같이 언급하였다: "학습장애로 인해 공립학교 특수반에 다니는 학생들을 조사하였을 때, 이들 특수반에 배정된 학생의 대략 반 정도가 미성취자이지만 반드시 학습장애는 아니었다"(p. 174). 학습장애에 대한 역사와 여러 정의를 검토한 후에, Berk(1983)는 학습장애가 미성취의 한 부분이라고 결론지었다.

Silverman(1989)은 Whitmore(1980)의 미성취 영재의 특성을 학습장애 영재의 특성목록과 비교하고 다음과 같은 결론을 내렸다:

> 여러 연구에서 도출해 본 학습장애 영재와 미성취 영재의 주요 특성목록들은 실제로 동일하다. 이 둘 모두 태도와 성취상의 수행에서 나타나는 차이를 통해서 파악한다고 할 때 두 집단의 특성이 서로 겹치게 된다는 점은 놀라운 것이 아니다(p. 37).

자기지각: 다른 사람들이 갖는 혼란을 정확하게 반영하는 것인가?

교사, 상담자, 심리학자 및 교장을 포함한 학교 전문가들은 여전히 이중 예외성으로 인해 당황해 한다. 심지어 특수교육의 학문에서도 영재 또는 학습부진을 다루고 있지만 그 개념을 전달하기 어렵다. 특히, 영재 프로그램 및 높은 성취수준을 보이는 학생을 위한 프로그램일 경우 더욱 그렇다. 1980년대 초 이래 여러 문헌에서 학습장애 영재에 대해 언급하였음에도 불구하고, 전문가들의 일부 당황함과 적대는 초기에 예견되던 것이다(Fox, Brody, & Tobin, 1983).

부모들 또한 비록 지대한 관심을 기울인다고 하여도 라벨링을 이해하는 데 얼마간의 어려움이 있지만 대개는 잘 받아들인다. 예외적인 아이들의 다른 부모들처럼 라벨링에 대해 할 수 있는 만큼 읽고 배우고자 한다.

학습부진 영재에 대한 혼란은 또한 이들 학생들의 자기-참조 진술에서도 분명히 나타난다. 학습부진 영재들이 자신을 묘사할 때 사용하는 단어를 보면 잘 알 수 있다. 일대일 인터뷰 동안, 10명의 사춘기 학습장애 영재에게 라벨링에 대한 이들의 반응에 대해 질문하였다. Chris라는 한 학생의 대답을 통해 라벨링에 대한 반응을 요약할 수 있다. "어떻게 동시에 바보스럽고 영리할 수도 있지?" 학교 성취에서 어려움을 겪는 학생의 특징이 낮은 자아 존중감이라 한다면, 학습장애를 갖고 있는 영재는 이 차원에 자기-지각에 대한 불확실성을 더하게 된다.

학교 밖에서 이들 학생들은 자신에 대한 다른 인식, 즉 보다 높은 자아 존중감을 수반할 수 있다. 일부 학생들은 컴퓨터 게임, 운동, 취미 같은 기타 영역에서는 매우 열정적이다. 예를 들어, 초기 사춘기 학생들은 "스케이터(스케이트보드를 타는 사람)" 또는 어떤 오락 게임(Dungeons and Dragons)에 빠짐으로써 도피한다고 말한다. 또 어떤 사람들은 레이저를 이용한 정교한 전기 프로젝트 및 시계 만들기 같은 취미에 빠진다. 이들의 열정이 단지 허세—낮은 학교수행에 대한 불안으로부터 자신을 보호하는 방어—인지 혹은 학교 밖 영역에서 비롯된 진정한 피난처인지 말하기 어렵다. 다른 영재보다 학습장애 영재가 보다 창의적이며 생산적인 교육과정 외 활동에 흥미를 가지고 있다는 지적들이 있다(Baum, 1988).

정서와 대인관계

우수한 잠재력과 학습장애 모두를 가짐으로써 학교수행에서 여러 부정적 반응을 경험하게 된다. 부정적인 반응에는 좌절, 분노, 적의 등이 포함된다. Lewis와 Michaelson(1983)에 의하면, 정서는 상대적으로 짧은 기간에 대한 평가반응이다. 여기서 논의하는 정서적 경험들은 "만성적인" 감정으로 보다 잘 나타낼 수 있다. Kemper(1978)는 반복되는 정서에 대하여 감정(affect)이라는 용어를 제안하였다.

학교와 학업수행은 어린 학생들의 삶에서 반복되는 현실로 나타난다: 매일 학습장애 영재들은 부정적 감정을 유발하는 일련의 자극에 직면한다. 집에서, 부모들이 물어볼 때, 자신의 낮은 학교수행을 정기적으로 상기하게 되면서 또한 부정적인 감정을 경험하게 된다. 시나리오도 부정적인 정서경험으로 귀착된다. 종종 이와 같은 감정이 표현되지 않아, 바람직하지 못한 가족 및 사회적 상호작용에 영향을 주게 된다. 이 부정적인 감정이 드러날 때, 공격적이며 충동적인 행동 형태를 보일 수 있다.

오랜 기간 표현되지 않은 정서와 감정들은 결국 일상이 되어 객관적으로 평범한 요구 및 부모의 말에도 과잉반응을 보일 수 있다. 때때로 터지는 폭발로 인해 이들 학생들이 "지킬 박사와 하이드" 특징이 있다고 한다. 보통 얌전한 학생들이 과격하게 변화하는 것을 보면 불안해한다. 부모, 교사, 형제자매, 그리고 또래들은 이와 같은 학생에 대해 점점 덜 관대해지게 된다. 행동들이 지속되면, 성인들은 곧 낙담하게 되고 심지어 사람들을 피하기 시작한다. 이들 학생의 행동은 교사에게 스트레스의 원인이 되기도 하며, 부부관계에 부정적인 영향을 끼칠 수도 있다. 이와 같은 형태의 관찰을 통해 볼 때, 결론적으로 학습장애 영재상담이 부모, 가족 구성원 및 교사에게 초점을 맞추어야 한다. 일차적 목적은 이상의 주요 인물들로 하여금 학습장애 영재의 정서적 경험을 이해하도록 지원하는 데 있다. 부모 및 교사가 학습장애 영재의 과잉반응을 파악하기 시작할 때, 이들 학생들에 대한 성인의 정서적 반응을 미리 예방할 수 있으므로, 이들 성인들은 조력자로서 더 큰 치료적 가치를 갖게 될 것이다.

중재 관련 문제들

학습장애 영재를 상담할 때 언급해야 하는 몇 가지 문제가 있다: 정서적 영역에 대한 초점, 다원적 접근의 중요성 및 상담자의 태도와 기술 사이의 관계.

정서적 영역에 대한 초점

학습장애(예: Wong, 1987)와 학습장애 영재(Baum, 1984, 1988)에 대한 문헌분석에 의하면 감정영역에 대해 충분한 주의를 기울이지 못하였다. 이 장에서 채택한 관점은 대인관계 영역의 기능을 포함한 감정영역으로, 다른 중재의 초점들보다 중요하게 다룰 것이다. 어떤 접근법에서는 직접적인 교수를 주요 부분으로 간주하지만, 여기에서 "교육과정"은 의사소통 기술, 행동변화와 관계된 개념들, 자아 존중감, 자아 의식과 자신과 타인에 대한 수용 같은 주제로 구성된다. 학습장애 영재상담에서, 아동, 부모 그리고 교사 사이의 정서반응과 상호관계 패턴이 이미 설정되어 있음을 언급하였다. 이와 같이 확립된 모형들은 모든 형태의 중재에 심각한 장애가 된다. 학업성취에서의 변화를 기대하기 전에 이들 장애를 제거해야 한다. 학습기술 같은 학교-관련문제를 다룰 수 있으나, 전문상담자가 직접적으로 학업문제를 다룰 것으로 기대해서는 안 된다. 이것은 교사 및 튜터의 책임이다. 현실적으로 상담자는 학습장애 영재를 가르치는 교사의 노력을 지지하는 중요한 역할을 한다.

상담자의 일차적인 과제는 상담과정의 목표에서 부모와 교사교육에 관심을 기울인다. 상담자는 전달해 줄 수 있는 것과 없는 것에 대해 충분하게 인식하고 알고 있어야 한다. 게다가, 상담자는 학생과 교사, 부모간의 적절한 감정표현 및 긴장완화를 촉진하고, 문제해결 활동에 참여시켜, 정서영역을 깊이 있게 탐색할 수 있도록 상담과정에 방향을 제시해야 한다.

다차원적 접근

상담자는 이들 학생들에게 다차원적으로 접근해야 한다. 영재성과 학습장애가 학생 안에 내재되어 있는 조건이지만, 학생과 가족, 학생과 교사에게 있어 복합적으로 얽혀 있다. 학생에게 미치는 학교경험의 중요성을 생각할 때, 영재성과 학습장애라는 예외성은 학습뿐 아니라 가족 및 또래 관계의 질에도 영향을 준다. 영재성과 학습장애의 맥락은 본질상 사회적이다.

이 논의에는 사실상 영재성과 학습장애가 상호적인 영향을 발휘한다는 것이 포함되어 있다. 부모들은 자녀의 어려움으로 부정적인 영향을 받는다. 얼마가 지난 후에도, 부모는 낙담하고 무기력해 질 수 있다. 영재성의 특징을 볼 때, 관심이 능력이 아닌 부족함에 집중될 때 좌절을 느낀다. 또한 부적절하게 학생에게 표현되는 부모와 교사의 좌절감으로 인해 학생은 초조해 하고 비판받았다고 생각한다.

이런 면에서, 학생보다는 학생체제라는 용어를 사용하는 것이 더 적절하다. 문제는 학생 안에 있지만, 중재를 위해서는 또한 부모와 교사를 내담자로 생각해야 한다. 교사와 부모가 문제의 원인이라는 뜻은 아니지만 그 인과관계를 규정하기란 어렵다. 그러나 부모와 교사는 무의식적으로 문제를 악화시킬 수 있다. 상담자의 가장 주된 기능 중 하나는 상담의 유효 수준을 결정하기 위해, 학생과 상호작용하는 주요 성인의 인식을 증진하는 것이다. 특히, 학생의 적절한 정서표현을 격려하는 부모 및 교사의 정도를 조사하는 것이 중요하다. 게다가 학생과의 의사소통이 어느 정도 강압적이고 부정적인지를 평가하는 것도 중요하다.

본 저자의 접근에서, 학생과 직접 활동하는 것이 반드시 상담과정의 주요 기능은 아니라는 점을 강조하고자 한다. 학생들이 어릴수록 성인을 통해서 더 많은 활동을 한다. 물론 학생들이 상담의 주 초점이다. 상담자는 학생과의 인터뷰를 통해서, 학생의 태도, 가치, 자기지각에 대한 가설을 설정하는 기초로 삼아야 한다. 그 외 학생에게는 자신의 지각을 나타낼 기회가 필요하다.

태도적 맥락

선택한 인터뷰 기술을 제시하기 전에, 인터뷰를 실시할 때 주의할 역할 태도에 대해 언급하고자 한다. 학생체제, 현존 문제, 영재성, 학습장애에 대한 상담자의 태도를 인터뷰의 성공과 실패에서 고려해야 한다. 인터뷰의 어떤 것은 우리의 일상 경험에서 나온다–대인간 의사소통이 미치는 영향은 무엇을 말하는가가 아니라 어떻게 말하느냐에 있다. 예를 들어, 배우자가 상대에게 "뭐가 문제야?"라고 물었을 때, "아무것도 아니야"라는 대답은 어떻게 듣느냐에 따라 강한 반박을 받을 수 있다. 상담자의 태도는 기술을 사용하는 방법에 영향을 미친다. 내담자에 대한 임상경험과 학생상담에서의 관리경험에 비춰보았을 때, 만약 상담자가 끈기 없고, 수용적이지 않으며, 내담자를 오해하는 분위기 속에서 상담 기술을 실시한다면 아무리 좋은 기술과 책략들이라도 무용지물이다.

개별 혹은 집단 배치?

첫 번째 고려사항은 개별상담인지 집단상담인지를 선택하는 것이다. 여러 요인, 예를 들어, 개별학생의 지위, 집단을 형성할 정도의 충분한 학생 수, 학교 상황에서 실시할 수 있는지 그 가능성 등에 따라 좌우된다. 그러나 개별상담과 집단상담 모두 중재시 부모의 참여가 필요하다.

특별한 상담접근법을 지지하는 사람들은 모든 상담상황과 현존 문제에 대해 일대일, 가족 및 집단방식에 대해 자신이 고수하는 것을 사용하자고 주장할 것이다. 절충적 접근을 적용한다면, 한 가지 입지가 갖는 제한에 묶이지 않는다. 일부 상담자들은 본질적으로 인간은 사회적 동물이며, 이들의 일상생활은 소집단에서 이뤄지기 때문에, 집단을 사용하는 데 있어 "사례(case)"를 만들어야 한다고 생각한다. 사례는 특히 아동 및 사춘기에 적합하다.

집단활동을 사용하는 주된 이유는 다른 사람도 유사한 문제를 가지고 있음을 알게 된다는 점이 바로 치료가치가 있기 때문이다. 몇 년에 걸쳐 발달해 온 수많은 자기조력 집단(self-help groups)의 성공을 통해 지지를 받고 있다. 특히, 학교에서 상대적으로 낮은 영향력을 가진 집단인, 학습장애 영재가 "난 혼자가 아니다"라는 것을 알게 될 때 안심하게 된다. 이들 학생들은 대개 사회적 기술이 부족하거나 때로는 반사회적 행동을 보인다. 소집단에서 의사소통 기술 같은 사회적 유능감을 배우고 연습하며, 따라서 타인에 대한 감정이입 같은 기본적 태도를 발달시킬 수 있어 유용하다.

또래로부터 고질적 따돌림을 받는 영재에게도 집단상담을 효과적으로 적용할 수 있다. 집단상담에서 지적 또래와 함께 하는 사회적 상호관계에 참여함으로써, 결국 우정이 생기고 학생의 고립감에서 탈피하여 휴식을 얻게 된다. 학습장애 영재에게 매일의 학교경험은, 학업에서 나타나는 자신의 무능력과 혹시 또래에게 거부되었을 때 받는 고통 때문에 좌절되기 쉽다. 심지어 또래와 사회적 접촉을 시도할 때도, 확실하게 또래의 무시를 받기도 한다.

집단을 관찰해 보면, 성인보다 학생들이 서로에게 보다 수용적이다. 또래로부터의 피드백이 보다 잘 일어나며, 상담과정에서 성인 전문가보다 또래가 보다 빨리 받아들일 수도 있다. 유사하게 10대의 행동을 변화시키려고 부모가 시도할 경우 언어적으로 저항할 수 있지만, 다른 10대가 똑같이 시도를 하였을 경우 이를 수용하기도 한다. 특히 13~15세 정도의 어린 청소년에서 빈번하여, 또래집단의 영향이 매우 강력하다는 것을 알 수 있다. 그러나 또래가 반드시 서로 치료적인 피드백을 제공할 필요는 없다. 상담자가 과정을 안내하고 부정적 조언보다는 건설적 조언을 해야 한다.

몇몇의 학생들과 함께 하는 일대일 상담을 보다 선호하며, 그 다음 집단 세션을 실시할 수 있다. 개인적인 정신적 상처 때문에 학습장애 영재는 감정의 정화를 (catharsis) 경험해야 한다. 여기서 상담자는 그 학생의 요구에 집중적으로 초점을 맞출 기회를 갖는다. 또한 교실에서 공격적 행동을 보이는 학생에게도 일대일 상담을 가장 잘 실시할 수 있다. 집단상황에서 요구하는 바가 스트레스를 줄 수 있기 때문에 소심하고 내향적인 아이들은 개인적으로 처치를 받아야 한다. 여기서 기술한 "극단적인" 학생 유형도 실제 집단 세션에서 혜택을 받을 수 있음을 강조해야 한다. 그러나 초기에, 특히 주요 성인으로부터 거부 받았던 경험이 있을 때, 이들 학생에 대해 상담자는 보다 많이 주의를 기울여야 한다. 이상의 학생에게 집단방법을 사용하려는 상담자들은 집단참여 전에 사전훈련 형태로 개별상담 세션을 사용해야 한다.

때때로 상담자의 기술과 상관없이 집단 참가자의 처음 행동이 전혀 변화되지 않을 수도 있다. 주의를 요하고 여러 분열행동을 보이는 10명의 학생들에게 집단상담을 실시하는 것은 상담자에게 도전이 되며 좌절을 주기도 한다. 사회적 기술이 부족하며 부적절한 행동을 보이는 학습장애 영재를 소집단에서 상담한 경험으로 미루어 볼 때, 보다 바람직한 태도와 기술을 지닌 또래들이 집단과정에서 역할모델로서 참여할 때 효과적이었다.

비밀보호

개별 혹은 집단방법을 사용하든지 간에, 비밀보호는 중요한 고려사항이다. 특히, 어린 학생과 상담할 때 복잡하다. 상담자는 윤리적으로 내담자가 아동이든 성인이든 간에 내담자의 정보를 보호해야 한다. 반면, 교사 및 다른 관련자뿐 아니라 부모들도 상담과정에서 얻은 정보가 필요하다. 신뢰관계를 증진시키기 위해, 상담자는 허락 없이 다른 사람에게 정보를 누설하지 않을 것이라는 확신을 주어야 한다. 학생의 사생활을 보호함으로써 상담자는 학생들에 대한 존중을 나타낼 수 있다.

다음은 비밀보호에 관련된 윤리적 규칙과 일부 성인들이 학생에 대해 알려고 할 때 이를 처리하는 방법이다. 상담자는 초기 면접 동안 학생들에게 다음과 같은 말을 할 수 있다:

상담자: 나의 방법은 대개 다른 사람들에게 말하지 않는 것을 털어놓게 하는 거야. 사람들은 자신의 생각과 감정에 대해 이야기할 필요가 있어. 사람들이 나에게 말한 것에 대해 비밀을 보호한다는 점을 네가 알고 있었으면 좋겠어. 이 말은 나에게 말한 것은 너의 허락 없이는 그 누구에게도 말하지 않을 거라는 거야.

그간 네 나이 또래와 이야기를 나누면서, 네가 말한 것 중에서 부모님이나 선생님이 알고 있으면 좋을 것이 있다고 생각하게 되었어. 그렇지만 부모에게 스스로 말할 수 있으면 제일 좋지. 때때로 내가 부모님이나 선생님께 말하면 더 쉬울 수도 있다고 생각해.

너의 부모님께서 알고 계셔야 한다고 생각하면, 너에게 물어볼게 "부모님께 말씀드리는 것이 싫으니, ㅇㅇ야?라고 말이야. 만약 그렇다면, 부모님께 말씀 드리지 않겠다고 약속할게. 이해하겠니?"

학생: 예.

상담자: 이것에 대해 더 질문 있니?

상담자가 부모님이 모르는 정보를 알게 되면, 다음과 같은 방식으로 학생에게

접근할 수 있다:

상담자: 너도 알다시피 K야, 너의 아빠에게 우리 관계에 대해 이야기했어, 아빠가 무언가 함께하지 않는 것 때문에 네가 얼마나 상처를 받았는지 알고 계시니?

학생: 아뇨. 아빠가 아실 거라 생각하지 않아요. 우린 그런 이야기는 하지 않아요.

상담자: 만일 아빠가 알면 매우 도움이 되었을 거라고 생각하는데. … 아빠에게 네가 어떻게 느꼈는지를 이야기하는 것이 좋겠다고 생각해.

학생: 내가 그렇게 할 수 있을지 모르겠어요.

상담자: 내가 도와줄 게. 아니면 너 대신 아빠에게 말할 수도 있는데.

학생에게 비밀보호의 한계에 대해 설명하는 것 또한 중요하다. 만일 자살 또는 타살의 계획이 있다면 알려야 한다. 상담자는 위험에서 학생을 보호할 윤리적 책임이 있다.

집단상담의 특징

집단의 몇 가지 주요 특징이 있다: 구성, 크기, 응집력 및 구조화 수준

구성과 크기

아동 또는 청소년을 대상으로 집단상담을 해 본 사람들은 집단구성이 상담의 전개 및 성공을 결정짓는 중요한 요소라는 것을 알고 있다. 매우 공격적이거나 의사소통을 잘못하는 구성원으로 이뤄진 집단은 집단지도자에게 힘들게 비춰질 것이다. 언급하였듯이, 역할모델 혹은 다른 사람보다 사회적으로 숙련된 사람들을 집단에 참여하게 한다. 이렇게 하는 것이 항상 쉽지는 않다. 그러나 영재 프로그램이 있는 학교현장에서, 특히 이들 학교에 기존의 또래-도움 프로그램이 있으면, 이상과 같이

할 수 있다.

집단의 크기와 관련해서 적당한 범위는 8~12명 정도이며, 경험상 10명 정도가 가장 적당하다.

응집력

응집력은 일체감을 말하며, 집단에서 발전시켜야 하는 것이다. 응집력은 개인을 한 집단으로 함께 묶는 "심리적 접착제"이다(Blocher, 1987). 응집력은 여러 집단의 긍정적인 면과 연관되며, 성공적인 결과(Kapp, Glasser, & Brissenden, 1964)를 위해 구성원들 간에 스스로를 보여 주는 기회를 증진시킨다(Yalom, 1985). 상호유대감은 집단과정에 적극적으로 참여하도록 동기를 부여한다.

응집력을 발달시키는 일부 요인들은 학생에 의해 좌우되지만, 다른 것들은 상담과정과 관련이 있다. 학생들이 서로 공유하는 특성들로 일체감을 증진시킬 수 있다. 유사하다고 생각함으로써 연대감을 가져오게 된다.

집단에 대한 상담자의 초기 접근이 중요하다. 집단구성원들은 서로에 대해 빨리 알고, 상호 수용되고 있다는 느낌을 받아야 한다. 상담자는 집단구성원들이 적절하게 자기를 노출할 수 있도록 촉진해야 한다. 초기에 집단토의를 피상적 수준-사실적인 정보 수준에서 지도하다가 집단과정이 발전할수록 더욱 의미 있는 자기노출이 되도록 이끌어야 한다. 게다가 상호작용하는 과정에서 비평가적인 태도를 갖는 상담모델이 서로 될 수 있도록 구성원 간 상호 수용을 권장해야 할 것이다.

구조화 수준

집단구성원이 경험하는 구조의 양을 통해서도 집단상담을 분류할 수 있다. 매우 구조화된 집단은 안내집단(guidance group)으로, 이 집단의 목적은 정보를 배포하는 것이고 보통 교육 및 직업계획을 다룬다. 또 다른 구조화된 집단은 감수성 훈련집단(encounter group)으로, 이 집단에서 구성원들은 다의성(多義性)을 파악하고, 치료목적 달성을 위한 과정 그 자체에 초점을 맞춘다. 이들 극단적인 구조화 정도에 따른 집단은 여기에서 다룰 학생과 문제유형에 적절하지 않으므로, 앞으로 기술할 집단유형은 보다 융통적으로 구조화된 접근법에 초점을 맞출 것이다.

상담 기술

이 절에서는 개별 및 집단상담에서 사용하는 기술에 대해 논의할 것이다. 이들 상담기술 중 어떤 것들은 일반 상담실제에서 비롯되었고 또 어떤 것은 영재, 학습장애 영재상담 경험에서 발전된 것들도 있다. 집단상담에서 사용하는 기술들은 상담자가 보다 많은 사람과 토론할 때 사용하는 기술들과 개별상담에서 사용하는 기술들로 조합된 것들이다. 본질적으로 집단상담에 대한 이론적 접근이 상담이론을 반영한다고 해서 놀라운 일은 아니다. 예를 들어, 정신분석(psychoanalytic), 인간중심(person-centered), 게슈탈트(gestalt) 및 교류분석(transactional analysis)을 들 수 있다. 아래에서 살펴볼 기술들은 집단상담의 절충적인 관점에 기초한다.

사전상담 세션

사전상담 세션의 목적은 집단에 참여할 학생을 준비시키고 집단의 일반적인 목표를 지적하는 데 있다. 사전상담 세션을 사용하여 상담자는 각 학생들과 라포를 형성하고 집단구성원이 되기 위한 학생의 적응성과 동기를 판단한다.

상담자: 부모님과 선생님께서 집단에 대해 말씀해 주셨을 거야. 나는 학생들에게 도움을 주려고 하거든.

학생: 예, 몇 가지를 들었어요.

상담자: 네게 뭐라고 하셨니?

학생: 문제가 있는 학생들을 도우려고 애쓴다는 것 말고는 많지 않아요.

상담자: 공부하는 데 어려움이 있는 영재와 활동하는 데 흥미가 있다고 하셨니?

학생: 실제로 그분들은 학습장애 영재라고 하셨어요.

상담자: 그래, 맞아.

학생: 그것이 날 말하는 것이라고 생각했어요. 이 집단에서 뭘하죠? 선생님은

철자법에 도움을 주시나요? 아님 비슷한 것들요?

상담자: 아니, 나의 목표는 그게 아니야. 사람들이 자신의 감정을 이해하고 표현하도록 돕는 데 목적이 있어. 나는 영재상담 심리학자이고 학습장애와 영재성을 지닌 학생들이 자신의 반응에 대해 이야기할 수 있도록 돕는 데 관심이 있어.

학생: 예. 제가 반응하는 거요!

상담자: 그래, 그것이 내가 관심을 갖는 종류의 일이야. 네가 알고 있는 것처럼, 너의 반응과 의견을 표현하는 것을 말하지. … 그래서 나에 대해 간단히 소개하고 함께 활동하는 것에 관심이 있는지 보기 위해 준비를 했어. 우리는 몇 분 동안 그렇게 한 것 같은데, 그렇지 않니?

학생: 맞아요.

상담자: 각 세션마다 어떤 주제로 시작하고 구성원들이 제기하는 여러 가지 것에 관해 이야기를 할 거야. 두 가지 라벨링에 대한 반응으로 시작해 보자. "영재"와 "학습장애"라고 불리는 것에 대해 어떻게 생각하니?

학생: 글쎄. … 그건 사실 저에게 혼돈스러워요. (침묵)

상담자: (잠시 침묵한 후) 그것에 대해 좀더 말해 주겠니?

학생: (잠시 주저한 후) 그것 모두가 단지 혼돈이에요. 저는 영재라고 생각하는데 좋은 결과를 얻을 수 없어요. 작문이 어렵고 수학도 못해요.

상담자: 혼란스럽고 좌절했다는 말로 들리는구나.

학생: 예, 특히 선생님과 부모님이 저에게 많은 기대를 하실 때 정말 좌절했어요. 왜 저를 혼자 내버려 둘 수 없는지. …

상담자: (잠시 침묵 후 대화를 계속한다) 자, K야. 그건 집단에서 이야기하는 여러 이야기 중에 하나야. 너 자신의 감정과 학교 수행이 어떻게 너에게 영향을 미치는지 이야기할 수 있도록 최선을 다해 도울 거야. 내 경험상 이런 일들에 대해 이야기를 나누고 집단에서 활동하면 매우 도움이 된단다. K야, 지금은 꽤 편하게 말하는 것처럼 보이는데 다른 아이들과도 그렇게 얘기할 수 있을 것 같니?

학생: 그들을 아는 만큼이라고 생각해요. … 거기에는 누가 있죠?

상담자: 글쎄. … 너의 학교에서 온 학생들도 있어. 아마도 몇 명은 알고 있을 걸. 10~12명 정도야. 그리고 네 말이 맞다고 생각해. 그들에게 너의 감정을 표현하기 전에 우선 누구인지를 알아야지. 오늘 이렇게 편하게 이야기할 수 있어서 고맙게 생각한다.

네가 알아야 할 것 두 가지가 있어. 나는 집단 세션을 녹화할 계획이야. 그리고 다음 두 달 동안 일주일에 한번 1시간씩 만날 거야.

학생: 비디오로 뭘 하실 거예요?

상담자: 음. … 나는 두 가지 일을 할 거야. 그 테이프는 우리가 얼마나 잘 진행하고 있는지 이해할 때 꽤 유용할 거야. 우리 말고는 볼 수 없을 거고. … 또 하나는 아마 더 관심 있을 걸. 우리가 만나는 동안에 테이프 일부를 세션에서 사용할 계획이야.

학생: 우리가 우리 자신을 본다고요? 그건 좀 다를 것 같아요.

상담자: 그래. 다른 사람이 너를 보는 것처럼 너 자신을 볼 수 있도록 일부 테이프 내용을 사용하는 거야. 너와 집단의 다른 학생들이 돌아가면서 말하고 듣고 하는 동안 조언을 해 줄 것이라고 기대할 게. 또 다른 질문 있니?

학생: 아뇨.

상담자: 자 한번 말해 보자. 우리 만남에 참여할래?

학생: 좋아요. … 이런 것이라면요. …

개별 혹은 집단상담을 위한 기술

일대일 인터뷰에 적용하였던 몇 가지 기술을 예로 제시하였지만, 집단상담 및 특히 상담 초기에도 적용할 수 있다.

구조화(Structuring)

과정의 여러 실제적인 면에 대해서 상담자가 개요하는 것을 말한다—세션의 목적; 집단에 참여하는 인원; 회의시간; 집단지도자에 대한 기대 등. 그 외, 특별한 요소들을 언급한다. 이 경우에, 구성원들의 허락이 필요하기 때문에 비디오 촬영에 대해 말한다. K의 경우는 상담자에게 비형식적으로 동의한 것을 볼 수 있다. 구조화의 중요한 부분은 참여하길 원하는지 묻고 비형식적인 동의를 얻을 때와 마찬가지로 학생이 참여할 대화의 유형을 소개한다.

각 학생들과의 사전 세션 인터뷰를 통해서 상담자는 구조화를 하는 좋은 기회를 갖게 된다. 30분 정도가 소요된다. 사전 세션 인터뷰는 또한 학생에게 특별히 대답해야 하는 질문에도 대답하지 않고 거절할 수 있도록 기회를 준다. 나이에 상관없이, 학생에게 자신의 의견이 가치 있고 선택의 자유를 증원해 준다는 점을 전달해 주어야 하며, 이러한 점이 집단과정에 필수적이다.

구조화의 마지막 요지는, 상담자의 접근을 상담과 혼돈해서는 안 된다는 것이다. 상대적으로 말해서, 접근에 있어서 직접적이든지 아니든지 간에, 구조화는 여전히 중요하다는 것이다. 구조화는 상담자가 향후 전개할 세션 내용을 반드시 지도해야 한다는 것을 의미하지 않는다. 즉, 할 수도 있고 그렇지 않을 수도 있다. 대안적으로, 여기서 한 것처럼, 상담자는 "반-지시적인(semi-directive)" 접근법을 채택할 수 있다. 본 장에서, 구조화는 참가할지 안할지를 결정할 수 있도록 학생에게 정보를 마련해 주고 학생이 경험하게 될 과정에 대해 안내하는 것을 말한다.

지각 점검(Perception Checking)

상담자는 학생들이 집단에 대해 무엇을 이해하고 있는지 알아야 한다. 부모 및 교사들은 상담자가 제공하는 정보가 무엇인지 사전에 학생들에게 알려 주지 않는다. 초기의 많은 인터뷰 과정에서 보면, 학생들은 상담자에게 오게 된 이유 및 과정에 대해 거의 아무 것도 듣지 못한다. 우선 학생들이 프로그램에 대해 어떻게 지각하고 있는지 점검함으로써, 상담자는 오해를 분명히 할 수 있다.

개방형/폐쇄형 질문(Open and Closed Questions)

상담자들은 주제를 상세히 하기 위해 개방형 질문을 사용하고 '예' '아니오'가 확실할 때 폐쇄형 질문을 사용한다. "영재와 학습부진에 대해 어떤가?"라는 질문은 개방형 질문의 예이다. 이와 같은 질문을 통해 학생들로 하여금 이 문제에 대해 고심하게 한다. "집단에 참여할래?"는 폐쇄형 질문의 예로, 상담자가 단지 학생으로부터 '예' 또는 '아니오'를 듣고자 할 때 사용할 수 있다.

일부 전문상담자는 상담에서 질문하기를 매우 강조한다. 새내기 상담자에게 이것은 혼란스런 문제일 수 있다. 상담의 많은 다른 기법들처럼 질문은 시간의 제약을 받지 않는다. 상담자는 상담 초기 과정에서 개방형 및 패쇄형 질문 혹은 질문 사용에 대한 전체 면을 구분지을 때 조심해야 한다. 특히, 초기 몇 세션 또는 심지어 개별인터뷰를 하는 처음 몇 분 동안, 상담자는 학생 앞에서 학생에 대한 자신의 무지를 인정해야 한다. 개방형 질문 및 학생의 의사소통을 격려하는 반영적 유형의 언급을 사용하는 것이 중요하다. 규칙상, 패쇄형 질문에 대해 학생들이 소극적 반응, 즉 최소한의 반응태도를 보일 수 있기 때문에, 이 시점에서 가능하면 거의 사용하지 않는다. 한번 상담관계가 형성되고 학생이 자유롭고 자발적으로 대화하면, 상담자는 이 문제에 관심을 기울일 필요가 없다. 이 단계에서, 패쇄형 질문은 개방형 질문만큼 많은 것을 끌어낼 것이다.

탐색단계(Exploration Phase)

문제에 대한 탐색을 상담과정의 두 가지 광범위한 면, 즉 탐색과 행동이라는 전제하에 제시할 것이다. 물론 세션의 내용과 목적은 단계마다 다양할 것이지만, 탐색에 대한 첫 세션에서는, 구성원을 소개하고 집단의 목적을 설정하는 등의 주제를 논의한다.

특히, 어린 학생을 다룰 때의 어려움 중 하나는 학생들이 쓰는 은어를 배우는 것이다. 예를 들어, 14세 된 Kevin이 자신을 "… 음. 나는 D & D freak(경찰서를 들락거리는 놈)이야"라고 소개하고, 15세 된 Nick은 "내 이름은 Nick이고 나는 skater야"라고 소개한다. 많은 성인들은 이러한 표현에 익숙하지 않다. 상담자는 이해한 척하기보다는 이에 대해 명확히 해야 한다.

기법 1. 집단 내에서의 상담

집단상담에서 취해야 할 접근으로, 초기 단계 특히, 첫 세션은 집단상담보다는 "집단 내에서의 상담"이다. 즉, 상담자는 집단 간의 상호작용을 촉진하기보다는 각자의 의견을 구체화할 수 있는 개별인터뷰기법을 사용한다. 이와 같은 "집단 내에서의 상담"에서 상담자는 효과적인 의사소통 모델이 되어, 집단 내 의사소통 원칙(예를 들어, 한 사람이 얘기할 때 다른 사람은 듣기, 모든 사람에게 말할 기회를 주기 등) 같은 실제적인 문제들을 결정하고 효과적인 의사소통의 모델을 보여 준다. 규칙에 대해 잘 견디지 못하는 영재에게는 첫 세션에서 집단구성원으로서 해야 할 것과 하지 말아야 할 목록을 제시하는 것이 바람직하다.

기법 2. 융통적인 구조와 상담자가 시작한 주제

융통적이며 구조화된 분위기에서 실시하는 "청중 인터뷰" 기술을 전체 집단과정에서 사용해야 한다. 세션을 구조적으로 구성하여야 하며 그 책임은 상담자에게 있다 —수업계획을 준비하고, 능률적인 교사처럼, 상담자는 새로운 정보를 고려하고 과정변수 안에서 적절하게 조정해야 한다. 특히, 집단에서 만연한 것을 집단 토론주제로서 준비하여 초기 집단상황에서 참여를 고무할 때 이용한다. 집단구성원들로 하여금 책임감을 갖도록 격려하고 자기를 노출하도록 하는 것이 집단의 의도이다. 집단의 활동을 통해서, 관심사를 공유하는 분위기와 영재성 및 학습장애와 관련된 정서를 표현하고 자기노출을 조성한다. 이상의 분위기 조성에 대한 책임은 모든 참여자와 과정을 끝까지 지도하는 상담자에게 있다.

상담자가 시작한 주제: 이중 예외성에 대해

상담자: 사람들이 너희를 두 가지 라벨링: 즉 "영재"와 "학습장애"라고 하는데, 이것이 너희에게 무엇을 뜻하는 것이니? "영재"라는 것으로 시작해 보자.

T: 평균의 사람들보다 더 잘한다는 것이에요.

J: 제 생각에 구체적으로 말하기가 매우 복잡해요. 기본적으로, 재능이 있지만 이것으로 다른 아이들보다 더 잘한다고 할 수는 없는 것 같아요. C처럼 어휘가 풍부하여 잘 사용하지만 그가 원하지 않는다면 할 필요가 없는 것이죠. 본인이 활동을 하기 위해 결정해야 하는 것이죠. 이것이 기본적으로 능력이에요.

상담자: … 을 할 수 있는 어떤 잠재력?

J: 네.

상담자: 그건 자동적으로 잘할 수 있다는 말이 아니구나.

J: 맞아요.

또 다른 구성원이 계속해서:

N: 아니에요! 제 생각에 그것은 아무 쓸모없는 늙은이에요.

상담자: 쓸모없는 늙은이라고?

N: 그것은 단지 쓰레기더미일 뿐이에요.

상담자: 무슨 말인지 모르겠구나.

N: 그건 나에게 의미가 있지만 많은 것을 의미한다고 생각하지 않아요.

상담자: 네 말은 영재라는 것이 너에게 무언가 나쁜 것을 의미하는 것처럼 들리는구나.

N: 아뇨. 바보나 학습장애보다야 영재가 낫죠.

상담자는 이론상의 정의를 듣길 기대하지만 학생 자신의 의견을 끌어내야 한다:

K: 특정영역에서 재능이 있다.

상담자: 혼란스럽네. … 너희 중 어떤 학생은 평균보다 잘하는 것이라고, K 학생은 영재란 재능이 있다는 것이라고 하였는데 …

K: 맞아요. T 학생이 그렇게 말했어요. … 재능이 있다는 것은 어떤 일에서 유능하다는 것이라고 말이에요.

상담자: 그럼 너에게는 무슨 의미니?

K: 잘 모르겠어요. 3학년 이후 영재였는데, 더 이상은 모르겠어요.

이상은 상담자가 시작하는 주제의 예이다. 집단에서 활동하는 상담자는 세션을 위해 자신만의 주제 목록을 만들어야 한다. 학습장애 학생들의 특징, 라벨링과 연관이 있는 문제 및 최근 연구에서 주제들을 선택할 수 있다. 이 목표에 대해 Whitmore (1980), Silverman(1989)과 Baum(1984)의 자료를 관련지어 살펴보는 것이 좋다(또한 4장과 5장에서 제시한 주제도 참조하기 바란다). 이 접근은 각 세션마다 동일하다: 주제 제시하기, 주제에 대한 생각과 느낌을 표현하도록 격려하기, 학생간의 상호작용 조장하기; 집단구성원이 제기한 기타 의미 있는 주제를 소개하기. 훌륭한 교사가 매 수업계획을 준비하는 것도 좋지만 학생들의 요구가 다를 때 융통성을 발휘하는 것처럼, 상담자는 어떤 주제로 시작하여 또 다른 것이 나타나면 이전의 것을 그만둘 수 있다. 기본원리는 바로 집단 세션의 목적을 중요하게 고려해야 한다는 것이다. 여기서 목적은 집단구성원들이 자기를 드러내 보여 주고 효과적으로 의사소통하여, 적절하게 자신의 감정을 표현하는 것을 배우고 다른 학생들도 유사한 어려움을 갖고 있다는 것을 발견하는 것이다.

기법 3. 참여가 적은 구성원 포함하기

상담자: 다른 사람에게도 의견을 표현할 기회를 주어보자. 아직 말할 기회가 없었던 사람의 말을 듣고 싶은데 … (침묵)

이것으로 조용히 있던 구성원들도 말하고 의견을 표현하게 된다. 만일 의도한 이들 구성원들이 반응하지 않으면, 강요하지 말고 일반적 주제로 논의를 바꾼다.

상담자: 내 생각에 몇몇 학생들은 이것에 대해 할 말이 없는 것 같아. (반응을 보일 수 있도록 기다린다.) 자, 너희들이 말했던 것으로 되돌아가 보자. 이 주제에 대해 더 덧붙이고 싶은 것이 있니?

탐색단계의 종결(End of Exploration Phase)

세션에서 건전한 활동관계가 형성되고 집단구성원들이 자기노출에 익숙해지고 적절하게 감정을 표현하게 되면 탐색단계를 종결한다. 탐색단계를 종결할 때쯤이면, 각 참가자들에게 문제가 되는 것들이 확실해진다. 게다가 상담자와 구성원들은 학생의 관심사에 대해 이해하게 된다. 이 단계에서 상담자는 효과적으로 방향을 제시함으로써, 학생 스스로 문제에 대해 일조를 하였음을 알게 되고, 더욱 책임감을 갖게 된다. 이때 상담자의 책임은 집단이 탐색단계를 완수하였는지 평가하는 것이다. 상담자는 자신의 판단에 있어 생길 수 있는 오류에 대해 준비해야 한다. 오류가 발생하게 되면, 상담자가 이것을 집단에 알리고 과정이 더 진행되기 전에 미해결 문제로 돌아가는 것이 중요하다.

탐색단계는 그 자체로 크게 보면 집단 응집력과 구성원 상호간의 이해를 증진하는 행동 및 목표와 관련이 있다. 활동단계의 목표는 외부세계의 학생행동에 주의를 기울이는 것으로 옮아간다. 상담자는 촉진자로서의 역할을 수행하면서, 학생들이 활동단계에서 책임감을 갖도록 격려한다.

활동단계(Action Phrase)

일단 상담자는 주제와 관련하여 학생들이 잘 표현한다고 생각이 되면, 구성원 스스로 자신의 상황에 대한 활동계획을 세워 보게 유도한다. 활동단계의 초점은 학생들이 자신의 상황을 개선하는 활동에 있다. 부모와 형제·자매 및 선생님과의 관계를 개선하기, 상담 밖에서 적절하게 감정을 표현하기, 학습 습관을 개선하기, 숙제를 다 하고 제출하기 등이 활동단계에 포함된다. 상담자가 활동계획을 준비하거나 제안하기보다는 참여자 스스로 자신의 계획을 세우는 것이 중요하다. 학생들이 어떤 활동과정을 제안하면 이를 수행할 가능성이 더욱 커지게 된다.

상담자는 학생들에게 실제 시작할 행동계획을 요구하고 이를 평가하는 기능을 담당한다. 행동계획에 대한 학생의 반응을 통해, 각 참여자의 책임감 수준을 알 수 있고, 내적 동기수준 및 어느 정도 상담 활동단계를 진행할 것인지 알 수 있다. 효과적으로 상담을 시도할 때 도전이 되는 것 중 하나는 시간문제이다. 상담과정 동안 상담자는 끊임없이 "내가 이렇게 말하는 것이 적절한 때인가?" 하는 문제에 봉착하게 된다. 이것은 바꿔 말해 "학생들이 이에 대한 준비가 되었는가?"로 해석할 수 있다.

행동계획의 요구에 대한 참여자들의 반응을 보고, 상담자는 참여자들이 이 단계에 준비가 되었는지 알 수 있다. 만일 학생들이 저항을 하면, 제안한 문제를 이 세션보다 먼저 다뤄야 한다. 만일 저항이 나타나지 않으면, 상담자는 마치 학생들이 준비가 된 것처럼 생각하고 진행한다. "마치~인 것처럼"이라는 표현을 사용한 이유는 사실 향후 학생행동을 통해 이들이 활동계획을 세우고, 실행할 준비가 되었으며, 후속 실행과 평가를 확인할 수 있기 때문이다. 상담자는 효과적인 상담이 종종 잘못된 출발을 내포한다는 점을 알고 이상의 문제에 접근해야 한다. 참여자가 이를 경험할 때, 상담자는 도움을 주고, 개입하여 진행을 방해하는 방해물을 탐색한다.

다른 면에서, 이 문제는 상담자의 인식과 학생현실의 불일치와 관련이 있다. 상담자가 활동단계를 시작할 때, 이러한 결정은 학생에 대한 상담자의 인식에 바탕을 둔 것이다. 명백하든지 그렇지 않든지 간에, 상담자는 활동에 대한 학생의 준비성을 관찰해 왔지만, 여기서 제기되는 잠재적 문제는, 즉 논리적인 분석과 초기 학생의 말을 통해서, 준비가 되었음을 학생들에게 납득시키고자 하기 때문에 생기는 것이다. 극한상황, 학생의 현실(활동에 준비가 되지 않았다는 학생의 표현)과 상담자의 판단 사이의 불일치로 인해 이 둘 간의 알력다툼이 생길 수 있다. 분명히, 이로 인해 상담자와 학생간의 관계가 나빠질 수 있기 때문에, 이런 상황을 피해야 한다.

활동단계의 정련과 지원(Refinement and Support of Action Plans)

단계 이동 및 각 단계의 초기과정은 상담이 하나의 예술이며 과학이라는 점을 명백하게 보여 준다. 일단 참여자를 활동에 개입시키는 것이 적절하다고 확정하게 되면, 학생의 계획을 정련할 수 있도록 돕는다. 계획이 명확하고 도달 가능한지 학생들이 확신을 갖도록 도움을 제공한다. 그 외, 상담자는 계획을 수행할 수 있도록 학생을 지원한다. 보통 "목표에 대한 성공 가능성"의 개념이 유용하다. 행동주의자들은 이 견해에 동의하지만, 필자는 보다 초기 버전을 좋아한다. 다시 말해, "천리 길도 한 걸음부터"라는 말처럼 모든 행동에서 첫 걸음이 매우 중요하다.

이 경우에 첫 걸음은 학생들로 하여금 계획 수행을 예상할 수 있도록 상담자가 지원하는 데 있다. 일단 현실적인 계획을 파악하고 나면, 상담자는 학생들에게 첫 수행 결과를 예상해 보게 한다. 이 토론과정에서, 상담자는 (1) 성공, (2) 실패, (3) 노력부족이라는 세 가지 가능성에 초점을 두어야 한다.

일반적으로, 이 과정에서 학생들로 하여금 계획을 실시하는 자신을 상상하게 하고, 이 상상에 대한 자신의 감정을 탐색한다. 그 다음 다음과 같이 질문한다: "만일 너희들이 성공한다면, 실패한다면, 혹은 만일 시도하지 않는다면 어떤 느낌일까?" 각 가능성에 대해 돌아가면서 토론한다. 이 토론에서 중요한 것은 학생들에게 초기에 저항하고 활동을 하지 않으려고 했던 것을 극복하기가 얼마나 어려운지 이해시키는 것이다. 게다가 어린 학생들에게는 어떤 것이라도 받아들여질 것이라는 점에 대해 확신을 주어야 한다. 상담자는 학생들의 계획 수행을 격려하고 동시에 실패로 인해 학생들이 비난이나 인정을 받지 못하는 것이 아님을 잘 균형을 이뤄 전해 주어야 한다. 상담자의 행동 모두가 학생들의 행동변화를 시작하는 단계에서 나타나는 어려움을 극복하도록 도움을 주는 것과 맞물려 있다.

후속 세션에서, 학생들은 자신의 숙제를 발표한다. 학생들은 발생한 문제에 대해 자세히 이야기하고 문제에 대한 감정을 표현한다. 실패 및 시도하지 않은 것 외에도 성공원리를 탐색하는 것이 중요하다. 참여자들은 왜 성공했는지 그 이유에 대해 알 필요가 있다. 성공은 노력의 결과이고 단순한 기회나 다른 사람의 변화가 아니라는 것을 알아야 한다. 실패를 이해하고 다시 시도해 보도록 격려한다. 학생들이 숙제를 하려고 하지 않을 때 동기부여 문제를 살펴보고, 변화를 위해 가능한 사회적·환경적 장애를 조사한다. 만일 진짜 변화를 보이고 지속되면, 의식적이고 심사숙고한 노력의 중요성을 학생에게 알리는 것이 중요하다. 우연한 변화는 지속되지 않을 것이다. 상담자는 숙제를 내어주고, 숙제에 대해 보고하고, 숙제를 하는 중에 경험한 정서와 그 수행 원리를 명확히 할 수 있도록 지속적으로 상호작용을 함으로써 참여자를 지원한다.

결 론

학습장애 영재를 중재하는 것과 관련된 여러 문제를 논의하였다. 첫째, 상담자의 태도는 학생체제와 의사소통하는 상담자의 패턴에 영향을 미친다. 둘째 문제는 일차적으로 학생, 부모 및 교사의 효과적인 반응에 대한 것이다. 여기에서 제시한 바처럼 학습장애 영재를 상담할 때 다차원적 접근이 필요하다. 몇 가지 책략과 인터뷰 기술을 서술하였다. 실제로 적절히 적용하고, 부모 및 교사를 상담과정에 포함할 때, 많은 것들이 유용한 것으로 나타났다. 결론적으로 상담자는 이들 학생들이 "영재"라는 면을 잊어서는 안 되고, 학생 스스로 자신의 능력을 사용할 수 있도록 노력을 기울여야 한다.

참고 문헌

Baum, S. (1984). Meeting the needs of learning disabled students. *Roeper Review*, *7*, 16-19.

Baum, S. (1988). An enrichment program for gifted learning disabled students. *Gifted Child Quarterly*, *32*, 226-230.

Berk, R. A. (1983). Learning disabilities as a category of underachievement. In L. S. Fox, L. H. Brody, & D. Tobin (Eds.), *Learning-disabled/gifted children: Identification and programming* (pp. 51-76). Baltimore: University Park Press.

Blocher, D. H. (1987). *The professional counselor*. New York: Macmillan.

Fox, L. H., Brody, L., & Tobin, D. (Eds.). (1983). *Learning-disabled gifted children: Identification and programming*. Baltimore, MD: University Park Press.

Hammill, D. D. (1990). On defining learning disabilities: An emerging consensus. *Journal of Learning Disabilities*, *23*, 74-94.

Kapp, F. T., Glasser, G., & Brissenden, A. (1964). Group participation and self-perceived personality change. *Journal of Nervous and Mental Disorders*, *139*, 255-265.

Kemper, T. D. (1978). *A social interactional theory of emotions*. New York: Wiley.

Kirk, S. A. (1987). Intervention research in learning disabilities. In S. Vaughn & C. S. Bos (Eds.), *Research in learning disabilities: Issues and future directions*. Boston: College-Hill.

Lewis, M., & Michaelson, L. (1983). *Children's emotions and moods: Developmental theory and measurement*. New York: Plenum Press.

Mercer, C. D. (1986). Learning disabilities. In N. G. Haring & L. McCormick (Eds.), *Exceptional children and youth* (4th ed., pp. 119-159). Columbus: Charles E. Merrill.

Silverman, L. K. (1989). Invisible gifts, invisible handicaps. *Roeper Review*, *12*, 3742.

Wong, B. Y. L. (1987). Conceptual and methodological issues in interventions with learning disabled children and adolescents. In S. Vaughn & C. S. Bos (Eds.), *Research in learning disabilities* (pp. 185-196). Boston: College-Hill.

Yalom, I. D. (1985). *Theory and practice of group psychotherapy* (3rd ed.). New York: Basic Books.

제 7 장

가족상담

Linda Kreger Silverman

영재는 가족에게 축복이기도 하고, 그렇지 않기도 하다. 출생에서부터 영재는 가족에게 예외적인 일련의 도전들을 안겨 준다. 영재는 다른 아동에 비하여 수면을 적게 취하고, 환경에 격렬하게 반응하며, 종종 복통을 겪는 등 활동적으로 삶을 시작하는 경향이 있다. 영재는 자극에 대한 끊임없는 요구로 부모(1차 보호자)를 피곤하게 한다. 한 가족 내 두 명의 영재가 있으면 이 둘은 서로 경쟁한다(Ballering & Koch, 1984). 둘 이상의 영재를 둔 가정은 많다. 소문에도 불구하고, 대부분 부모는 영재를 갖고자 희망하지 않는다. 자신의 아이가 영재라는 것을 알았을 때, 부모는 어떻게 자녀의 요구에 부응할 것인지, 그리고 사회적으로 영재를 이해하고 지원하는 방법이 매우 적다는 사실에 당황하게 된다.

1장에서 논의한 바와 같이, 영재는 비동시적으로 발달한다. 즉, 지적능력이 월등함에도 불구하고 사회성과 운동능력은 연령에 따라 발달한다(Tannenbaum, 1992; Wright, 1990). 이와 같은 영재의 발달적 불균형으로 인해 영재 자신과 부모들에게 좌절감을 안겨 준다. "아이를 어느 학교에 보내야 하는가?"와 같은 결정은 간단한 일이지만, 영재의 부모에게는 고민스럽고 어려운 일이다. 학년배치 또한 문제이다. 또래관계는 부담을 주는 요인이 될 수 있다. 영재는 종종 자신보다 나이가 많은 아동과 어울리고, 자신보다 나이가 어린 아동을 돌보며, 어른들과 이야기하는 것에 더욱 만족을 느끼기 때문이다. 반대로 일반적으로 자기 또래의 아동과의 관계는 불충분하다.

어떤 형태이든 자녀를 이례적인 상황에서 키우는 것은 쉽지 않지만, 영재의 부모는 지속적으로 무시를 받는 것으로 스트레스를 받는다. 교장을 찾아가 "아이가 영재이며 특별한 요구를 가지고 있어요"라고 말할 때, 부모는 감정적인 위험을 감수해야 한다. 대부분의 경우, "네, Maxwell 부인, 모든 부모는 자기 자녀가 특출하다고 생각하죠"라는 식의 모든 것을 알고 있다는 대답을 듣게 된다. 장애아동을 둔 부모는 적어도 이런 식의 취급은 받지 않는다.

영재의 부모가 되는 것이 영재가 되는 것보다 더 어려운 일이다(Dirks, 1979); 적어도 영재에게는 조력자들이 있다. 부모에게도 영재에 대한 충분한 지식을 지닌, 기능장애에 대해 편견을 가지고 있지 않으며, 영재교육 체계와 복잡한 가정생활에 대한 지침을 제공할 수 있는 상담자가 필요하다. 일반적으로 이러한 도움은 학교체계 내에서 제공하지 않으며, 학교 밖에서 찾아내는 것도 어렵다. 그러나 보다 많은 상담자가 영재와 그 가족들의 독특한 문제에 익숙해지고, 효과적으로 도움을 제공할 수 있기를 바란다.

영재 가족의 관심사

영재의 부모들로 하여금 심리상담을 찾게 하는 독특한 관심들은 모델의 지원체계에 따라 크게 여섯 가지로 구분할 수 있다(3장 참조): 영재, 가정, 학교, 또래, 지역사회, 그리고 부모. "자아"는 아동과 부모, 두 부분으로 나누어진다. 이것은 부모의 발달에 대한 문제들로부터 아동의 발달에 대한 문제들을 구별하기 위함이다. 첫 번째 일련의 관심사는 영재성에 대한 인식과 평가방법, 영재성의 특징에 대처하는 법, 그리고 동기부여 문제에 관한 것이다. 두 번째 관심사항은 영재를 키울 능력이 있는지에 대한 부모의 인식, 영재 가정에서 증가된 긴장감, 자아수련의 증진 및 초기 자극에 대한 문제이다. 학교 관련사항에는 학교 선택과 학년의 배치에 관한 결정 및 교직원들과의 관계가 포함된다. 또래관계는 대부분 아동과 부모에게 매우 중요한 문제이기 때문에 보다 많은 주의가 필요하다. 또한 부모는 지역사회 자원에 대한 정보를 필요로 한다. 마지막으로, 만약 상담의 초점이 오직 아동에게만 맞춰져 있다면, 그 상담자는 부주의한 것이다. 부모는 자녀의 특출한 영재성을 발견했을 때, 자신의 자아 인식과 열망에 영향을 끼치는 난해한 심적 문제들을 다루어야만 한다. 그래서 부모는 부여받은 영재를 이해할 수 있도록 상담이 자주 필요하다(Meckstroth, 1991).

아동

인식

대부분 부모는 자녀의 출생 후 5년 내에 자녀의 특별한 영재성을 알아차리기 시작한다. Kaufmann과 Sexton(1983)의 연구에 따르면, 98쌍의 부부들 중 83%는 자녀의 영재성을 학교에 보내기도 전에 인식하였다고 한다. 2년 후, Gogel, McCumsey와 Hewett(1985) 또한 영재를 가진 1,039쌍의 부모들에게서 유사한 결과를 발견하였다: 87%의 부모는 자녀가 5세가 될 무렵까지 자녀의 영재성을 인식하였다. 이 중 7%의 부모는 6개월 이전에; 15%는 6~12개월 사이에; 23%는 1~2년 사이에; 그리고 25%는 2~3년 사이에 자녀의 영재성을 느꼈다고 한다. 두 연구는 전국의 부모 집단에서 추출한 표본에 근거한 것이다.

보고된 바에 의하면, 부모는 사실상 자녀가 지닌 월등한 지적능력을 보여 주는 초기 신호들을 인식하는 데 매우 뛰어나며, 이는 47~90%의 정확성을 가진다(Hanson, 1984; Jacobs, 1971; Louis & Lewis, 1992; Robinson, 1987; Silverman, Chitwood, & Waters, 1986). 아이가 4세를 넘으면 이러한 정확성은 급격히 증가하며, 이는 부모들의 통찰력이 더욱 날카로워지기 때문이 아니라 아이를 평가하는 것이 크게 쉬워지기 때문이다. 부모는 종종 자녀의 뛰어난 능력을 인식하지 못하기도 하는데, 특히 다른 가족 구성원이나 친구의 자녀가 유사한 발전 경향을 보이는 경우에 더욱 그러하다(Munger, 1990). 몇몇 부모는 영재성의 초기 발견에 대해 회의적이다. 한 아버지는 이렇게 말한 적이 있다. "하지만 이 아이는 겨우 5세입니다. 5세짜리가 영재성이 있다고 무엇을 할 수 있겠습니까?" 그 아버지의 질문을 검토해 보면, 영재성은 괄목할 만한 성취를 해내는 것이라고 상정하고 있음을 알 수 있다. 초기 영재성 판별은 발전적인 우위에서 보다 잘 이해할 수 있다.

부모가 자녀에게서 영재성이라고 지각하는 것은 과연 무엇일까? 처음 영아 때 부모는 자녀의 민첩성과 반응력에 주목한다(Gogel, McCumsey, & Hewett, 1985). 그 후에 자녀가 특히 어휘력, 언어능력, 기억력, 추상적 추론 능력에서 아동지침서에서 제시하는 것보다 빠른 속도로 발달 이정표(Hall & Skinner, 1980)를 건너뛰며 발달하고 있다는 것을 알게 된다(Lewis & Louis, 1991; Roedell, 1989). 결국 자녀가 이웃의 자녀와 비교하여 월등하다는 것을 깨닫게 되는 것이다(Louis & Lewis, 1992). 이것이 바로 어머니들이 자신의 자녀가 친구들이나 학교과정에서 뒤떨어지지는 않을까 걱정하기 시작하는 시기이다. 또한 친구, 친척, 교육자, 소아과 의사 및 대중적인 기사를 쓰는 기자들로부터 좋지 않은, 선의의 충고가 계속되는 출발점이기도 하다. 그들이 보내는 메시지는 분명하다: 자녀를 남들과 다르게 키우지 마라.

이러한 선의의 충고가 제시하는 훌륭한 자녀양육법은 일반 아이에게는 적합하지만(Ross, 1964; Schetky, 1981; Sebring, 1983), 발달 지연을 보이는 다른 아동에 비해 우월한 발달을 보이는 아이에게는 대개 적합하지 않다. 그러나 영재 또한 외면상으로는 평범해 보이기 때문에, 어른들이 영재의 삶 속에서 이들의 특수한 욕구들을 인지하는 일이 더욱 어렵다. 부모가 친척들이나 친구들로부터 종종 "이제 더 이상 아이를 억압하지 말지"라는 이야기를 듣게 되었을 때, 부모는 자신의 지각을 불신하고, 자녀의 영재성에 대한 어떠한 지지도 보내지 않을 수 있다. 도리어 영재성의 특성목록과 자녀의 특성들이 맞아 떨어지는 경우, 더욱 전문가의 조언을 구하려는 경향을 보인다(〈표 7.1〉 참조)(Munger, 1990; Silverman, Chitwood, & Waters, 1986). 취학 전 영재를 이해하고, 양육하며, 돌보기 위해서는 영재 심리학에서 특별한 훈련을 쌓은 상담자들이 부모에게 도움을 주어야 한다.

〈표 7.1〉

영재성의 초기 신호들

- ❑ 영아기의 평범하지 않은 민첩성
- ❑ 영아기의 수면에 대한 낮은 욕구
- ❑ 장시간의 집중력
- ❑ 높은 활동력 수준
- ❑ 부모에 대한 초기의 인식 또는 미소 짓기
- ❑ 새로운 것에 대한 선호
- ❑ 소음, 고통, 좌절에 대한 격렬한 반응
- ❑ 발달단계의 빠른 진척
- ❑ 특출한 기억력
- ❑ 빠르고 광범위한 초기 언어발달
- ❑ 조기의 광범위한 언어발달
- ❑ 독서에 대한 열정
- ❑ 호기심; 많은 질문
- ❑ 뛰어난 유머감각
- ❑ 예리한 관찰력
- ❑ 추상적인 추론 능력, 문제해결 능력, 일반화 능력
- ❑ 시간에 대한 이른 관심

평 가

전형적이지 않은 발달을 보이는 아동에게는 진단평가가 필요하다; 발달이 지연된 아이는 법에 의하여 그들의 권리를 보장 받는다(1장 참조). 장애아동의 초기 판별은 조기 중재를 가능하게 해 주기 때문에, 장애아동의 삶을 바르게 영위하는 데 필수적이다. 이는 영재에게도 마찬가지이다. 영재라는 것을 초기에 인식할수록 영재의 발달에 유리하게 작용할 수 있다(Hollingworth, 1942; Witty, 1958). 1장에서 제시하였듯이, 개별지능평가는 발달적 비동시성 정도를 결정할 수 있는 최상의 방법이다. 평가는 아동의 상대적인 강점과 약점, 학습스타일, 그리고 학습 욕구에 대해 정보를 제공하며 총명한 아동의 학습장애를 발견할 수 있는 유일한 방법이다. 평가를 실시하는 이상적인 연령대는 영재성이 숨어버리기 전인 취학 전과 저학년 때이다(Silverman, 1986).

대부분 가정에서는 자녀가 영재로 판별되는 것을 학교에 의지한다. 권한을 위임받은 유치원부터 12학년 프로그램을 실시하는 주는 판별을 실시할 수 있다. 이들 주에서 개별검사는 주 지침을 따르게 되어 있고, 체계 내에서 일부 융통성을 보이고 있다. 그러나 많은 학교들은 영재 프로그램을 폐지하고 있으며(Benbow, 1992), 이들 학교에 재학중인 학생들은 더 이상 판별될 수 없다. 일부 학교에서는 문제가 있는 학생에게만 개별 지능검사를 실시하고 있다.

전형적으로 영재교육과정은 3학년부터 시작하며(Roedell, 1989), 집단 성취평가 점수, 성적, 그리고 교사의 추천을 종합한 총 선발기준에 의거하여 학생을 선발한다(Gillespie, 1982). 기준은 성취지향적이며, 선발 아동의 수는 예산을 고려하여 결정한다. 영재성을 성취능력과 같다고 보면, 일상적으로 학교공부에 뛰어나지 않은 아동을 영재라고 인식하지 못할 것이다. 학습장애를 가지고 있는 영재, 싫증을 잘 느끼는 영재, 학습과정이 잘 맞지 않는 문화적으로 다양한 학생들, 다른 교육방법이 필요한 창의적인 아동, 영재 여아들, 둘째로 태어난 아동, 지적이지 않은 친구집단 때문에 자신의 능력을 숨기는 아동, 학급 내에서 소리내어 이야기하지 않는 내향적 아동, 그리고 영어가 모국어가 아닌 아동 또한 영재로 인식되지 못할 것이다. 오직 학업이 뛰어난 아동만이 영재로 인식될 것이다.

집단 IQ검사를 영재 선발과정의 한 부분으로 사용하고 있지만, 집단과 개별 IQ검사가 서로 상관관계가 거의 없기 때문에 그 결과는 의문스럽다(Schecter, 1992). 이러한 평가모델의 결함은 발달장애를 가진 아동을 판별하기 위해 사용하는 방법을 보면 명백해진다. 발달이 지연된 아동의 부모들 중 그 누구도 자녀를 집단평가, 성적, 그리고 교사 추천을 통해 분류하는 것을 허용하지 않을 것이다.

자녀의 능력에 대한 평가를 학교 밖에서 실시하기로 결정한 부모는 또 다른 장벽을 만나게 된다. 흔히 영재에 대해 충분한 경험을 가지고 있는 심리학자나 기관을 찾기란 어려운 일이다. 내향적이고 완벽주의적인 아동(그리고 9세 된 소녀들)은 정말 확신하고, 정확하게 대답할 수 있는 질문에만 대답할 것이다. 영재에 대해 경험이 없는 시험관은 액면 그대로 "모르겠어요"라는 대답만을 이끌어낼지 모르지만, 반면에 경험이 있는 전문가는 더 많은 것을 이끌어낼 수 있을 것이다(예를 들어, "네가 그것을 안다고 가정하면 어떻게 대답하겠니?"). 게다가 평가해석의 정확성과 구체적인 추천의 가치는 평가를 실시하는 사람의 경험에 따라 가지각색이다(Baum, 1992; Meckstroth, 1989b). 부모가 지식과 경험을 갖춘 평가자를 찾는 최상의 방법은 영재를 가진 다른 부모들의 추천을 통하는 것이다.

다른 어떤 누구보다 영재에게서 여러 검사점수의 불일치가 크게 나타나기 때문에, 영재의 평가점수를 해석하는 것은 복잡한 일이다. 이러한 불일치는 뛰어난 영재성을 가진 아동집단에서 가장 크게 나타나며 50~92점의 차이를 보인다(Silverman & Kearney, 1989, 1992; Whitmore, 1980). 집단검사와 최신 개별검사의 기본적인 문제점들은 **천정효과**(ceiling effects)(Hansen, 1992)와 수행속도를 강조하는 데 있다(Kaufman, 1992). 대부분 검사들은 아동이 그들 능력의 최대 강점을 보여 주는 상위 공간이 충분하지 않다. 그러므로 만약 한 학생이 집단 또는 개별 지능측정의 세 개의 하위시험에서 천정(최고)에 달하는 점수를 얻었다면, 그 학생에게 추가시험으로 Stanford-Binet(Form L-M) 지능검사를 실시하는 것이 바람직하다(Silverman & Kearney, 1989, 1992). 구 Binet 검사는 아동뿐만 아니라 성인들을 평가하기 위해 고안되었으므로, 보다 높은 항목의 범위를 포함하고 있다. Stanley(1990)는 이 검사를 "광범위한 수준 외 검사에 적합한 독창적인 시험"이라고 하였다(p. 167). 또한 구 Binet 검사는 6세 이하의 아동(Vernon, 1987)이나 반응속도에서 특별한 문제를 보이는 아동에게도 사용할 수 있다.

영재를 찾는 또 다른 방법은 Julian Stanley(1990)가 고안한 국립재능발굴(the national talent searches)을 이용하는 것이다. 이 방법에서는 중학교 학생들이 고등학교 고학년 학생들을 위해 고안한 Scholastic Aptitude Test(SAT)를 치른다. 7학년에서 치르는 상위등급 시험인 SAT는 영재를 평가하는 우수하면서도 저렴한 방법이다. 이 시험의 몇 가지 결점으로 영재 여아들이 영재 남아들에 비해 덜 판별된다는 점(Silverman, 1986), SAT가 저소득 가정의 아동에게 편향적으로 사용된다는 점(VanTassel-Baska, 1989), 그리고 7학년들은 이미 영재성을 판별하기 위한 발달적 계열에서 늦는다는 점을 들 수 있다. (상위 수준의 검사로서 SAT에 대한 더 많은 정보를 얻기 위해서는 8장을 참조하기 바란다).

상담자의 역할은 아동의 영재성을 판별한 후 시작된다. 부모는 장점과 단점의 패턴을 이해하고, 여러 능력범위가 내포하는 의미들을 다루며, 적합한 자원을 배치하고, 선택을 통해 분류하며, 가족체계 내의 모든 구성원에게 아동의 영재성을 이해시키려면 지침이 필요하다. Ross(1964)는 영재를 판별하는 평가자는 가족에게 예방적 지침을 제공할 의무가 있다고 주장하였다. 아동이 검사에 호의적으로 반응한다 하더라도, 부모와 형제자매들이 평가결과에 적응하는 데에는 수개월에서 심지어는 수 년이 걸린다(Colangelo & Brower, 1987; Dirks, 1979).

성격 특징

영재의 성격 특징은 2장과 3장에서 세부적으로 다루었다. 이러한 특징들 중 어떤 것은 다른 누구보다도 부모들에게 많은 문제들을 야기한다. 아이의 논쟁에 대한 선호와 권위에 대한 의구심은 종종 문헌에서 언급되는데(Meckstroth, 1991; Munger, 1990; Schetky, 1981; Sebring, 1983; Whitmore, 1979), 부모는 자녀의 완고한 의구심을 특히 성가신 것으로 간주하는 경향이 있다(Strom, Johnson, Strom, & Strom, 1992). 이 저자들은 이러한 의구심이 영재에게는 자연스러운 것이라고 주장한다. 이상의 의구심은 아동의 증가하는 독립성을 반영하는 것으로 이해해야 한다. "빈번하게 제기하는 의문과 그 제기한 의문의 성격들로 인해 부모는 짜증이 날 뿐 아니라, 부모의 권위에 대한 도전으로 생각할 수 있다"(Sebring, 1983, p. 97). Sebring은 부모가 영재는 독립적인 사고자이며, 논쟁시 영재는 기대하는 것을 확실하게 분석한다는 사실을 이해할 때, 이러한 마찰을 피할 수 있다고 이야기한다.

부모에게 많은 걱정을 안겨주는 또 다른 특징은 아동의 내향성이다(3장 참조). 내향성은 사회적으로 이해하기 힘들어, 부모에게도 잘 설명할 필요가 있다. 부모는 자녀, 배우자, 또는 그들 자신의 타고난 과묵함이 비정상이 아니라 자연스러운 것임을 알았을 때 안심하게 된다. 3장에서 제안한 것 외에, 가족 내 다양한 성격들과, 어떻게 이들 성격들이 상호작용하는지 이해하도록 가족 전체를 대상으로 MBTI 검사(Myers-Briggs Type Indicator, Myers, 1962)를 실행하는 것이 효과적이다. MBTI는 6학년의 독해 수준을 가진 아동에게 실시될 수 있다. (나이가 어린 아동에게는 몇몇 단어들에 대한 설명이 필요하다.) 2~5학년 아동은 Murphy-Meisgeier 검사(Murphy-Meisgeier Type Indicator for Children, Meisgeier & Murphy, 1987)를 받을 수 있다. 이러한 과정들을 통하여, 가족 구성원들은 서로 다른 가족 구성원간의 차이를 이해하고, 감사하게 되며, 다른 가족 구성원을 자신의 틀에 맞추려는 노력을 그만두게 된다.

격렬함, 완벽주의, 그리고 강한 민감성은 대부분 영재의 성격에서 종종 나타나는 세 가지 정서적 특징이다. "영재는 격렬한 감정, 감정에 대한 강한 인식, 그리고 강한 능력을 지니고 있음을 염두에 두어야 한다"(Piechowski, 1987, p. 22). 격렬함은 열정의 증거이며, 수월성을 성취하는 중요한 변수이다. 완벽주의는 수월성을 추구하는 추진력이며, 강한 민감성은 동정심에 대한 기초이다. 이 세 가지가 서로 어우러짐으로써, 이상향의 통제를 받는 독특한 성격구조를 형성한다. 성인들에게 이것은 세상을 바꿀 엄청난 힘을 창출할지도 모르지만, 아동에게는 삶을 영위하는 데 힘든 특징들이다.

Piechowski(1991)는 영재의 격렬함과 정서적 민감성을 다루는 지침을 제시하였다:

> 영재의 격렬한 정서적 반응을 때때로 이해하기 힘들다. 특히 아동이 아무 것도 아닌 것들로 강하게 동요되었을 때 더욱 그렇다. 이러한 과민반응이 아동의 민감성, 그리고 그들 자신의 규칙을 지키고자 하는 욕구에서 비롯되는지 살펴보기 위해서는 상당한 끈기와 아동에 대한 지식이 요구된다. 이렇게 종종 정서들이 평형상태를 이루지 못하는, 예민하고 격정적인 아동은 일상적인 것으로부터 탈피할 필요가 있다. 예를 들어, 대화방식에서, 아동들은 단지 자신에 대한 지지욕구가 너무 크기 때문에 심하게 좌절할 수 있다. 가장 강한 지지는 의심할 필요도 없이 부모들의 애정, 끈기, 그리고 수용이다(pp. 287, 289).

동시에 많은 발달 시기를 경험하는 아동을 키우는 것도 혼란스러운 일이다. 부모는 이러한 영재의 특별한 행동들을 정상적인 행동 또는 그 또래 아이의 전형적인 행동과 차별화할 필요가 있다. 예를 들어, 5세짜리 아이가 유아적으로 행동한다는 이유로 엄마에게 혼이 나고 있다고 가정해 보자. 엄마가 "나이에 맞게 행동해야지!"라며 꾸짖자, 아이는 "하지만 엄마, 난 우리 반 다른 애들처럼 행동하는 거란 말야"라며 대꾸했다. 아동이 자기보다 더 나이든 사람처럼 말하고 사고할 때, 어떠한 것이 그 연령에 맞는 것인지 망각하기 쉽다. 때때로 나는 부모들로 하여금 아동의 연령과 성숙도를 깨닫게 하기 위해 자녀의 신발을 꺼내어 들어보라고 권한다. Whitmore(1979)는 아동의 경우 자신의 어떤 행동(예: 논쟁선호)을 문제라고 지각하지 않지만, 부모에게는 심각한 문제가 될 수 있음을 지적했다. 이러한 경우에 아동보다 부모에게 상담이 더 필요하다. 가족의 모든 구성원은 스트레스를 감소시키는 방법과 대화, 협상기술에 대해 도움을 받을 수 있다.

동 기

영재는 학습을 좋아하며, 비록 학교에서 성취하지 못할지라도 계속해서 학습한다. 예를 들어, 한 미성취 청소년 집단이 자가학습집단을 만들었을 때, 서로 자신의 관심사, 취미, 열정을 공유한다; 이들은 자신의 생활에서 무엇이 성공적인 것인가를 관찰한다. 어떤 학생은 뱀에 열광적이며, 또 다른 학생은 컴퓨터 프로그램에 푹 빠져 있다. 그들은 노트를 정리하는 법, 숙제를 기억하는 법, 친구를 만드는 법, 그리고 학교와 그들 자신들에 대해 다르게 느껴보는 법 등을 서로에게 가르쳐 준다(Young & Johnson, 1991).

> "어떤 선생님들은 막상 알고 보면 그렇게 나쁘지 않아. 우리 과학 선생님은 내가 다른 누구보다도 정보에 뛰어나다는 것을 아시고 단지 나의 가장 큰 문제점은 시험문제를 이해하는 거라고 말씀하셨어."
>
> "내가 한 것이라곤 밀가루와 유제품 먹는 것을 그만둔 거야. 그리고 내 성적은 A와 B로 올랐지."(p. 15)

이들 대부분은 자신이 혼자가 아니라는 것을 배우고 있었다.

> "우리는 우리 자신에 대해서 보다 긍정적으로 생각하는 방법을 찾아냈어요. 또래집단을 통해서 서로의 경험을 공유하면서, 사실상 학교에서 몇 가지를 성공해내기 시작했어요. 처음에는 우리가 학교와 맞서고 있다고 생각했었거든요. 아직 가야 할 길이 멀지만, 지금은 전에 없이 긍정적으로 느끼고 있어요"(p. 15).

영재의 부모에게 상담이 필요한 주된 이유 중 하나는 자녀의 미성취이다. 12장에서 동기부족에 기여하는 수많은 요인들을 살펴볼 것이다. 이 장에서는 임상실험을 통해 수집한 몇 가지 통찰들을 살펴보고자 한다. 대부분 미성취 학생들로 거론되는 것은 남자 아이이다. 여자 아이 또한 미성취를 경험하지만 일반적으로 그들의 양식은 남자 아이와 다른 점이 있기에 나중에 '사회화'와 관련하여 설명하도록 하겠다(Laffoon, Jenkins-Friedman, & Tollefson, 1989; Reis, 1987; Shaw & McCuen, 1960)(14장 참조).

미성취를 경험하는 아동은 가능한 한 빨리 철저하고 포괄적인 진단을 받아야 한다(Whitmore, 1980). 미성취로 인한 어려움이 단기적인 것인지, 장기적인 것인지, 그리고 학교에 기반을 둔 것인지, 가정에 기반을 둔 것인지를 확인하는 것이 중요하다. 부모들에게 그들이 언제 처음 이러한 문제를 알아챘는지를 질문하였다. 만일 자녀가 순한 아이였고, 처음 5년 동안 훌륭했으며, 학교에 들어가면서부터 모든 것이 뒤틀리기 시작했다면, 이는 상당수 교육에 문제가 있을 가능성이 있다. 반면에 자녀가 출생시부터 어려움이 있었고, 형제자매들과 끊임없이 다투었으며, 이로 인해 가정이 전쟁터가 되었다면, 이 경우 분명히 가족상담이 필요하다. 1년 정도 미성취를 보이는 학생들은 수년간 만성의 미성취 패턴을 발달시켜 온 학생들에 비해 훨씬 빠르게 제자리로 돌아올 수 있다.

다음은 평가단계로서, 평가단계는 개별 지능검사, 성취검사, 자아개념 검사, 주관식 평가(문장완성 등), 각 부모와 아동을 대상으로 실시하는 아동수준의 내향성 특성(Silverman, 1985), 아동의 성취부족 원인을 발견, 교사의 평가 리스트, 가족 구성원 각각의 MBTI 검사(Myers, 1962), 세부적 발달에 대한 설문, 그리고 인터뷰로 구성된다(대부분의 평가방법에 대해서는 8장과 11장 참조). 진단평가는 미성취 아동을 다루는 데 있어 없어서는 안 된다. 이러한 문제가 생리적일 경우, 대체로 아동이 "게으르다"고 평가받거나 부모가 비난을 받는다. 숨겨져 있는 학습장애는 영재발달센터(the Gifted Child Development Center)에 의해 미성취의 주된 원인으로 증명되었다.

미성취 영재의 평가서류에는 주목할 만한 일관성이 있다: 미성취 영재는 어휘력, 추상적 추론능력, 공간 관계, 그리고 수학적 분석에서 높은 점수를 획득하는 경향이 있으나, 계열적인 과제(예: 자릿수 반복, 문장반복, 부호화, 계산, 맞춤법 등)에서 낮은 점수를 획득한다. 만일 이러한 불일치가 크지 않다면, 문제는 단순히 학생들의 공간적 학습방식과 교사의 교육방식이 서로 잘 맞지 않아서일 수 있다. 이 경우 교사들이 학생들을 가르치는 일부 다른 책략을 제공하고, 학생들로 하여금 자신의 학습방식을 이해하게끔 도와줌으로써 문제를 개선할 수 있다(Silverman, 1989).

그러나 만일 이러한 불일치가 크다면(예를 들어, 언어/수행과목에서 15점 또는 그 이상으로 차이가 나거나, 추가시험에서 고득점과 저득점의 차이가 최소한 7점 이상이거나, IQ와 성취점수가 30점의 차이를 보일 때), 학생들은 학습장애일 가능성이 높다. 영재에게서 학습장애를 인지하는 것은 매우 어렵다. 이는 그들의 강점과 약점이 종종 서로를 보완하면서, 아동을 평균적으로 보이게 하기 때문이다. 게다가 최신의 검사(예: WISC-III, WPPSI-R)들은 처리속도에 너무 많은 비중을 두기 때문에(Kaufman, 1992), 학습장애를 가진 영재의 IQ점수가 지나치게 낮게 나오는 경향이 있다. 〈표 7.2〉의 진단리스트는 학습장애가 있는지 확인하는 데 도움을 주는 부수적인 관찰 자료를 제시한다. 만약 이들 신호들 중 다수가 발견된다면, 그 학생에게는 치료를 수반하는 완전한 평가가 필요하다(6장 참조).

평가자료에 따라 여러 다른 종류의 치료들을 추천한다. Wechsler 평가에서 언어점수와 비교하여 매우 낮은 수행점수를 얻은 아동을 일반적으로 검안사에게 보내는데, 이는 안경 또는 시력훈련이 필요한지 알아보기 위해서이다. 만약 아동이 만성적인 중이염(귀 전염병의 일종)에 대한 기록을 가지고 있고, 동시에 수 범위시험(digit span test)에서 낮은 점수를 획득했다면, Central Auditory Processing Battery를 찾아 청각 처리능력에서 나타나는 문제점들은 진단해 보아야 한다. 눈과 손의 협응과 속도에 문제가 있는 아동에게는 종종 시간제한이 있는 검사를 배제해 주거나, 컴퓨터를 사용하여 숙제를 하도록 하는 등의 감각중추 통합 치료를 받도록 하는 것이 좋다. (학생의 기록에 이들 학생들이 시간제한 없이 SAT, ACT 등의 시험을 치를 수 있도록 추천서를 첨부해야 할 것이다.) 주기적인 감정기복 또는 야맹증을 가지고 있는 아동은 음식에 대한 알레르기를 없애기 위해 관련된 전문의의 진단을 받는다. 만일 평가 중 눈에 띄는 산만함이 발견된다면, 부모에게 주의력결핍 과잉행동장애(Attention Deficit Hyperactivity Disorder, ADHD) 증상에 대한 체크리스트를 주고,

〈표 7.2〉

쓰기 장애의 진단 체크리스트(Diagnostic Checklist of Writing Disability)

1. 학생의 쓰기 자세에 문제가 있는가?
2. 학생이 연필을 이상하게 쥐는가?
3. 학생의 손, 팔, 얼굴에서 긴장감을 느낄 수 있는가?
4. 학생이 또래의 다른 학생에 비해 쓰기에 많은 시간이 걸리는가?
5. 학생이 쉽게 피로함을 느끼고 그만두고자 하는가?
6. 학생이 이상한 방법으로 글자를 쓰는가?
7. 학생이 이상하게 글자를 형성하는가?(예를 들어, 맨 윗부분에서 쓰기 시작하다가 다른 부분은 맨 아랫부분에 쓰는 경우)
8. 학생이 윗글자와 아랫글자를 혼합하는가?
9. 학생이 필기체와 필사체를 혼합하는가?
10. 학생이 직접 쓴 필기체가 서로 연결되지 않는가?
11. 학생이 필기체보다 필사체를 선호하는가?
12. 학생의 쓰기에 유연함이 부족한가?
13. 학생이 7세 이후에도 글자들을 거꾸로 쓰는가?
14. 학생의 자필이 불명료한가?
15. 학생이 맞춤법을 잘 못하는가?
16. 학생이 맞춤법을 잘 모르는 단어 쓰기를 회피하는가?
17. 학생이 낱말의 끝을 삭제하는가?
18. 학생이 단수와 복수를 헷갈려하는가?
19. 학생이 "the"와 "they" 같이 짧은 단어를 혼동하는가?
20. 학생이 예를 들어 "gardner"의 "d"같은 연음을 생략하는가?
21. 학생이 발음에 대한 이해력에서 약한가? (자신이 써 놓은 것을 해독하는 데 어려움을 느끼는가?)

출처: "Help for the Hidden Handicapped" by L. K. Silverman, 1991, *Highly Gifted Children*, *1*(2), pp. 10-11.

아동에게 약물치료가 필요한지 살펴보는 추후 평가를 제안한다. 만약 정서적 문제가 나타나면, 상담 또는 놀이치료가 필요하다. 상담은 일반적으로 모든 생리적 요인들을 조사해 본 후 최후의 방책으로 사용할 수 있다.

학생 및 가족이 상담을 시작하기 전에, 교육적 선택안에 대해서도 평가한다. 만약 문제가 아동의 취학과 함께 발생하였다면, 다른 교사 및 전학을 통한 배정으로 문제를 해결할 가능성이 있다. 문제가 항상 아동 내에 있다고 가정하지 않도록 주의를 기울여야 하다(Roeper, 1992); 부적절한 교육은 영재의 동기를 감소시킨다(Gross, 1992; Whitmore, 1989).

Myers–Briggs 지표(Myers, 1962)는 가족 간 역학을 평가하는 데 유용하다. 부모와 자식 간의 마찰은 종종 스타일의 차이에서 비롯된다. 대부분의 경우에서 미성취 영재는 아주 높은 지각(perceiving) 점수를 획득하는 반면, 최소한 부모 중 한 분은 아주 높은 판단(judging) 점수를 획득한다. 지각능력이 뛰어난 사람들은(perceivers, 지각능력자)은 자발적이며, 쾌활하고, 많은 것들에 흥미를 느끼며, 조직하기 전에 다량의 정보를 수집하는 것을 좋아한다. 이들은 과제의 연구적 측면에 열중하는 경향을 보이는데, 과제로 쓰기를 시작하기 전날 밤까지 기다렸다가 밤을 새우곤 한다. 만성적인 미성취자인 동시에 지각능력이 뛰어난 아동은 모든 정보를 수집하지만 이를 종합하여 종이에 적지 못한다. 그러나 괄목할 만한 양의 지식을 보유하고 있기 때문에 아마도 구술시험에서는 잘 할 것이다. 만약 학생이 높은 지각능력을 소유하고 있으나 〈표 7.2〉와 같이 쓰기 장애를 보일 경우, 가끔씩 워드프로세서를 사용한 과제들이 도움이 된다.

높은 판단능력을 보이는 사람들은(judger, 판단능력자) 조직적이고, 목표지향적이며, 계획을 세워 과제 완성하는 것을 즐긴다. 그들은 마감시간에 주의를 기울이며 기한을 엄수한다. 이들은 사실상 높은 지각능력을 가진 자녀를 둔 것에 감격하지 않는다. 이들 중 일부는 가족을 지원하고 살아가기 위해 일련의 행동들을 습득한 "개선된 지각능력자(reformed Perceivers)"일지도 모른다. "개선된 지각능력자"는 타고난 판단능력자에 비해 자녀에게 보다 엄격한데, 이는 자녀가 예전 자신의 모습을 떠올리게 하기 때문이다.

학습 스타일과 행동이 자녀와 비슷한 부모는 일반적으로 자녀를 야단치는 경향이 있다. 종종 이들은 아버지–아들의 양자관계(dyad)를 형성한다. 아버지는 학창시절 미성취를 경험하였고, 아들은 아버지 자신이 가장 싫어했던 이러한 자질들을 거울처럼 비춘다. 학습 스타일, 성격 스타일, 그리고 영재성 및 학습장애의 조합에 대해 토론을 함으로써, 아버지로 하여금 아들뿐 아니라 자기 자신에 대해 이해하게끔 돕는다. 상담자의 도움으로, 아버지는 자신이 아들의 가장 큰 조력자가 될 수 있음을 깨닫기 시작한다. 아버지는 아들에게 어떻게 자신의 약점을 극복하였는지, 조직하는 법을 어떻게 배웠는지를 가르칠 수 있다. 이와 같은 토론을 통해서, 아버지와 아들 간에 긴밀한 유대가 형성된다. 자기 인생의 한 부분에서 "조직하는 데 결함"이 있었던 교사들도 미성취 영재에게 조직화 기술을 효과적으로 가르칠 수 있다.

개인지도를 포함하여 미성취를 보이는 영재를 위한 부수적인 책략들을 사용할 수 있다(Freed, 1990); 집단상담(6장 참조); 자녀를 다른 아동과 경쟁시키는 부모들을 위한 집단상담(Shaw & McCuen, 1960); 가족상담; 역할극(Olenchak, 1991); 학년 승급(Rimm & Lovance, 1992); 대안학교; 특별반 배정과 중재(Whitmore, 1980); 부모, 교사 및 학생과의 개별 계획수립(Fine & Pitts, 1980); 학생의 학습 스타일에 맞게 교육과정을 조정; 학생의 장점을 교육; 학생에게 상보적인 기술을 가르치기; 독서치료; 그리고 학교를 재미있는 곳으로 만들기 위해 학생의 흥미를 유발하기(Emerick, 1992) 등이 있다. 결론적으로 미성취가 반전될 수 있다는 것이다.

가 정

부적절하다는 느낌

대부분 부모는 영재 자녀를 두었다는 것을 기쁘게 생각하지 않는다. 특히 고도 영재를 둔 부모와 검사결과를 논의할 때, 휴지통을 항상 준비한다. 어떤 부모에게는 자녀가 발달장애를 가지고 있다고 듣는 것만큼이나 충격을 준다. 부모는 일반적인 학급에서 쉽게 키울 수 있는 "정상적인" 아이(Meckstroth, 1991)에 대한 환상이 사라짐에 한탄한다. 어떤 예외도 부모에게는 막중한 책임감을 부여하기 마련이다(Freeman, 1979; Ross, 1964). 다른 예외적인 특징을 가진 자녀를 둔 부모는 사회적 지지와 동정을 받을 수 있지만, 영재의 부모는 그렇지 않다(Schetky, 1981). 그들은 "엘리트주의자"라고 불리며, "자기 자녀의 이익을 위해 학교 구조를 뒤틀며" 학교개혁 운동 광신자들의 비난을 받기 일쑤이다(George, 1988, p. 27).

부모는 대개 영재의 요구를 충족시킬 준비가 충분하지 않다고 느끼게 된다(Colangelo, 1991; Parker, Ross, & Deutsch, 1980; Ross, 1964). 이러한 문제점들은 많은 요인들이 혼합되어 일어나는 것이다: 영재에 대한 미신과 잘못된 정보(Dettman & Colangelo, 1980); 뛰어난 지적능력에 대해 노골적이거나 암암리에 만연한 적대감(Singal, 1991); 이용할 수 있는 자원에 대한 불충분한 정보(Dirks, 1979); 그리고 부모의 재정자원(Bloom, 1985) 등이다. 영재를 양육하는 데는 많은 돈이 들 수 있으며, 여기에는 어떤 재정적 지원도 가능하지 않다.

긴장의 증가

아이가 영재로 판별되었을 때, 가족 내에 갈등이 증가한다는 문헌보고가 있다(Cornell, 1984; Dirks, 1979; Fine, 1977). 가장 빈번하게 나타나는 두 가지 갈등은 가족 내에서의 아이의 역할에 대한 혼란과 부모가 아이에 대해 상반되는 기대를 하는 것이다(Colangelo & Dettman, 1983; Fine, 1977). Delisle(1992)은 "부모-자녀 상호작용에 변화를 요구하면서, 영재성같이 중요한 특징이 가족과 가족 내 아동의 역할에 어떤 영향도 미치지 못할 것으로 믿는다면 이것이 바로 순진한 발상인 것이다"라고 적고 있다(p. 189).

영재성이 있는 형제와 영재성이 없는 형제들이 있는 가족에서 질투와 경쟁이 있음을 볼 수 있다(Cornell, 1984; Grenier, 1985; Hackney, 1981; Pfouts, 1980; Sunderlin, 1981). 그러나 Kaufmann와 Sexton(1983)은 그의 연구에서 영재의 형제 중 단지 20%만이 부정적으로 반응하였음을 밝힌 바 있다. 그리고 Colangelo와 Brower(1987)는 처음에 나타난 문제들이 5년 안에 사라진다고 보고하였다. 불화가 커지는 경우에 영재라는 라벨은 항상 비난을 가장 많이 받는다. 그러나 두 아이 모두 똑같이 영리하다고 했을 때, 체계적으로 조사하지 않았던 하나의 변수는 영재성이 없다고 인지된 아이에 대한 영향이다.

가족의 한 아이가 영재라고, 다른 식구들이 항상 멀리 뒤처지는 것은 아니다. 148쌍 형제들의 IQ점수 차이를 검토해 본 결과, 거의 36%는 5점 이내였고, 61.5%는 각각 10점 이내였다(Silverman, 1988). 10점 이상 크게 벗어나는 경우는 형제 중의 한 명이 학습장애가 있거나, 선천적인 청력장애를 가지고 있거나, 시험을 본 형제의 나이 차이가 상당했던 경우였다. 영재성이 없는 아이는 아마도 학습장애나 다른 요소 때문에 형제만큼 높은 점수를 받지 못하거나 영재 프로그램에 합격할 정도로 충분히 자라지 못한 영재일 것이다. 아이의 성취를 저하시키는 요소들은 그 아이가 형제만큼 영리하지 않다는 인식과 연결되어 있어, 상당한 정도의 질투와 경쟁심을 설명한다. 질투의 대부분은 이른바 영재성이 없는 아이를 적절하게 판별할 때, 완화된다.

스트레스는 또한 가족이 다른 아이보다 한 아이의 성취에 집중을 하거나 아이의 성취를 비교할 때 증가한다(Delisle, 1992). Sloane(1985)는 테니스 챔피언, 공연의 피아니스트, 올림픽의 수영선수를 키우며 그들의 삶에 헌신해 왔던 부모가 다른 형제를 무시하는 과정에서 때때로 마음의 상처를 입었다고 이야기한다. 그러나 이 문제들이 만연한 것은 아니다: VanTassel-Baska(1989)는 소외된 가정의 부모가 높은 성과를 이루는 아이를 우선적으로 차별화하여 대하지 않는다는 것을 발견했다. 긴장은 또한 부모가 영재성에 대해 다른 견해를 가질 때 발생한다. 한 연구에서, 부모의 관계는 학교에서 영재성이 있다고 판별받은 아이 때문에 왜곡되었다. 아버지가 더 회의적인 반면에 어머니는 영재성을 믿었기 때문이다(Cornell, 1983). 아버지는 영재성을 성취로 지각하는 반면에 어머니는 발전적 차이로 영재성을 이해한다. 이런 견해의 차이를 상담에서 토론할 수 있으며, 토론중에 대개 갈등이 해결된다.

상담자들은 영재성에 대한 모든 미신과 오해를 떨쳐 버리고, 상담자를 필요로 하는 부모에게 몇 가지(담당인 사람을 기억하기, 통일된 의견 제시하기, 아이를 서로 비교하지 않는 방법 등) 기본적 양육기술을 제시할 수 있다. 그러나 영재 가족에게 긴장이 여전히 나타날 수 있다(Albert, 1978). 영재의 특징은-강렬함, 완벽주의, 민감함과 논쟁적임-한 가족 구성원에게 제한된 것이 아니다. 모두가 어느 정도 이와 같은 특징을 공유하고 있다. 극적인 드라마를 위한 완벽한 설정! Meckstroth (1989a)는 이것을 "위기의 제곱(crisis cubed)"이라 지칭하였다: "생활환경, 감정 및 생각이 미치는 영향이 영재 가족에서 확대된다. 마치 각 가족 구성원이 뒤얽혀 있어, 밀도가 기하급수적으로 늘어나는 것처럼 말이다"(p. 11).

상담자는 가족들이 이런 강렬한 느낌이 건전한 것임을 이해하도록 도울 수 있다. Dabrowski(1964) 이론의 도입부(1장 참조)는 가족 구성원들로 하여금 강렬한 내적 경험이, 정서 불안을 나타내는 지표라기보다는 오히려 발전의 긍정적인 징후라고 생각하게 돕는다. 이것은 성공적인 극복 기제를 발전시키게 하여, 신념을 훼손하는 과정에서 소비된 에너지를 방출하게 한다. 가족의 각 구성원이 자기 이해를 얻게 되면, 다른 가족의 감정적인 경험을 더 잘 이해하게 된다. 이와 같이 향상된 인식에서부터 연민과 문제해결이 일어난다.

자기 규제의 촉진

영재는 정의감에 민감하다; 영재는 의사결정을 하는 민주적인 접근에 잘 응대하고 권위적인 양육 스타일에 형편없이 반응한다(Parker, Ross, & Deutsch, 1980). "내가 그렇게 말했으니 해라"고 하는 것은 비효과적이고 자멸하는 방법이다(Meckstroth, 1991, p. 105). 다행히, 대다수 영재의 부모는 처벌이나 다른 형태의 외적 힘을 사용하기보다는 아이를 설득하는 편이다(Abelman, 1991). 그럼에도 불구하고, 우리 문화에서 대부분 부모는 "연령주의"를 당연시 한다-연령주의는 아이보다 어른들이 더 많은 힘을 가지고 있고 더 많은 권한과 우선권이 있다는 믿음이다. 그러나 영재는 그렇게 생각하지 않는다. "연장자를 존경하라"는 것은 아이가 존경하지 못하게 하는 위계적인 발상이다. 이런 개념을 가정에 적용하기 위해, 부모로 하여금 다음과 같은 훈련에 몰두하게 한다.

"눈을 감고 장모(혹은 시어머니)가 핸드폰을 끄라고 말하고 있다고 상상해 보세요. 당신 자신에 대해 일어날 수 있는 모든 것을 생각해 보세요. 이제 당신의 아이가 핸드폰을 끄라고 말하고 있다고 상상해 보세요. 당신이 선택하는 언어, 목소리의 톤, 얼굴 표정, 몸짓, 기다리는 시간에 무슨 차이가 있습니까?"

부모는 대개 웃지만, 자신보다 나이가 많은 사람과 나이가 어린 사람에 대한 존경심에서 차이가 있음을 인지하게 된다. 가족화목의 열쇠는 모든 구성원을 존경하는 것이다. 간단한 개념이지만, 실행하기는 어렵다.

Montemayor(1987)는 청소년과의 갈등은 청소년을 동료로 인정하고 권한을 분배함으로써 해결할 수 있음을 발견하였다. 이것은 또한 영재에게도 잘 나타난다. 영재는 그들이 힘이 없다고 느끼거나 존경받지 못한다고 느끼는 상황에서 속임수를 쓰거나 무례하게 행동할 것이다. 따라서 해결방법은 부모로 하여금 힘의 균형을 잡아서 구성원들이 지지받고 있다고 느끼는 가족 구조를 만들 수 있도록 돕는 데 있다.

가정에서 힘의 균형을 맞추는 한 가지 방법은 가족회의를 만드는 것이다. 가족회의는 일반적으로 전체 가족이 정기적으로 정해놓은 모임을 말한다. 가족회의를 통해서 민주적으로 의사결정을 하는 직접적인 경험을 제공한다. 모두 일상적으로 불만을 토로하거나, 규칙의 개정을 요구하거나, 협상 기술과 갈등해결 기술을 배우고, 효과적인 의사소통 기술을 연습하는 기회를 갖는다. 또한 가족회의는 자존감과 가족 연대의식을 기르는 수단이 될 수 있다. 불만을 토로하는 시간과 마찬가지로 칭찬하는 시간도 포함하고, 큰 목소리로 독서를 하는 것 같은 공유 활동을 하면서 모임을 마칠 수 있다. 영재는 약 7세 정도 되면, 가족회의 모임에 충분히 참여할 수 있다. 비록 취학 이전의 아동이지만 이상의 접근 방법에 잘 반응한다.

가정 자극

연구자들은 계속적으로 영재성, 창의성 및 탁월함을 개발하는 데 가장 효과적인 요인으로 자녀 양육법을 지적하고 있다(Albert, 1978; Bloom, 1985; Cox, Daniel, & Boston, 1985; Kulieke & Olszewski-Kubilius, 1989; Tannenbaum, 1992). 그러나 대부분 부모는 얼마나 많이, 어떤 종류의 가정 자극이 적당한지 혼란스러워한다(Colangelo & Dettman, 1983). 특히 직업이 교사인 부모는 종종 아이의 발달에 해명을 한다(Roedell, 1989). "솔직히, 난 읽기를 가르치지 않았어요. 아이가 단지 혼자서 배웠어요"라고 걱정스럽게 말한다. '주제넘게 나서는 사람'처럼 보일 것 같다는 두려움으로 많은 부모들은 교육자로서의 당연한 역할을 수행하지 못하고 있다.

30세의 나이에 세계적인 명성을 획득한 사람들에 관한 연구를 보면(Bloom, 1985), 부모의 역할을 중요하게 강조하고, 가정에서 효과적으로 지지를 해 줌으로써 재능을 발달시킨다는 것을 보여 준다.

요약하자면, 운동가, 음악가 및 미술가의 부모는 열심히 연습하고 최선을 다하

> 는 것의 중요성을 믿는다. 부모는 아이의 시간을 편성하고, 우선권을 확립하고, 과제 완수에 대한 기준을 세운다(Sloane, 1985, p. 443).
>
> … 아동의 학습에 있어 부모의 참여는 그 분야에서의 성취에 상당한 기여를 한다. 만일 부모의 상당한 지도와 도움이 없었다면, 이러한 아이에게는 훌륭한 교사도 없고, 정기적으로 철저하게 훈련을 받지 못했을 것이며, 그리고 영재성이 발현되는 분야 및 업적에서 가치와 헌신을 개발하지 못했을 것이다(p. 476).

영재성을 육성하는 가족의 역할에 대한 중요성은 영재의 뛰어난 창의성에 대해 물질적인 보상을 해 준 MacArthur Fellows의 연구에서 나타났다(Cox, Daniel, & Boston, 1985).

> 거의 예외 없이, MacArthur Fellows는 영재 부모들에게 기부금을 주었다. 부모들의 교육 수준과 재정적 후원의 수준이 다양하지만, 사실상 모든 부모는 자녀로 하여금 개인적인 예들을 통해서 배움의 중요성을 알게 하였다. 부모는 무언가를 강요하지 않고 지원해 주었다. 집에는 책, 잡지와 신문이 있었다. 아이를 도서관으로 데리고 갔다. 부모들도 독서를 하였고 아이에게도 책을 읽어주었다. 가장 중요한 것은 아이의 생각을 존중해 주었다는 것이다(p. 24).

Feldman(1986)은 신동의 부모를 아주 잘 묘사한다. Feldman은 부모가 일반적으로 아이를 통제하기보다는 아이의 요청에 잘 반응한다는 것을 발견하였다: “부모의 역할은 아이에게 반응을 해 주고, 지원하고, 격려해 주는 것처럼 보인다”(p. 156). 일찍부터 성취를 거둔 영재의 가족은 대개 안정적이고 밀착되어 있다; 가족은 아이의 어린 시절에 성취, 독립, 지구력의 패턴을 설정하고 영재에게 관심과 자원을 집중하였다(Robinson & Noble, 1991). 아마도 여러 연구에서 나타난 가장 두드러진 결과는 부모의 높은 수준의 개입이다(Gogel, McCumsey, & Hewett, 1985; Kulieke & Olszewski-Kubilius, 1989; Robinson & Noble, 1991; Silverman & Kearney, 1989). 영재 부모에게 자신의 관심사에 대해 말해 줄 것을 요청하였을 때, 많은 어머니들의 첫 번째 응답은 “내 아이”였다.

Gogel, McCumsey와 Hewett(1985)은 수천의 가족들에게 집에서 영재와 함께 공부하는 가장 성공적인 방법들을 적어달라고 요청하였다. 가장 많이 언급된 활동은 함께 독서하는 것이었다. 두 번째는 아이의 성취에 대한 일관성 있는 격려와 칭찬이었다. 목록에 나타난 또 다른 방법은 자주 대화를 하고, 공동체 활동에 참가하고, 박물관으로 견학을 가고, 휴가를 가고, 토론을 하고, 듣고, 질문을 한다고 응답하였다. 다른 연구들도 부모가 영재의 발전을 도와주는 방법들을 언급하고 있다. 가족의 의미를 강화하기; 행동의 기준을 명확히 하기; 훌륭한 역할모델을 설정하기(MacKinnon, 1962); 상호 믿음과 칭찬하기(Piechowski, 1987); 아이의 흥미를 지원하기(Bloom & Sosniak, 1981); 확대가족 구성원의 정서적 지원(VanTassel-Baska, 1989); 호기심과 적극적인 탐색을 장려하기(Kulieke & Olszewski-Kubilius, 1989); 아이를 향한 높은 기대수준을 갖기(Albert, 1978; Bloom & Sosniak, 1981); 자율성을 장려하기; 창의성과 지적인 노력을 중시하기; 정서적이고 언어적인 표현력 기르기(Robinson & Noble, 1991); 열광적인 독서와 자주 아이에게 책을 읽어주기(Cox, Daniel, & Boston, 1985); 양질의 시간과 의사소통(Delisle, 1992); 그리고 아이가 꿈을 믿도록 도와주는 것(M. Darnell, 개인적인 의사소통에서 1988, 11, 15) 등이다.

만약 아이가 열정적이고 흥미를 가지고, 활동을 즐긴다면 교육을 포함하여 자극이 되는 가정환경을 만들도록 부모를 격려해야 한다. 만약 그 경험이 부모와 아이 모두에게 즐거운 것이라면, 그것은 나쁜 것이 아니다. 다른 한편으로 부모는 아이에게 원치 않는 영재성의 향상을 강요해서는 안 된다. 영재의 초기 발전에 대한 모든 연구 자료를 조사한 후에, Tannenbaum(1992)은 다음의 설득력 있는 결론을 제시하였다.

> 대체로, 영재성은 아이의 특별한 자질을 돌보고, 영재성이 원숙해지도록 현명한 조치를 취하는 보호자의 독특하고 섬세한 노력을 통해서 발전한다. … 뛰어난 내적 자원을 갖춘 아이가 자신의 특별한 요구에 부응하는 "맞춤식" 양육을 받는다면, 약속을 지킬 수 있다. 그러나 아이에게 필수적인 내적 자원 없이는 평범함과 특별함 간의 차이를 만들 수 없다(p. 128).

역설적으로, 부모가 능숙하게 자극을 제공할수록, "아이가 학교에 입학할 때, 부조화가 더욱 커질 것이다"(Munger, 1990, p. 58).

학교

적절한 학교 배정을 결정하기

부모가 대부분 원하는 안내는 공립 혹은 사립학교의 선택에 관한 정보이다. 상담자는 영재를 위한 다양하고 특별한 프로그램의 가능성과 여러 학교의 행정업무 보조자의 지원에 대해서 알고 있어야 한다. 이것은 "학교 선택"(schools of choice)의 철학, 즉 개방형 등록을 허용하고, 바우처시스템(voucher)을 사용하는 지역사회에서 특히 중요하다. 공립학교 내에서는 여러 선택이 가능하다(예: Pull-out 프로그램, 도시의 마그넷 학교, 정규학급 내 클러스터 집단구성). 부모는 여러 대안 중에서 어떤 것이 아이에게 가장 알맞은지 결정해야 한다. 되풀이되는 문제는 이웃 학교에서 멀리 떨어진 마그넷 학교나 사립학교로 이동할 경우, 사회성 발달에 미치는 영향이다. 부모는 영재가 여러 형태의 활동을 하기 위해 종종 다른 친구들이 있어야 한다는 것과(Roedell, 1985), 일반적으로 두 종류 친구들(학교 친구들과 이웃의 친구들)을 사귄다는 것을 확실히 알고 있어야 한다.

만약 공립학교에서 제공하는 것에 한계가 있다면, 사립학교를 알아보아야 한다. 부모는 수업료와 장학금 기회, 방과 전후에 아이를 돌봐주는지에 대해서 알고 싶어 할 것이다. 상담자들은 학교를 조사하는 평가 기준을 제공하거나(예를 들면, Silverman & Leviton, 1991; 9장의 256~257쪽의 기준 1~8 참조), 평가 척도를 개발하고, 심지어 학교관찰에 부모와 동행할 수 있다. 부모는 여러 학교를 방문하고, 어느 학교가 영재에게 민감하게 반응하는지, 집에서 떨어진 거리는 적절한지, 학교 방침이 부모의 방침과 일치하는지, 비용은 합리적인지 결정해야 한다. 선택할 학교를 2~3개로 좁힌 후, 아이들로 하여금 각 학교환경에서 오전 혹은 오후 시간을 보내고 그에 대한 아이의 의견을 물어보아야 한다. 심지어 4세 된 영재도 자신에게 적당한 학교를 선택할 수 있다. 영재들은 종종 부모가 놓치는 요소들에 주목한다(예:

아이들이 운동장에서 서로를 어떻게 대하는지).

공립학교에 영재 프로그램이 없고, 사립학교를 선택하는 것마저 불가능하거나 비용을 지불할 수 없고, 아이가 뛰어난 영재성을 가지고 있어 지루해 할 때(심지어 영재 프로그램에서도), 속진을 고려해야 한다. 이것은 자주 제기되는 논제이지만, 속진에 대해 가족들이 편견을 가진다는 점을 연구에서도 입증하지 못하였다(Feldhusen, 1992; Feldhusen & Moon, 1992; Southern & Jones, 1991). 속진에 대한 반대는 거의 공통적으로 긍정적인 속진의 영향을 보고한 연구를 살펴봄으로써 극복할 수 있다(Robinson & Noble, 1991). 비록 많은 아이가 속진을 통해 효과를 보지만, 교육자 사이에서 속진은 인기가 없다(Southern & Jones, 1991). "실제로, 교직원들은 인지적 성숙이 정신적 성숙과 관계가 없다고 생각하기 때문에 속진 선택에 단호한 입장을 취한다"(Robinson & Noble, 1991, p. 60). 조기 진학 또는 학년 진급이 적절한지 그 여부를 결정하는 좋은 기준을 Feldhusen(1992)이 제공하였다.

불행하게도 많은 부모는 반대로 움직이도록 (속진을 하지 않고 그대로 있으라는) 압력을 받는다. 유치원 단계에 영재를 두면 사회성이 향상될 거라는 잘못된 생각이 통념이 되어 버렸다. 지적으로 발달한 아이는 또래와 "아기" 놀이 하는 것을 거부하기 때문에 종종 "미숙한 아이"로 분류된다(14장 참조). 사회적 적응문제에 대한 좀더 적절한 해결책은 진정한 친구(영재가 사회적으로 편안함을 느낄 수 있는 유사한 능력을 가진 또래)를 찾는 것이다.

> 부모와 교사들이 영재의 타고난 차이점이 의미하는 바를 이해했을 때, 아이의 긍정적인 사회성과 정서 발달을 도모하는 환경을 창출할 수 있을 것이다. 첫 번째 단계는 사회성과 인지 발달의 서로 얽히고설킨 관계를 이해하는 것이다. … 만약 학급 또래와 대화하는 것이 어렵고, 또래들이 아이와 어휘, 기술 혹은 흥미를 공유하지 않는다면, 또래와의 상호작용은 제한적이며 불만족스럽다는 것이다. 지적 자극에 대한 영재의 요구를 무시하고, 사회성이 발달하리라 기대할 수 없다(Roedell, 1988, pp. 10-11).

언급해야 할 부가적인 선택은 "자택학습(homeschooling)"이다. 자택학습은 미국의 교육 분야에서 가장 빠르게 증가하는 활동 중의 하나로서, 대략 100,000~

1,000,000명의 아동에게 영향을 미치고 있다(Kearney, 1989). 고도 영재의 가족들은 일정 기간 자택학습을 선택하는데, 그 이유는 영재를 위한 적당한 교육 장소를 찾기 힘들기 때문이다. Robinson과 Noble(1991)에 따르면 "역사적으로 저명한 인물들이 얼마나 많이 자택학습을 받았는지 생각해 보는 것은 귀찮을 정도"라고 한다(p. 60). 학교가 인간의 능력 전체를 충분히 다룰 수 있다고 기대하는 것은 비현실적이다. 자택학습에서 가장 빈번히 언급되는 단점은 사회화 기회의 부족이다. 사회적 요구를 충족시키기 위해, 자택학습을 실시하는 가족들은 함께 집단교육을 받거나 교회모임에 참여하고, 공원과 휴양을 담당하는 부서(Department of Parks and Recreation)가 운영하는 활동 같은 여러 교육과정 외 활동에 아이를 등록시킨다. 여하튼, 부모는 자택학습과 관련하여 정부가 갖고 있는 조건에 대한 정보와, 다른 자택학습자들과의 접촉, 교육과정 개발을 위한 재원과 안내를 요청하고 있다.

교직원의 조력

학교상담자는 아이를 위해 가장 유능한 교사를 선정하고, 학생의 요구를 충족하기 위해 교사들이 교수방법을 조정할 수 있도록 지원해 줄 수 있다. 어떤 경우, 상담자는 아이의 옹호자로서 활동하도록 요청받기도 한다. 만약 학생이 특별히 행복하지 않고 그 상황을 개선하려는 부모의 시도에 교사가 느리게 반응한다면, 상담자의 조정이 필요하다. 한 대표적인 상황은 딸아이가 1학년에서 더 나은 교육을 받기를 원하는 부모와, 그 아이가 유치원을 떠날 준비가 안 되어 있다고 생각하는 유치원 교사이다. 상담자는 이 아이의 유치원과 1학년 생활을 관찰하고, 아이의 배치에 대해 교직원과 논의하길 부탁하고, 아이에 대한 견해를 밝히는 등, 교사와 부모 사이를 중재해야 한다.

또 다른 대표적인 시나리오는 D와 F 성적을 받은 중학생 또는 고등학생의 경우이다. 학기 중간에 부모는 자녀에게 상담을 받게 하지만, 학생은 자신의 행동을 변화시키려는 노력의 일환이라는 것을 알아채지 못한다. 심지어 그가 남은 학기에 모든 과제를 제출한다 할지라도, 그의 최종 학점은 이전에 열심히 하지 않았던 성적의 잔재가 남아 있을 것이다. 그래서 누가 괴로운가? 상담자는 학생의 행동을 중재하고, 각 선생님에게 이야기를 꺼내고, 지금 학생이 상담중에 있다고 설명하고, 새롭게 시작할 수 있도록 요청할 수 있다. 이를 통해 치료 중재법의 잠재적 효과를 향상시킬 것이다.

부모의 인내는 분명히, 학교에서 성공적으로 공부하는 데 영향을 미치는 핵심 요소이다(Gogel, McCumsey, & Hewett, 1985). 부모가 전하는 몇 가지 방법은, 모든 수준에서 교직원과 접촉을 시도하고, 학부모 봉사를 지원하고, 지도자 역할을 떠맡는 것이다. 만약 문제에 부딪힌다면, 부모는 항상 교직원에게 그들의 편에서 중재해 달라고 요청하고, 외부 시험을 보거나 적절한 학교가 있는지 찾아본다.

가정과 학교의 협력적인 파트너 관계는 필수적이다(Roedell, 1989). Colangelo(1991)는 다음의 네 가지 상호작용을 포함하여 부모와 학교 관계를 촉진시키는 모델을 기술한다: 유형 1, 협력; 유형 2, 갈등; 유형 3, 방해; 유형, 4 자연적인 발전. 이 모델을 통해서 상담자들은 가정과 학교 사이의 대화를 이해하고 증가시키는 틀을 얻을 수 있다.

또래 관계

부모는 자녀의 학업 성취보다 사회적 적응에 대해 더 많은 걱정을 한다(Anderson & Tollefson, 1991; Cornell, 1983; Roedell, 1988). Gogel, McCumsey와 Hewett (1985)에 의하면, 부모가 가장 자주 언급하는 개인적인 바람은 자녀가 친구들에게 인정을 받아, 좋은 자아개념을 갖는 것이다(p. 9). 영재 역시, 첫 번째 우선순위는 친구를 찾는 것이다. 친구를 선택하는 데 있어 가장 중요한 요소는 정신연령이다(Gross, 1989).

비록, 영재성을 덜 가진 아이에 비해 영재가 사회적으로 적응하는 데 어려움이 있다는 점에 많은 논의가 있지만, 최근에 광범위한 관찰을 통해서 다수의 영재학생이 또래와 긍정적인 관계를 맺고 있음이 나타났다(Robinson & Noble, 1991). 제시된 근거에 따르면, 영재는 취미 활동, 사회적 이해, 친구의 선택, 근심거리, 세계관에서 나이에 비해 더 성숙하다. 그러나 이런 설명은 고도 영재, 청소년기 소녀들, 소수 민족 영재들에게 한결같이 적용되는 것은 아니다(사회성 발달과 성차에 대한 내용은 14장을 참조하기 바란다).

영재의 우정패턴을 관찰해 보면, 흥미와 능력이 유사한 친구들을 사귀며, 나이와 성은 덜 중요하다는 것을 알 수 있다. 교육을 위해 영재를 함께 집단으로 구성하는 것은 영재의 사회성을 향상시키는 명백한 방법이다. 영재 프로그램은 사회적 관계에 매우 유익한 영향을 미친다(Feldhusen, Sayler, Nielsen, & Kolloff, 1990; Higham & Buescher, 1987; Kolloff & Moore, 1989; Olszewski-Kubilius, 1989).

> 모든 학생이 영재이고 지능과 능력을 매우 소중히 여기는 환경에서는 사회적 관계가 잘 형성된다. 그들이 처음으로 보통이고 평범하다고 느끼는 것은 청소년에게는 큰 위안이 될 수 있다(Higham & Buescher, 1987, p. 88).

다른 영재와의 관계가 "실제 세계"로의 적응을 방해한다는 미신과는 반대로, 이질적인 그룹에 참여하는 역량은 자신과 비슷한 다른 사람을 발견할 때 증가한다. Higham과 Buescher(1987)는 여름 심화 프로그램에서 나타난 청소년의 긍정적인 사회경험에서부터 정규 학교경험에 이르기까지 이월효과(carryover effect)가 있다고 말한다: 학생들은 더욱 편안하고 사회적으로 숙달되었음을 느낀다. 일단 자신을 진정으로 인정하고, 자신의 농담에 웃고, 자신과 즐겁게 사귀는 친구를 찾으면, 영재의 자신감은 다른 상황에서도 증가한다. 어딘가, 누군가가 단지 있는 그대로 자신을 좋아한다는 것을 알기 때문에, 영재는 평범한 친구들에게 요구를 덜 한다.

또래 문제가 있을 때, 해결책은 대개 영재의 또래에게 있다(Roedell, 1985, 1988). 부모는 자녀가 친구를 만나기 위해, 공립 혹은 사립의 영재학급(self-contained classes), Pull-out 프로그램, 심화 학습반 혹은 여름 프로그램에 등록할 수 있도록 조언을 받아야 한다. 영재의 부모를 위한 지원 모임은 비슷한 능력을 지닌 아이를 찾기도 한다. 시골 지역에서는 펜팔이나 컴퓨터 네트워킹을 통해 외로움을 줄일 수도 있다.

아이는 자기애를 성취했을 때만 다른 사람을 사랑하는 것을 배운다. 이 과정은 항상 다음의 단계를 따른다: (1) 자기 인식, (2) 동질적인 다른 사람을 발견, (3) 타인의 이해와 인정을 받고 있다는 느낌, (4) 자기 수용, (5) 타인의 차이점을 인식, (6)

마지막으로, 타인에 대한 이해, 수용, 인정의 발달. 상담자들은 영재가 진정한 친구를 찾고, 자기 수용을 획득하게 돕고, 타인을 수용하도록 이끌어 주어야 한다.

지역사회 자원

상담자들은 지역사회 내 다양한 자원에 대해 알고 있어야 한다(Culross, 1982; Ross, 1964). 상담자들은 방과 후 심화 프로그램, 대학 조기 입학, 고등학교와 대학교의 동시 등록, 인턴십(internship), 사사제(mentorship), 장학금 제도에 대한 질문에 대답할 준비가 되어 있어야 한다. 게다가, 부모는 그 지방, 지역, 국가적인 지원 모임과 협의회에 대한 정보를 요구한다: 뉴스레터, 잡지와 저널; 영재의 부모를 위한 책, 영재를 위한 책과 소프트웨어(발간물, 부모와 학생을 위한 참고서 목록 및 상담과 평가를 위한 국립지원센터에 대해서는 부록을 참조하기 바란다). 가족이 근처의 학교를 마음에 들어 하지 않는다면, 상담자는 학군 내의 입학 등록 정책, 다른 학군들, 바우처 시스템, 사립학교를 조사할 수 있다. 만약 학생이 어떤 특정 기술영역에서 도움이 필요할 수 있으므로, 상담자는 도움을 줄 수 있는 유능한 튜터의 명단을 확보하고 있어야 한다. 앞서 언급하였듯이, 지역사회 내 다른 전문가 참조 자원도 마련해 두어 평가에서 나타나는 여러 어려움에 대비해야 한다: 청력학자, 시력학자, 직업 치료사, 언어 치료사, 놀이 치료사, 주의력결핍 과잉행동장애 전문가와 지원 모임, 알레르기 전문의사.

확대가족 구성원 역시 영재를 도와주는 중요한 자원으로 간과될 수 없다. 특히 영재교육에 있어 불리한 가정환경이라면 더욱 중요하다(VanTassel-Baska, 1989). 아이에게 직접적인 영향을 주는 사람들이 아이의 장점, 약점, 욕구에 대해 철저하게 알 수 있도록, 가족상담시 조부모와 다른 친척들을 포함해야 한다. 만약 확대 가족을 이용할 수 없다면, 아이의 관심 영역에서 전문성을 보이는 집단 혹은 은퇴한 사람들에게서 사사와 역할모델을 찾을 수 있다. 지역 사업가와 접촉하여, 지적으로 가능성이 있지만 경제적으로 가난한 아이에게 컴퓨터와 장학금 지원을 요청할 수 있다.

영재와 영재 부모

영재성은 나머지 가족 구성원과 아이를 구별하는 특성이 아니라 가족 전체의 특성이다(Albert, 1978, 1980; Burks, Jensen, & Terman, 1930; Hollingworth, 1926; MacKinnon, 1962). 부모의 지능을 알고 있으면, 아이의 지능은 10점 내에서 예측할 수 있다. 그런 까닭에 아이가 영재라고 판별될 경우, 아마 부모도 영재일 것이다(Kline & Meckstroth, 1985; Meckstroth, 1991; Tolan, 1992). 부모가 자신의 영재성을 인정하기는 힘들다. 그렇지만 "자신도 아직 풀지 못한 문제를 자신의 아이가 풀 수 있도록 도와주는 것은 어렵다"(Tolan, 1992, p. 8). Tolan은 다음과 같이 계속하였다.

> 영재인 성인 중에 자신의 영재성을 받아들이는 사람은 거의 없다. 아이가 스스로를 받아들이도록 도와주기 시작할 때, 우리가 숨겨왔던 약점, 부인, 자기보호를 위한 은폐와 책략들이 떠오른다—숨겨져 있지만 우리가 어릴 적부터 느껴온 감정에 대해 아무 말도 하지 않았던 것들이 드러난다(p. 8).

영재를 양육하는 이런 관점은 문헌에서 거의 관심을 끌지 못했다. 영재성이 유전적 요소라고 말하는 것은 최근 경향이 아니다. 영재가 아닌 부모에게서 영재가 임의적으로 태어난다는 가정은 부모의 무력감을 악화시키는 몹쓸 짓이 되기 때문에 부적절한 것이다. 《*Little Man Tate*》라는 영화에서 어머니를 진부하게 묘사한 것처럼, 많은 작가들은 부모와 아이 사이에서 지능의 불일치가 어김없이 일어난다고 잘못 가정한다. 영재의 부모 대부분은 아이를 효과적으로 기를 수 있는 지적능력을 갖추고 있다. 영재는 아마도 특정한 지식 분야에서 부모를 훨씬 앞서 나갈 것이지만, 부모와 아이는 대개 지적으로 잘 맞는다.

부모는 자신이 아이만큼 영리하다는 것을 알고는 종종 놀란다. 예를 들면, 면담 기간에 고도 영재의 아버지는 자신이 어렸을 때, 아이가 보이는 똑같은 특징을 가지고 있었다는 것을 알게 되었다. 그러나 그의 부모는 이러한 징후를 무시하였다. 그는 성장하면서 약간 이상하다고 생각했을 뿐이었다. 아들이 검사를 받은 후에, 몇몇 부모는 갑작스럽게 자아 지각에 변화가 생겼다. 그리하여 새로운 직업에 대한 포부를 품거나, 학교로 되돌아가 학업에 전념하는 경우도 있다.

많은 어머니들은 자신에게 영재성이 있다는 가능성을 철저히 부정한다: "아마도 아버지에게서 받았을 겁니다." 어머니들은 영재성 있는 부모, 배우자, 형제들, 자식들을 가졌을지도 모르면서, 마치 그 현상을 외면하듯, 여전히 자신은 영재성이 없다고 생각한다. 영재성이 곧 성취와 동일한 것이라고 생각하여, 스스로 자신이 영재라고 인식할 근거가 없다고 여긴다. 어머니들이 자녀의 영재성 특징을 파악할 때, 이상의 지각은 서서히 변화하기 시작한다. 어머니는 딸의 주요한 역할모델이기 때문에, 어머니들이 자신의 능력을 아는 것이 매우 중요하다. 그렇지 않으면, 딸은 "엄마가 영재가 아닌데, 어떻게 내가 영재가 될 수 있겠어?"라고 생각하게 될 것이다. 상담집단은 또한 여성들이 자신의 영재성을 인지하는 데 효과적으로 도움을 주고 있다(Noble, 1989). Tolan(1992)은 "영재를 키우면서 가장 좋은 것 중의 하나는 그러는 도중에 우리 자신을 발견하게 된다는 것이다"라고 부모들을 일깨운다"(p. 10).

결 론

영재성은 가족의 과업이다. 모든 가족 구성원에게 이 현상은 광범위한 의미를 부여한다. 영재로 인식되고, 불리고, 격려되든지 그렇지 않든지 간에, 가족체계에 대한 영재성의 영향에서 벗어날 수 없다: 영재의 특징과 요구가 항상 나타나게 된다. 대부분 영재성에 대한 일반적인 속성들을 잘못 판단하고 있으며, 영재성에 대한 잘못된 정보가 계속 퍼지고 있다. 영재 가족의 독특한 걱정들을 알고, 이들을 적절히 도와주기 위해 준비된 상담자들은 거의 없다. 이러한 지식 기반이 없는 상담자들은 가족들에게 도움을 주기보다는 오히려 해가 된다는 것이 밝혀졌다. 상담자들은 도움을 주기 전에 자발적으로 자신들이 갖고 있는 편견을 탐색하고, 인지하고, 자신의 감정을 다룰 필요가 있다(Ross, 1964).

영재 가족에 대한 문헌 역시 역효과를 낳을 수 있다. 대부분 문헌들은 부모가 자신의 자아도취적 욕구 때문에 아이를 "스타"라로 부르며(Cornell, 1984), '너희들은 뛰어나다'라고 가르치고, 아이들끼리 개인적인 비교를 하고, 뽐내고, 비실현적인 기대를 하고, 경쟁적이고, 질투하고, 아이가 부모 구실을 하고, 부모 역할에 대한 개념이 약하고, 아이를 과잉보호하고, 그물에 가둬두고, 양육 기술이 부적합하고, 불합리한 요구로 학교를 적대시하는 등 따분한 내용으로 묘사한다. 내가 연구한 1,700여 가족들은 대부분 건전하고 기능적인 부모였는데, 그들은 복잡한 가족과 학교문제에 대한 지침으로 문헌을 결코 참고하지 않는다. 이상의 부정적인 기술과는 반대로, Mathews, West와 Hosie(1986)에 따르면, 영재 가족은 평범한 가족에 비해서 건전한 상호작용 양식과 높은 수준의 심리적인 조절 장치를 갖고 있다. 그러나 영재의 부모는 외적으로뿐만 아니라 내적으로도 버림받았다고 느끼고 있다.

발달적인 상담프로그램에서는 영재가 부모들에게 독특한 도전을 부과하고 있음을 인지하고 부모들과의 지속적인 활동을 프로그램에 포함시키고 있다(Colangelo, 1991). Meckstroth(1991)은 부모들에게 강습회와 연구집회를 안내하는 포괄적인 지침을 제시한다. 상담자들은 부모가 IQ 검사의 의미를 이해하고, 가족 구성원들이 영재라는 '딱지'에 적응할 수 있도록 돕고(Colangelo & Brower, 1987), 학교와 효과적으로 상호작용하는 방법을 알려 줄 수 있다(Dettman & Colangelo, 1980). 부모 역시 인생에서 영재성의 의미를 이해하고 받아들이는 데 도움을 받을 수 있다. 적절한 상담으로 근거 없는 미신은 사라지고, 선택권이 주어지고, 양육에 도움을 받을 수 있다. 영재성에 대해 특별한 교육을 받고, 영재의 강렬한 정서적 삶을 이해하며, 영재를 키우는 것을 포함하여 힘든 과제를 깊이 이해하고 존중할 수 있는 상담자가 절실히 필요하다.

참고 문헌

Abelman, R. (1991). Parental communication style and its influence on exceptional children's television viewing. *Roeper Review*, *14*, 23-27.

Albert, R. S. (1978). Observations and suggestions regarding giftedness, familial influence, and the achievement of eminence. *Gifted Child Quarterly*, *22*, 201-211.

Albert, R. S. (1980). Exceptionally gifted boys and their parents. *Gifted Child Quarterly*, *24*,

174–179.

Anderson, R. W., & Tollefson, N. (1991). Do parents of gifted students emphasize sex role orientations for their sons and daughters? *Roeper Review, 13*, 154–157.

Ballering, L. D., & Koch, A. (1984). Family relations when a child is gifted. *Gifted Child Quarterly, 28*, 140–143.

Baum, M. L. (1992). From parent to parent. *Understanding Our Gifted, 4*(4), 18.

Benbow, C. P. (1992). Everywhere but here! *The Gifted Child Today, 15*(2), 2–8.

Bloom, B. S. (Ed.). (1985). *Developing talent in young people*. New York: Ballantine.

Bloom, B. S., & Sosniak, L. A. (1981). Talent development vs. schooling. *Educational Leadership, 39*(2), 86–94.

Burks, B. S., Jensen, D. W., & Terman, L. M. (1930). *Genetic studies of genius, Vol. 3. The promise of youth. Follow-up of 1000 gifted children*. Stanford, CA: Stanford University Press.

Colangelo, N. (1991). Counseling gifted students. In N. Colangelo & G. A. Davis (Eds.), *Handbook of gifted education* (pp. 273–284). Needham Heights, MA: Allyn & Bacon.

Colangelo, N., & Brower, P. (1987). Labeling gifted youngsters: Long-term impact on families. *Gifted Child Quarterly, 31*, 75–78.

Colangelo, N., & Dettman, D. F. (1983). A review of research on parents and families of gifted children. *Exceptional Children, 50*, 20–27.

Cornell, D. G. (1983). Gifted children: The impact of positive labeling on the family system. *American Journal of Orthopsychiatry, 53*, 322–336.

Cornell, D. G. (1984). *Families of gifted children*. Ann Arbor, MI: UMI Research Press.

Cox, J., Daniel, N., & Boston, B. O. (1985). *Educating able learners: Programs and promising practices*. Austin: University of Texas Press.

Culross, R. R. (1982). Developing the whole child: A developmental approach to guidance with the gifted. *Roeper Review, 5*(2), 24–26.

Dabrowski, K. (1964). *Positive disintegration*. London: Gryf.

Delisle, J. R. (1992). *Guiding the social and emotional development of gifted youth: A practical guide for educators and counselors*. New York: Longman.

Dettman, D. F., & Colangelo, N. (1980). A functional model for counseling parents of gifted students. *Gifted Child Quarterly, 24*(4), 158–161.

Dirks, J. (1979). Parent's reactions to identification of the gifted. *Roeper Review, 2*(2), 9–10.

Emerick, L. J. (1992). Academic underachievement among the gifted: students' perceptions of factors that reverse the pattern. *Gifted Child Quarterly, 36*, 140–146.

Feldhusen, J. F. (1992). Early admission and grade advancement for young gifted learners. *The Gifted Child Today, 15*(2), 4549.

Feldhusen, J. F., & Moon, S. M. (1992). Grouping gifted students: Issues and concerns. *Gifted Child Quarterly, 36*, 62–66.

Feldhusen, J. F., Sayler, M. F., Nielsen, M. E., & Kolloff, P. B. (1990). Self-concepts of gifted children in enrichment programs. *Journal for the Education of the Gifted, 13*, 380–387.

Feldman, D. (1979). The mysterious case of extreme giftedness. In A. H. Passow (Ed.), *The gifted and talented. Their education and development* (pp. 335-35 1). The seventy-eighth yearbook of the National Society for the Study of Education, Part I. Chicago: University of Chicago Press.

Feldman, D. H., with L. T. Goldsmith. (1986). *Nature's gambit: Child prodigies and the development of human potential.* New York: Basic Books.

Fine, M. J. (1977). Facilitating parent-child relationships for creativity. *The Gifted Child Quarterly, 21*, 487-500.

Fine, M. J., & Pitts, R. (1980). Intervention with underachieving gifted children: Rationale and strategies. *Gifted Child Quarterly, 24*, 51-55.

Freed, J. N. (1990). Tutoring techniques for the gifted. *Understanding Our Gifted, 2*(6), 1, 11-13.

Freeman, J. (1979). *Gifted children.* Baltimore: University Park Press.

George, P. (1988). Tracking and ability grouping. *Middle School Journal, 20*(1), 21-28.

Gillespie, W. J. (1982). *A national survey of urban gifted educational programs.* Unpublished doctoral dissertation, University of Denver.

Gogel, E. M., McCumsey, J., & Hewett, G. (1985). *G/C/T*, Issue No. 41, 7-9.

Grenier, M. E. (1985). Gifted children and other siblings. *Gifted Child Quarterly, 29*, 164-167.

Gross, M. U. M. (1989). The pursuit of excellence or the search for intimacy? The forced-choice dilemma of gifted youth. *Roeper Review, 11*, 189-193.

Gross, M. U. M. (1992). The use of radical acceleration in cases of extreme intellectual precocity. *Gifted Child Quarterly, 36*, 91-99.

Hackney, H. (1981). The gifted child, the family, and the school. *Gifted Child Quarterly, 25*, 51-54.

Hall, E. G., & Skinner, N. (1980). *Somewhere to turn: Strategies for parents of gifted and talented children.* New York: Teachers College Press.

Hansen, J. B. (1992). Discovering highly gifted students. *Understanding Our Gifted, 4*(4), 1, 11-13.

Hanson, I. (1984). A comparison between parent identification of young bright children and subsequent testing. *Roeper Review, 7*, 44-45.

Higham, S. J., & Buescher, T. M. (1987). What young gifted adolescents understand about feeling "different." In T. M. Buescher (Ed.), *Understanding gifted and talented adolescents: A resource guide for counselors, educators, and parents* (pp. 77-91). Evanston, IL: The Center for Talent Development, Northwestern University.

Hollingworth, L. S. (1926). *Gifted children: Their nature and nurture.* New York: Macmillan.

Hollingworth, L. S. (1942). *Children above 180 IQ Stanford-Binet: Origin and development.* Yonkers-on-Hudson, NY: World Book.

Jacobs, J. (1971). Effectiveness of teacher and parent identification of gifted children as a function of school level. *Psychology in the Schools, 8*(2), 140- 142.

Kaufman, A. S. (1992). Evaluation of the WISC-III and WPPSI-R for gifted children.

Roeper Review, *14*, 154-158.

Kaufmann, F. A., & Sexton, D. (1983). Some implications for home-school linkages. *Roeper Review*, *6*, 49-51.

Kearney, K. (1989). Homeschooling gifted children. *Understanding Our Gifted*, *1*(3), 1, 12-13, 15-16.

Kline, B. E., & Meckstroth, E. A. (1985). Understanding and encouraging the exceptionally gifted. *Roeper Review*, *8*, 24-30.

Kolloff, P. B., & Moore, A. D. (1989). Effects of summer programs on the self-concepts of gifted children. *Journal for the Education of the Gifted*, *12*, 268-276.

Kulieke, M. J., & Olszewski-Kubilius, P. (1989). The influence of family values and climate on the development of talent. In J. VanTassel-Baska & P. Olszewski-Kubilius (Eds.), *Patterns of influence on gifted learners: The home, the self and the school* (pp. 40-59). New York: Teachers College Press.

Laffoon, K. S., Jenkins-Friedman, R., & Tollefson, N. (1989). Causal attributions of underachieving gifted, achieving gifted, and nongifted students. *Journal for the Education of the Gifted*, *13*, 4-21.

Lewis, M., & Louis, B. (1991). Young gifted children. In N. Colangelo & G. A. Davis (Eds.), *Handbook of gifted education* (pp. 365-381). Needham Heights, MA: Allyn & Bacon.

Louis, B., & Lewis, M. (1992). Parental beliefs about giftedness in young children and their relation to actual ability level. *Gifted Child Quarterly*, *36*, 27-31.

MacKinnon, D. W. (1962). The nature and nurture of creative talent. *American Psychologist*, *17*, 484495.

Mathews, F. N., West, J. D., & Hosie, T. W. (1986). Understanding families of academically gifted children. *Roeper Review*, *9*, 4042.

Meckstroth, E. (l989a). Guarding the gifted child. *Understanding Our Gifted*, *1*(5), 1, 10-12.

Meckstroth, E. (1989b). On testing. *Understanding Our Gifted*, *1*(5), 4.

Meckstroth, E. (1991). Guiding the parents of gifted children: The role of counselors and teachers. In R. M. Milgrim (Ed.), *Counseling gifted and talented children: A guide for teachers, counselors, and parents*. Norwood, NJ: Ablex.

Meisgeier, C., & Murphy, E. (1987). *Murphy-Meisgeier Type Indicator for Children*. Palo Alto, CA: Consulting Psychologists Press.

Montemayor, R. (1987). Parents and adolescents: Understanding the cycles of conflict and affection in relationships. In T. M. Buescher (Ed.), *Understanding gifted and talented adolescents: A resource guide for counselors, educators, and parents* (pp. 24-25). Evanston, IL: The Center for Talent Development, Northwestern University.

Munger, A. (1990). The parent's role in counseling the gifted: The balance between home and school. In J. VanTassel-Baska (Ed.), *A practical guide to counseling the gifted in a school setting* (2nd ed., pp. 57-65). Reston, VA: The Council for Exceptional Children.

Myers, I. B. (1962). *Manual for the Myers-Briggs Type Indicator*. Palo Alto, CA: Consulting Psychologists Press.

Noble, K. (1989). Living out the promise of high potential: Perceptions of 100 gifted women. *Advanced Development, 1*, 57-75.

Olenchak, F. R. (1991). Wearing their shoes: Role playing to reverse underachievement. *Understanding Our Gifted, 3*(4), 1, 8-11.

Olszewski-Kubilius, P. (1989). Development of academic talent: The role of summer programs. In J. VanTassel-Baska & P. Olszewski-Kubilius (Eds.), *Patterns of influence on gifted learners: The home, the self and the school* (pp. 214-230). New York: Teachers College Press.

Parker, M., Ross, A., & Deutsch, R. (1980). Parenting the gifted adolescent. *Roeper Review, 2*(4), 4042.

Pfouts, J. H. (1980). Birth order, age spacing, I.Q. differences and family relations. *Journal of Marriage and the Family, 42*, 517-531.

Piechowski, M. M. (1987). Family qualities and the emotional development of older gifted students. In T. M. Buescher (Ed.), *Understanding gifted and talented adolescents* (pp. 17-23). Evanston, IL: The Center for Talent Development, Northwestern University.

Piechowski, M. M. (1991). Emotional development and emotional giftedness. In. N. Colangelo & G. Davis (Eds.), *Handbook of gifted education* (pp. 285-306). Needham Heights, MA: Allyn & Bacon.

Reis, S. M. (1987). We can't change what we don't recognize: Understanding the special needs of gifted females. *Gifted Child Quarterly, 31*, 83-89.

Rimm, S. B., & Lovance, K. J. (1992). The use of subject and grade skipping for the prevention and reversal of underachievement. *Gifted Child Quarterly, 36*, 100-105.

Robinson, N. (1987). The early development of precocity. *Gifted Child Quarterly, 31*, 161-164.

Robinson, N. M., & Noble, K. D. (1991). Social-emotional development and adjustment of gifted children. In M. C. Wang, M. C. Reynolds, & H. J. Walberg (Eds.), *Handbook of special education: Research and practice, Volume 4: Emerging programs* (pp. 57-76). New York: Pergamon Press.

Roedell, W. C. (1985). Developing social competence in gifted preschool children. *Remedial and Special Education, 6*(4), 6-11.

Roedell, W. C. (1988). "I just want my child to be happy": Social development and young gifted children. *Understanding Our Gifted, 1*(1), 1, 7, 10-11.

Roedell, W. C. (1989). Early development of gifted children. In J. VanTassel-Baska & P. Olszewski-Kubilius (Eds.), *Patterns of influence on gifted learners: The home, the self and the school* (pp. 13-28). New York: Teachers College Press.

Roeper, A. (1992). Whose problem is it? *Understanding Our Gifted, 4*(4), 5.

Ross, A. O. (1964). *The exceptional child in the family*. New York: Grune & Stratton.

Schecter, J. (1992). Comparing different measures of intelligence. *Understanding Our Gifted, 4*(4), 14-15.

Schetky, D. H. (1981). A psychiatrist looks at giftedness: The emotional and social development of the gifted child. *G/C/T*, Issue No. 18, 2-4.

Sebring, A. D. (1983). Parental factors in the social and emotional adjustment of the gifted.

Roeper Review, *6*(2), 97–99.

Shaw, M. C., & McCuen, J. T. (1960). The onset of academic underachievement in bright children. *Journal of Educational Psychology*, *51*, 103–108.

Silverman, L. K. (1985). *Characteristics of Introversion in Children Scale*. Denver: Gifted Child Development Center.

Silverman, L. K. (1986). What happens to the gifted girl? In C. J. Maker (Ed.), *Critical issues in gifted education, Vol. 1: Defensible programs for the gifted* (pp. 43–89). Rockville, MD: Aspen.

Silverman, L. K. (1988, October). The second child syndrome. *Mensa Bulletin*, No. 320, pp. 18–20.

Silverman, L. K. (1989). Invisible gifts, invisible handicaps. *Roeper Review*, *12*, 37–42.

Silverman, L. K. (1991). Help for the hidden handicapped. *Highly Gifted Children*, *1*(2), 10–11.

Silverman, L. K., Chitwood, D. G., & Waters, J. L. (1986). Young gifted children: Can parents identify giftedness? *Topics in Early Childhood Special Education*, *6*(1), 23–38.

Silverman, L. K., & Kearney, K. (1989). Parents of the extraordinarily gifted. *Advanced Development*, *1*, 41–56.

Silverman, L. K., & Kearney, K. (1992). Don't throw away the old Binet. *Understanding Our Gifted*, *4*(4), 1, 8–10.

Silverman, L. K., & Leviton, L. P. (1991). In search of the perfect program. *The Gifted Child Today*, *14*(6), 31–34.

Singal, D. J. (1991). The other crisis in American education. *The Atlantic Monthly*, *268*(5), 59–74.

Sloane, K. D. (1985). Home influences on talent development. In B. S. Bloom (Ed.), *Developing talent in young people* (pp. 439–476). New York: Ballantine Books.

Southern, W. T., & Jones, E. D. (Eds.). *The academic acceleration of gifted children*. New York: Teachers College Press.

Stanley, J. C. (1990). Leta Hollingworth's contributions to above-level testing of the gifted. *Roeper Review*, *13*, 166–171.

Strom, R., Johnson, A., Strom, S., & Strom, P. (1992). Designing curriculum for parents of gifted children. *Journal for the Education of the Gifted*, *15*, 182–200.

Sunderlin, A. (1981). Gifted children and their siblings. In B. S. Miller & M. Puce (Eds.), *The gifted child, the family, and the community*. New York: Walker.

Tannenbaum, A. J. (1992). Early signs of giftedness: Research and commentary. *Journal for the Education of the Gifted*, *15*, 104–133.

Tolan, S. S. (1992). Only a parent: Three true stories. *Understanding Our Gifted*, *4*(3), 1, 8–10.

VanTassel-Baska, J. (1989). The role of the family in the success of disadvantaged gifted learners. *Journal for the Education of the Gifted*, *13*, 22–36.

Vernon, P. E. (1987). The demise of the Stanford-Binet scale. *Canadian Psychology*, *28*(3), 25 1–258.

Whitmore, J. R. (1979). Discipline and the gifted child. *Roeper Review*, *2*(2), 42–46.

Whitmore, J. R. (1980). *Giftedness, conflict, and underachievement.* Needham Heights, MA: Allyn & Bacon.

Whitmore, J. R. (1989). Re-examining the concept of underachievement. *Understanding Our Gifted, 2*(1), 1, 7-9.

Witty, P. A. (1958). Who are the gifted? In N. B. Henry (Ed.), *Education for the gifted* (pp. 42-63). The fifty-seventh yearbook of the National Society for the Study of Education, Part II. Chicago: University of Chicago Press.

Wright, L. (1990). The social and nonsocial behavior of precocious preschoolers during free play. *Roeper Review, 12*, 268-274.

Young, J., & Johnson, D. (1991). Up by our own bootstraps. *Understanding Our Gifted, 4*(1), 1, 13-15.

학교에서의 상담

제 8 장

영재상담에서 교직원의 역할

Joyce VanTassel-Baska and Lee Baska

영재를 교육하는 데 있어 상담을 무시하는 한 가지 이유는 영재상담에 대해 적절하게 훈련받은 인력이 부족하기 때문이다. 훈련받은 상담자들은 대부분의 교육기관에서 매우 부족하다. 있다 하더라도, 대개 7학년부터 12학년을 대상으로 집중적으로 활동하고 있다. 모든 학생에 대해 책임을 지고 있기 때문에 영재에 대한 혜택은 제한될 수밖에 없다. 그 외에, 영재의 필요와 특성을 이해하는 상담자들이 거의 없기 때문에, 영재에게 특별한 서비스를 제공해야 한다는 필요성을 지각하지 못할지도 모른다. 이상의 이유로 인해, 학교에서 상담 전문가로부터 적절한 도움을 제대로 받을 가능성이 없어지게 된다. 그러므로 다른 인력이 상담요구에 대한 책임을 질 수밖에 없다. 이러한 과정에서 지원을 제공할 수 있는 가장 중요한 사람은 영재담당교사와 학교심리학자이다. 영재교육에 관해 특별히 훈련받은 교사는 영재의 인지적 발달처럼 정서적 발달에 대해서도 도움이 필요하다. 영재의 정서적 발달을 증진하는 전문가의 역할과 기능은 영재 프로그램을 개혁하는 데 중요한 강조점을 마련한다.

영재교사의 독특한 역할

영재교사는 영재의 독특한 심리사회적 상담 요구를 충족시킬 수 있도록 특별한 자격을 구비하고 있어야 한다. 교사가 교사/상담자 역할을 수행할 때, 영재에게 여러 이득이 된다.

1. 하나 이상의 활동을 위해 영재를 '따로 떼어내기'보다는 정규교실 혹은 특별 영재상황에서 상담을 지원할 수 있다.
2. 영재들은 인지적 문제에서 정서적인 부분을 따로 생각하지 않고, 총체적인 것으로서 영재 프로그램을 지각하기 시작한다.
3. 영재는 영재또래 소집단에서 이들을 잘 알고 있는 성인과 함께 공통의 흥미와 문제를 토론할 수 있다.
4. 영재는 특별히 약속한 날까지 미루는 것이 아니라 계속적으로 강화와 지지를 받을 수 있다.

실제로, 영재교사는 영재학생들과 더 많은 시간을 보내기 때문에 다른 교직원보다 영재에 대해 훨씬 잘 안다. 게다가, 영재교사는 영재의 독특한 특성과 요구를 이해하고 그에 맞게 대응하도록 훈련되어 있다. 그러므로 영재에게 상담을 제공하는 것은 기존에 제공하고 있던 서비스의 본질을 확대하고 넓히는 것이다. 학생에게 이득이 되는 것은 또한 교사에게도 이득이 된다. 특히 행동수정이 필요한 "문제" 학생의 경우가 그렇다. 따라서 교사는 영재의 독특한 상담 요구를 언급하는 소집단활동을 실시하는 자연스런 촉진자라고 할 수 있다.

영재성에 대처하기

기본적인 책략을 알고 있는 교사들은 성공적으로 영재의 상담 요구를 충족시킬 수 있다. 영재의 특별한 정의적 요구는 다음과 같다:

- ❑ 다른 사람과의 차이점과 유사점을 이해하고 인식하기

- ❑ 비판을 수용하고 비판하는 법을 이해하기
- ❑ 자신과 다른 사람에게 관대하기
- ❑ 자신의 강점과 약점에 대한 이해를 발전시키기
- ❑ 인지와 정서적인 발달을 도모하는 영역에서 기술을 발전시키기

교사가 적용할 수 있는 책략에는 다음과 같이 것들이 포함된다: 역할놀이, 개인교습, 사사제, 인턴십, 독서치료, 토론집단, 특별 프로젝트, 시뮬레이션, 게임, 특별취미클럽, 기술개발 세미나 및 진로탐색(일부 책략들은 본서의 다른 곳에서 상세히 기술할 것이며, 그 외는 여기서 다룰 것이다).

토론집단 만들기

영재를 상담하려면 영재가 자신의 세계를 지각하는 방법에서 출발해야 한다. 자기-이해를 통해서 건전한 자아개념과 자존감이 발달하게 된다. 영재교사는 소집단활동을 사용하여 다른 사람과의 관계에서 자신이 누구인지를 이해하도록 권장할 수 있다. 그러나 이상의 활동에 선행조건이 있다면 촉진자의 역할을 하는 교사를 두고, 영재끼리 토론할 기회를 마련해야 한다는 것이다(토론집단 실시에 관련하여 5장을 참조하기 바란다).

모델링

영재, 특히 여자 및 좋지 않은 환경에 처해 있는 학생들은 훌륭한 역할모델들을 접함으로써 영재 행동을 따라할 수 있는 추진력을 얻게 된다(Fox, Brody, & Tobin, 1980; Frazier, 1980). 영재교사는 역할모델을 제공하는 여러 가지 방안을 가지고 있다. 사사제와 인턴십도 역할모델을 제공하는 방법이다; 그러나 시간적 제약으로 교사가 이들 사사제와 인턴십 경험을 착수하는 것은 어렵다. 따라서 다른 대안들이 더욱 적절할 수도 있다.

영재는 독서를 좋아하고 인물의 삶에 쉽게 몰입할 수 있기 때문에, 독서치료는 여러 역할모델을 제시해 주는 자연스러운 방법이다(Hollingworth, 1926). 또한 독

서치료는 다른 상담영역에서도 아주 성공적인 책략으로 사용된다. 이러한 목적에 부합하는 주석이 달린 책을 손쉽게 구할 수 있다(Baskin & Harris, 1980; Tway, 1980)(독서치료에 관해서는 4장을 참조하기 바란다).

익숙하지 않은 문제를 해결하기

영재는 대개 시험을 잘 보고 어떤 분야에서 뛰어난 사람이라고 생각된다. 영재가 자신의 인지수준보다 낮은 시험, 예를 들어, 학년시험과 표준화된 성취검사를 잘 본다고 가정하는 것은 당연하지만, 중학교에 가서야 접하게 되는 어려운 시험에도 잘 대처할 기술을 가지고 있다고 가정할 수 없다.

사실, 여러 이유로 인해 많은 영재들은 시험을 잘 보지 못한다. 이상의 이유 중에는 시험 보는 데 흥미가 부족하거나 그 시험이 학생의 삶에서 어떠한 목적을 지니고 있는지 그리고 시험이 측정하는 것에 관심이 없기 때문이기도 하다(Renzulli, Reis, & Smith, 1981). 그러나 만약 시험을 "해결해야 하는 문제" 혹은 자신이 뛰어나다는 것을 보여 주는 지표라고 지각하게 되면, 시험점수 정보는 보다 정확하게 잠재성을 반영할 것이다. 영재로 하여금 이와 같은 관점을 발달시키도록 돕는 것이 바로 영재교사가 수행할 중요한 기능이다. "도전적인" 교육과정의 이월효과(carryover effect)를 통해서 영재와 교사 모두 수행에 대한 적절한 기대수준을 예측할 수 있도록 돕는다.

옹호자 및 조언자로서의 교사

지금까지 기술한 활동들은 교실상황에서 영재를 상담하는 "직접적인 중재" 접근법을 반영한다. 교사들은 또한 보다 간접적인 방법에서도 매우 효과적이다. 교사가 영재의 옹호자 역할을 함으로써, 다른 교직원 및 부모들로 하여금 영재의 특별한 행동을 이해하도록 돕는다. 어떤 일반 교사들은 영재가 모든 것을 잘 할 것이라고 생각하고 실수에 대해 지나치게 비판할지 모른다. 그러나 옹호자로서 영재교사는 학생의 강점과 약점을 설명하고 영재에 대해 현실적인 평가를 내리도록 다른 사람을 돕는다.

부모는 아이가 일반적인 "놀이" 활동보다 독서를 더 좋아하는 것에 대해 염려한다. 심지어 교육자들도 이러한 행동패턴을 염려할 수 있다. 옹호자로서 영재교사는 덜 영재인 아동들의 성향에서 볼 때는 이상해 보일 수 있지만, 이러한 행동이 영재에게는 지극히 전형적이며, "정상적인" 행동임을 확신시켜 줄 수 있다.

좋은 경청자의 역할 역시 아주 중요하다. 영재들은 자신의 감정을 공유할 누군가, 특히 부적당함이라든지 완벽하지 못함과 같은 부정적인 감정을 반영할 사람이 없다고 느낀다. 예를 들어, 영재 프로그램에 처음 들어가면, 종종 부적당함을 느낀다. 갑자기 자신이 교실에서 가장 똑똑한 학생이 아니고, 이전 학교교육에서 갈고 닦았던 "지나간" 행동들이 더 이상 통하지 않는다고 생각한다. 이러한 감정을 처리하는 것은 학생의 발달에 아주 중요한 부분으로서, 오래되고 부적절한 태도 및 행동을 떨궈내기 위해 꼭 필요하다. 교사는 학생들이 이러한 감정을 두려움 없이 표출할 수 있는 환경을 만들어 주어, 표현할 수 있는 방출구를 제공하고 결과적으로 성장할 수 있도록 도와줘야 한다.

비공식적인 조언자로서 교사의 역할 역시 중요하다. 예를 들어, 많은 중학생 영재들은 고등학교에 입학할 때 들어야 하는 적정 과목, 특히 이후 대학과 진로선택과 관련이 있는 것을 결정하는 데 아무런 아이디어가 없다. 교사들은 장기적인 최대의 효과를 꾀하는 교육적인 경험을 미리 계획하여 세우도록 도와줄 수 있다. 영재교사들은 학생에게 적합한 과정을 추천해 주거나 자신의 개인적 경험에 비추어, 이들 과정의 중요성을 알려 줄 수 있다. 교사가 이와 같은 방식으로 도움을 줄 때, 영재는 자신을 잘 알고 이해하는 사람으로부터 "장기적인 안목"을 얻을 수 있다.

분명 교실상황에서 교사를 통해 모든 상담 욕구를 충족시킬 수 없고, 개별 혹은 집단활동으로 다양하고 복잡한 필요를 충족시키는 것도 아니다. 그러나 영재와 함께 활동하는 학식 있고 민감한 교사는 영재의 주요 정서적 요구를 적절하게 언급할 수 있으므로, 이와 같은 방식으로, 영재상담이 이상이 아니라 실제적인 표준 프로그램의 일부로 자리매김을 할 수 있다.

상담에서의 행정가의 역할

교육장, 교장, 중앙 행정가 같은 학교 행정가의 역할 역시 영재상담에서 중요하다. 일차적인 의사결정자로서, 영재들이 교육적 및 지원적 서비스를 받는 데 필요한 개인과 기관의 변화에 영향을 미칠 수 있다. 그 외에, 행정가들이 영재와 부모에게 개인적으로 접촉하는 것도 중요하다.

행정가들은 영재를 위한 기관 옹호자로서의 역할을 담당해야 한다. 행정가들은 프로그램과 교육과정에 대한 의사결정을 내릴 때, 영재에 대한 관심을 가지고, 학교 프로그램과 스케줄에 융통성을 부여하고, 영재의 개인적 요구에 반응적인 프로그램을 개발하는 데 관여해야 한다. 행정가들은 또한 영재들이 학교에서 적합한 교육적 기회를 가질 수 있도록 해야 한다.

교사처럼, 행정가들도 학군 내에서 부모 및 지역사회 구성원들을 상담하는 역할을 담당해야 한다. 학군에서, 행정가들은 교사 및 교직원들이 영재교육에 대한 훈련을 받을 수 있도록 해야 한다. 훈련은 아마 수업 및 전문성 개발활동 형태일 것이다. 교직원을 훈련시킴으로써, 행정가들은 영재교육을 위한 질 높은 프로그램을 제공하는 데 일조할 수 있다.

교장도 영재의 생활에서 중요한 역할을 한다. 교장은 영재를 지원할 것인지 아니면 무시할 것인지 학교 내 분위기를 조성하고 대개 교직원은 이를 따른다. 협조적인 교장 아래서 영재는 번성하고 꽃을 피우게 된다. 학군으로 이사 온 부모들은 재능을 발전시킬 학교를 물색한다. 수월성에 가치를 부여하고 모든 학생의 적정 발달을 위해 노력하는 교장은 뛰어난 학생을 끌어들일 수 있다. 어떤 교장은 소집단별로 영재학생과 활동하는 시간을 마련하거나 리더십 잠재성을 가진 학생의 사사로서 역할을 하기도 한다.

영재 프로그램의 지도자 혹은 코디네이터의 위치에서, 행정가는 프로그램 선택안들을 제대로 갖추고, 상담을 하고, 영재교육과 관련하여 모든 학생을 위한 수월성 목표를 확실하게 함으로써 상담역할을 담당한다. 프로그램이 제대로 갖추어졌을 때, 행정가들은 제대로 잘 굴러가는지 지켜보아야 한다.

교사에게 하듯이, 영재는 개인 및 학업문제로 행정가의 상담을 받을 수 있다. 따라서 행정가와 따로 약속을 잡거나 아니면 복도에서 잠깐의 시간을 이용할 수도 있다. 영재의 개인적인 필요를 잘 들어주는 것은 적절하게 상담하는 행정가의 역할이다.

사회복지사의 역할

영재에게 서비스를 제공하는 데 잘 활용되지 않는 인력팀이 있다면 사회복지사이다. 전통적으로 사회복지사의 역할은 아동의 심리적 욕구와 관련하여 예방적인 역할을 하는 것보다는 응급 또는 위기에 서비스를 제공하는 것이었다. 응급상황을 무시해서는 안 된다. 그렇지만 시간을 할애하여, 사회복지사는 전통적인 특징을 보이지 않거나 다른 방식으로 위기에 처한 영재에게도 도움을 주어야 한다. 사회복지사는 영재의 독특하고 특이한 행동에 기여하는 가족의 양상에 대해 특수 훈련을 받았다. 사회복지사들의 조력을 통해서 영재를 돕는 교사의 역할을 강화할 수 있다.

가족에 대한 지식으로 사회복지사는 영재를 가장 잘 정서적으로 양육할 수 있는 가족 구성원을 찾을 수 있다. 역기능을 보이는 가정의 부모가 할 수 없을 때, 부모 역할을 수행할 대리인을 지목하는 것이 필요하다. 이것은 모든 아이의 발달을 위해 중요하지만 일반적으로 영재의 고양된 정서적 민감성 패턴을 볼 때, 이 역할은 더욱 중요하다.

미성취 영재에 대해서는, 처음 시도하여 얻은 성취에 대해 적절하게 인정해 주는 것이 필요하다. 사회복지사의 역할 중 하나는 미성취자에게 동기를 부여하는 핵심을 찾아내어, 동기를 부여하고 자존감을 가질 수 있도록 돕는 것이다. 훈육문제와 행동적 "비상사태"를 줄일 때 학교가 할 수 있는 가장 강력한 방법은 학생이 지닌 강점을 인식하는 것이다. 사회복지사의 예방적 역할의 도움으로, 교사들은 교수책략을 고안할 때 사용할 수 있는 학생의 특별한 강점을 찾아 낼 수 있다. 이를 위해서, 학생의 비행행동에 주안점을 두는 것을 줄이고 학생에 대한 학교분위기를 부정적인 것에서 긍정적으로 바꾸어야 한다(위기에 처한 학생을 위한 활동에 대해서는 12장을 참조하기 바란다).

사회사업의 복지적 특징은 비전형적인 영재를 돕고, 보다 도전적인 경험을 제공할 수 있는 사사를 지역사회에서 찾는 데 아주 적합하다. 서비스 클럽을 통해서도 Junior Achievement 프로그램 같은 장학금, 외국 교환, 사업경험을 제공할 수 있다.

그러므로 사회복지사는 영재 및 그 가족을 상담하는 데 있어 중요한 역할을 제공할 수 있다. 이들 역할은 다음과 같은 것들을 포함한다: 역기능적이며 비전형적인 가족구조를 다루어 영재의 정서관리를 확보하고, 학교에서 영재의 옹호자로서 역할을 담당하고, 사사를 포함하여 지역사회 자원을 찾아낸다.

학교심리학자의 역할

영재상담에서 포함해야 할 또다른 사람은 학교심리학자이다. 연구와 측정에서 훈련을 받았으므로, 영재성을 포함하여 능력 측면에서 학생의 행동을 해석할 수 있다. 반면에 영재는 대개 교실환경이 요구하는 대로 잘 적응하는 놀라운 탄력성을 보여주기 때문에, 이것이 영재의 발달에 해가 될 수 있다. 영재들은 가정교사, 도우미가 될 수 있고, 거의 도전성이 없는 교실에서 지루함을 숨기는 다양한 역할을 맡을 수 있다. 학교심리학자/옹호자는 학교의 주된 역할, 즉 모든 학생을 위한 적절한 교육을 강조함으로써, "이후 삶을 위한 사회적 기술"이라는 명목으로 재능을 잘못 사용하고 있음을 언급해야 한다. 법적으로 힘이 없는 학생을 위해 그들의 요구에 맞는 별도의 교육과정을 제공하는 것은 재정적으로 여유가 없는 학군에서는 인기가 없다. 그러나 영재의 특별한 요구는 장애를 가진 학생의 요구만큼 다양하고 최선의 발달을 위해 절실한 것이다. 학교심리학자들이 바로 적절한 방식으로 영재의 요구를 언급하고 다른 사람에게 가장 잘 이해시킬 수 있다. 학교심리학자는 또한 학습장애가 있는 영재를 파악하고 이들 요구를 교직원에게 설명할 수 있는 학교체제 내 유일한 사람이다.

학교심리학의 역사

학교심리학자의 역할은 초기 특수교육 학생에 대한 교육적 의사결정을 내리는 데 있어 결정적인 역할을 담당하였다. 헤드스타트(headstart)와 1960년대 중반에 있었던 기타 교육개혁의 발판이 되었던 "Great Society" 입법으로 이전에 배제되었던 학생들이 "최소의 제한적인 환경에서 자유롭고 적절한 교육"을 받을 수 있도록 보장하는 연방법령을 마련하였다. 이상의 법령 하에 부모들은 법적권한을 행사하였고 특수교육 서비스가 이러한 요구에 부응하여 엄청나게 커졌다. 장애아동의 권리와 적당한 절차로 인해, 학교 교육에 새로운 차원을 더하게 되었고 새로운 전문가를 훈련하고 고용하게 되었다.

장애아를 위해 필요한 개혁을 부모가 불러일으켰을 때, 이것이 학교에 장기간의 영향을 미치는 결과를 가져올 것이라 기대하기 어려웠다. 학교심리학자들은 특수교육 배정을 위해 불가피한 허가를 받아야 했으므로, 심리측정가라는 불행한 역할을 해야 했다. "자격을 갖출 때까지 검사하고 계속 검사하라"는 특수교육에 투자한 만큼 보상하려는 실용주의자들의 정신세계에서 나온 부산물이었다.

장애아를 위한 특수반이 처음에는 유익한 것 같았으나, 최근의 경향은 "주류화(mainstream)" 혹은 정규교실로 학생을 되돌려 놓고 있다. 만약 특수반에 배정됨으로써 다른 학생들로부터 분리된다면, 자아지각에 해로울 것이라고 두려워한다. 비록 연구는 이러한 두려움을 뒷받침하지는 못해도(Singal, 1991; Snyderman & Rothman, 1988), 소그룹으로 지도할 때 얻는 이득보다 정서적인 관심이 보다 클 수 있다. 따라서 심리학자들의 역할은 상담하는 역할로 바뀌고 있는 추세이며, 장애아와 날마다 활동하는 교사 및 다른 사람에게 도움을 주고 있다. 학교심리학자가 영재들을 상담하면서 도와주는 것도 이러한 종류의 역할이다.

그러다가 1990년대 학교심리학의 주된 경향은 검사결과에 오류가 없다고 가정하는 심리측정적 배정 업무와 상충되는 것으로서, 상담과 치료개입을 지향하고 있다. 점차적으로 교직원들은 학교 안과 밖에서 학생의 환경에 영향을 미치는 자료와 교육과정 등을 고려하지 않고 내렸던 결정에 대해 의심하기 시작했다. 부모, 심리학자, 사회복지사, 아이의 현재 문제를 치료하는 사람을 모두 포함하는 인사행정의 의사결정이 점차 준거(norm)가 되었다. 학교심리학자의 요청에 따라 영재를 위해 또한 인사행정(staffing)을 실시할 수 있다. 심리학자의 역할이 심리측정가를 넘어섰을 때 이들은 영재를 위해 보다 나은 서비스를 제공할 수 있다.

영재와 활동하는 학교심리학자의 새로운 역할

학교심리학자는 영재성의 의미에 대해 꼭 필요한 정보를 가지고 있으므로 이를 전체 학교공동체와 공유해야 한다. 다른 책임으로부터 학교심리학자를 자유롭게 해서 이와 같이 중요한 역할을 수행하도록 해야 한다. 이상의 목표를 성취할 때 주요 장애가 되는 특수교육검사에 대한 단편적인 사고방식을 극복하는 것이 중요하다. 학생들을 검사하고 보고서를 작성하는 것이 주요 학교심리학자의 일이 되었다. 이들 활동으로 인해 학교심리학자가 영재를 위해 적극적으로 그 역할을 담당하는 데 방해가 된다. 학교심리학자가 영재를 위해서 할 수 있는 역할은 다음과 같다.

검사결과를 다양한 사람들에게 해석하기

주요 사람들로 행정가, 교사 및 부모가 포함된다.

행정가. 심리학자들이 수행하고 제공하는 한 가지 중요한 서비스는 영재에게 실시하는 검사가 적절하고, 신뢰롭고, 타당한지 조사하는 것이다. 초기 단계에서 학교심리학자는 영재의 전형적인 문제를 예상하여 발달 지향적인 책략을 발전시킬 수 있다. 학교심리학자는 교수, 학습 및 검사간의 관계를 정확하게 보여 주는 학생자료를 마련해야 한다. 이러한 종류의 정보는 교사집단의 교수과정을 향상시키며 학교에서 진정한 배움을 강조하도록 교장을 돕는다.

교사. 효과적인 심리학자의 기능 중에 중요한 부분은 각 교사의 강점을 칭찬하고 격려하는 것 외에 약점에 대하여 건설적인 조언을 주는 것이다. 이 역할의 주춧돌은 효과적으로 성장할 수 있도록 교사에게 도움을 주는 상호 수용적인 교수법을 찾아내어 보다 나은 서비스를 학생에게 제공하는 것이다. 교사에게서 배운 것도 분명히 심리학자의 성장에 도움이 된다.

영재의 실제 능력을 자극하기 위해, 견학과 학기보고서를 넘어서 영재교육과정을 개설할 때 신중하게 조사해야 한다. 진로계획에 가장 적합할 수 있도록, 학생과 함께 그들의 목표에 대해 상의해야 한다. 이 과정에서, 성격평가는 특히 연이은 좋은 성적에서 나타난 발달적 성장을 살펴볼 때 도움이 된다.

부모. 학교심리학자의 주요 과제는 부모들로 하여금 자녀의 강점, 약점, 그리고 발달상황에 대한 이해를 하도록 돕는 것이다. 그 외, 학교심리학자는 자녀의 진척사항에 대해 적절한 질문을 제기할 수 있도록 도와줌으로써, 효과적인 학교/가정 협동체제를 구축할 수 있다. 이것은 부모의 입지를 강화시키고, 학교와 가정간의 대화를 증진시키고, 교육적 지원을 위한 긍정적인 분위기를 불러일으킨다.

부모에게 제공되는 정보 중에 혼란스런 것은 주기적인 표준화 검사결과이다. 검사의 천정(바닥)효과 때문에, 학년 수준의 다지선다형 검사로는 학생의 능력범위를 제대로 보지 못하게 된다. 영재는 자신의 능력에서 그 깊이와 넓이를 보여 줄 기회를 갖지 못하고, 역으로 능력이 낮은 학생이 오히려 찍어서 좋은 결과를 얻을 수 있다. 진정한 능력과 무능력을 좁힌다고 오히려 다양한 학교공동체의 실체를 감추고 학생의 재능과 약점을 숨기게 된다. 따라서 검사의 목적은 개인의 학업성취 및 적성보다는 책무성의 최소기준을 평가하는 것으로 해석해야 한다.

장애 및 소외영재

장애아동을 찾아내는 과정은 상대적으로 잘 조직되어 있으나, 영리한 학생의 경우는 이와 다르다. 선발하는 사람은 영재이면서 동시에 장애를 가진 학생을 인식하는데 훈련을 받지 않았다. 장애아동을 홀대하자는 것이 아니라 많지는 않지만 같은 방식으로 영재의 요구도 억압받고 있다는 점을 인식하자는 것이다. 학교심리학자는 학교 상황에서 영재와 소외된 학생을 위한 판별 및 프로그램을 제안해 주는 책임이 있다. 학군의 옹호자로서, 심리학자는 쉽게 영재의 가장 큰 욕구를 식별하고 영재를 위한 적절한 서비스를 계획할 수 있다. 개별 학교가 영재 및 소외 학생에게 필요한 서비스를 거의 제공하지 못하기 때문에, 이상과 같은 서비스의 중심체가 중요하다.

지역사회 네트워크

향후 몇 년 내에 우리 사회에서 출현하는 고도 기술에 대해 능력을 배양하는 것이 주요 학교의 역할이 될 것이다. 실제 사사들은 미래 직업상의 요구에 대한 보다 나은 관점을 제공하고, 학교에서 제공하지 못하는 것을 준비할 수 있도록 돕는다. 이들은 또한 학생들이 성공하고자 하는 분야에서 역할모델이 되어 줄 수 있다.

Kiwanis, Rotary, Lions, Salvation Army 같은 지역사회 자원은 지역사회 안에서 교육적 신뢰성과 관련 있는 중요한 부분이다. 학교 내에서 자발적으로 자원봉사하거나 직업세계에서 직업/진로 기회를 찾아주는 것이 영재 입장에서 보면 일종의 네트워크 과정이 될 수 있다.

최신의 훈련과 경험을 제공하려는 학교에 있어 영재와의 활동을 조직하고 관리하는 사사의 중요성이 점점 증가하고 있다. 학교심리학자들이 특히, 학생과 사사를 연결시켜 주는 단계에서 도움을 줄 수 있다.

영재를 위한 개별교육계획(IEP)을 발전시키기

개별교육계획(IEP)은 일종의 특별한 교육문서로, 부모들로 하여금 자녀에 대한 적정 수준의 기대를 갖게 해 준다. 대부분 부모는 고도 영재들이 받을 수 있는 교육적 지도범위 및 선택에 대해 아는 바가 거의 없다. 아이의 태도 및 능력에 가장 잘 맞게 계획을 세우는 것이 장기간의 교육적 안목을 갖기 위해서 절대적으로 필요하다. 학교심리학자들은 전통적으로 장애를 가진 학생의 IEP를 발전시키는 데 결정적인 역할을 하였으므로, 영재를 위한 IEP를 결정할 때도 최상의 자원이 될 것이다.

검사 재검토를 지원하기

교직원들은 지능검사에 대한 자료에 불만을 가지고 있다. 심리학자의 역할에 따른 주요업무는 학교목적에 맞는 검사자료를 선택하기 위해 검토과정을 조직해야 하는 것이다. 그러면 심리학자는 진단검사와 성취검사를 검토하고 교사들이 검사를 구성할 수 있도록 도와주고, 이들 검사를 해석하는 데 도움을 줄 수 있다.

학교심리학자는 검사자료를 신뢰롭게 해석하여 교육과정을 중재하는 중요한 역할을 수행하는 위치에 있다. 예를 들어, William and Mary 대학은 검사결과에 기초하여 영재를 위한 중재 프로파일을 개발하고 있다. 검사자료를 학급교수지도로 전환할 때 필요한 두 단계 과정을 〈표 8.1〉과 〈표 8.2〉에 제시하였다.

〈표 8.1〉

개별교수지도계획 파트 I(Individual Instructional Plan–Part I)

평가자에게: 각 학생의 심리보고서를 작성한 후, 검사도구의 하위부분에서 도출한 다음의 목록에 기초하여 학생의 강점과 약점을 점검해 주십시오. 감사합니다.

강점	약점	
_____	_____	주의가 분산되지 않음(WISC-R)
_____	_____	숫자 폭(digit span)
_____	_____	산수
_____	_____	부호화
_____	_____	블록디자인
_____	_____	어휘력(WISC-R & PIAT-R)
_____	_____	독해력(PIAT-R)
_____	_____	수학 개념(PIAT-R)
_____	_____	공간 추론(WISC-R)
_____	_____	블록디자인
_____	_____	미로
_____	_____	물체통합
_____	_____	언어적 추론(WISC-R)
_____	_____	그림 배열
_____	_____	단기기억(WISC-R)
_____	_____	숫자 폭(digit span)
_____	_____	산수
_____	_____	문어적 표현(PIAT-R)
_____	_____	일반적인 정보(WISC-R & PIAT-R)
_____	_____	언어적 창의성(Torrance)
_____	_____	도형 창의성(Torrance)
_____	_____	사회적 이해
_____	_____	언어적 유사성 추론
_____	_____	유사성(WISC-R)
_____	_____	시각적 종결(WISC-R)
_____	_____	그림 완성
_____	_____	물체통합
_____	_____	도형 유사성 추론(MAT)

영역 내 검사 및 하위검사에서 검사수행 간 일관성이 있습니까?
예 _____ 아니오 _____ 만약 '아니오'라면, 이에 대해 설명해 주십시오.

이 학생에 대해서 고려해야 할 특별한 정서적/행동적인 문제가 있습니까?
예 _____ 아니오 _____ 만약 '예'라면, 이에 대해 설명해 주십시오.

개별교수지도계획(IIP) 책임자에게 작성한 양식을 전달해 주십시오.

출처: the Center for Gifted Education, College of William and Mary, Williamsburg, VA.

〈표 8.2〉

개별교수지도계획 파트 II(Individual Instructional Plan-Part II)

IIP 개발자에게: 개별교수지도계획 파트 II를 살펴본 후, 아래 제시해 놓은 범주 중 학생의 강점영역에 가장 가깝게 상응하는 것에 체크표시(✔)를 해 주십시오. 한 번 더 리스트를 읽어보고, 발전을 위해 추천하고 싶은 영역에는 별표(*)를 해 주십시오.

일반적인 목표

- ❑ 창의성/예술적 표현을 위한 기회 개발
- ❑ 분석, 종합 및 평가의 비판적 사고기술 개발
- ❑ 자아 존중감 향상

인지적/학문적

언어적(독해, 언어예술)

- ❑ 적절한 문학작품에 대한 탐구-기반학습(inquiry-based study)의 적용
- ❑ 문학작품에서 이야기까지 아이디어를 정교화하고 통합을 권장하는 작문 프로그램의 사용
- ❑ 보충 읽기용으로 내용영역에서 전기나 책들을 선정(다문화적인 주제를 다룬 책을 포함하여)
- ❑ 교육과정상에 외국어 경험을 포함
- ❑ 논리적, 비판적 사고의 적용과 발달을 강조
- ❑ 스토리텔링 기법의 사용
- ❑ 학생의 흥미에 기초한 자유 독서시간 제공과 권장
- ❑ 논쟁 기술의 지도
- ❑ 폭넓은 독해 패턴의 자극
- ❑ 설명적 작문 기술의 발달
- ❑ 독서수준을 진단하고 그 수준에 기초하여 독서자료를 기술하는 읽기 프로그램의 개별화
- ❑ 토론을 할 수 있도록 비슷한 학생들로 이루어진 문학집단의 구성
- ❑ 어휘력 향상에 초점
- ❑ 단어 관계 기술의 발달(유의, 반의, 동음이의어)

수리적(수학)

- ❑ 기하와 다른 매개를 통해서 공간 기술과 개념의 발달
- ❑ 적절히 도전적인 문제로 문제해결 기술에 초점
- ❑ 문제해결 과정의 도구로서 계산기와 컴퓨터의 사용
- ❑ 계산기술을 덜 강조하고 수학적 개념을 보다 강조
- ❑ 연역적 사고 기술과 추론을 요구하는 논리적 문제에 초점
- ❑ 특별 프로젝트를 통한 실제생활에 수학을 적용

〈표 8.2〉

개별교수지도계획 파트 II(Individual Instructional Plan–Part II) (계속)

- ❑ 대수적 조작을 강조
- ❑ 통계적 기술의 지도
- ❑ 확률의 사용에 초점

비언어적

- ❑ 시각적 공간 기술의 지도
- ❑ 맵(mapping)책략의 지도
- ❑ 상위인지(metacognition)의 지도
- ❑ 도형적 상징을 사용한 개념의 지도
- ❑ 퍼즐 및 미로 사용

창의적/미학적

- ❑ 유창성, 유연성, 상세화, 독창성의 기술 연습
- ❑ 독특한 산출물의 개발
- ❑ 상연을 위한 드라마 및 단막극 준비
- ❑ 예술 감상의 기회 제공
- ❑ 음악적 기회의 제공
- ❑ 극에 대한 교수지도의 제공
- ❑ 무용과 율동의 기회 제공
- ❑ 역할극의 지도
- ❑ 미술, 음악, 문학을 망라한 "종합적인" 경험의 제공
- ❑ 여러 미술 형태의 소개
- ❑ 여러 음악 형태의 소개
- ❑ 창의적인 사람의 자서전 사용
- ❑ 창의적인 문제해결의 지도
- ❑ 브레인스토밍의 사용

행동적/사회적/정서적

- ❑ 독립적인 활동의 격려
- ❑ 흥미분야에 따른 협동학습의 격려
- ❑ 교육적 분야에 따른 협동학습의 격려
- ❑ 사사관계 격려
- ❑ 개인교습 격려
- ❑ 인턴십 격려
- ❑ 장기 프로젝트의 사용 격려

출처: the Center for Gifted Education, College of William and Mary, Williamsburg, VA.

검사와 평가

학교심리학자의 전통적인 역할은 그들 고유의 역사와 전통을 가지고 있는 검사에서 찾을 수 있다. 지능검사의 역사는 검사의 예측타당성을 위해 임상 준거집단을 도입하여, 최초의 척도를 1905년에 만든 Binet와 Simon의 19세기 활동에 근거한다. Lewis Terman(1916)과 1차 세계대전 당시 징병자를 검사한 여러 연구자들로 인해 현재 사용하는 과정과 유사한 검사항목들이 빠르게 증가하였다. 영재를 대상으로 Leta Hollingworth는 Stanford에서 나온 과정을 확증하는 활동을 하였다(Hollingworth, 1926). 그 후로 통계 및 방법론적인 기술의 향상과 검사를 지지하는 이론들이 계속적으로 정련되고 있다. John Raven의 비언어적 매트리스(1938)는 문화적인 영향을 덜 받는 검사를 추구하는 과정에서 그간 60년 동안 노력하였던 추론 기술을 추가하였다(Sattler, 1982).

보다 최근에 독립 출판업계는 좀더 큰 검사시장에서 꼭 맞는 곳을 찾으려고 하였고, 영재를 판별하는 새로운 방법을 제공할 수 있다고 주장한다. “완벽한 검사”는 유행과 혼란으로 가득한 영재교육 시장에서 신성한 목표가 되었다. 검사개발, 인쇄, 타당화 과정에 소요되는 비용 때문에 주요 출판업자들은 전체 학교인원에 초점을 두고, 마치 특별한 처치가 필요한 모든 학생에게 사용할 수 있는 것처럼 자신의 상품을 팔고 있다.

검사에 대한 일반적인 비판은 자격이 불충분한 사람들이 검사를 잘못 사용하고 있다는 쪽으로 향하고 있다. 복잡하며, 실제생활 문제에 빠르게 답하고 간단하게 해결하려고 하기 때문에 검사를 잘못 사용하고 있으며, 종종 분별력 있게 사용해야 하는 도구일 경우에만 검사에 그 의사결정 책임을 전가한다.

검사점수를 해석할 때 점수의 통계적 속성과 평가하는 심리적 특성에 대한 지식이 필요하다. 백분율, 표준점수, 지능편차값, 측정에서의 표준 오류들과 관련된 위험성들을 이해함으로써 이를 적정하게 사용하는 것이 중요하다.

1985년 지능측정연보 9판(Ninth Mental Measurements Yearbook)은 가장 많이 언급되고 있는 50개의 검사를 빈도표로 제시하고 있다(Mitchell, 1985). 이들 검사들은 측정의 핵심과 측정의 구인에 있어 가장 널리 사용하는 검사들을 보여 주고 있다.

일반적인 측정원리들

영재교육분야의 많은 연구자들은 지능검사의 사용과 오용을 비난한다(Renzulli, 1978; Sternberg, 1985). 어떤 이들은 영재(Alvino & Weiler, 1979; Bruch, 1971; Torrance, 1970), 특히 소외되고 있는 학생들을 판별할 때 표준화된 검사절차를 부적절하게 사용하고 있다고 말한다. 그리고 대부분 학군에서는 교사추천과 또래 및 부모를 활용하여 그 관찰자료를 사용하는 측정상의 균형을 이루는 판별과정을 채택하기 시작하였다. 그러나 Martinson(1974)은 개별 Stanford-Binet(Form L-M)검사가 단일검사로서 영재를 가장 잘 측정한다고 하였으며, Richert, Alvino와 McDonnell(1982) 역시 일반 지적능력을 판별하는 가장 이용 가능한 개별지능검사로서 Stanford-Binet 검사를 보고하였다. 왜 그리고 언제 구 Binet 검사를 사용해야 하는지 그 포괄적인 논의에 대해서는 Silverman과 Kearney(1992)에서 살펴볼 수 있다.

재능발굴

Julian Stanley는 판별문제와 관련하여 한 가지 중요한 발전을 제안하였다(Stanley, Keating, & Fox, 1974). 단순하지만 고상한 아이디어는 좀더 나이 많은 학생용 검사를 어린 학생들에게 실시하여 어려운 시험을 보도록 하는 것이다. 처음에 Leta Hollingworth가 이 아이디어를 제안하였다(Stanley, 1990). 특히, Stanley는 대학 학업적성검사(SAT)를 조숙한 7학년 학생에게 실시할 것을 추천하였다. 이 방법의 효과는 이제 전설이 되었다. 매년 국가적 및 세계적으로 100,000명에 달하는 학생들이 이 과정을 통해 시험을 치르고 있다.

두 단계에 걸쳐서 영재성을 찾는다. 수리 및 언어영역의 학년 표준화된 성취검사에서 95~97%tile에 속하는 학생을 첫 번째 단계에서 찾아낸다. 두 번째 단계에서는 첫 번째 단계에서 선발한 학업적으로 능력이 있는 학생에게 전형적으로 고3 학생에게 실시하는 학업적성검사(Scholastic Aptitude Test)를 실시함으로써 변별해낸다. 실제 천정효과가 없는 SAT에서 점수분포를 이루므로, 교육자들은 학업적성의 주요부분에서 발달적으로 결정적인 단계에 있는 고등학생을 좀더 잘 식별할 수가 있다. 게다가, 어린 학생들은 수리나 언어영역에서 상급과정(advanced courses)을 수강하지 않았기 때문에, 그 점수가 성취보다는 적성을 보다 잘 나타내 주는 반면, 나이 든 학생에게 SAT는 적성보다는 학업성취를 측정한다.

교육자들이 지역판별정책을 구성할 때, SAT 적성검사가 어떤 중요한 정보를 제공하는가? 지역수준에서 차별화된 프로그램을 받을 학생들을 판별할 때 재능발굴 판별모델의 원리들을 사용하기 시작하였다. 그러나 이러한 원리들도 지역프로그램 판별문제로 변모되고 있다(VanTassel-Baska & Strykowski, 1985).

수준과 상관없는 검사의 원리

영재는 항상 학년내의 표준검사에서 상위를 차지하기 때문에, 이와 같은 검사성적에 기초하여 진정한 잠재성을 구별하는 것은 불가능하다. 또한 검사 상위집단의 일부 영역에 대해 임의적으로 기준점수(cut-off)를 설정하는 것도 부당하다. 수리와 언어영역의 특수 학문적 잠재력은 보다 나이 든 집단에서 실시하는 표준화된 검사, 즉 수준과 상관없는 검사를 실시함으로써 보다 잘 구분할 수 있다. 대부분 지역학교는 학년별로 실시하는 측정검사에서 상위 일부 영역에 대해 임의적으로 기준점수를 적용함으로써, 이상의 원리를 무시한다. 결과적으로 많은 학생들이 이 과정에서 간과되고 있다.

일반적인 지능보다 적성의 특수영역에 대한 검사의 원리

최근 영재교육의 이론적 경향은 다중지능이론의 개념(Gardner, 1983)을 포함하며, 신동에 대한 연구들에서도 지능이 영역-특수적인(domain-specific) 맥락에서 나타난다고 밝히고 있다(Feldman, 1980). 재능발굴 학생에 대한 연구를 보면, 특수적성영역에서 상급과정을 수강할 수 있는 학생을 발굴할 때 학업적성검사가 효과적임이 보고되고 있다(Keating, 1976; Stanley & Benbow, 1981; VanTassel- Baska, 1983). 이 방법은 중·고등학교 학생을 판별할 때 특히 적절하다. 지능검사의 천정효과와 대부분 중·고등학교 학생들이 지식의 특정 분야에 집중하기 시작하므로, 이 발달단계에서 일반적인 측정은 그렇게 유용하지 않다.

그러나 비록 이론과 연구들이 이 방향을 지지하지 않지만, 이상의 재능발굴 접근법은 시간적인 제약이 있고 영재의 교육적 요구를 충족시켜 줄 준비가 되어 있지 않은 지역학군에서, 영재 프로그램을 받을 학생을 판별하는 합리적인 방법이다. 이외에 적성에 초점을 맞춤으로써, 많은 학생들을 판별하고 교육을 받게 되므로, 영재 프로그램이 오직 지능이 높은 학생들을 위한 것이라는 개념을 떨쳐버릴 수 있다. 특히, 적성 차이에 기초하여 프로그램을 다양화한다면, 도시 주변 학군에 거주하는 많은 영리한 학생들을 발굴할 가능성이 있다.

검사한 적성과 교육과정간의 적합성 제공의 원리

학생들이 언어적인 적성이 있다면, 그들의 한계를 테스트하는 높은 언어 프로그램으로 그 능력을 가장 잘 키울 수 있다. 그리고 만약 수학적으로 뛰어나다면, 그 강점을 직접적으로 키워주는 프로그램이 맞물려 있어야 한다. 적성검사의 백미는 교육과정을 계획할 때 지역 학군들이 주요 진단정보를 가지고 있다는 점이다. 검사의 피상적인 내용분석조차도 교육과정에서 참고할 중요한 시사점을 줄지도 모른다. 예를 들어, 대입시험 언어영역(SAT-V)에 포함되어 있는 항목유형에 기초하여, 특정 검사영역에 집중적으로 초점을 맞춘 언어 교육과정을 개발할 수 있다(〈표 8.3〉 참조).

〈표 8.3〉
검사범주에서 교육과정 개발하기

SAT-언어섹션	교육과정
유추	❑ 유추 기능의 개발 ❑ 문학작품 비교에 관한 토론/작문
반의어	❑ 어휘 발달 ❑ 외국어 ❑ 단어게임
독해이해	❑ 분석, 해석 같은 비판적 독해 기능 ❑ 추론 같은 중요한 사고 기능 ❑ 선택적 읽기에서 중심 문단에 대한 토론 및 비평
문장완성	❑ 의미론의 학습 ❑ 학과를 넘나드는 독해 분석

검사의 유형

검사의 일반적인 원리가 중요함에도, 실제 영재용으로 사용할 적절한 검사의 예들에 대해 특별히 관심을 갖는다. 다음은 유용한 검사도구의 예들과 그 검사도구에 대한 기본적인 정보이다.

개별성취도검사

예: Peabody Individual Achievement Test, Revised(PIAT-R). PIAT-R은 개인의 성취수준을 평가하도록 고안되었다. 유치원부터 고등학교 3학년까지 학생의 능력을 측정할 때 사용한다. PIAT-R의 표준화 절차는 최근 심리측정 이론의 높은 기준을 반영하고, 규준표본집단에 여러 장애집단과 문화적/언어적 소수민족 집단을 포함하였다.

PIAT-R은 여섯 개의 하위영역으로 구성된다: 일반적인 정보, 독해인식, 독해이해, 수학, 철자법, 문어적 작문. 학년과 나이에 상응하는 표준점수와 퍼센타일이 나온다. 문어적 표현하위영역이 개정판에 첨가되었으나, 분명히 운동적/작문 기술에 좌우된다. 장애 및 비전형적인 특징을 지닌 학생을 검사할 때는 시간제한이 없는 검사가 바람직하며 주로 학교와 임상환경에서 사용할 수 있다. 어느 특정 과목영역에 대한 진단검사로서 고안된 것은 아니지만, 학생의 일반적인 수행기술에 대해 가설을 세울 때 빠르고 유용한 도구이다.

집단성취도검사

예: Iowa Test of Basic Skills. Iowa Test of Basic Skills 은 인지도가 높고 50년이 넘는 발달역사를 지녔다. 여러 수준의 검사도구는 11개의 하위검사를 포함하고 있으며 3학년~9학년용으로 개발되었다. 이 검사의 두 번째 버전인 Iowa Test of Educational Development는 9학년~12학년용이다. 내적 일관성, 타당성 및 신뢰성이 입증되었으며, 표준화 과정도 잘 마련되어 있다. 여러 기본적인 영역에서 학생의 일반적인 수행에 대한 정보를 제공한다.

집단적성검사

예: Scholastic Aptitude Test(SAT). Scholastic Aptitude Test는 언어와 수학적 추론

능력검사로서 고3 학생을 대상으로 대학에서의 성공적인 수학능력을 예측하는 데 사용한다. 1975년 이래로 보다 어린 학생의 언어적, 수학적 영재성을 판별하는 데 이용되고 있으며, 5학년과 6학년 영재에게도 사용할 수 있다.

개별능력검사

예: Wechsler Intelligence Scale for Children-Ⅲ(WISC-Ⅲ). WISC-Ⅲ는 오랜 기간의 검증과 연구를 거친 일반지능에 있어 매우 탄탄한 검사이다. 어떠한 여타의 지능검사도 이 검사만큼 연구 및 사용된 것이 없다. WISC 검사원판을 출간한 이래, WISC-R과 관련된 1,100 편의 연구들이 출간되고 있다. 이 검사의 장점은 기술적인 적합성, 규준의 대표성, 언어 및 수행 요소, 위기에 처해 있는 집단을 위한 제안 등을 포함하고 있다는 점이다.

WISC-Ⅲ는 1980년 인구조사에서 대표성을 갖는 표본에서 규준을 마련하였다. 6년 6개월부터 16년 6개월까지 11개 연령범위에서 200명 학생들이 표본으로 선정되었다. WISC와 달리 WISC-Ⅲ는 표본에 소수민족을 포함시켰다.

WISC-Ⅲ는 높은 신뢰도, 즉 두 가지 IQ 척도(언어, 수행)에서 .89 이상의 신뢰도가 나타났으며 하위척도 모두 평균 .70 정도의 신뢰도를 보이고 있다. 두 가지 IQ 척도의 재검사 신뢰도는 .90 이상이었다.

WISC-Ⅲ는 개별적으로 실시되며 약 한 시간 정도가 걸린다. 이 검사는 6년 9개월부터 16년 11개월 된 아동에게 실시하며, 검사실시자는 특별한 훈련을 받아야 한다.

WISC-Ⅲ의 단점은 수행섹션에서 속도를 과도하게 강조한다는 것으로, 이로 인해 생각을 깊이 하거나 동작 협응능력이 부족한 학생들의 경우 불리하다(Kaufman, 1992). Stanford-Binet(L-M)같이 시간제한이 없는 검사의 경우 동작 속도가 느린 학생에게 좀더 유리하다. 영재의 지능점수는 평균적으로 WISC-R 시험점수보다 5 ~6점 낮다. 영재 프로그램을 위한 규준을 선택할 때 상황에 맞도록 조정해야 한다. 학생이 WISC-Ⅲ에서 높은 점수(17, 18, 19점)를 받을 때, Stanford-Binet(L-M)을 보충검사로서 사용해야 한다.

집단능력검사

예: Cognitive Abilities Test(CogAT). CogAT는 일반적인 지능검사로서, 전국에서 주의 깊게 층화표집한 33만 명 이상의 학생을 대상으로 표준화되었다. CogAT는 세 가지 점수를 제공해 준다: 언어, 수량, 비언어. 검사의 신뢰도는 .83 이상으로 좋은 편이다. 3학년에서 12학년의 집단을 대상으로 실시하며 실시시간은 한 시간 반에서 세 시간이 소요된다. 특별한 훈련이 필요하지 않지만, 감독시간에 따라 그 정확성이 달라진다. 집단검사인 CogAT는 기본적으로 선발도구이다.

비언어적 일반적 추론검사

예: Raven's Coloured/Standard/Advanced Progressive Matrices. 이 검사는 여러 가지 언어, 청각적, 심리적 장애를 가진 아동을 평가할 때 사용할 수 있다. 이 외에, 이 검사는 문화의 영향을 줄일 수 있으므로, 영어에 익숙하지 않은 학생을 평가할 때 사용할 수 있다.

1986년에 이 검사에 대한 여러 연구의 사례를 고려하여, Coloured와 Standard Progressive Matrices에 대해서만 새로운 규준을 발행하였다. 대표성이 없지만, 학령기의 학생을 적절하게 표집하여 이들 규준을 마련하였다(Sattler, 1988). Coloured와 Standard Progressive Matrices는 어린 학생을 대상으로 하였을 때 그 신뢰도가 가장 낮지만, 선발검사용으로 사용할 수 있는 신뢰도 범위에 속한다(재검사 신뢰도는 .71 ~.93이다).

다른 지능검사(.50대~.80대) 및 성취도검사(.30대와 .60대)와의 상관관계를 통해 볼 때, 본 검사가 타당함을 알 수 있다. 코카시안, 아프리카계 미국인, 스페니쉬, 미국 원주민, 청각장애를 가진 사람을 대상으로 본 검사를 사용하여 연구를 하였다.

개별 혹은 집단별로 실시할 수 있으며 실시시간은 15분~30분 정도 소요된다. Coloured Progressive Matrices 검사는 5세부터 11세까지의 학생을 대상으로 실시하며; Stanford Progressive Matrices 검사는 6세부터 17세를 대상으로 한다. 실시자는 특별한 훈련 없이 검사할 수 있다.

Advanced Matrices 검사는 1982년 이래로 시카고 마그넷 고등학교 입학과정에서 상위 수준의 성취도검사와 함께 사용되어 왔다(Baska, 1986). 7학년 마그넷 프로그램에 해마다 지원하는 700명의 6학년생 중에서 200명을 선발하기 위해 9학년용 독해와 수학검사 및 Advanced Matrices 검사를 실시한다. 이들 자료의 결과를 보면, 본래 성인용으로 사용하던 측정도구를 결합하여 사용하는 것이 가능하다는 것을 알 수 있다. Advanced Matrices의 평균 원점수는 14 및 15점이며 표준편차는 5이다. 영재를 대상으로 실시하였을 때 공통적으로 볼 수 있는 천장효과 없이, 36개 문항의 난이도들이 적절하게 분산되어 있다. 이 외에 1985년부터 개발한 항목의 특징적 곡선을 보면, 영국 성인표본에서 나타난 바대로 검사가 실시되고 있음을 볼 수 있다.

결 론

이 장에서는 영재를 위해 상담을 지원해 주는 중요한 사람들의 역할에 대해 살펴보았다: 교사, 행정가, 사회복지사 및 학교심리학자. 학교에서 영재의 서로 다른 욕구를 충족시키는 역할을 각자 담당하지만, 학교상황에서 자주 간과되는 특정 집단에 대한 중요한 심리사회적 지원을 제공할 수 있다. 교직원과 이들이 영재에게 제공하는 지침은 영재의 학교경험에 지대한 영향을 미칠 수 있다. 일대일 양육의 힘은 비길 것이 없다.

참고 문헌

Alvino, J. J., & Weiler, J. (1979). How standardized testing fails to identify the gifted and what teachers can do about it. *Phi Delta Kappan*, *61*(2), 106.

Baska, L. K. (1986). The use of the Raven Advanced Matrices for junior high school gifted programs. *Roeper Review*, *8*, 181-184.

Baskin, B., & Harris, K. (1980). *Books for the gifted child*. New York: R. R. Bowker.

Binet, A., et Simon, Th. (1905). Methods nouvelle pour le diagnostic due niveau intellectual des anormaux. *L'Annee Psychologique*, *11*, 191-244.

Bruch, C. B. (1971). Modification of procedures for identification of the disadvantaged gifted. *Gifted Child Quarterly, 15*, 267–271.

Feldman, D. H. (1980). *Beyond universals in cognitive development.* Norwood, NJ: Ablex.

Fox, L., Brody, L., & Tobin, D. (Eds.). (1980). *Women and the mathematical mystique.* Baltimore: Johns Hopkins Press.

Frazier, M. (1980). Programming for the culturally diverse. In J. Jordan & J. Grossi (Eds.), *An administrator's handbook on designing programs for the gifted and talented.* Reston, VA: Council for Exceptional Children.

Gardner, J. (1983). *Frames of mind.* New York: Basic Books.

Hollingworth, L. S. (1926). *Gifted children: Their nature and nurture.* New York: Macmillan.

Kaufman, A. S. (1992). Evaluation of the WISC-III & WPPSI-R for gifted children. *Roeper Review, 14*, 154–158.

Keating, D. (1976). *Intellectual talent.* Baltimore: Johns Hopkins Press.

Martinson, R. (1974). *The identification of the gifted and talented.* Ventura, CA: Office of the Ventura County Superintendent of Schools.

Mitchell, J. V. (Ed.). (1985). *The ninth mental measurements yearbook.* Lincoln: University of Nebraska Press.

Raven, J. C. (1938). *Progressive matrices.* London: H. K. Lewis.

Renzulli, J. S. (1978). What makes giftedness: Re-examining a definition. *Phi Delta Kappan, 60*, 180–184.

Renzulli, J., Reis, S., & Smith, L. (1981). *The revolving door identification model.* Mansfield Center, CT: Creative Learning Press.

Richert, E. S., Alvino, J., & McDonnell, R. C. (1982). *National report on identification.* Sewell, NJ: Educational Improvement Center South.

Sattler, J. M, (1982). *Assessment of children's intelligence and special abilities* (2nd ed.). Needham Heights, MA: Allyn & Bacon.

Sattler, J. M. (1988). *Assessment of children's intelligence and special abilities* (3rd ed.). San Diego: Jerome Sattler.

Silverman, L. K., & Kearney, K. (1992). The case for the Stanford-Binet L-M as a supplemental test. *Roeper Review, 15*, 34–37.

Singal, D. J. (1991). The other crisis in American education. *The Atlantic Monthly, 268*(5), 59–74.

Snyderman, M., & Rothman, S. (1988). *The IQ controversy, the media and public policy.* New Brunswick, NJ: Transaction Books.

Stanley, J. C. (1990). Leta Hollingworth's contribution to above-level testing of the gifted. *Roeper Review, 12*, 166–171.

Stanley, J. C., & Benbow, C. P. (1981). Using the SAT to find intellectually talented seventh graders. *College Board Reviews, 122*, 2–15.

Stanley, J. C., Keating, D. P., & Fox, L. H. (Eds.). (1974). *Mathematical talent: Discovery, description, and development.* Baltimore: Johns Hopkins University Press.

Steinberg, R. J. (1985). *Beyond I.Q. A triarchic theory of intelligence.* New York:Cambridge University Press.

Terman, L. M. (1916). *The measurement of intelligence*. Boston: Houghton Mifflin.

Torrance, E. P. (1970). Broadening concepts of giftedness in the 70's. *Gifted Child Quarterly*, *14*, 199-208.

Tway, E. (1980). The gifted child in literature. *Language Arts*, *57*(1), 14-20.

VanTassel-Baska, J. (1983). Statewide replication of the Johns Hopkins study of mathematically precocious youth. In C. D. Benbow & J. D. Stanley (Eds.), *Academic precocity* (pp. 179-191). Baltimore: Johns Hopkins Press.

Vanlassel-Baska, J., & Strykowski, B. (1985). *An identification resource guide on the gifted and talented*. Evanston, IL: Center for Talent Development, Northwestern University.

제 9 장

영재 학업상담

Joyce VanTassel-Baska

학교 재학중에 영재들이 받는 프로그램과 서비스 속에 영재 학업상담을 일부분으로 통합해야 한다. 왜 이들 서비스가 영재의 교육에서 중요한가? 왜냐하면 이들 서비스가 전체적인 교육계획, 즉 유치원에서 고등학교 3학년에 대한 중요한 원형을 제공하기 때문이다. 많은 영재의 욕구를 학교 프로그램 상황으로만 충족시킬 수 없으므로, 부모들로 하여금 특정 발달단계에 있는 자녀를 위한 적절한 선택안을 결정할 때 참여하게 하는 것이 학업상담의 역할이다. 그리고 학업상담은 개인의 요구에 가장 잘 반응하는 가족들이 평가할 수 있도록 외부 프로그램 및 서비스를 배열하는 단계를 세워 준다.

현재 경향

학교 상황에서, 영재상담이 차지하는 위치는 지난 몇 십 년 동안 바뀌지 않았다 (VanTassel-Baska, 1990). 그러나 영재를 대상으로 하는 상담문헌, 치료 실제 및 기타 상황에서 살펴볼 만한 중요한 발전이 있었다:

- ❑ 영재 가족 및 부모상담 강조(Silverman, 1991)
- ❑ 미성취 및 완벽주의 같은 영재의 특별문제에 대한 처치에 대한 초점 (Whitmore, 1980)
- ❑ 영재의 발달단계에 근거한 상담요구의 인식; 예를 들어, 영재상담에 대한 문헌의 출현(Buescher, 1987)
- ❑ 영재 및 영재 부모에 대해 전문성을 지닌 대학 상담센터(Kerr & Colangelo, 1988)
- ❑ 학생, 부모 및 교사들이 영재성에 대응할 수 있도록 지원하는 서적 발간 (Delisle & Galbraith, 1987; Galbraith, 1983, 1984)

다른 널리 나타나고 있는 현상으로, 교사는 교육과정 계획에 상담책략과 활동을 통합함으로써 모든 발달단계에서 영재와 활동하던 상담자의 역할을 교사의 역할로 수합하게 되었다는 점이다. 이상의 발전은 여러 연구에서 언급되고 있다(Berger, 1989; Parke, 1990; VanTassel-Baska, 1990). 형식적인 학교상담 구조의 부족으로 인한 것이든 교사의 개인적인 주도성으로 인해 파생된 것이든, 이와 같은 현상은 좋은 징조이다.

비록 학교가 영재를 위한 광범위한 어떤 형식을 갖춘 상담프로그램을 통합하지 못할지라도, 비형식적으로 부모 교육프로그램을 통해 상담의 필요성에 대한 정보를 제공하고 있다. 이와 같은 정보를 통해서 영재의 부모는 개별기관 혹은 대학에서 제공하는 상담프로그램에서 전문적인 상담을 받아볼 수 있다. 가족상담에서 사용한 초기 모델은 가족시스템모델(Hackney, 1981)로서, 이 모델은 보다 큰 사회의 네트워크의 한 부분으로 영재를 인식한다.

영재를 양육함에 있어 심리사회적 문제 외에도 교육계획을 어떻게 해야 하는지 이에 대해 가족에게 상담을 제공하는 것에도 관심을 기울이고 있다. 자녀를 위해 적절한 학교를 선택할 수 있도록 돕는 방법을 말할 때 일반적으로 제기되는 기준들은 다음과 같다:

1. 연령/학년 배정에 있어 학습자 진도에 맞게 학습하는 등의 융통성에 대한 학교의 철학은 무엇인가?

2. 높은 능력을 지닌 학습자를 위한 특별교수, 예를 들어, 혼합연령, 동질집단 편성에 대한 학교의 정책은 무엇인가?
3. 현재 및 유치원에서부터 8학년까지 학년 수준의 연계성 면에서 학교 교직원의 교수의 질은 어떠한가? 다음과 같은 면에서 교직원들은 어느 정도 유능성을 보이는가?
   - 주제와 관계된 지식
   - 융통적인 관리 스타일
   - 유능한 학생을 두려워하지 않는 것
4. 학교가 사회화에 가치를 부여하는 정도 그 이상으로 개별화에 가치를 부여하는가?
5. 문서화된 교육과정 지침이 있는가? 그리고 어떻게 사용되고 있는가?
6. 영재의 요구와 맞물려서 상담, 평가 및 교수지도 등에서 적절한 지원서비스가 있는가?
7. 행정가들은 학생을 위해 교사 및 프로그램을 변화시키는 데 융통성을 발휘하는가?
8. 학업적 재능을 어떻게 인식하고 보상하는가?

미성취와 완벽주의 같은 영재의 특별한 문제는 지난 몇 년 동안 상담을 통하여 효과적으로 다루었다. 이러한 관심사는 특별한 자료에서 분리되어 언급되어 왔으며(Adderholdt-Elliott, 1987; Rimm, 1986; Whitmore, 1980), 상당한 임상적 활동을 가져 왔다. 불행히도, 장애분야에 대한 활동을 제외하고는, 이와 같은 분야에 대한 경험적 기초를 십 년 전에 비해 잘 정의하였다고 할 수 없다(Daniels, 1983; Fox, Brody, & Tobin, 1983; Silverman, 1989; Whitmore & Maker, 1985). 그리고 임상적 실제들은 많은 영재가 가진 어려움 등의 분야를 계속적으로 관찰하고 활동하고 있다. 일부 학교는 미성취 영재를 위한 별도의 프로그램을 개설하고 있다. 미성취 영재를 위한 중재책을 제안해 보면 다음과 같다:

- ❑ 일대일 상담하기
- ❑ 자존감 형성을 위한 활동 실시

- ❑ 학생의 주요 강점을 분석하고 이들 강점에 기초하여 활동 제공하기
- ❑ 학생들이 목표를 세우고 후속 행동을 착수하도록 돕기
- ❑ 흥미에 기초한 학습기회를 제공하기
- ❑ 대학 및 진로지도를 제공하기
- ❑ 잠재적인 직업 흥미분야에서 실제-세계의 경험을 제공하기
- ❑ 도움이 필요한 교육과정 영역에서 개별지도를 마련하기

영재 학업상담에서의 주요 문제

학교 기반서비스의 부족 때문에 학업상담에 있어 영재와 그 가족의 요구가 충족되지 못하고 있다. 여러 주요 문제가 제기되고 있다.

학업계획을 통해서 영재의 능력과 흥미를 반영하는 학업 프로그램을 마련하는 청사진을 제공할 수 있다. 어떤 의미에서, 학업계획을 통해서 주요 단계마다 영재의 학업적 프로필을 평가하는 기회가 생긴다. 영재는 발전을 보는 방식으로 자신의 강점과 약점을 형성할 수 있고 정보에 기초하여 필요한 계획과정을 변경하거나 수정할 수 있다.

학업계획을 통해서 포괄적인 교육과정과 서비스를 영재와 그 부모에게 제공할 수 있다. 학교는 여러 차례 폭넓은 기회를 제안하지만, 영재들로 하여금 이들 기회가 자신의 학습과정에서 중요하다고 생각할 수 있도록 제시하고 설명하지 못하고 있다. 영재 프로그램에서 미술을 중요 교육과정의 한 분야로 포함하자는 예가 있으며, 건축 제도과정을 건축과 학생의 선행과목으로 포함하자는 예들도 있다. 또한 공간능력이 있으나 이들 능력을 보여 줄 교육과정이 없는 경우 장기클럽에 참여하게 하는 경우도 있다. 이들 모든 예들은 영재를 위해 포괄적으로 프로그램을 증진하는 방안을 보여 주는 것이다.

학업계획을 통해서 영재 프로그램의 정교성을 확대한다. 학업계획 없이는, 영재 프로그램은 여러 조각을 긁어모아 프로그램을 전달하는 조각보에 불과할 것이다. 효과적인 계획으로, 학생들은 적절한 범위와 계열의 경로를 구성할 수 있으며, 따라서 중·고등학교에서 볼 수 있는 전형적인 일종의 분열을 제거할 수 있다.

학업계획을 통해서 영재를 위한 개별교육을 강화한다. 이는 모든 주요 영역에서 개별화 프로그램을 매년 살펴볼 때 독특한 프로필과 특별한 요구를 가진 학생의 경우에 특히 해당된다. 학업계획은 이들 학생을 위해 발달의 여러 단계에서 독특한 서비스 전달 모델을 제공할 수 있도록 필요한 정보를 이끌어 주는 수단이다. 구체적인 이상과 열망이 필요한 저소득 및 소수민족의 가족을 포함하여, 특별한 강점을 인식하지 않으면 쉽게 보통 학생처럼 보이는 학습장애를 가진 영재 및 학교 프로그램 그 이상의 특별 서비스가 필요한 고도 영재들에게 학업계획이 더욱 필요하다.

학업계획을 처음부터 설정함으로써 중요한 전환시기에서 영재를 위한 프로그램 선택안을 협소하게 하지 않을 수 있다. 중·고등학교 교육과정에서는 학생의 학업발달상 중요한 단계에서 여러 학급을 나누고 공부할 과정으로 학생을 배정한다. 이러한 기준에 따른 가장 눈에 띄는 과정은 수학에서 대수와 미적분이고 과학에서는 물리이다. 일반적으로 외국어는 유사한 방식으로 기능하는 분야이다. 만일 영재가 중·고등학교 경험 중 특정 시점에서 이들 학업 선택안을 수강하지 않는다면, 수학, 과학 및 외국어 영역에서 이들 학업 선택안들이 상급 수준의 필수 선수과목이 되기 때문에 대학에서 불리할 수 있다. 게다가, 이러한 과정이 없다면, 아직 진로결정을 주의 깊게 고려하지 않는 발달단계에 있는 영재에게는 진로선택이 단절되는 것이다.

중학생 영재의 상담요구를 평가할 때 사용한 질문지를 보면, 학업방향, 특히 대학 및 고등학교 선택에 대한 부모의 관심을 볼 수 있다(VanTassel-Baska, 1991). 그러므로 학교와 프로그램을 평가할 수 있도록 지원하는 것 역시 필요한 분야이다.

그러면 영재 학업계획을 제공할 때 있어 중요한 점은 무엇인가? 본 장의 다음 부분에서 세 가지 관심분야를 다룰 것이다. 그 중 하나는 학교에서 누가 영재를 위한 학업계획을 제공하는가이다. 두 번째 관심사는 영재 프로그램에서 학업계획을 이행할 때 사용할 책략과 기술에 관한 것이다. 셋째는 학업계획의 선택안을 효과적으로 실시할 조직적·행정적 조치와 관련된 것이다. 본 장에서는 영재를 위한 전체 프로그램 속에 학업상담을 통합하는 것으로 결론을 맺을 것이다.

파트너십: 상담자와 교사

학교상담자, 정규학급 교사 및 부모는 대개 영재상담에 익숙하지 않고 덜 숙련되어 있어, 영재를 지도하는 실용적인 대안으로 들 수 있는 사람이 있다면 바로 영재교사이다. 많은 곳에서, 영재교사는 여러 시간 동안 "pull-out" 전달체계 속에서 영재와 활동하며, 객관적이며 계속적이고 진행중인 견지에서 영재의 행동을 살펴본다. 영재교사는 또한 주어진 시간에 영재집단과 활동한다. 영재교사는 인지와 정서적으로 영재의 속성과 요구에 정통하다. 그러므로 영재교사는 정규교실에서 대부분의 시간을 보내는 영재가 요구하는 바대로 지도할 수 있는 가장 좋은 위치에 있다고 할 수 있다(8장 참조).

영재교사는 많은 상담욕구를 충족해 주는 합리적인 대안을 제시한다. 교실에서 생기는 문제뿐 아니라 특수한 학업상담을 위해 매주 일정시간을 할애할 수 있다. 예를 들어, 완벽한 보고서보다 모자란 보고서에 대한 좌절; 공동의 프로젝트를 향한 또래의 정열부족에 대한 실망; "최고"의 학생으로 선택되지 않음에 대한 거절의 기분. 영재교사는 이와 같은 문제를 진단하고 쉽게 치료할 수 있다. 여러 경우에, 이런 교사의 중재는 꽤 성공적이었다.

이상적으로, 정규교실 교사도 자신의 교실에 있는 영재의 특별한 인지적 및 정서적 요구를 충족시켜 줄 수 있으며, 이는 교육과정의 차별화 개념과 교수자료 및 방법의 개별화 견지에서 가능하다. 이상의 목표를 향해 계속적으로 노력해야 한다. 그러나 가까운 미래에 대규모로 이와 같은 일이 생길 것 같지 않다. 따라서 영재상담프로그램에서 가장 현실적인 타협안에 대해 논의할 것이며, 바로 이것이 학교상담자와 영재교사의 파트너십이다. 만일 영재교사가 용이하지 않다면, 학군에서는 필요한 자격을 가진 정규학급 교사를 훈련하는 방안을 고려해야 한다. 다음 목록에 각 파트너의 강점을 기술하였다:

학교상담자

- ❑ 일반상담과 지도법에 훈련되어 있다.
- ❑ 여러 발달단계의 정서적 문제에 민감하다.

- ❑ 용이하게 사사제, 인턴십 및 특별 프로그램을 배정한다.
- ❑ 특별한 검사 및 도구를 실시하고 해석하는 데 훈련되어 있다.
- ❑ 역할모델링 기술에 정통하다.
- ❑ 학생의 심리사회적 발달상 문제영역을 진단할 수 있다.

영재교사

- ❑ 영재의 독특한 사회적 및 정서적 요구를 인식한다.
- ❑ 영재에 관한 효과적인 중재법에 훈련되어 있다.
- ❑ 정서적인 문제에 민감하다.
- ❑ 학급에서 일상적으로 심리사회적 문제를 용이하게 다룰 수 있다.
- ❑ 평가정보를 프로그램 선택안으로 변환하는 데 훈련되어 있다.
- ❑ 역할모델의 기능을 수행할 수 있도록 영재와 개인적으로 친밀하다.
- ❑ 긍정적인 심리사회적 발달을 돕는 교실활동과 집단편성을 기술할 수 있다.

각 역할은 성공적으로 상담프로그램을 수행하는 데 중요하다. 좋은 상담과 지도상의 배경으로 효과적인 구조를 마련할 수 있다. 영재의 차이를 긍정적으로 이해함으로써 효과적인 프로그램으로의 변화를 이끌어낼 수 있다. 전반적인 상담프로그램에 대한 책임은 담당하는 일에 따라 다음과 같이 나누어 볼 수 있다:

영재에 대한 상담자(10% 시간)

1. 언급된 개별 경우에 관해 활동한다.
2. 2주마다 한 번(한 시간씩) 학년 수준에 상관없이 소집단 상담 세션을 제공한다.
3. 사사제/인턴십 디렉터리를 만든다.
4. 영재를 위해 흥미로운 진로영역에 대한 강의/토론을 달마다 개발한다.
5. 영재를 위해 대학탐방을 가는 고등학교 견학을 지원한다.
6. 영재의 부모를 위해 반 학기마다 계획하기 세션을 주최한다.

영재교사(교수시간의 10%)

1. 영재의 긍정적인 심리사회적 발달을 증진하는 활동을 제공한다.

2. 영재의 요구에 초점을 맞춘 정서 교육과정을 실시한다.
3. 영재에게 좋은 역할모델이 되는 강사를 마련한다.
4. 좋은 전기와 자서전에 초점을 맞춘 전기물과 영재를 옹호하는 소설을 준비하고 학생과 함께 토론한다(부록 참조).
5. 사회적이고 자기 이해를 증진하는 책략으로서 소집단과 개인상담을 이용한다.
6. 인지적 및 정서적인 문제를 조화롭게 해결하는 도구로서 문학작품과 미술을 활용한다.
7. 미성취 학생을 위해 또래상담 및 기타 도움을 마련한다.

이상의 방식으로, 영재의 학업상담에 대한 요구를 충족시키는 책임감을 공유하게 되어, 그 책임이 상담자 혹은 교사에게 너무 과도한 일이 되지 않게 한다.

책략과 기술

파트너십 개념이 학교 내 영재에게 상담서비스를 제공하는 가장 실용적인 방안이라고 한다면, 교사와 상담자가 학생과 함께 성공적으로 활동할 수 있도록 활용하는 가장 중요한 책략과 기술은 무엇인가? 비록 상담가 또는 교사가 이러한 책략을 개인적으로 실시할 수 없을지라도, 학교환경에서 모든 책략들을 고려하고 이용하는 것이 중요하다.

영재상담프로그램에서 강조해야 할 중요한 기술은 의사결정으로, 의사결정은 어떻게 할 것인가에 대한 과정이지만 또한 일생을 거쳐 여러 발달단계에서 영재들이 마주하는 가장 큰 문제이기도 하다. 청소년기 영재에게, 효과적인 의사결정모델을 사용하는 것은 효과적으로 학업계획을 할 때 매우 중요하다. 학생들은 자주 예술과 학문 사이의 선택에 직면한다—물리학을 위해 밴드를 희생해야 할까? 이와 같은 딜레마는 다양한 분야에서 재능과 흥미를 가진, 그러나 시간이 부족한 영재에게서 자주 볼 수 있다. 그러나 이는 잘못된 선택이다. 영재는 어느 한 시점에서 한 과목을 위해, 일생 동안 중요한 표현 배출구를 제공할 예술을 포기하지 말아야 한다. 이와 같은 결정을 내리는 학생에게 도움을 제공하는 방법을 찾아야 한다.

영재에게 영향을 주는 다른 문제는 전공과 비전공에 대한 결정을 포함하여, 외국어 과정에 대한 선택 및 공부할 과목에서의 과도한 스케줄이 있을 때 결정하는 방법에 대한 것이다. 생각해 볼 또 다른 문제는 청소년 영재들이 고등학교 기간에 일을 해야 하는지에 관한 것이다. 불리한 배경에 처해 있는 많은 영재에게는 이 문제에 대해 선택의 여지가 거의 없는 반면, 그렇지 않은 학생에게는 현실적으로 결정을 내려야 하는 문제이다. 영재 발달과정의 중요한 시기에서, 맥도날드에서 일해서 버는 "용돈"처럼 비학문적인 것에 시간과 에너지를 쏟아 부을 만큼 가치 있는 것인가? 이 영역에서 주의 깊게 결정을 내려야 한다.

학업계획 문제를 언급할 때, 십대 영재에게 가장 잘 적용되는 의사결정 모델은 창의적인 문제해결모델이다(Parnes, 1975). 모델의 좋은 점 가운데 하나는 여러 상황에 적용된다는 점이다. 상담상황에서 위에서 언급한 하나 그 이상의 문제에 직면한 학생에 대한 시나리오를 만들 수 있다. 그러고 나서 모델의 단계에 따라 학생들은 소집단별로 논의중인 문제에 대해 결정을 내리는 활동을 한다. 이상의 연습을 위한 모델의 단계들은 다음과 같다:

1. 문제 찾기: 문제가 있는가? 무엇이 문제인가? 문제의 예를 찾아보라. 오랫동안 문제에 연루된 것은 무엇인가? 문제를 질문으로 진술하라.
2. 해결책 찾기: 문제에 대한 가능한 해결책은 무엇인가? 주어진 상황에서 어떤 해결책이 가장 현실성이 있는가? 그 일에 여러 해결법이 있을 수 있는가? 해결방안을 정교하게 진술하라.
3. 활동 계획: 해결책을 수행하기 위해 어떤 책략이 필요한가? 해결에 장애가 되는 것은 무엇이며 어떻게 극복할 것인가? 해결책을 실시하는 과정은 무엇인가—누구, 무엇, 언제, 어떻게 발생할 것인가? 그 해결책이 성공적이라는 것을 어떻게 알 수 있는가?

영재를 위한 학업계획을 제공하는 또 다른 좋은 방법은 학생의 학업적 요구와 흥미에 기초하여 사사제와 인턴십을 조직하는 것이다. 자원이 제한적이라고 할 때,

사사제 및 인턴십 기회에 적합한 지원자는 가장 큰 요구를 지닌 즉, 고도 영재, 소외되고 미성취 양상을 보이는 영재이다. 이들 영재들은 규준에서 가장 벗어난 집단으로, 학업성취뿐 아니라 일반적인 요구 및 학습상황에 있어 다양성을 제공해 주는 기회가 여러 모로 바람직하다. 고도 영재에게, 사사제는 학교에서 제공하는 수준 그 이상에서 도전을 주며, 높은 수준의 진로를 준비하게 하고 잠재력을 연습해 보는 기회를 제공한다. 소외된 학생에게, 사사제 및 인턴십은 중요한 역할모델 및 여름에 일할 곳 혹은 심지어 장학금의 가능성을 제공한다. 인턴십은 실제-세계 활동경험에 근거하며, 학생들이 그간 성공하지 못했던 학교상황에서 이들을 떼어내기 때문에, 이와 같은 기회는 미성취 영재에게 학습에 대한 의미를 제공한다.

대부분 대학 사사프로그램은 영재를 대학교수, 대학원생 및 지역자원과 연계하는 방안을 개발해 왔다(Ellingson, Haeger, & Feldhusen, 1986; Prillaman & Richardson, 1989). 이들 프로그램은 역할뿐 아니라 여러 연령의 사사의 참여를 돕우는 중요한 자극을 제공하고 있다. 매우 효율적인 비용에 기초하여 기회를 제공하는 대규모 인력진을 가지고 있기 때문에, 사사제의 중개역할을 하는 곳으로 대학이 이상적이다(사사제에 대한 보다 많은 정보는 10장을 참조하기 바란다).

영재에게 성공적으로 적용할 수 있는 또 다른 학업계획 책략은 시험을 치르는 기술이다. 시험을 치르는 기술에서 학생이 이익을 얻는 네 가지 분야가 있다. 하나는 교육과정의 중요한 분야에서 가장 유용한 지식을 살펴볼 수 있다는 것이다. 예를 들어, 기본적인 문법원리는 학업적성검사의 30분 하위검사인, 표준 구문영어(Standard Written English) 시험을 준비할 때 매우 유용하다. 시험을 치는 것을 강조하는 또 다른 이유는 나중에 시험을 볼 때, 보다 편안하게 시험을 보는 실행효과 때문이다. 시험연습을 제공함으로써, 상담자는 시험 치는 것에 어려움을 가진 학생의 고민을 해결할 수 있고 잠재적으로 점수를 향상시킬 수 있다. 또한 학생들로 하여금 시험을 치르는 상위인지적인 면에 주의를 기울이게 할 수 있다: 시험의 특정부분을 다루는 책략을 계획하기, 시간을 현명하게 쓰기, 시험 내내 자신의 속도를 맞추기 등이다. 도움이 필요한 마지막 영역은 시험에서 공통적으로 나타나는 문제의 유형을 분석하고 이들 문제에 접근하는 방법을 끌어내는 것이다. 예로, 학업 적성검사에서 유추, 어휘 문제 및 독서이해를 다루는 방법을 이해하는 것이 시험에서 이와

같은 문제유형을 조작할 때 중요하기 때문이다. 유추에 대한 학습지는 다음과 같은 것을 포함한다:

1. 주어진 두 단어 사이에 정확한 관계를 찾는다.
2. 두 단어를 사용하여 한 문장을 만든다.
3. 두 번째 단어를 사용하여 같은 관계를 만든다.
4. 유사한 쌍의 패턴을 찾는다.

읽기 독해영역에서, 학생들은 다음의 책략을 배울 수 있다:

1. 주된 아이디어를 찾는다.
2. 어떤 입지를 지지하는 주장을 파악한다.
3. 의미에 단서를 주는 키워드와 문구에 줄을 긋는다.
4. 전반적인 의미를 읽어낸다: 특정 상세사항을 위해서는 적합한 절로 돌아간다.
5. 한 절에서 각 단락의 기능을 결정한다.
6. 질문을 먼저 읽고 그것을 절에 맞춘다.

넓은 수준에서 상위인지 코칭 책략은 영재에게도 또한 유용하다. 실행과정의 어려움으로 인해 여러 번 학생들은 실패한다(Sternberg, 1985). 그러므로 상위인지 기술을 강조하는 특별세션이 필요하다. Robert Sternberg의 『*Applied Intelligence*』 교과서는 상위인지 영역에서 사용할 수 있는 좋은 활동을 수록하고 있다. Sternberg의 분류학에서 상위인지적 구성을 대략적으로 살펴보면 다음과 같다:

A. 문제를 인식하기
B. 문제를 정의하기
C. 문제해결을 위한 단계 짓기
D. 순서 짓기
E. 정보를 위한 어떤 형태를 결정하기
F. 자원을 배분하기

G. 모니터하기

H. 피드백을 이용하기

어떤 영재든지 가장 강조해야 하는 영역은 학습방법의 과정을 내면화하는 데 있을 것이다. 영재 중 다수는 학습내용과 숙제에 대한 중요성이 증가하는 중·고등학교에 가서야 공부하기 시작한다. 학습법과 관련하여 학습시간을 관리하는 기술과 학습할 때 우선순위를 세우는 기술도 배워야 한다. 다시 말해서, 준비가 부족하고 주의 깊게 대안을 생각하지 않기 때문에 영재들도 실패하는 영역이 있다.

프로그램의 초기에 포함할 학업상담 영역은 학생의 학습프로그램을 계획하고 차별화할 때 평가자료를 사용하는 것이다(8장 참조). 개별 학생능력, 적성, 흥미 및 개인적 가치에 따라 학생을 위한 선택안을 구분할 수 있다. 각 영재에 대한 프로필 자료를 수집하여 이들 계획에 필요한 양식으로 전환하는 것은 매우 도움이 된다. 초등학교 수준에서 학습장애 영재를 위한 프로그램을 계획하는 원형모델을 개발하였다(VanTassel-Baska, 1992). 이상의 원형모델을 사용한다면 상담에 대한 서류작업을 줄일 수 있지만 여전히 영재들 사이에 존재하는 개인적인 차이에 민감해야 한다. 이 책에서 살펴본 검사도구 목록(8장과 11장 참조)들은 프로그램을 설정하기 위한 평가상의 기초를 마련해 준다. 각 학생을 위해 개별화교육계획(IEP)을 발전시킴으로써 형식적인 학생 프로그램 계획문서를 마련할 수 있다. 여러 IEP 모델들을 영재에게 실시하고 있으며 대부분 다음과 같은 요소를 포함하고 있다:

- ❑ 매해의 목표와 목적
- ❑ 발달의 기준
- ❑ 관련된 평가자료
- ❑ 계획 실시를 위한 절차와 과정
- ❑ 인사행정(staffing) 회의에서 도출된 제안점

주의를 요하는 학업계획 영역을 살펴보면 학생들로 하여금 교내 과정과 교외 기회에 대해 인식하도록 하는 것도 포함된다. AP(Advanced Placement) 교사, 특별 세미나 강사 및 독립학습 상담자 같은 고등학생 프로그램에서 학생과 부모를 교사

와 연계하는 계획하기 세션을 통해서, 학생들에게 잠재적인 학업 선택안을 살펴보게 할 수 있다. 대학에 다니는 졸업생을 초대하여 학업 기회에 대한 통찰을 가족들에게 제공하는 방법도 있다. 동시에, 영재들이 학교 밖 프로그램에 적절한 정보를 가지고 있는지 상담자는 확인해야 한다. 국가수준의 특별 프로그램으로 다음과 같은 것들이 있다:

- ❑ 재능발굴 검사와 프로그램
- ❑ Odyssey of the Mind 경진대회
- ❑ 미래 문제해결 경진대회
- ❑ 토요일 및 여름에 대학을 기반으로 하는 프로그램
- ❑ Mathletes, Math Counts, JETS 및 Young Authors 대회 같은 특별한 내용에 기반을 둔 경진대회

지역 수준 및 다양한 영역에서 여러 기회들을 찾아볼 수 있다. 특정 분야 내 기회에 대한 정보목록을 영재교육 주 상담원, National Association of Gifted Children(NAGC), International Council for Exceptional Children 및 The Association for the Gifted(CEC-TAG) 사무국을 통해서 얻을 수 있다.

언급할 마지막 책략은 개별상담에 관한 것이다. 앞서 기술한 대부분의 기술은 소집단 상황에서 다뤄질 수 있는 반면에, 대부분의 문제는 일대일로 접촉하는 것이 보다 적절하다. 영재처럼 보이는 학생의 학업적 요구가 전체 상담과정의 한 부분이 되기 위해서는 다른 기타 상담영역의 요구와 학업계획 문제를 연관지어 인터뷰를 전개할 수 있다.

조직적 및 행정적인 배열

학교에서 지도할 책략의 속성과 범위가 정해지면, 이를 실시할 때 어떻게 배열을 해야 하는가? 제안한 서비스를 확대하기 위해서 어떤 상황이어야 하는가? 몇 가지 대안적인 아이디어를 다음과 같이 실시할 수 있다:

소집단의 활용(5학년~11학년)

제안한 대부분의 책략을 6~12명으로 구성된 소집단 상황에서 실시할 수 있다. 집단 역동성과 신뢰감을 미리 형성함으로써 전형적으로 소집단 접근법의 효과를 강화한다. 소집단의 이점은 학생들이 관련된 문제에 참여하여 문제를 토론하고 개인적으로 시간을 배정하기보다는 집단의 효율성을 유발한다는 점에 있다. 이러한 세션의 빈도는 다양하지만 대책을 구성할 수 있을 정도로 정규적으로 세션을 가져야 한다. 최소한 한 달에 두 번이 바람직하다.

세미나 모델

학업상담을 위해 세미나를 활용함으로써 중요한 정보를 전달할 수 있다. 학기 과정에 대해 학생 스케줄을 짜 넣어서, 여기서 제안한 여러 책략을 세미나에서 주의 깊게 명료화 할 수 있다. 세미나의 주된 이점은 집단 상황에서 학생들과 함께 하는 체계적이고 예측 가능한 시간에 있다.

교실 활동

대부분 학교에서, 영재를 위해 학업계획을 정규교실 상황에서 실시한다. 영재교사는 학업계획 문제를 매우 잘 언급할 수 있으나, 그 주제의 상당 부분에서 기존 교육과정과의 관계를 재고할 필요가 있다. 여러 경우를 볼 때, 많은 정보를 통해서 어느 과목에서든지 학업준비를 증진할 수 있다.

개별 세션

사용하는 자원 면에서 비용을 최소한으로 줄이는 것이 효과적이라고 한다면, 개별 세션은 특히 작은 학군에서 학업계획을 제공하는 실용적인 방법이다.

컴퓨터 프로그램화된 교수/자습

SAT 준비 같은 학업계획의 몇 가지 면을 자습 및 심지어 컴퓨터 프로그램화된 교수법을 통해 다룰 수 있다. 영재가 이상의 방법으로 학업계획을 할 수 있는 자료와 공간을 마련하고 이를 학생에게 알려 주는 것이 성공을 결정짓는다.

주말 세션

가족이 포함되는 주제에 대해서 주말 세션을 계획하는 것이 좋다. 주제에 관해 단기적이며 집중적인 세션을 전달하고자 할 때 주말 세션이 유용하다. 예를 들어, 시험 치르기 세션을 6주 매 3시간 동안 개최할 수 있다.

1년 단위로 하는 학업계획 회의

영재 학업계획 서비스를 전달할 때, 그 주된 방식에 상관없이 학생과 가족을 위해 1년 단위로 학업계획 회의를 개최하는 것은 기본적인 서비스이다. 외부강사 및 지역사회 인사를 초빙하여 만연한 문제에 대해 언급할 수 있다. 이상의 이벤트가 갖는 파급효과는 긍정적인 방향에서 이들 상담프로그램 요소를 계속 유지하기 위해 중요하다.

영재학업계획 모델의 예를 5학년에서 12학년에 걸쳐 〈표 9.1〉에 제시하였다.

결 론

영재와 그들의 가족을 위한 서비스를 전체적인 맥락에서 제공한다고 할 때, 학업상담의 역할은 발달의 결정적인 단계에서 중요한 정보를 제공하는 기능을 담당한다—중학교부터 청소년기 및 초등학교에서 중학교 혹은 고등학교에 이르는 학교조직의 변화기간. 영재를 위해 기타 서비스에 학업상담을 통합하는 것은 상담과정이 학생들로 하여금 의미 있는 선택안의 이점을 취할 수 있게 해 주고, 학습을 할 때 이에 대해 다년간의 프로그램을 계획하고 설정한다는 점에서 일종의 비계(scaffold)를 제공하기 때문에 중요하다. 이와 같은 비계 없이, 영재를 위한 중·고등학교 경험은 서로 연관될 수 없고 실제적으로 미래에 대한 열망을 누전시키는 일이 된다. 그렇다면 학교는 이러한 준비가 일상적으로 중·고등학교 경험의 한 기능으로 자리 잡을 수 있도록 자원을 찾아야 한다.

〈표 9.1〉

5학년에서 12학년 영재를 위한 학업계획의 예

	5학년	6학년	7학년	8학년	9학년	10학년	11학년	12학년
영어/언어예술	비판적 읽기, 쓰기 및 구어적 프레젠테이션	문학작품 쓰기 및 분석과 논쟁	문법과 작문	문학작품과 작문	문학작품과 작문	미국과 영문학 작문	AP 작문	세계 문학(AP 문학 검사 선택안)
사회연구	MACOS	역사 대하기	미국문학 연구	문학 연구	과학기술 및 사회	AP 미국역사	유럽 역사	
과학	개념-기반 (GEMS)	개념-기반 (GEMS)	IPS	BSCS	과학 기술 및 사회	화학	AP 생물학/ AP 화학	물리학
수학	미지의 수학에 대한 도전	CSMP	통합 수학 (Unified Mathematics)	대수	상급 대수	기하 (평면과 입체)	수학분석	미적분 AP
	대 수 계 열 선 택			미 적 분 계 열 전(前)			대 학 과 정	
외국어	탐색적 (어휘와 숙어)	탐색적 (어휘와 숙어)	1년 (라틴 I)	1년 (라틴 II)	1년 (불어/스페인어/ 독일어 등)	1년 (II)	1년 (III)	1년 (IV)
특별과목 상담 세미나	×	×	×	×	×	×	×	×
사사제				×			×	
인턴십								×
독립연구				×			×	
경진대회 및 대회			×	×	×	×	×	
시험 치르는 기술			×			×	×	
상위인지기술	×		×		×			
의사결정				×				×
검사 및 평가			×		×		×	
개별 상담	×	×	×	×	×	×	×	×

참고 문헌

Adderholdt-Elliott, M. (1987). *Perfectionism: What's bad about being too good?* Minneapolis: Free Spirit.

Berger, S. (1989). *College planning for gifted students*. Reston, VA: The Council for Exceptional Children.

Buescher, T. M. (Ed.). (1987). *Understanding gifted and talented adolescents: A resource guide for counselors, educators, and parents*. Evanston, IL: Center for Talent Development, Northwestern University.

Daniels, P. (1983). *Teaching the gifted/learning disabled child*. Rockville, MD: Aspen.

Delisle, J., & Galbraith, J. (1987). *The gifted kids survival guide II*. Minneapolis: Free Spirit.

Ellingson, M., Haeger, W., & Feldhusen, J. (1986). The Purdue mentor program. *GCT*, *9*(2), 2-5.

Fox, L., Brody, L., & Tobin, D. (1983). *Learning disabled gifted children*. Baltimore: University Park Press.

Galbraith, J. (1983). *The gifted kids survival guide, for ages 11-18*. Minneapolis: Free Spirit.

Galbraith, J. (1984). *The gifted kids survival guide, for ages 10 and under*. Minneapolis: Free Spirit.

Hackney, H. (1981). The gifted child, the family, and the school. *Gifted Child Quarterly*, *25*, 51-54.

Kerr, B., & Colangelo, N. (1988). The college plans of academically talented students. *Journal of Counseling and Development*, *67*, 4247.

Parke, B. (1990). Who should counsel the gifted? The role of educational personnel. In J. VanTassel-Baska (Ed.), *A practical guide to counseling the gifted in a school setting* (2nd Ed., pp. 31-39). Reston, VA: The Council for Exceptional Children.

Parnes, S. J. (1975). *Aha! Insights into creative behavior*. Buffalo, NY: DOK.

Prillaman, D., & Richardson, R. (1989). The William and Mary mentorship model: College students as a resource for the gifted. *Roeper Review*, *12*(2), 114-118.

Rimm, S. (1986). *Underachievement syndrome: Causes and cures*. Watertown, WI: Apple.

Silverman, L. K. (1989). Invisible gifts, invisible handicaps. *Roeper Review*, *22*, 34-42.

Silverman, L. K. (1991). Family counseling. In N. Colangelo & G. Davis (Eds.), *Handbook of gifted education* (pp. 307-328). Needham Heights, MA: Allyn & Bacon.

Steinberg, R. (1985). *Applied intelligence*. New York: Harcourt Brace Jovanovich.

VanTassel-Baska, J. (Ed.). (1990). *A practical guide to counseling the gifted in a school setting* (2nd ed.). Reston, VA: The Council for Exceptional Children.

VanTassel-Baska, J. (1992). *Planning effective curriculum for the gifted*. Denver: Love.

VanTassel-Baska, J. (1991). Teachers as counselors for gifted students. In R. M. Milgram (Ed.), *Counseling gifted and talented children: A guide for teachers, counselors, and parents* (pp. 34–52). Norwood, NJ: Ablex.

Whitmore, J. R. (1980). *Giftedness, conflict, and underachievement.* Needham Heights, MA: Allyn & Bacon.

Whitmore, J., & Maker, J. (1985). *Intellectual giftedness in disabled persons.* Rockville, MD: Aspen.

제 10 장

진로상담

Linda Kreger Silverman

진로에 관한 영재상담은, 이 책에서 논의한 상담의 다른 측면들처럼, 매우 복잡하고 영재가 직면하는 독특한 문제에 대한 지식을 요구한다. 영재의 진로발달은 유년시절 초기부터 가정의 가치와 사고방식을 가지고 시작하여, 성인기까지 지속되는 과정이다. 영재들에게는 자신의 능력을 인식하고, 흥미를 이해하고, 자신을 기다리고 있는 가능성의 범위에 노출하도록 도움을 주는 진로지도가 인생 초기부터 필요하다. 그러나 진로기회의 범위가 너무 넓어 의사결정을 내리는 것이 복잡하기 때문에, 진로선택을 다른 학생들보다 늦게 할지 모른다(Milne, 1979).

영재는 대개 다재다능하여 많은 영역에서 성공의 가능성을 가진다. 그러므로 전형적으로 진로지도를 위해 사용하는 적성검사는 특별히 도움이 되지 않는다. 여러 영역에서 능력이 있을 때, 적성은 직업을 선택하는 데 있어 충분하지 않은 판단기준이다. 젊은 사람들의 진로선택에 있어서, 부모 및 조부에게 중요한 두 가지 요소, 즉 재정적 안전과 진로의 안정성은 덜 중요하다(Yankelovich, 1972). 영재들은 다음과 같은 질문을 제기한다. "어떤 직업에 종사했을 때, 가장 흥미로운가?" "나의 잠재력을 발달시킬 수 있는 최고의 기회를 제공할 수 있는 영역은 무엇인가?" "내가 가장 필요하다고 느끼는 곳은 어디인가?" "어느 영역에서 내가 최고의 대우를 받을 수 있는가?" 이들 질문들은 가치가 내재된 것들로, 주의 깊게 계획한 경험들을 통해서 이들 질문을 탐색해 볼 수 있다.

효과적인 진로상담프로그램은 학생들에게 자신의 능력과 포부에 대하여 흥미, 개인특성 및 신념을 탐색하는 기회를 제공한다. 학생들에게 여러 영역, 직업과 생활방식에서 다양성을 빚어낸 성공적인 어른들, 그리고 실생활의 경험을 소개한다. 장애에도 불구하고, 위대한 공헌을 이뤄낸 사람들과 동일시할 수 있도록 전기물 연구를 포함시킨다(Hollingworth, 1926). 학생들을 여러 선택안에 노출시키고, 다양한 생활방식 안에 있는 스스로를 그려보게 한다. 학생들은 자신의 삶에서 구성된 의미의 거대한 그림 안에 다른 진로들을 어떻게 끼워 맞출 수 있는지 등의 실존적인 문제들과 씨름한다. 사회 전체 및 스스로 부가한 한계에 도전하게 된다. 진로상담프로그램은 많이 도움을 받지 못한 사람의 포부를 강화시키고(예: 경제적으로 소외된 학생), 성역할 고정개념 및 직장과 가정에서 양쪽의 성을 어떻게 다룰 것인지에 관한 문제를 다룬다.

이상적으로, 유치원과 초등학교 저학년 동안에 포괄적인 진로발달 프로그램을 부모 교육과 함께 시작하고 자녀의 학교과정 동안에 부모에게 세미나를 제공한다. 진로 자각활동과 전기연구는 초등학교 고학년에서 시작할 수 있다. 중학교에서 영재의 진로교육은 자기탐색, 시간관리, 학습기술, 대학 진학계획, 의사결정, 국가적인 재능발굴에 참여하고(Berger, 1989), 직업연구(Willings, 1986) 같은 구성요소를 통합할 수 있다. Kelly와 Cobb(1991)에 의하면, 중학생 영재들은(11세~14세) 여러 살 더 많은 학생들보다 진로에 대해 특별한 자각을 가지고 있고, 그에 대한 준비가 스스로 되어 있다. 고등학생들은 대학 선택, 장학금 획득, 교육과정의 속진, 균형적인 과외활동, 다른 영역에 참가하는 자격 및 다른 진로와 관련 있는 생활방식에 대해서 세부적인 정보가 필요하다. 만약 교육과정을 빨리 끝마칠 수 있는 기회가 있다면, 인턴십과 사사제를 통해 진로에 대해 깊이 있게 조사할 계획을 세울 수 있다. 영재 여학생들에게는 성공에 대한 내재적 및 외재적 장애를 극복하고(Hollinger, 1991b), 지지적인 환경에서 자아-지각, 포부 및 역할 갈등을 탐색할 수 있도록 돕는 차별화된 진로상담이 필요하다. 소외된 학생들은 대학 계획이나 사사제의 혜택을 받을 수 있다. 진로상담은 대학시절 내내 필요하며, 마찬가지로 성인기 전환시기에도 중요하다.

부모 교육

진로계획은 부모가 시작한다. 아마도 진로를 선택하도록 돕는 가장 좋은 방법은 영재의 부모를 교육하는 것이다. 부모는 자녀의 포부를 형성하는 데 결정적인 역할을 하며; 부모는 자녀의 첫 번째 역할모델이며, 부모의 격려 또는 실망은 오래 지속되는 영향력을 갖는다. 부모는 자녀의 다양한 잠재력이 진로결정 시기에 영향을 준다는 것을 이해해야 한다. 부모는 자녀를 위해 교육비를 지불해야 하기 때문에, 재정적인 보조에 관한 정보가 필요하다. 어떤 가정에서는 자녀가 부모의 발자취를 따를 것으로 기대하여 다른 여타의 진로선택안을 저지한다. 이것은 수세기 동안 세계 여러 곳에서 볼 수 있는 전통이며 여전히 어떤 지역 및 문화집단에서는 상당히 일반적이다. 가족 역동성이 관련되었다고 할 때, 부모 교육은 진로개발 프로그램의 한 구성요소가 되어야 한다.

아이들의 미래를 계획하는 것과, 부모의 지지 속에서 아이들 스스로 미래를 계획하게끔 하는 것에는 차이가 있다. 부모들은 계획에서 압력을 행사하지 않도록, 위와 같이 구분을 짓는 것에 대해 안내를 받아야 한다. 학교는 부모 교육 세미나를 통해 반응적인 양육기술을 배울 수 있도록 돕는 중요한 역할을 한다. 초등학교에서 고등학교까지 진로지도에서 부모의 역할을 증진하는 교육과정은 다음과 같은 주제를 포함한다:

- ❑ "창조자 부모" 대 "반응적인 양육"
- ❑ 흥미를 발전시키는 가족의 활동
- ❑ 아들뿐 아니라 딸에 대한 높은 포부수준
- ❑ 성에 따라 유형화되지 않은 장난감, 게임, 도서 구입
- ❑ 가정에서 수학적인 재능을 인식하고 양육
- ❑ 과보호 하지 않기—특히, 딸

- ❑ 특별한 재능발달에 있어 결정적인 시기
- ❑ 전문적인 교육을 찾는 방법
- ❑ 레슨 시간과 자유 시간의 정도
- ❑ 역할모델의 여러 유형에 아이들을 노출
- ❑ 아이들에게 전기를 소개
- ❑ 속진에 대한 고려
- ❑ 모든 진로에서 고등수학이 갖는 중요성
- ❑ 초기 출현자 대 늦은 의사결정자
- ❑ 미성숙한 의사결정자의 위험
- ❑ 뒤집을 수 있는 진로결정: 여러 진로에 대한 준비
- ❑ 대학계획
- ❑ 장학금 획득과 재정적 지원

양육 실제에 대한 현대적인 사고를 통해서 자발적으로 두 가지 경향이 나타났다. 첫 번째 입지는, 부모는 자녀의 가장 훌륭한 교사이고, 유년기의 가장 중요한 시기들을 낭비해서는 안 된다는 것이다(Engelmann & Engelmann, 1980). 영아교육을 제안한다—자궁 안에서 교육조차도. 또 다른 입지는 아이들로 하여금 더 많이 더 빨리 배우라는 압력을 받지 않고 모자람 없고, 풍부한 유년기를 가지게 해야 한다는 것이다. 어떤 사람은 "허둥대는 아이(hurried child)"는 모든 종류의 스트레스와 관련된 징후를 보일 수 있음을 경고하였다(Elkind, 1981). 영재의 부모는 본질적으로 다른 관점을 통해, 특별히 다른 시간을 갖는다. 부모들은 자녀의 능력을 초기에 인식하지만(Kaufmann & Sexton, 1983), 걸음마하는 아이에게 읽는 것을 가르칠지 책을 숨겨 속도를 늦추게 할지 알지 못한다.

가족이 제공하는 초기 노출과 전문교육을 통해 영재들은 종종 미래 진로방향을 결정한다. Bloom과 그의 동료들에 따르면(1982, 1985), 35세 이전에 그들 영역에서 세계적인 인정을 받는 사람은 유치원에 다닐 때 자신의 성공을 가다듬었다. 예를 들어, 음악회 피아니스트들은 가족 구성원 모두가 악기 연주하기를 기대하며, 어릴 적부터 학습하는 기회를 제공하는 음악 지향적인 가족에서 자란다. Bloom과 Sosniak

(1981)은 아이의 재능영역을 개발하는 데 있어 학교보다 가정이 훨씬 더 중요하다는 것을 연구했다. 많은 사례에서 학교는 재능발달에 비생산적인 것으로 나타났다. 이상의 연구는 아이 양육에 대한 시사점을 갖지만, 다음의 질문들과 균형을 이뤄야 한다: 아이가 원하는 것인지 혹은 부모가 원하는 것인지?

"창조자 부모"는 유전의 역할을 무시하고, 정상적인 아기를 영재로 양성할 수 있다고 믿는 부모에게 붙여진 용어이다(Montour, 1977). 창조자 부모는 유아기인 자녀를 학급에 등록시키고 계속적으로 풍부한 경험을 쏟아 부음으로써, 삶의 경쟁에 끼어들게 하려고 노력한다. 창조자 부모는 자녀가 요구를 가진 독특한 인간존재라는 것을 존중하지 않고 부모의 요구대로 만들 수 있는 진흙덩이처럼 다룬다. 부모의 자아만을 증진하기 위해 자녀의 자아에 대한 감각을 빼앗는 것은 위험하다(Miller, 1981; Montour, 1977).

다행스럽게도, 대부분 영재들은 자녀들이 뛰어나다는 점을 발견하는 반응적인 부모를 두고 있으며, 이들 부모는 자녀의 뛰어남에 어떻게 반응해야 하는지 궁금해 한다(Silverman, 1986a; Silverman & Kearney, 1989). 자녀가 어떤 영역에서 흥미나 재능을 보이면, 반응적인 부모는 자녀의 능력을 개발하는 필요한 도구, 학습을 제공하고 계속적으로 향상할 수 있도록 지원한다. 그러나 성공의 어떤 단계에서 부모는 자녀의 성취에 대해 힘을 쏟지는 않는다. 두 가지 부모 유형은 비슷한 활동에 자녀를 참여시키지만, 그 이유는 완전히 다르다. 똑같은 풍부함도 자녀의 필요에 의한 자연적인 결과인지, 부모가 강요한 경험인지에 따라 양성될 수 있고 해가 될 수 있다.

가정에서 성역할 고정관념을 피하도록 하는 것은 아무리 강조해도 지나치지 않는다. 대부분 영재와 창의적인 학생은 양성적인(androgynous) 경향이 있어, 얼마간 양쪽 성 모두의 특성과 흥미를 보인다(Dellas, 1969; Wolleat, 1979). 소년들은 보통 여자 같은 감수성을 나타내고, 소녀들은 남성성(masculinity)과 관련이 있는 독립성과 공격성을 보인다. 창의적인 소년들은 비일상적인 진로에 대한 포부를 갖는 경향이 있고(Torrance, 1980), 높은 진로에 대한 포부를 갖는 영재 소녀는 비인습적인 방식으로 생각한다. 전통적인 여성에 관한 고정관념은 여성의 성취를 제한한다(Hollinger, 1991a); 이와 같은 태도는 학생들이 취학연령에 달하게 되면 이미 뿌리 깊게 심어진다(Fox & Tobin, 1978).

부모는 자녀를 지지, 지도하고, 자녀의 재능을 양육해야 하지만, 자녀는 부모의 복사판이 되기를 원하지 않는다. 학생들은 자신의 인생행로를 결정할 수 있는 정서적 자유를 원한다. 영재들은 자신의 필요성과 포부를 희생하여 부모가 원하는 것이 되려고 하는 위험에 빠진다(Miller, 1981). 부모 교육을 통하여 상담자들은 상대방의 행복에 대해 너무 많은 책임을 지는 것으로부터 부모와 학생들이 벗어날 수 있도록 도움을 줄 수 있다. 학생들이 부모의 계획에서 승객이 되기보다는 자신의 미래라는 운전석에 있다고 느낄 때, 학생들의 진로교육을 시작할 수 있다.

초기 의사결정자

영재의 진로결정 시기는 동년배보다 빠르거나 더 늦는 경향이 있다(Milne, 1979). 영재의 앞선 발달 때문에, 영재는 또래보다 일찍 직업선택에 관심을 갖기 시작한다. 정신적으로 3년 빠른 학생들은 초등학생 때 진로목표를 설정하기 시작한다. Willings(1986)에 의하면, 대부분의 영재들은 9세 때 진로선택에 관해 심각하게 생각하고, 전통적인 고등학생용 진로조사 프로그램이 "지루하고 시시하다"고 생각한다(p. 95).

어떤 영재들은 일찍부터 자신의 흥미에 푹 빠져서 다른 선택을 탐색하는 기회를 갖기 전에 그 흥미있는 영역의 진로에 집착한다. 여섯 살짜리 별자리에 전문가인 한 아이는 항상 천문학자가 될 거라고 말한다. 달래는 것만으로 마음을 바꾸게 할 수 없다. 별에 대한 흥미가 시들해질 때, 화학세트에 관심을 갖고, 나머지 생애 동안 화학을 추구하기로 결정한다. 이와 같이 어렸을 때, 자신의 삶의 목표를 설계할 때 안도감을 느낄 수 있다. 때때로 이들 목표는 흥미가 변함에 따라 바뀔 수도 있고, 때때로 성숙기에 접어들면서 확고하게 남아 있을 수도 있다.

초등학교 때 자신의 진로를 결정하거나, 부모가 진로목표를 결정할 경우, 이들 학생들에게 많은 선택권이 닫히게 된다. 협소하고, 제한적인 생활스타일을 포함하여(Marshall, 1981), 너무 조급하게 서둘러 진로선택을 할 때 일어나는 문제들이 보고되고 있다(Delisle & Squires, 1989; Fredrickson, 1986; Howley, 1989; Kerr, 1986; Kerr & Ghrist-Priebe, 1988). 초기 진로결정으로 갇히게 되었다고 생각할 때, 특히 외부로부터 진로결정을 강요받았을 경우, 배움에 대한 애정을 잃어버리고 고등교육은 단지 목표로 가는 수단에 지나지 않게 된다(Katchadourian & Boli, 1985). 그러나 때때로 학생들은 교사 및 상담자보다 자신의 미래에 대해 보다 좋은 관점을 가지고 있다. Willings(1986)는 친구들의 비웃음에도 불구하고, 자동차 경주 선수와 패션모델이 되고 싶어하는 14세의 영재 소녀의 예를 보여 준다. 상담가는 이 학생이 미숙하다고 하였고, 어머니도 자녀의 포부가 없어질 것이라고 말했다. 그러나 26세에 그녀는 주중에는 패션모델로 일하고, 주말에는 팀에서 경주를 하고 있다.

어떤 학생들은 확실한 진로방향을 가지고 어릴 적 취미를 발전시킨다; 이들에게 그것은 일종의 "생업(calling)"이라는 의미에서 직업인 것이다(Howley, 1989). 예외적인 재능을 가진 학생들은 대개 어떤 분야에서 초기, 집중적인 흥미를 보인다(Bloom, 1985; Cox, Daniel, & Boston, 1985). 예를 들어, 콘서트 무대를 겨냥한 음악적 신동 또는 광대한 포부를 가진 발레리나는 매우 어릴 적에, 이 분야에 열정적으로 헌신한다(Feldman, 1986). 자신의 목표에 도달하기 위해, 모든 산만한 것을 차단하고 기타 가능성을 예측하고 있어야 한다는 것을 직관적으로 알고 있는 것 같다(Fredrickson, 1986; Tannenbaum, 1984). 또한, 너무 압도적이고 다양한 진로선택을 다루지 않으려고 일찍부터 임의적으로 진로를 선택하는 영재들도 있다.

늦은 의사결정자

어떤 학생들은 입학하기 전에 자신의 진로를 결정하지만, 대부분 영재들은 자라서 무엇이 될 것인지 알지 못한 채 고등학교를 마친다. 많은 다재다능한 영재들은 선택의 어려움을 빗어내는, "풍요 속의 당혹감(embarrassment of riches)"으로 고통을 받는다Gowan, 1980, p. 67). 상담자는 앞서 기술한 유질처분(foreclosure) 문제보다 너무 많은 선택권으로 인한 고민에 많은 관심을 기울인다. 일찍부터 재능을 키워가는 사람이 이상적으로 보일지 모르지만, 자신의 삶에서 하고 싶은 것을 결정할 수 없는 학생은 비교하게 됨으로써 부끄러움을 느낀다.

다재다능한 재능과 흥미에 대처하는 것이 대부분 영재의 심각한 문제이며(Delisle & Squires, 1989), 여러 사람들이 이에 대해 언급하고 있다(Kerr, 1986; Kerr & Ghrist-Priebe, 1988; Marshall, 1981; Sanborn, 1979). 다방면에서 재능을 가진 사람들은 삶의 모든 것이 매혹적이라고 생각하고 어떤 것도 놓치려고 하지 않는다. 이들은 자신의 다중잠재력이 책임이 아닌 일종의 자산이라는 것을 수용하고, 초기에 전문성이 부족하다고 이를 삶의 실패자를 나타내는 것이라고 생각하지 말아야 한다.

> 다중잠재성을 가진 청소년은 여러 과목 영역에서 모두 뛰어나며 여러 분야의 진로에 대해 흥미를 갖는다. 학교신문 편집에서도 모두 A학점을 받고, 뮤지컬에서 주역을 하고, 배구팀의 주장을 하고 있다면 아마도 다중잠재성을 지닌 학생이다. …
>
> 의뢰인의 능력과 흥미가 직업 특성과 잘 맞는지 이를 강조하는 전통적인 진로상담 기술은 영재학생에게 조금도 필요하지 않다. 대신, 가장 깊이 내재된 가치를 파악하고 이들 가치를 실현하는 삶의 목표를 계획하는 것을 근간으로 하는 접근법이 진로상담 선택의 처치법이다. 그리고 나면 진로개발은 직업을 찾는 것이라기보다는 의미를 찾는 것이 된다. … 때때로 재능 있는 학생들은 가장 잘 자신의 재능을 발휘할 수 있는 직업을 스스로 창조해야만 한다(Kerr & Claiborn, 1991, p. 76).

Betsy은 다중잠재성을 보이는 학생이다. 고등학교 3학년 때, Betsy는 모든 것에 끊임없는 열정을 가지고, 에너지를 끊임없이 쏟아 부었다. Betsy는 심리학, 작문, 언어, 의술, 화학, 보석세공, 펜싱, 자전거 타기, 자연, 과학 소설 및 "사람"에게 흥미가 있었다. 3학년일 때 크로스컨트리 경기 주자이면서 또한 Betsy는 대학 적성검사와 AP 영어시험에서 최고였다. Betsy에게는 인류에게 봉사하고픈 강한 포부가 있었고, 40세가 되기 전에 12개 언어를 마스터하고자 하였다(Silverman, 1982). 직업선호도 검사는 Betsy가 할 수 없는 것에 대해 알려 줄 수 없어, 아무런 도움도 되지 않았다(Hoyt, 1978). 진로선택을 준비하는 데 있어 어떻게 시작해야 하는가?

Betsy 같은 학생들은 직업선택을 일종의 실존적 딜레마로서 경험한다. “올바른” 진로를 찾으려고 하는 것만큼 취하지 않는 진로에 대해서도 걱정을 한다(Sanborn, 1979). 언어학자가 되는 것을 선택하면 물리학자로서 직업을 포기하는 것을 의미한다. 꿈을 포기하는 것은 학생들에게 그리 쉬운 것은 아니지만, 대부분은 현실적 한계로 인해 자신의 꿈을 조절해야 한다는 것을 배운다. 그러나 영재에게는 그렇지 않다. 일찍부터 영재들은 대부분 추구하는 것에서 성공적으로 자신의 능력을 결정할 수 있다는 것을 배운다. 선택에 따라 어떤 미래의 문을 닫아버릴 수 있지만, 만약 잘못된 선택을 한다면 어떻게 될까? 만약 다른 선택을 한다면, 삶이 어떻게 될까? 한 영역에서 잘하는 것이 좋을까? 아니면 많은 분야에 관해 아는 것이 좋을까? 그리고 모든 관심을 붙잡고 있으려고 한다면, 어설프게 되거나 어느 것 하나라도 제대로 알지 못하게 되는 것은 아닌가?

영재 진로상담에서는 영재의 다양한 흥미, 선택하는 데 있어 직면하게 되는 실존적 딜레마, 잘못을 할 것 같은 두려움, 자신의 이상 및 잠재력에 미치지 못하게 될 것에 대한 두려움, 가지 못한 길에 대한 슬픔의 깊이 및 만약 자신의 모든 잠재력을 키우려고 노력하게 되면, 모든 것들이 이류로 끝날지도 모른다는 두려움에 민감할 필요가 있다. “다중잠재력을 지닌 개인 및 이러한 징후를 보이는 학생들에게는 모두 차별화된 진로지도가 필요하다”(Kerr, 1986, p. 602). 두 가지 유형 모두는 Ursula LeGuin(1976)의 매혹적인 소설 『*Very Far Away from Anywhere Else*』에서 잘 기술되어 있다. 두 명의 영재 고등학생의 감동적인 러브스토리로 인해 학생과 어른들은 심도 있는 토론을 할 것이다.

다중잠재성에 대한 진로지도

잘 짜여진 진로상담프로그램을 통해서, Betsy와 Betsy 같은 학생들은 여러 방식으로 자신의 딜레마에 대해 도움을 받을 수 있다:

- ❑ 많은 선택권을 준비

- ❑ 흥미 있는 여러 진로를 탐색하는 기회
- ❑ 대학입학까지 의사결정의 보류
- ❑ 일부 흥미에 대해서 실제-생활경험을 제공
- ❑ 연속적 및 동시에 일어나는 진로의 가능성 논의
- ❑ 어떤 흥미를 계속 추구할지 결정을 내리도록 돕기
- ❑ 새로운 진로 창출의 가능성을 제안
- ❑ 진로선택의 기초로서 삶의 주제를 탐색

상담자는 다중잠재력을 가진 영재들로 하여금 여러 영역에 돌입할 준비가 되도록 가능한 한 프로그램을 풍부하게 계획하도록 지도할 수 있다. 여학생들이 상급수준의 과학과 수학과정을 수학할 수 있도록 상담하여, 조급하게 자신의 문을 닫지 않도록 하는 것이 특히 중요하다(Hollinger, 1991a; Kerr, 1991). 고등학교(9~12학년)의 좋은 대학진학 준비 프로그램은 적어도 4년의 영어, 4년의 수학, 4년의 과학, 3년의 외국어 및 3년의 사회과학을 포함하고 있어야 한다. 이것은 영재를 위한 기본적인 최소의 필요조건이다. 적절하게 계획하여, 속진 프로그램, 예를 들어, 7학년에 대수를 시작하고, 여러 AP 과정을 수강하며, 인턴십 혹은 사사제를 위한 여지를 만들어 주는 것이 바람직하다(Fredrickson, 1986; Howley, 1989).

처음 대학 2년 동안에는 교양과목을 단단하게 하는 것이 좋다. 대학은 단순히 직업교육을 받는 장소가 아니다. 특히, 영재에게 대학은 교육받는, 즉 철학, 역사, 문학, 심리학, 수학, 예술, 음악과 과학에 마음을 여는 시간이다. 풍부한 배경은 어느 분야에서도 중요하다. 이 시간 동안, 학생들은 탐색적인 과정을 수강할 수 있고 흥미분야에서 시간제 일을 하거나 관찰을 할 수도 있다. 물론, 부모들이 자녀교육의 재정적인 비용을 부담하고 있으므로, 부모의 동의하에 이상의 계획을 진행할 수 있다. 많은 부모들은 진로를 결정함에 있어 자녀들이 무능력하다고 걱정하고, 아직까지 자녀들이 "버둥거리고(Floundering)" 있는데, 고등교육을 위해 수천 달러를 투자해야 할지 머뭇거릴 수 있다. 자녀의 우유부단함을 어떻게 다루어야 하는지에 관한 부모 교육이 필요하다. 만약 사용할 만한 부모 교육 프로그램이 없다면, 상담자는 학생들의 문제를 이해하도록 부모에게 도움을 제공하고, 이들 사이를 중재할

수 있다.

간학문(interdisciplinary) 과정을 통해서, 학생들은 생활활동 영역에서 여러 분야들이 어떻게 조화를 이루는지 볼 수 있다. 상담자는 직업세계 전문가의 실제모델을 학생에게 소개하고 어느 한 분야의 지식을 다른 분야에서 적용하여 사용하는 인물(예: 내이의 피막을 관찰한 후에 전화를 발명한 Bell)을 소개하는 책을 통해서 이와 같은 비전을 확대해 줄 수 있다(Gordon, 1961). 브레인스토밍 세션을 통해서 기존의 혹은 새로운 진로에 접목하는 방법을 안내할 수 있다.

영재 및 재능을 가진 학생들로 하여금 다중잠재력과 의사결정을 다룰 수 있도록 돕는 여러 뛰어난 진로교육 모델이 있다. 예를 들어, Hoyt와 Hebeler의 『*Career Education for Gifted and Talented Students*』(1976); Keyes의 『*Exploring Careers for the Gifted*』(1985); Kerr의 『*Career Education for the Gifted and Talented*』(1981); VanTassel-Baska의 "A Comprehensive Model of Career Education for Gifted and Talented"(1981); Willings의 "Enriched Career Search"(1986); 그리고 Moore, Feldhusen과 Owings의 『*The Professional Career Exploration Program for Minority and/or Low Income Gifted and Talented High School Students*』(1978) 등이 있다. 그 외 Berger의 대학준비 특별 안내서: 『*College Planning for Gifted Students*』(1989)도 참조하길 바란다.

성인 영재를 위한 여러 길

모든 영재들이 고등학교와 대학교 때 자신의 인생에서 무엇을 할지 직업을 결정하는 것은 아니다. 어떤 이는 인생 중반까지 자신의 직업을 발견하지 못한다. 영재들은 전문영역에서 이 직업 저 직업으로 옮겨 다니거나, 몇 개의 직업을 가진다. Voltaire(1759)의 관찰에 의하면, 영재에게 지루함보다 더 나은 것은 신조(creed)이다. 자신의 인생에서 행복하기 위해서, 영재는 지속적인 자극과 도전을 받고 배워야만 한다. 어떤 위치에서 할 수 있는 모든 것을 배울 때가 바로 새로운 도전으로 나아가야 할 시기인 것이다. 이로 인해 영재들은 사업에서 보다 높은 직위를 얻거나, 과학에서 연구계획을 더 요구하거나, 수학, 음악, 미술에서 새로운 사고의 학파 및 새로운 진로를 이끌어낼 수 있다. 만약 고등학생과 그들의 부모에게 늦게 재능이 발현되는 가능성을 알린다면, 진로선택을 둘러싼 일부 싸움은 줄어들 수 있다.

고등학교 3학년 때 직업으로 치의학을 공부하기로 결정한 것을 후회하는 한 전직 의사가 다음과 같이 말했다. "40세에 남은 여생을 위해 무엇을 해야 할지 결정하게 하려면 14세에 무슨 권리를 주어야 하는가?" 대부분의 경우에, 진로에 대한 결정을 사춘기에 하도록 압력을 주면, 이와 같은 딜레마에 빠진다. 사회의 유동성으로 인해 생애 동안 하나의 진로가 이상적이라는 것은 시대에 뒤떨어진 것이 될 수 있다(Dunham & Russo, 1983). 영재는 자신의 생애 동안 "하나의 진로보다 더 많은 것을 추구하려고" 하므로(Delisle & Squires, 1989, p. 102), 이들 가능성을 다룰 수 있도록 준비를 해 두어야 한다. 종종, 다른 영역에서 훈련을 받으려고 학교로 돌아오는 어른도 있다. 초등학교 교사가 대학교수가 되거나; 미생물학자가 심리학자가 되고; 변호사가 교육자가 되려고 결심한다. 학생에게 중간에 진로를 바꾸어 여러 진로에서 성공한 지역사회의 인물을 소개해 주어야 한다(Delisle & Squires, 1989).

한 영역 그 이상에서 흥미를 유지하는 여러 개의 방법이 있다. 유명한 러시아의 작곡가 겸 세계적으로 유명한 화학자인 Borodin처럼 한꺼번에 여러 개의 직업을 갖는 것도 가능하다. 직업이 꼭 생계를 유지하기 위해 필요한 것은 아니다. 대부분의 음악가들은 음악으로 생계를 유지할 수 없음을 알고, 다른 영역에서 기술을 획득한다. 그러나 다른 직업으로 생계를 유지하지만 음악이 중요한 삶의 활동이다. 때로 두 가지 직업을 "낮일" 과 "밤일"로 부른다. 대부분 어른이 된 영재는 취미(예: 동전수집, 클래식 기타, 수채화, 과학 소설을 쓰는 것, 프로젝트를 연구하는 것 등)로 생계를 이끌어 갈 수 없으므로, 많은 시간과 노력을 부업에 쏟아 붓는다.

상담자는 적정 수준의 수입을 거두면서 일종의 부업으로 활동할 진로를 결정하도록 도움을 줄 수 있다. 영재들이 어느 길로 가야 할지 결정하기 힘들 때, 선택할 수 있도록 충분한 시간을 주고, 후에 여러 다양한 방면으로 옮아갈 수 있도록 충분히 넓게 교육적 기초를 제공하는 것이 바람직하다.

실제생활에서의 경험

진로상담프로그램의 핵심은 다양한 분야에서 각 사람들과 일할 수 있도록 기회를 제공한다는 것이다. 대개 학생들은 만났던 전문가의 특성뿐만 아니라 여러 직업에 상응하는 생활스타일에 기초하여 진로를 선택한다(Perrone, 1991). "경험은 최고의 스승"이라는 격언은 직업선택과 관련하여 가장 적절한 것이다. 심지어 초급단계에서도, 학생들은 "사전 사사제(prementorships)"에 참여할 수 있으며(Delisle & Squires, 1989, p. 101), 이 사전 사사제에서 학생들은 지역사회 구성원들을 인터뷰하고 방과 후나 주말을 이용하여 여러 직업 장소를 방문한다. 보다 나이든 학생들이 여전히 학교에 다니면서도 현장경험을 얻을 수 있는 몇 가지 방법이 있다: 따라다니기(Shadowing), 인턴십, 사사제, 지역 서비스, 직업연구, 활동/연구 프로그램 및 시간제로 일하기.

따라다니기

주중 진로 프로그램에서, 중학생들은 전체 한 주 동안 어떤 특정 직업이 무엇인지 알아보기 위해 전문가를 그림자처럼 따라다닌다(shadowing). 이들 학생들은 매해 다른 직업 경험에 참여한다. 학생들은 각 직업에 대한 인상을 일지로 기록한다. 첫해 한 심리학자 지망생은 나를 따라 대학수업에 들어와서 내 교수직에 모든 면을, 개별상담 세션을 제외하고 관찰하였다. 14세 된 영재소년은 뇌 조직들의 미엘린(myelin)에 대한 토론에서 대학원생 대부분보다 뛰어났다. 내가 제시한 모든 주제에 관해서 그렇게 빨리 이해하는데 왜 여전히 중학교에 머물러 있는지 의아스러웠다!

Colorado주 Denver에 있는 고등학교 Redirection에서 따라다니기는 졸업 과목의 하나로서, 이를 통해서 진로 탐색과정을 하게 된다(일반적인 프로젝트와 창의적인 표현이 다른 과정에 포함된다). 설문지를 끝마치고 직업에 관한 자료들을 배운 후에, 학생들은 배우고 싶은 특정 직업에 대해 생각한다. 조언자는 학생들이 따라다닐 전문가를 마련해 놓는다. 학생들은 일지를 쓰고 평가한 경험을 적는다. 그 다음,

인턴십 또한 매일 일지에 주의 깊게 기록하여 정리한다. 진로 탐색을 더 깊이 하려면 다음과 같은 것을 결정하기 위해 인터뷰와 연구를 수행한다. (a) 교육 및 필요한 훈련과 비용, (b) 월급을 받을 가능성, (c) 제약들, (d) 고용인 단체들, (e) 향후 경향, (f) 관련된 직업들(재훈련이 이루어질 수 있는 적어도 최소 5개의 다른 직업을 기술). 이상의 탐색은 앞으로 기술할 Willings(1986)의 "직업 조사"와 유사하다.

인턴십

견습과정은 직업에 관한 정보를 얻고 역할모델로부터 배우는 흥미로운 방법이다 (Kelly & Cobb, 1991). 인턴십에서, 학생은 적어도 한 학기 동안 전문적 환경에서 견습생으로 일하고, 보통 그 경험에 대해 고등학교 학점을 받으나 배상은 없다. 인턴십은 전일제 혹은 일주일에 몇 시간을 할 수도 있다. 많은 고등학교들은 행정적 고등학교 인턴십 프로그램(Executive High School Internship Program)을 통해 지역사회에서 인턴십을 제공하고 있으며(Duperrault, 1992), 1971년 이래 18개 주에서 10,000명의 영재를 훈련시켜 왔다. 인턴은 한 학기 동안 법, 언론, 정부 및 텔레비전 같은 다양한 분야에서 관리, 감독 및 전문가로서 활동하는 사람의 행정조교로서 일한다. 자격을 얻기 위해서 학생들은 대학 준비 자격요건 대부분 또는 모두를 마쳐야 한다. 인턴은 첫 기간 동안 영어를 듣고, 그 날의 나머지 시간에 인턴십 장소에 간다. 경험에 근거한 지역공동체교육(Experienced Based Community Education, EBCE) 프로그램은 영재를 위한 인턴십 기회이기도 하다. 이들 프로그램들의 대부분은 특히 영재를 위해 특별히 자료를 개발해 왔다. "영재를 위한 지역사회 기초 사사제"(National Commission of Resources for Youth, 1977)라는 제목의 보고서를 ERIC에서 얻을 수 있는데, 이 보고서는 11개 모델 프로젝트에 대한 정보를 수록하고 있다. 이들 발행물들은 "사사제"에 관한 것처럼 보이지만, 사실상 인턴십을 기술하고 있다. 인턴십은 전문가들이 일하는 체계에 대한 시각을 제공해 준다.

사사제

사사제는 인턴십의 또 다른 형태로서 일대일에 기초한 사사제를 통해서 한 사람과 활동하게 된다. 사사는 특정 영역에서 학생의 지식을 향상하도록 돕는 안내자, 조언자, 역할모델, 상담자이며 친구이다(Beck, 1989). 학생이 주로 전체 시간 동안 어떤 조직의 전문가에게 배정되기 때문에 인턴십은 자주 사사와 연루된다. 사사제는 특별한 과제 및 대리인에 한정되지 않는다는 점에서 인턴십과 구분된다(Swassing & Fichter, 1991). 사사와 문하생은 공원이나 탄산음료 가게에서 사사의 전문성에 대해 토론할 수 있다.

사사는 성공한 사람의 직업에서 주요 요인이 되기 때문에, 사사제는 영재를 위한 진로교육에게 가장 유익한 형태라고 할 수 있다(Feldhusen, 1980; Merriam, 1983). 사사제에 대한 연구 및 평가들은 일관적으로 긍정적인 결과들을 보고하고 있다(Beck, 1989; Cox, Daniel, & Boston, 1985; Ellingson, Haeger, & Feldhusen, 1986; Hamilton & Hamilton, 1992; Hollinger, 1991a; Prillaman & Richardson, 1989; Swassing & Fichter, 1991; Wright & Borland, 1992). 사사제는 경제적으로 소외된 영재(Olszewski-Kubilius & Scott, 1992; Wright & Borland, 1992) 및 여자 영재(Beck, 1989; Hollinger, 1991b)에게 매우 바람직하다. 한 혁신적인 프로젝트에서 소외된 계층에 속한 사춘기 학생들이 역시 같은 계층에 속한 우수한 어린 학생을 지도하기도 하였다(Wright & Borland, 1992).

사사제는 동기가 높거나 집중적인 흥미를 가진 학생에게 가장 적합하다(Swassing & Fichter, 1991). 사사에게 있어 열정적인, 재능 프로그램 리더십과 자질 훈련이 성공을 위한 두 가지 핵심처럼 보인다(Ellingson, Haeger, & Feldhusen, 1986). Howley(1989)는 사사제로 인해 학생들이 공부할 시간을 빼앗긴다고 경고하였다; 그러므로 "그 전 해에 학생들이 학문과정을 속진하도록 허용하는 것이 가장 바람직하다"(p. 213). Runions(1980)는 사사를 모든 영재 프로그램의 한 부분으로 통합할 것을 주장하였다.

지역 서비스/자원봉사활동

활동적으로 지역사회 서비스에 참여하게 함으로써 서로 상부상조하는 인간 사회를 창출하도록 준비시킬 수 있다(Fantini, 1981). 지역사회 서비스 프로젝트를 통해서 영재의 타고난 봉사 능력, 정의에 대한 강한 흥미, 도덕 및 윤리적 행동에 대한 자신의 경향성을 고무할 수 있다(Munger, 1990). 서비스는 지도하고, 코치하고, 가르치고, 옹호하고, 기금을 조성하고, 연구를 하고(Kahn, 1986), 장애인과 노인을 돕고, 지역사회 향상 캠페인을 감독하는 등 무수한 방법이 있다. 서비스 기회로 인해 여러 기술을 폭넓게 개발하고 이들 기술을 사용하여 다른 사람에게 혜택을 줄 수 있다(Kahn, 1986). 많은 학교에서 영재는 필수과목으로서 지역사회 봉사, 핵심클럽 혹은 방과 후 자원봉사자로서 참여한다. North Carolina 과학 및 수학학교의 10학년과 11학년 학생들은 지역사회 봉사활동에 참여하고 12학년 학생들은 인턴십과 사사제를 한다. 고등학교와 대학을 결합한 5년간의 프로그램으로 Virginia, Staunton 내 Mary Baldwin 대학에서 실시하는 Program for Exceptionally Gifted Girls(PEG)는 매달 6시간을 지역사회 봉사를 위한 시간으로 계획한다. 봉사지로 추천하는 장소는 병원, 탁아소, 현대미술협회, 역사보존 기관, 보육원, 공공도서관, 학교들이 있다. New York 시에 있는 De La Salle Academy는 "학생들 간에 지역공동체 의식을 증진하고 학생들이 변화의 주체가 될 수 있음을 믿도록 권장한다. 이렇게 함으로써, 학생들은 지역봉사에 참여하게 된다"(Wright & Borland, 1992, p. 125). 이들 학교들은 보다 심각하게 소외된 가족을 둔 어린 영재를 위해서 사춘기 영재 사사를 제공해 주고 있다.

> 봉사활동을 통해 서로 하나이며 연관되어 있음을 경험하고 인식하고 다른 삶의 요구 및 성공을 위해 시간과 노력을 들이는 기쁨을 느낄 수 있다. 이와 같이 함으로써, 성취, 확신 및 능력에 대한 감각이 되돌아오게 된다(Shannon, 1989, p. 184).

직업조사

직업교육 프로그램 조정자는 학생들이 무엇을 찾아야 하는지 그리고 직업탐색에서 가장 많이 얻기 위해서 어떤 종류의 질문들을 해야 하는지 도와줌으로써 이러한 경험들의 모든 가치를 향상시킬 수 있다. 예를 들면, 학생들은 필요한 교육적인 배경, 봉급 수준, 승진기회, 창의력을 위한 기회들에 관해 물어 볼 수 있다. 또한 성과 인종적 배경에 대해 동등한 기회가 주어지는지를 관찰할 수 있다. 학생들은 사람들이 자신의 직업에 대해 행복해 하고 흥미 있어 보이는지 또는 지쳐 보이고 의욕이 없어 보이는지를 볼 수 있다. 무엇보다도 학생들은 직업이 관심과 능력에 적합하고 자신의 열정을 붙잡고 있는지에 대한 느낌을 얻을 수 있다.

Willings(1986)는 영국 Norfolk의 Enriched Career Search Program의 한 기본 단위로서 직업연구를 포함시켰다. 한 주에 한 번 만나는 2년짜리 프로그램은 일곱 가지 모듈로 구성된다: (1) 진로와 나, (2) 자기 평가, (3) 직업 조사, (4) 성인 세계, (5) 집단 역할, (6) 윤리적인 고려사항, (7) 진로 및 창의적인 성장을 위한 책략. 첫 번째 모듈, "진로와 나"에서 학생들은 자신의 미래를 상상하고 가능성을 평가한다. 자기 평가 모듈에는 아홉 가지 연습들이 포함되는데 이 연습에 대해 학생들은 다음과 같이 적었다:

> (a) 현재에 이르는 세부적인 진로탐색; (b) 자신의 인생 목표; (c) 직업에 대한 우선순위; (d) 직업이 아닌 것에 대한 우선순위; (e) 목표와 우선순위가 자신의 활동에서 충족될 것이라 믿는 정도; (f) 지금까지 진로선택에 가장 영향을 준 세부 인물; (g) 자신이 가지고 있다고 믿는 강점과 가지고 싶은 강점; (h) 예외적으로 충족되었다고 생각한 시간; (i) 미래에 대한 포부(Willings, 1986, p. 96).

"직업 조사" 모듈에서, 학생들이 진로의 이상적인 이미지와(TV에 나오는 것) 여러 직업에 종사하고 있는 실제 사람들의 경험을 구분할 수 있도록 돕는다. 학생들은 인터뷰 기술을 배우고, 매우 구체적인 질문들을 계획하고, 수업에서 인터뷰를 미리 해 보고, 반응 차트를 수집한다. 그러고 나서 자신의 직업에 행복을 느끼는 사람을 찾아 150개의 질문을 한다. 이들 질문들은 어떤 특정 직업의 숨겨진 면을 밝혀내고, 핵심 기술과 상호 보완적인 기술, 필수적인 육체적 기술, 직업 특징, 입사조건, 훈련 문제, 어려움과 재난 및 보상 자원을 밝혀내도록 고안된 것들이다.

시간제 고용과 일/공부 조사

수의사가 되고 싶은 한 학생은 때때로 방과 후 및 여름에 동물병원에서 일자리를 얻는다. 동물수술을 지켜볼 수 있고, 의사가 시간의 대부분을 어떻게 보내는지 관찰할 수 있으며, 많은 업무를 보조할 수 있다. 어떤 직업에 종사하는 누군가와 몇 개월간 친밀한 관계를 가짐으로써, 그 일의 속성에 대해 현실적인 관점을 갖게 된다. 똑같은 일로 생애를 보내는 자신을 구체화할 수 있으며 스스로 정말 하고 싶은 것이 무엇인지 자문할 수 있다. 일찍 필수과목을 마친 학생들은 학교 시간 동안 이와 같은 기회를 마련할 수 있다. 일/공부 프로그램에서, 학생들은 하는 일에 대해서 고등학교 학점을 받는다.

진로 고안하기

전형적으로, 진로상담은 학생의 적성과 흥미를 평가하고, 기존의 직업들을 탐색하고, 적절한 접합점을 찾도록 시도하는 것들로 구성된다. 영재상담의 독특한 면들 중 하나는 스스로 진로를 창출할 잠재력을 가지고 있다는 것이다(Garrison, Stronge, & Smith, 1986; Kerr & Claiborn, 1991; Milne, 1979; Perrone, 1991; Sanborn, 1979). Fredrickson(1986)은 이들 개인들이 자신의 능력을 완전히 활용하는 직업들을 찾지 못할 것이라고 경고하지만, 영재는 자신의 능력과 흥미에 맞추어 진로를 조정할 수 있다고 제안한다. Garrison, Stronge와 Smith(1986)에 따르면,

> 진로선택에서 여러 능력과 흥미를 다루는 또 다른 방법은 기존의 진로 중에서 선택하기보다는 새로운 진로를 창출하는 데 초점을 맞추는 것이다. … 새로운 진로를 창출하는 것은 현재 경향에 기초하여 새로운 역할을 감지하거나 … 미래 경향을 예측하여 새로운 역할을 창출함으로써 생길 수 있다. … (p. 103).

새로운 진로는 보다 나은 세계를 구상할 수 있는 사람들에 의해 창출된다. 혁신적인 생각들은 현재의 방식과 앞으로의 방식 사이의 불일치를 관찰함으로써 생긴다

(Dabrowski, 1964). 영재는 이들 불일치를 언급하는 데 능숙하다. 현재 대부분의 진로는 과거에 존재하지 않았다: 도시 계획자들, 생태학자들, 영재교육자, 워드 프로세싱 전문가들, 비디오 판매자들. 사람들의 예상에 의하면, 오늘날 학생의 70퍼센트는 현재 존재하지 않는 직업들에 입문할 것이다(Anderson, 1986).

상담자는 영재들로 하여금 자신의 가치와 흥미를 분명하게 하면서, 자신의 미래를 고안하도록 지도할 수 있다(Hoyt, 1978). 학생들은 몇몇 현대의 직업들이 어떻게 시작되었는지 탐색할 수 있다; 미래의 직업을 상상하고; 향상시킬 수 있도록 환경을 관찰하는 데 시간을 보내고; 생활의 한 측면을 향상하는 직업에 종사하는 자신을 상상한다. 창의적인 문제해결 기술들과 창의적인 시각화 모두를 사용하여 효과적으로 미래목표를 설정하도록 도울 수 있다. 영재를 위한 프로그램에 진로상담의 이와 같은 진로상담의 면들을 포함함으로써, 학생들은 자신이 미래를 형성하는 자임을 알 수 있도록 돕는다.

인생의 주제들을 탐구하기

영재는 세상의 고통을 줄이고(Boehm, 1962; Martinson, 1961), 삶의 질을 향상시키고, 전쟁과 오염을 종결(Roeper, 1991)하는 데 관심이 있다. 영재는 고도의 민감성 때문에, 직접 혹은 간접적으로 세상의 고통을 공유하고 경험한다. 영재의 장래 진로목표는 자신의 민감성과 도덕적 관심에서 비롯될 수 있다. 이렇게 하도록 안내해 주는 것을 Csikszentmihalyi와 Beattie(1979)의 연구에서 도출할 수 있다.

가난한 이민자 배경을 가진 30명의 남자들을 인터뷰하였다: 반은 성공한 지식인이고 나머지 반은 육체노동자였다. T 연구에서 비슷한 배경을 지닌 두 개 집단의 인생행로를 차별화하는 요소들을 찾아보고자 하였다. 인생의 초기에(8세와 18세 사이에), 이들은 자신이 경험한 어떤 특정 문제에 대한 인생 주제를 발전시켰다. 한 사람에게는 그 문제는 가난이었고, 이 사람의 해결책은 열심히 일하고 절약하는 것이었다. 또 다른 이에게 그 문제는 불공평으로 비춰졌고, 이에 대한 해결책은 불공평을 막기 위해 자신의 역할을 다하는 것이었다. 전문가가 된 사람들 모두는 어릴 적에 책을 읽었으며, 만약 부모가 글을 읽지 못하였다면, 이야기를 들었다. 독서는 이들 삶의 중요한 부분이 되었고, 자유시간의 많은 부분을 차지하였다. 독서를 통해, 어느 시기에 이들은 자신의 문제에서 혼자가 아니며, 세상의 다른 삶들도 똑같이 고통받는다는 것을 발견하였다. 독서는 그들이 느꼈던 것을 지역공동체와 연결시켰고, 따라서 다른 사람들도 연관되어 있는 원인을 자신의 경험에서부터 추출해내고 잠재적인 해결책을 마음에 그려내었다. 결국 이를 통해서, 이들은 전문적인 목표를 설정하고 성공을 위해 노력하게 되었다. 반대로 육체노동 계층에 남아 있는 피험자들은 누구도 자신의 경험을 다른 사람들에게 일반화시키지 않았다.

영재 진로상담에서, 영재는 자신에게 가장 큰 영향을 미치는 경험을 탐색해 볼 시간을 갖는 것이 좋다. 이러한 경험들이 삶의 목표형성을 이끌어내었는가? 이들에게 깊이 영향을 끼친 영화, 연극, TV 프로그램, 또는 책이 있었나? 어떤 영향으로 인해 자신의 진로목표를 갖게 되었는가? 삶에서 자신의 목표가 무엇이 되어야 하는지 생각해 보았는가? 무슨 사건 때문에 이러한 목표를 가지게 되었다고 믿게 되었는가?

영재는 자신의 인생 주제, 직면한 결정적인 문제 및 개인적으로든 다른 사람의 도움으로든 문제를 해결하는 수단을 파악할 수 있도록 도움을 줄 수 있다. 영재는 실제생활 및 유사한 문제에 직면한 사람이나 문제를 다루는 데 자신의 삶을 바친 사람들이 등장하는 책에서 역할모델을 접할 수 있다. 이상의 관점으로부터 진로상담은 훨씬 깊은 의미를 취할 수 있다. 단순히 성공하고 행복하고자 직업을 선택하는 대신에, 진로상담은 영재로 하여금 사회에 기여할 수 있도록 개인적인 헌신을 이끌어내야 한다.

영재 여학생의 특별한 문제

영재들이 당면하게 되는 실재적인 문제 외에, 영재 여학생이 가진 독특한 문제를 다뤄야 한다. 재능을 겸비하고 있는 여성들은 비전통적인 직업에서 받는 과소평가, 불평등한 월급과 육아에 대한 지원부재 등 열거할 수 없을 정도로(Hollinger, 1991b)

많은 내적 및 외적 성공장애물에 직면하게 된다. 여성들은 직업세계와 여성성(femininity)과 약간 상치되는 사회 전체 구조를 극복해야 한다(Horner, 1972). 여성들은 가족과 직업 둘 다를 원하고 있는지에 대한 결정을 내려야 하고, 만일 그렇다면 어떻게 이 둘 간에 균형을 이룰지 결정해야 하다. 전통적으로 남자들의 일로 생각해 왔던 직업 가능성들을 탐색하도록 격려를 해 주어야 한다. 그리고 여성 자신들이 위험을 감수하고 역효과의 신념을 극복할 수 있도록 지원을 해 주어야 한다. 남성보다 여성은 훨씬 더 복잡한 직업패턴을 가지며(Hollinger, 1991b), 일의 세계와 자신의 관련성이 분명하지 않다. 이러한 이유로 인해, 차별화된 진로상담이 영재 여성에게 필요하다.

진로상담프로그램에서 여학생 영재들은 영재 여성들이 걸어 온 여러 경로에 대한 연구들을 접할 수 있어야 한다. 여학생 영재에게는 성공적으로 결혼, 자녀 양육 및 직업을 결합시킨 여성 역할모델들이 필요하다. 예를 들면, Rodenstein과 Glickauf-Hughes(1979)는 자녀양육과 직업을 결합시킨 여성들이 이 둘에서 얻는 개인적인 만족이 크다는 점을 발견하였다. 또한 여학생 영재들은 결혼과 직업은 있으나 자녀는 갖지 않기로 결정한 여성도 만나 봐야 한다. 그리고 결혼하지 않기로 결심한 성공하고 행복한 여성들도 만날 필요가 있다. 독신남과 결혼하지 않은 미혼여성들에 대한 이율배반적인 기준에도 불구하고, Terman의 피험자를 대상으로 실시한 후속 연구에 의하면(Sears & Barbee, 1977), 독신인 여성 영재들이 자신의 진로를 희생하여 주부가 된 중년의 여성보다 중년에 더 많은 만족감을 느낀다. 여학생 영재들에게 전통적인 선택을 한 여성들을 소개하고 이들의 삶의 방식에 대해 배울 수 있도록 해 준다.

대부분의 여성 영재들은 전일제 직업을 생각할 때 이를 결혼 및 가정과 결합하여 계획을 세우지만(Fleming & Hollinger, 1986), 그 시기에 대해 확신하지 못한다. 여성 영재들이 "여러 역할 요구들에 성공적으로 대처하기 위해서는 중요한 정보와 기술이 필요하다"(Hollinger, 1991b, p. 137). 결혼과 직업을 어떻게 조작하느냐는 많은 여성 영재들의 마음을 불안하게 하기 때문에, 이상의 것을 탐색하기 위해서 진로지도 프로그램에 많은 시간을 할애해야 한다. 인생계획을 통해서 자신의 직업에 미치는 방해물의 영향을 최소화할 수 있다(Garrison, Stronge, & Smith, 1986). 다음

은 젊은 여성들이 집이나 대중매체에서는 볼 수 없었던 선택 목록들이다:

성공적인 직업을 가진 여성이 되는 방법

- ❑ 모두 여자 아이만 있는 가정에서 첫째로 태어나기
- ❑ 일하는 엄마와 이를 받들어 모시는 아버지
- ❑ 학교에 일찍 입학하고 가능할 때마다 속진하기
- ❑ 십대 후반까지 말괄량이로 지내기
- ❑ Katharine Hepburn을 우상시 여기고 모방하기
- ❑ 가능한 모든 수학과정을 수강하기
- ❑ 결혼을 하지 않거나 아이를 낳지 않기로 결정하기
- ❑ 진로가 궤도에 서고 나서야 늦게 결혼하기
- ❑ 가족보다 일을 먼저 시작하기
- ❑ 가정부를 둘 정도로 경제적으로 윤택하기
- ❑ 배우자와 역할을 바꾸어 보기
- ❑ 입장을 공유하기
- ❑ 아이 돌보는 편의시설이 있는 환경에서 일하기
- ❑ 아이를 돌보아 주는 조부모와 가까이 살기
- ❑ 잠깐 동안 집에 있으면서 열광적으로 글쓰기

어떻게 각 요소들이 자신의 진로 잠재성을 증진하는지 연구하고 토론할 때, 이들 목록을 출발점으로 활용할 수 있다. 예를 들어, 젊은 여성들은 아직 가정을 꾸리지 못한 사람과 자녀가 클 때까지 자신의 진로를 유보하는 사람들이 그 기회에서 어떻게 다른지 탐색할 수 있다. 여성들은 어떻게 가속화가 두 개의 전일제 직업(자녀양육과 직업)에 시간을 벌어 주는지 토론할 수 있다. 역할 반전(반전된 역할에서 남편이 자녀양육을 하고 부인은 돈을 벌어 온다는 점) 혹은 배우자의 역할 공유하기 같은 새로운 선택안의 가능성에 대해 토론할 수 있다. 사례조사를 제시하거나, 학생들은 현재 이러한 책략에 관련하여 이를 시도한 적이 있는 사람을 지역공동체에서 찾아 볼 수 있다. 자신의 강점과 약점에 대해 논쟁할 수 있고, 젊은 여성들은 자신의 목표에 우선순위를 매기고, 여러 시간패턴에 대한 찬반논쟁을 숙고해 볼 수 있다.

비록 어떤 젊은 여성들은 전업주부를 선호할지라도, 생활비와 이혼율로 인해 가정을 돌보면서 대부분의 여성들이 일을 해야 하는 필요성이 제기되고 있음을 인식해야 한다(Verheyden-Hilliard, 1976). 여성들은 또한 여러 직업들의 지불규모상의 차이점을 인지하고 있어야 한다. 몇 년 전에 대학 1학년 영재들에게 직업선택에 관해 질문한 적이 있다. 모든 젊은 여성들은 저임금 서비스 직업들을 찾고 있는 반면, 모든 젊은 남자들은 고소득의 행정직을 준비하고 있었다. 유사한 결과들이 실험적 연구에서도 나타났다(Kelly & Cobb, 1991; Leroux, 1986). Leroux(1986)는 다른 사람에 대한 서비스가 12학년 여학생 영재에게 아주 중요한 반면, 직업 안정성과 자율성은 남학생에게 좀더 중요시되는 것을 발견하였다. Kelly와 Cobb(1991)는 중학교 남학생 영재는 여학생보다 고소득 직업을 선호한다고 보고하였다. Perrone (1991)는 남성성과 여성성의 정체성 형성을 통해서 이와 같은 차이점을 설명하였다: "Van den Daele는 … 남성과 여성의 직업 동기에서 두드러진 차이점을 발견하면서, 성취는 남성성의 정체감과 도덕성은 여성성의 정체감과 보다 일치한다고 하였다"(p. 323).

역할모델을 접하는 것 또한 중요하다(Beck, 1989; Phelps, 1991). 만약 영재의 어머니가 전업주부거나 가족을 돌보면서 저임금의 사무일을 한다면, 딸은 자신에게 어떤 다른 것이 가능할지 개념이 거의 없을 수 있다. 역할모델들은 직업 발달 수업, 교내 직업의 날 혹은 영재를 위한 특별과정에 초빙한 전문여성이 될 수도 있다. 여자 영재들이 흥미를 가지고 있는 분야에 종사하는 여성들과 직접적으로 활동할 수 있도록 준비한다. 사사제는 특히 초기 진로 단계에서 영재에게 값진 것이며 여성들의 열망을 높일 수 있다(Kaufmann, Harrel, Milam, Woolverton, & Miller, 1986).

> 여성 영재는 자신의 흥미, 성격 및 가치와 양립하는 생활방식에 대해 생각하고 계획할 수 있도록 도전을 받아야 한다. 단순히 어떤 진로를 선택하였다고 목표가 발전하는 것은 아니다. 삶의 의미와 방향을 줄 수 있는 생활스타일을 선택해야 한다. 목표발전에 있어 사사와 역할모델이 미치는 영향은 지대하며 도움을 준다(Phelps, 1991, p. 141).

오늘날 진로계획에 있어 여성 영재를 돕는 많은 자원들이 있는데, 그 중 다음과 같은 자료를 추천하는 바이다: 『*Smart Girls, Gifted Women*』(Kerr, 1985); 『*Project CHOICE*』(Fleming & Hollinger, 1979); 『*The Gifted Girl: Helping Her Be the Best She Can Be*』(Addison, 1983); 『*Girls Can Be Anything They Want*』(Foote, 1980); 『*Women and the Mathematical Mystique*』(Fox, Brody, & Tobin, 1980); 『*Journal for the Education of the Gifted Special Issue on Gifted Girls and Gifted Women*』(Winter, 1989); 『*Roeper Review Gender Equity: Meeting the Special Needs of Gifted Females*』(April, 1991); 그리고 "What Happens to the Gifted Girl?"(Silverman, 1986b).

소외된 영재

진로교육은 특히 가난한 가정의 학생들에게 필요하다. "경제적으로 어려운 환경에 있는 영재들이 낮은 사회적 계층에서 받는 영향을 줄이고 진로 기대를 전형적으로 낮게 설정하기 전에 초기에 개입하는 것이 필요하다"(Perrone, 1991, p. 326). Dunham과 Russo(1983)는 소외된 영재들로 하여금 교육이 직업세계와 어떻게 관련이 있는지 볼 수 있도록 소외 영재 프로그램에 진로교육을 통합해야 한다고 주장하였다. 또한 이들은 소외된 영재들이 유동적인 사회에서 필요한 진로이동을 할 수 있도록 준비를 시켜야 한다고 제안하였다.

중산층 가족들은 일찍부터 자녀들이 대학에 들어갈 수 있도록 자녀에게 장래희망을 전달해 준다(Olszewski-Kubilius & Scott, 1992). 심지어 고등교육에서 성공할 정도로 지적으로 우수해도, 경제적으로 소외된 학생들은 대개 이와 같은 메시지를 받지 못한다. 소외된 영재는 또한 자신의 환경에서 성취에 대한 역할모델의 계속적인 지지를 받지 못한다. 이들은 중산층 학생들보다 대학입학 절차와 장학금을 받는 방법에 대한 정보를 쉽게 얻지 못한다. 자녀를 지지하는 소외 영재의 가정에서조차도, 지원절차에 대해 충분하게 이해하지 못하고 계획부족으로 들어 갈 수 있는 대학에서 기회가 박탈당하게 된다(VanTassel-Baska, 1989).

Olszewski-Kubilius와 Scott(1992)는 Northwestern 대학 영재 프로그램에 등

록한 92명의 고교 2학년생을 대상으로 연구를 실시하였다. 이들 집단 중 하나는 경제적으로 소외된 영재들로 구성되었다. 학업성적과 검사점수를 볼 때, 두 집단 모두 매우 장래성 있는 대학 지원자들이었다. 연구에 의하면 소외된 영재들은 중산층 집단만큼 대학에 입학하려고 동기부여가 되었으며 교사 및 부모로부터 많은 지원을 받았다. 그러나 소외된 영재는 "대학에 가기에는 약간 준비가 덜 되었고 입학허가를 받을 자신이 없다"고 느꼈다(p. 146). 또한 소외된 영재들은 진로결정을 하기 위해 필요한 단계에 있어 정보가 적다고 생각하였다.

두 집단 학생들의 가치체계는 꽤 달랐다. 소외된 영재는 사회적인 관심을 더 많이 가지고, 가족들과 친밀한 관계를 유지하려는 욕구가 더 컸다. 소외 영재는 가족과 지역사회에 대한 책임에 중요성을 부여하였다. Dunham과 Russo(1983)에서도 이것을 확인할 수 있다: "지역사회의 참여는 학생 자신이 미래를 구체화하도록 허용하고 학업환경에서 학생들이 획득한 기술을 통합하고 적용하도록 하는 가장 좋은 방법 중 하나이다"(p. 27). 상담자는 친밀한 가족의 유대와 확대가족이 대학배정과 진로결정에 미치는 영향을 인식하고 있어야 한다. 소외 영재는 멀리 떨어진 일류대학의 입학허가를 받아도, 집에서 가까운 대학에 가기 쉽다. 연구자들은 높은 수준의 학위를 취득한 사람과의 사사경험을 제안한다: "그간의 어려움을 보상하기 위해, 소외 영재는 일찍부터 성인 전문가와 만남을 가지고 사사제와 인턴십을 통해 진로에 일찍 노출되어야 할 것이다"(Olszewski-Kubilius & Scott, 1992, p. 147). 소외된 가정의 학생들을 초기에 격려해 주고, 역할모델을 소개해 주고, 정보를 제공하는 것의 중요성은 문헌에서 자주 언급되고 있다(Delisle & Squires, 1989).

결론

진로발달은 긴 여정 내내 탐색할 여지와 옆길이 있는 일생 동안 추구해야 하는 것이다. 결정은 사람의 가치에 의해 영향을 받으며 꿈과 기회는 단순히 쫓아가는 것이 아니라 창출되는 것이다. 진로상담은 영재교육의 통합적인 일부분으로, 실제-생활 경험과 그 과정에서 부모 교육을 수반해야 한다. 매우 능력이 출중한 소외된 영재에게 대학과 진로를 준비하는 기회를 조기에 제공하는 것이 절실히 필요하다. 소외된 영재들이 학교 프로그램에서 지원과 지도를 받지 못한다면, 교육을 박탈당하거나 직장을 얻지 못하는 커다란 위험에 직면할 수 있다. 여성 영재 또한 차별화된 상담이 필요하지만 이것으로 충분하지 않다; 남학생에게 역시 성역할 고정관념의 결과에 대한 정보를 주어야 한다(Hollinger, 1991a). 가족과 직업을 결부하는 문제는 비단 여성 영재의 문제만은 아니다. 보다 많은 여성들이 직업현장에 나가고, 이혼율이 증가하고, 남자가 아이들을 돌보게 됨에 따라, 전보다 남자들도 양육에 많은 책임을 지고 있다. 여성뿐 아니라 남성에게도 일, 가정 및 지역사회 참여를 결부하는 방법을 물어봄으로써, 진로발달 프로그램을 고려해야 한다(Perrone, 1986).

사회 전체의 가치가 변함에 따라, 많은 영재들도 더 이상 기꺼이 일을 삶의 핵심부로 삼으려고 하지 않는다(Miner, 1973). 이상의 변화는 두 가지 성 모두가 삶을 계획하는 맥락 내에서 진로를 조사할 필요가 있음을 의미하는 것이다. 자신의 희망, 꿈, 포부는 무엇인가? 어느 특정 진로를 선택하게 될 때 자신과 다른 사람의 삶의 질은 어떻게 증진되는 것인가? Getzels(1972)에 따르면, 직업에 대한 태도는 지난 세기에 극적으로 바뀌었다. 과거에 사람들은 직업에서 안전과 돈을 얻거나 의무를 이행하려고 동기부여가 되었다면, 오늘날에는 개인적인 성장과 자기 만족감이 직업선택에서 중요한 역할을 한다. Getzels가 생각하는 미래세대의 경향은 사회에 대한 무욕의 헌신을 직업의 동기로 여길지도 모른다는 것이다. 만약 이와 같은 경향이 실현된다면, 진로탐색은 또한 변화를 겪을 것이다. 학생들은 아직까지도 많은 돈을 버는 직업을 찾으라는 메시지를 부모로부터 받지만, 학생들은 자신의 소망으로 갈등을 겪을 것이다.

Perrone(1991)에 따르면 영재 청소년들이 Van den Daele(1968)의 가장 높은 수준의 인지 발달의 관점에서 진로계획과 결정을 할 것이다: 창의성, 개인적/사회적 선의 및 초경험적인 선의(자아실현의 욕구)를 위한 노력. "세계관은 자신의 이익보다 고차원적인 것이다; 중점은 발달과정이다; 의미는 목표와 동등한 것으로 볼 수 있다; 그리고 사람들은 낭만적이고 변증법적인 생각을 한다"(Perrone, 1991, p. 323). 영재의 진로발달을 연구한 30년 동안, Perrone은 영재에게는 보다 큰 인식, "더욱 세계적인 관점", 사회적 책임감, 목표를 추구했을 때 느끼는 환희와 "사회에 영향을 미치려는 내적으로 강한 욕구"가 있음을 결론지었다(p. 326). 특히, 소외된 환경에 처한 여성 영재와 학생들은 금전을 얻는 것보다 훨씬 더 공동체에 봉사하는 데 가치를 부여하는 것으로 보인다. 그러므로 일로 정의하던 사회에서부터 포괄적으로 정의하는 관점으로 이동하기 때문에, 진로발달을 "삶의 계획"으로 일컫는 것이 보다 바람직할 것이다. 의미 있는 삶을 창조하고 전체에 기여할 수 있는 진로를 영재들은 추구한다. 미래세대에서는, 봉사와 사회적 책임감이 진로상담프로그램의 초점이 될 것이다.

참고 문헌

Addison, L. B. (1983). *The gifted girl: Helping her be the best she can be. Inservice resource handbook*. Bethesda, MD: The Equity Institute.

Anderson, J. (1986, November 4). Luncheon address, National Association for Gifted Children Thirty-third Annual Convention, Las Vegas.

Beck, L. (1989). Mentorships: Benefits and effects on career development. *Gifted Child Quarterly, 33*, 22-28.

Berger, S. L. (1989). *College planning for gifted students*. Reston, VA: The Council for Exceptional Children.

Bloom, B. S. (1982). The role of gifts and markers in the development of talent. *Exceptional Children, 48*, 510-521.

Bloom, B. S. (Ed.). (1985). *Developing talent in young people*. New York: Ballantine Books.

Bloom, B. S., & Sosniak, L. A. (1981). Talent development vs. schooling. *Educational Leadership, 39*(2), 86-94.

Boehm, L. (1962). The development of conscience: A comparison of American children of different mental and socioeconomic levels. *Child Development, 33*, 575-590.

Cox, J., Daniel, N., & Boston, B. O. (1985). *Educating able learners. Programs and promising practices*. Austin: University of Texas Press.

Csikszentmihalyi, M., & Beattie, O. V. (1979). Life themes: A theoretical and empirical exploration of their origins and effects. *Journal of Humanistic Psychology, 19*, 45-63.

Dabrowski, K. (1964). *Positive disintegration*. Boston: Little, Brown.

Delisle, J., & Squires, S. (1989). Career development for gifted and talented youth: Position statement. Division on Career Development (DCD) and The Association for the Gifted (TAG). *Journal of the Education of the Gifted, 13*, 97-104.

Dellas, M. (1969). Counselor role and function in counseling the creative student. *The*

School Counselor, 17, 34–39.

Dunham, G., & Russo, T. (1983). Career education for the disadvantaged gifted: Some thoughts for educators. *Roeper Review, 5*(3), 26–28.

Duperrault, J. H. (1992). The Executive High School Internship Program. *The Gifted Child Today, 15*(1), 35–37.

Elkind, D. (1981). *The hurried child: Growing up too fast too soon.* Reading, MA: Addison-Wesley.

Ellingson, M. K., Haeger, W. W., & Feldhusen, J. F. (1986). The Purdue mentor program. *G/C/T, 9*(2), 2–5.

Engelmann, S., & Engelmann, T. (1980). *Give your child a superior mind.* New York: Cornerstone.

Fantini, M. D. (1981). A caring curriculum for gifted children. *Roeper Review, 3*(4), 3–4.

Feldhusen, J. (1980, October 30). Luncheon address, National Association for Gifted Children Twenty-seventh Annual Convention, Minneapolis.

Feldman, D. H., with Goldsmith, L. T. (1986). *Nature's gambit: Child prodigies and the development of human potential.* New York: Basic Books.

Fleming, E., & Hollinger, C. L. (1979). *Project CHOICE: Creating her options in career exploration.* Boston: Educational Development Corporation.

Fleming, E., & Hollinger, C. L. (1986, April). *Gifted and talented female adolescents: A six-year longitudinal study of life choices.* Paper presented at the annual meeting of the American Educational Research Association, San Francisco.

Foote, P. (1980). *Girls can be anything they want.* Englewood Cliffs, NJ: Julian Messner.

Fox, L. H., Brody, L., & Tobin, D. (1980). *Women and the mathematical mystique.* Baltimore: Johns Hopkins University Press.

Fox, L., & Tobin, D. (1978). Broadening career horizons for gifted girls. *G/C/T, 4,* 19–22, 45.

Fredrickson, R. H. (1986). Preparing gifted and talented students for the world of work. *Journal of Counseling and Development, 64,* 556–557.

Garrison, V. S., Stronge, J. H., & Smith, C. R. (1986). Are gifted girls encouraged to achieve their occupational potential? *Roeper Review, 9,* 101–104.

Getzels, J. W. (1972). On the transformation of values: A decade after Port Huron. *School Review, 80,* 505–519.

Gordon, W. J. J. (1961). *Synectics.* New York: Harper & Row.

Gowan, J. C. (1980). Issues on the guidance of gifted and creative children. In J. C. Gowan, G. D. Demos, & C. J. Kokaska (Eds.), *The guidance of exceptional children: A book of readings* (2nd ed., pp. 66–70). New York: Longman.

Hamilton, S. F., & Hamilton, M. A. (1992). Mentoring programs: Promise and paradox. *Phi Delta Kappan, 73,* 546–550.

Hollinger, C. L. (1991a). Career choices for gifted adolescents: Overcoming stereotypes. In M. Birely & J. Genschaft (Eds.), *Understanding the gifted adolescent: Educational, developmental, and multicultural issues* (pp. 201–214). New York: Teachers College Press.

Hollinger, C. L. (1991b). Facilitating the career development of gifted young women. *Roeper Review, 13*, 135-139.

Hollingworth, L. S. (1926). *Gifted children: Their nature and nurture.* New York: Macmillan.

Homer, M. (1972). Toward an understanding of achievement-related conflicts in women. *Journal of Social Issues, 28*, 157-175.

Howley, C. B. (1989). Career education for able students. *Journal for the Education of the Gifted, 12*, 205-217.

Hoyt, K. B. (1978). Career education for gifted and talented persons. *Roeper Review, 1*(1), 9-10.

Hoyt, K., & Hebeler, J. (1976). *Career education for gifted and talented students.* Salt Lake City: Olympus.

Kahn, J. (1986). Volunteering: A new way for your child to learn by doing. *G/C/T, 9*(1), 15-17.

Katchadourian, H., & Boli, J. (1985). *Careerism and intellectualism among college students.* San Francisco: Jossey-Bass.

Kaufmann, F. A., Harrel, G., Milam, C. P., Woolverton, N., & Miller, J. (1986). The nature, role, and influence of mentors in the lives of gifted adults. *Journal of Counseling and Development, 64*, 576-578.

Kaufmann, F. A., & Sexton, D. (1983). Some implications for home-school linkages. *Roeper Review, 6*, 49-51.

Kelly, K. R., & Cobb, S. J. (1991). A profile of the career development characteristics of young gifted adolescents: Examining gender and multicultural differences. *Roeper Review, 13*, 202-206.

Kerr, B. A. (1981). *Career education for the gifted and talented.* Columbus, OH: ERIC Clearinghouse on Adult Vocational and Career Information (ERIC Information Series No. 230).

Kerr, B. A. (1985). *Smart girls, gifted women.* Columbus: Ohio Psychology.

Kerr, B. A. (1986). Career counseling for the gifted: Assessments and interventions. *Journal of Counseling and Development, 64*, 602-603.

Kerr, B. A. (1991). *A handbook for counseling the gifted and talented.* Alexandria, VA: American Counseling Association.

Kerr, B. A., & Claiborn, C. D. (1991). Counseling talented adults. *Advanced Development, 3*, 75-83.

Kerr, B. A., & Ghrist-Priebe, S. L. (1988). Intervention for multipotentiality: Effects of a career counseling laboratory for gifted high school students. *Journal of Counseling and Development, 66*, 366-370.

Keyes, F. (1985). *Exploring careers for the gifted* (Rev. ed.). New York: Richard Rosen Press.

LeGuin, U. (1976). *Very far away from anywhere else.* New York: Bantam.

Leroux, J. A. (1986, April). *Sex differences influencing gifted adolescents: An ethno-graphic study.* Paper presented at the annual meeting of the American

Educational Research Association, San Francisco (ERIC Document No. ED 271 934).

Marshall, B. C. (1981). Career decision-making patterns of gifted and talented adolescents: Implications for career education. *Journal of Career Education*, *7*, 305-311.

Martinson, R. A. (1961). *Educational programs for gifted pupils.* Sacramento: California State Department of Education.

Merriam, S. (1983). Mentors and proteges: A critical review of the literature. *Adult Education Quarterly*, *33*, 161-173.

Miller, A. (1981). *The drama of the gifted child.* New York: Basic Books.

Milne, B. G. (1979). Career education. In A. H. Passow (Ed.), *The gifted and talented: Their education and development* (pp. 246-254). The seventy-eighth yearbook of the National Society for the Study of Education. Chicago: University of Chicago Press.

Miner, J. B. (1973). *The management process.* New York: Macmillan.

Montour, K. (1977). William James Sidis, the broken twig. *American Psychologist*, *32*, 265-279.

Moore, B. A., Feldhusen, J. F., & Owings, J. (1978). *The professional career exploration program for minority and/or low income gifted and talented high school students.* (Tech. Rep. No. 770103-15821) West Lafayette, IN: Department of Education, Purdue University.

Munger, A. (1990). The parent's role in counseling the gifted: The balance between home and school. In J. VanTassel-Baska (Ed.), *A practical guide to counseling the gifted in a school setting* (2nd ed., pp. 57-65). Reston, VA: The Council for Exceptional Children.

National Commission on Resources for Youth, Inc. (1977). *New roles for youth in the school and community.* New York: Citation Press.

Olszewski-Kubilius, P., & Scott, J. M. (1992). An investigation of the college and career counseling needs of economically disadvantaged minority gifted students. *Roeper Review*, *14*, 141-148.

Perrone, P. A. (1986). Guidance needs of gifted children, adolescents, and adults. *Journal of Counseling and Development*, *64*, 564-566.

Perrone, P. A. (1991). Career development. In N. Colangelo & G. A. Davis (Eds.), *Handbook of gifted education* (pp. 321-327). Needham Heights, MA: Allyn & Bacon.

Phelps, C. R. (1991). Identity formation in career development for gifted women. *Roeper Review*, *13*, 140-141.

Prillaman, D., & Richardson, R. (1989). The William and Mary mentorship model: College students as a resource for the gifted. *Roeper Review*, *12*, 114-118.

Rodenstein, J. M., & Glickauf-Hughes, C. (1979). Career and lifestyle determinants of gifted women. In N. Colangelo & R. T. Zaffrann (Eds.), *New voices in counseling the gifted* (pp. 370-381). Dubuque, IA: Kendall/Hunt.

Roeper, A. (1991). Focus on global awareness. *World Gifted*, *12*(4), 19-21.

Runions, T. (1980). The mentor academy program: Educating the gifted and talented for the 80's. *Gifted Child Quarterly*, *24*, 152-157.

Sanborn, M. P. (1979). Career development: Problems of gifted and talented students. In N. Colangelo & R. T. Zaffrann (Eds.), *New voices in counseling the gifted* (pp.

284–300). Dubuque, IA: Kendall/Hunt.

Sears, P. S., & Barbee, A. H. (1977). Career and life satisfactions among Terman's women. In J. C. Stanley, W. C. George, & C. H. Solano (Eds.), *The gifted and the creative: A fifty-year perspective* (pp. 28–65). Baltimore: Johns Hopkins University Press.

Shannon, C. K. (1989). In the service of children: An open letter to global educators. *Roeper Review, 11*, 184–185.

Silverman, L. K. (1982). Giftedness. In E. L. Meyen (Ed.), *Exceptional children and youth in today's schools*. Denver: Love.

Silverman, L. K. (1986a). Parenting young gifted children. *Journal of Children in Contemporary Society, 18*, 73–87.

Silverman, L. K. (1986b). What happens to the gifted girl? In C. J. Maker (Ed.), *Critical issues in gifted education: Vol. 1. Defensible programs for the gifted* (pp. 43-89). Rockville, MD: Aspen.

Silverman, L. K., & Kearney, K. (1989). Parents of the extraordinarily gifted. *Advanced Development, 1*, 41–56.

Swassing, R. H., & Fichter, G. R. (1991). University and community-based programs for the gifted adolescent. In M. Bireley & J. Genshaft (Eds.), *Understanding the gifted adolescent: Educational, developmental, and multicultural issues* (pp. 176–185). New York: Teachers College Press.

Tannenbaum, A. J. (1984, March 1). Keynote address, Louisiana Conference on the Gifted, Baton Rouge, LA.

Torrance, E. P. (1980). Understanding creativity in talented students. In J. C. Gowan, G. D. Demos, & C. J. Kokaska (Eds.), *The guidance of exceptional children: A book of readings* (2nd ed., pp. 70–77). New York: Longman.

Van den Daele, L. (1968). A developmental study of the ego-ideal. *Genetic Psychology Monographs, 78*, 191–256.

VanTassel-Baska, J. (1981). A comprehensive model of career education for gifted and talented. *Journal of Career Education*, 325–331.

VanTassel-Baska, J. (1989). The role of the family in the success of disadvantaged gifted learners. *Journal for the Education of the Gifted, 13*, 22–36.

Verheyden-Hilliard, M. E. (1976). *A handbook for workshops on sex equality in education*. Alexandria, VA: American Personnel and Guidance Association.

Voltaire. (1759). Candide. In H. M. Block (Ed.), *Candide and other writings* (1956). New York: Modern Library.

Willings, D. (1986). Enriched career search. *Roeper Review, 9*, 95–100.

Wolleat, P. L. (1979). Building the career development of gifted females. In N. Colangelo & R. T. Zaffrann (Eds.), *New voices in counseling the gifted* (pp. 331–345). Dubuque, IA: Kendall/Hunt.

Wright, L., & Borland, J. H. (1992). A special friend: Adolescent mentors for young, economically disadvantaged, potentially gifted students. *Roeper Review, 14*, 124–129.

Yankelovich, D. (1972). *The changing values on campus*. New York: Washington Square Press.

제 11 장

상담자를 위한 평가 도구

John F. Feldhusen, Fathi Jarwan, and Dan Holt

검사를 통해서 학생의 능력, 적성, 성취, 개인-사회적 적응, 자아개념, 자존감, 가치, 태도, 진로에 대한 포부, 공부방법과 습관 및 기타 심리-교육적인 특징을 체계적으로 분석한다. 검사라고 부르는 척도는 높은 동기하에서 학생의 최대 능력을 평가하는 측정으로 제한하기도 한다. “척도(scale)” “도구(inventory)” “평정척도(rating scale)” “질문지(questionnaire)”와 “체크리스트(checklist)”라 부르는 것들은 정상적인 일상의 동기상황에서 전형적으로 나타나는 성취를 측정한다. 후자는 통찰력과 반응자의 신뢰성에 입각하여 응답에 좌우되는 반면, 검사에서는 표준화를 보장하는 명확한 방향과 피험자가 속임수를 쓰지 않도록 검사를 주의 깊게 감독하는 것이 필요하다.

검사와 평정척도는 상담자, 교사, 임상가의 판단을 대체할 수 없다. 검사와 평정척도는 집단 및 개인에 대한 건전한 판단과 좋은 의사결정을 위한 기초로서 신뢰롭고 타당한 정보를 제공한다. 영재에게 있어, 결정은 프로그램 입학, 서비스 배정, 능력 및 이들 서비스를 제공할 학생의 요구에 대한 서술, 프로그램 유지, 특별반 선택 및 보상수취 등과 관련이 있다. 판단은 또한 어떤 여름 프로그램에 참여할지, 고등교육을 위해 어느 대학에 갈지, 진로목표 등과 같은 적절한 미래 경험과 관련이 있을 수 있다. 검사 및 평정척도 정보를 통해서, 교사, 상담자, 그리고 영재들은 의사결정을 할 때 도움을 얻을 수 있다.

영재, 특히 고도 영재는 자신의 영재성 및 이로 인해 유발되는 사회-정서적 어려움을 겪을 수 있어 특별한 상담서비스가 필요하다. Silverman(1989)은 영재의 문제영역으로서 다음과 같은 것을 목록으로 제시하였다:

- ❑ 미성취
- ❑ 우울증(종종 지루함으로 가장되는)
- ❑ 능력을 숨기는 것
- ❑ 자신의 내향성을 이해하는 것
- ❑ 불규칙한 발달
- ❑ 과도한 경쟁
- ❑ 자신의 능력에 대한 사람들의 적의
- ❑ 타인에 대해 과도한 책임을 느끼는 것
- ❑ 가장 나이 많은 형제자매로 인해 가정에서 외면당하는 것
- ❑ 장애를 숨기기
- ❑ 진정한 또래의 부족

Robinson과 Noble(1991)은 고도 영재의 20~25%가 심각한 부적응을 겪을 수 있음을 제안하였는데, 이는 "정상" 인구의 2배 정도의 수치이다. 영재와 관련된 문제들은 다음과 같은 것이 포함된다:

- ❑ 사회적 격리
- ❑ 나이 많은 급우로 받는 놀림
- ❑ 공유할 수 없는 흥미
- ❑ 흥미를 공유할 또래의 부재
- ❑ 교우(친구 사이)에 대해 부모에게 크게 의존
- ❑ 열악한 학교환경
- ❑ 다른 사람의 높은 기대

❑ 자신의 영재성에 대한 부모의 관심을 인식

영재는 일반 학생들과 다르게 학교와 가정 세계를 경험한다. 흥미, 능력과 성취에서 영재는 조숙하여, 때로 같은 연령의 또래관계에서 어려움을 갖는다. 영재는 또래가 부족하고, 비도전적인 학교프로그램을 지루해 하며, 부정적인 친구의 압력을 받는 표적이 된다. 그러므로 상담자는 영재를 직접 인터뷰하고 관찰함으로써, 이들 문제들을 인식하고, 검사와 자기보고식 도구를 사용하여 보다 집중적인 진단절차를 마련해야 한다.

잘 구조화된 영재상담프로그램은 다음의 세 가지 구성요소를 포함한다: (1) 학업상담, (2) 개인과 사회적 적응, 그리고 (3) 직업발달과 진로상담.

이와 같은 영역을 다루기 위해, 영재와 활동할 때 특별히 사용할 수 있는 검사, 도구 및 척도에 대해 기술해 놓았다. 기술한 도구들은 다음과 같다: the Myers-Briggs Type Indicator; the Self-Perception Profile for Children; the Piers-Harris Children's Self-Concept Scale; the Sixteen Personality Factor Questionnaire; the California Psychological Inventory; the Kuder Preference Record-Vocational(Form C); the Strong Interest Inventory; and the Differential Aptitude Tests.

여러 연구와 검토를 도구 각각에서 진행해 왔다. 또한 영재 프로그램에서 이들 도구들을 사용하고 있으며, 활용하도록 추천하고 있다(Cornell, Callahan, & Loyd, 1991; French, 1959; Karnes & Wherry, 1981; Mills & Eiserer, 1982; Richert, Alvino, & McDonnel, 1982; Whitmore, 1980). 그러나 이상의 도구를 사용하는 상담자는 검사실시 및 해석에 대해 명확하게 교육을 받아야 할 뿐 아니라 인간능력과 성격이론에 대해서도 훈련을 받아야 한다. 이와 같은 훈련에는 여러 타당도(안면-내용 타당도, 구인 타당도 및 예언 타당도)와 신뢰도 분석에 대한 관심이 포함되어야 한다. 특히, 검사의 심리측정적 강점과 제한점 및 검사 매뉴얼을 해석하는 방법, 여러 검사평가 자원을 사용하는 방법과 검사사용에 대한 윤리적인 제한점을 알고 있어야 한다. 영재에게 특정 검사를 사용할 때 그 검사의 제한점 혹은 강점을 알고 있는 것이 중요하다. 검사결과는 대개 의사결정을 하는데 사용하므로 영재의 생활에 지대한 영향을 줄 수 있어, 상담자는 검사이론, 관리, 해석에 대한 지식을 가지고 있어야 한다.

이름: Myers-Briggs Type Indicator

저자: K. C. Briggs & I. B. Myers

출판사: Consulting Psychologists Press, Inc.
3803 East Bayshore Road
Palo Alto, California 94303

Carl Jung(1971)이 기술한 바와 같이, Myers-Briggs Type Indicator(MBTI)는 사람들의 성격에서 지배적인 심리유형을 결정하는 데 도움을 주고자 고안되었다. MBTI의 기본적인 관심사는 바로 "관심을 집중하는 곳, 정보를 얻는 방식, 결정하는 방식 및 생활스타일이 사람들이 가지고 있는 가치의 차이에서 비롯된다"는 것이다(Myers, 1987, p. 4). MBTI에서 제공하는 정보를 통해서, 개인적 관계, 진로선호 및 집단 내에서나 개별적으로 기능하는 능력 등 삶의 다양한 환경에 대한 반응을 잘 이해할 수 있다.

MBTI는 객관적인 자기 보고식 질문지로, 양자택일의 항목으로 구성된다. 거기에는 옳고/틀린 또는 좋고/나쁜 응답이 없으며, 오히려 일련의 설정해 놓은 환경에서 반응을 선택하는 것이다. 지향성에 따라, 개인적으로 가장 바람직한 활동과정을 선택할 것이다.

MBTI에는 여섯 가지 양식이 있다: Form F, Form G, Form AV(단축형), Form G(자신이 채점), Form K와 Form J(카탈로그를 참조하기 바란다). Form G는 126 항목으로 구성된 반면 Form AV는 단지 50개 항목으로 구성되어 있다. Form AV는 시간제한이 있고 Form G의 부가적인 항목에 대한 정확성이 결정적이지 않을 때 사용할 수 있다. Form F는 166 항목으로 구성되며, 도구를 실시하는 사람이 연구목적을 위해 결과를 도출하고자 할 때 사용한다.

Jung의 심리유형이론에 근거한(1971), MBTI는 2개 상반된 선호에 대한 4개 척도상의 성격 선호도를 제시한다: 외향(extroversion)-내향(introversion)(EI), 감각(sensing)-직관(intuition)(SN), 사고(thinking)-감정(feeling)(TF), 판단(judgement)-지각(perception)(JP). 선호도의 조합과 상호작용은 개인의 심리적 특징을

결정한다. 예를 들어, 네 가지의 지배적인 선호가 ISTJ일 경우, 이 사람은 내향적(I), 정보를 감각에 의해 처리하길 좋아하고(S), 결정할 때 사고를 이용하고(T), 외부세계를 판단(J)하는 태도를 나타낸다. MBTI의 목적은 이들 선호도에 대한 선택 정보를 제공하는 것이다. "모든 사람들은 4개의 선호도의 두 가지 양 끝을 사용하여, 처음 혹은 가장 많이 선호하는 기능 및 태도로 반응할 것이다"(Myers & McCaulley, 1986, p. 3).

성인과 고등학생들에게 MBTI를 주로 실시한다. 6학년 정도의 읽기능력을 가진 학생도 측정해 볼 수 있지만 결과를 해석할 때 주의를 기울여야 한다. 비록 Jung의 이론이 일반적인 인간정신 과정을 지향하고 있지만, 비영어권에서 MBTI를 해석할 때 또한 주의를 기울여야 한다.

내적 신뢰도는 .75에서 .85까지의 범위이다. 타당성에 대한 자료는 MBTI의 매뉴얼에 있으며, 매뉴얼은 주로 동시 연구(concurrent study)로 구성된다. MBTI 매뉴얼을 보면 MBTI를 실시한 사람의 75%는 MBTI의 유형에 동의하는 것으로 나타났다. MBTI를 실시한 사람은 그 결과를 해석하는 책임을 져야 한다. MBTI유형이 자신의 경험과 일치하는 않는 이유를 탐색함으로써 보다 심도 있는 상담을 이끌어 낼 수 있다. MBTI 저자에 의하면, MBTI의 질문에 응답하는 사람의 태도에 따라 결과에서 실제적으로 차이가 나타난다. 점수는 상충되는 선호도에 비해 다른 것을 선택할 때 나타나는 일관성 정도를 보여 주는 것이다. 일반적으로 높은 점수는 선호하는 것이 분명하다는 것을 의미한다. 낮은 점수를 보이는 학생들이 꽤 일반적이다. 그러나 낮은 점수는 사회를 지각하는 방식과 반응하는 방식을 보다 잘 이해할 수 있도록 지도하라는 징후로서 생각해야 한다.

MBTI는 좋은 도구로서 개인 스스로 자신에 대한 통찰을 얻거나 개인-사회적 영역 및 전문적인 환경에서 어떻게 상호작용해야 하는지 도와주며, 전문상담자와 교사를 지원해 준다. MBTI는 상담환경에서 사람들과 개인적으로 상호작용을 시작할 때 도움이 된다. 통찰을 제공하는 동안, 비위협적이며, 여러 문제 영역을 탐색하는 출발점이 되어야 한다. 환경에 따라서 깊이 있는 토론과 상담을 이끌어낼 수 있다.

이름: Self-Perception Profile for Children

저자: Susan Harter

출판사: Dr. Susan Harter
University of Denver
2040 South York Street
Denver, Colorado 80208

Self-Perception Profile for Children은 Perceived Competence Scale for Children의 최근 개정판이다. 저자에 의해 진술된 바로는(Harter, 1981, p. 120), 원판을 만든 목적은 "두 가지"이다: (1) 영역-특수적인 유능성을 측정하는 도구를 제공하는 것이고, (2) 한 개인의 유능성 지각 외에 일반적인 자존감을 결정하기 위함이다. 3학년에서 10학년 학생들은 일반적인 자아가치뿐 아니라 자신의 인지, 사회 및 신체적 유능감을 분명히 구분한다는 가정에 기초한다. 여러 자아-기술에 반응하고 이를 합산함으로써 일반적인 자아-가치를 평가하지 않는다는 점에서 기타 자아-개념 척도와 다르다. 오히려 이 도구는 직접적으로 가치에 대한 자신의 감정과 독립적으로 영역-특수적인 판단을 측정한다.

Self-Perception Profile for Children에는 두 가지 버전이 있다: 하나는 아동용이고 다른 하나는 청소년용이다. "일반적으로 어린 학생들은 자아에 대한 감각을 가지고 있지 못하다"라는 저자의 가정에 따라서(Harter, 1981), 4세에서 7세에 이르는 아동을 위한 그림 버전에는 일반적인 자아-가치 척도를 포함하지 않았다(p. 122). 그러나 Harter의 생각에도 불구하고, 영재는 다른 사람보다 일반적인 자아개념을 발전시키는 것으로 보인다. 그림 척도가 너무 단순하기 때문에 7세 영재에게 Self-Perception Profile for Children을 사용한다(L. Silverman, 1991년 1월 12일 개인적인 서신에서).

Self-Perception Profile for Children에는 6개 하위척도가 있으며, 그 각각은 여섯 개 항목으로 구성되어, 전체 36개 항목으로 이루어져 있다. 매뉴얼에 따르면(Harter, 1985, p. 6), 하위척도의 특수적 및 일반적인 영역은 다음과 같다:

1. 학업적 유능성(Scholastic Competence): 학업성취 영역에서 유능성 혹은 능

력에 대한 학생의 지각을 측정한다.

2. 사회적 수용(Social Acceptance): 친구를 가지고 있는 정도, 인기가 있다고 생각하는 정도와 친구들이 자신과 비슷하다고 생각하는 정도를 측정한다.
3. 운동적 유능성(Athletic Competence): 스포츠 및 실외 게임과 관련 있는 내용에서 유능성 혹은 능력에 대한 지각을 측정한다.
4. 신체적 용모(Physical Appearance): 자신의 생김새, 키, 몸무게, 신체, 얼굴, 머리카락 같은 것에 만족하는 정도 및 외모에 대해 생각하는 정도를 측정한다.
5. 행동처신(Behavioral Conduct): 자신이 행동하는 방식을 좋아하는 정도, 바르게 행동하는 정도, 하려고 하는 방식 및 문제에 연루되는 것을 피하는 정도를 측정하는 것으로 오리지널 척도에 첨가되었다.
6. 일반적인 자아-가치(Global Self-Worth): 한 사람으로서 자신을 좋아하는 정도, 생활을 이끌어가는 자신의 방식에 대한 만족 및 일반적인 자신에 대한 만족 정도를 측정한다. 한 사람으로서 일반적인 자아-가치들이 척도를 구성한다.

각 하위척도의 3 문항은 높은 유능성 혹은 적절성을 반영하는 문장으로 시작하고, 다음 3 문항은 낮은 유능감 혹은 적절성을 반영하는 문장으로 시작한다. 처음에 아동에게 어느 아이가 자신과 가장 비슷한지 결정하게 하고 나서 이상의 비슷함이 어느 정도 사실인지 말하도록 요청한다. 개별적 혹은 집단으로 척도를 실시할 수 있다. 실시하는 데 시간제한은 없다. 매뉴얼에 채점하는 핵심목록을 제시해 놓았다. 학생의 자료 점수를 변환하여 각 하위영역별로 그룹짓기 위해 자료 기입용지를 사용한다. 각 학생의 프로파일을 보여 주는 양식으로 6개 하위척도 평균을 제시한다. 교사용으로 사용할 수 있는 간략한 척도 양식도 있다.

현재 척도버전의 통계수치는 Colorado 학교에 등록한 3~8학년의 학생표본에서 수집한 자료에 근거한다. 표본크기는 178~748명으로, 모든 하위척도의 내적일관성은 .71과 .86이다. 평균은 3.0 점수 범위에서 오르락내리락 한다. 대부분의 표준편차는 .50과 .85 사이이다. 남학생과 여학생의 점수에서 유의한 차이가 나타났다. 일반적으로 말해서, 남학생들은 여학생보다 자신의 운동적 유능성이 높다고 생각하는 반면, 여학생은 남학생에 비해 잘 바르게 행동한다고 생각한다.

하위척도 간의 상관을 보면, 학업적 유능감은 행동처신과 관련이 있고 신체적 외모는 자아-가치와 일관적으로 관련이 있는 것으로 나타났다. 사회적 수용, 운동적 유능감과 신체적 외모 또한 한 군집을 형성하는 것으로 보인다.

Self-Perception Profile for Children은 3학년에서 6학년의 일반 학생들에게 적절하다. 이 도구는 학생의 자아개념에 대한 풍부하고 차별화된 상을 제공하도록 고안되었다. 이 도구를 실시한 후에 구조화된 인터뷰를 통해서 부가적인 정보를 얻을 수 있다.

Harter의 척도를 영재에게 사용한 연구결과는 매우 흥미롭다. 예를 들어, 학생이 보다 영리할수록, 인지 및 사회적 자아개념이 유의하게 불일치하는 것으로 나타난다. 만일 학생이 영재 프로그램에 들어간 직후 검사를 실시한다면, 인지적 자아개념은 대개 낮아지는 반면 사회적 자아개념은 높아진다. 학년 후에 점수는 안정된다. 또한 영재에 대한 자아개념 혹은 자존감 도구의 유용성은 자주 문헌에서 보고되고 있다(Feldhusen & Kolloff, 1981; Kolloff & Feldhusen, 1984; Nielsen, 1984; Thompson, 1981; Tidwell, 1980).

이름: Piers-Harris Children's Self-Concept Scale
(The Way I Feel About Myself)
저자: E. V. Piers & D. B. Harris
출판사: Western Psychological Services
12031 Wilshire Boulevard
Los Angeles, Califonia 90025

Piers-Harris Children's Self-Concept Scale은 간단한 "예" 또는 "아니오"로 응답하는 80개의 1인칭 문장으로 이뤄진 자기 보고식 측정도구이다. 8세에서 18세에 이르는 아동과 청소년의 자아개념을 평가하기 위해 사용할 수 있다. 본래 이 도구는 연구도구로서 그리고 응용상황에서 임상 및 교육평가를 위한 한 방편으로서 개발되었다. 본 도구를 사용하여 측정한 자아개념은 자신의 행동과 태도에 대한 기술과 평가를 반영하며 상대적으로 안정된 일련의 자아-태도로서 정의할 수 있다. 자아개념은 자존감 및 자기애의 용어와 함께 상호교환적으로 사용할 수 있다.

Piers-Harris 척도는 한 Pennsylvania의 학군에서 4~12학년 1,183명을 대상으로 표준화되었다(Piers, 1989). 1969년 초판 이후, 재규준화되지 않았다. 본래 의도대로 후속 연구에서도 본 도구를 계속 사용하도록 지지하고 있으나, 저자는 원 규준을 다른 대상에 적용하는 것에 대해 경고하고 있다. 개정된 매뉴얼 1984는 척도개발, 원리, 표준화 과정, 실시 및 채점, 목적과 사용, 해석지침과 최근의 신뢰도와 타당도 연구에 관한 복잡한 정보를 제시하고 있다. 특수한 인종, 소수민족과 영재를 포함하여 예외적인 대상에게 본 도구를 사용할 경우에 대해 토론하고 기술하여 놓았다.

Piers-Harris Scale은 개별적 혹은 8~10명 정도의 소집단으로 실시할 수 있다. 반응자가 "예"라고 응답할 경우, 그 문장이 자신에 대해 느끼는 방식을 기술하였다는 점을 나타내는 것이고, "아니오"에 응답할 경우, 자신에 대해 느끼는 방식을 기술하지 않는다는 점을 나타내는 것이다. 대략 항목의 반은 긍정적으로 기술되었고(예: "난 행복한 사람이야") 나머지 반은 부정적으로 기술되었다(예: "집에서 버릇이 나빠"). 시간제한은 없고, 대개 15~20분 정도 소요된다. 손으로 채점하는 것 외에, 컴퓨터 프로그램과 메일 서비스를 사용하여 정확하게 채점하고 개별 혹은 집단으로 해석 보고서를 받을 수 있다. 원점수가 높을수록, 자아개념이 보다 긍정적이다. 원점수를 순위점수(percentile), 9단계 평가법(stanines)와 T-점수 프로파일 형태로 전환할 수 있다. 새롭게 2개를 측정하여 학생반응의 타당도에 대한 판단을 용이하게 하고 있다: 반응편중지표(Response Bias Index)와 비일관성지표(Inconsistency Index).

전반적인 자아개념 점수 외에, Piers-Harris Scale은 요인분석을 통해서 실험적으로 도출된 6개 "군집척도"를 제공한다. 이상의 척도는 자아개념이 어떤 단일구조가 아니라는 가정에 근거한다. 이들 도구들을 사용하여 개인의 강점과 약점에 대한 지각을 평가할 수 있다. 군집척도는 다음과 같다:

1. 행동(Behavior, 16 항목): 아동이 인정하거나 부정하는 문제행동의 범위를

반영한다.

2. 지적 그리고 학교 지위(Intellectual and School Status, 17 항목): 학교와 미래에 기대하는 바를 포함하여, 지적 및 학업과제에 대한 자신의 능력을 평가하여 반영한다.
3. 신체적 외모와 속성(Physical Appearance and Attributes, 13 항목): 이 척도는 다른 것보다 성차에 민감하다. 리더십 및 생각을 표현하는 능력처럼 기타 신체적 특성과 속성에 대한 아동의 태도를 반영한다.
4. 고민(Anxiety, 14 항목): 염려, 신경과민, 부끄러움, 슬픔, 그리고 두려움 같은 일반적인 정서장애와 불쾌한 분위기를 반영한다. 이 척도에서 낮은 점수를 받을 경우, 보다 심리적인 평가 및 참조가 요청된다.
5. 인기(Popularity, 12 항목): 또래 인기도 및 친구를 사귀는 능력을 평가한다.
6. 행복과 만족(Happiness and Satisfaction, 10 항목): 삶에서의 일반적인 만족감을 반영한다.

Piers-Harris Scale은 특수교육 및 정규교실 상황에서 심리적으로 평가를 받아야 하는 학생들을 파악하고 선발하는 장치로서 사용할 수 있다. 그 외, 여러 임상 및 상담 상황에서 개인평가를 보조할 때 활용할 수도 있다. 비록 척도의 주된 기능이 일반적인 자아개념 지표를 제공하는 데 있지만, 임상적인 도구를 사용하여 일반적인 가설을 만들고 보다 임상적인 탐색과 깊이 있는 검사를 위해 영역을 열어놓는 것도 고려해야 한다. 그러나 1984 매뉴얼에서 나타난 바와 같이, Piers-Harris Scale은 아동에 대한 중요한 의사결정을 내려야 한다면, 자아개념을 평가하는 유일한 방법으로 사용하지는 말아야 한다. 왜냐하면 이 도구는 숙련된 임상적 판단을 증진하고 보충하기 위해 개발된 것이지, 대체하려고 개발된 것이 아니기 때문이다. 극도로 낮은 점수(거짓된 긍정성) 혹은 극도로 높은 점수(거짓된 부정성)에 대해 주의 깊게 관심을 기울여야 한다. 16번째 백분위 점수 그 이하의 낮은 점수를 중요하게 고려하고, 주의 깊게 해석해야 한다. 또한 심리검사에서 훈련을 받고, 이 척도에 정통한 지식을 소지한 전문가가 이 척도를 사용하고 해석해야 한다. 잠정적으로 심리학자, 상담자,

교사, 그리고 교직원들이 포함된다. 요약하면, 선별도구로서, 개별평가의 한 구성요소로서, 그리고 연구도구로서 Piers-Harris를 사용할 수 있다(Epstein, 1985; Jeske, 1985).

이름: Sixteen Personality Factor Questionnaire
저자: Raymond Cattell
출판사: The Institute for Personality and Ability Testing, Inc.
P.O. Box 188
Champaign, Illinois 61824-0188

Sixteen Personality Factor Questionnaire(16PF)는 Raymond Cattell에 의해 개발되었으며, Cattell의 일반적인 성격이론과 확장된 요인 분석 연구에 근거하여 초기 성격특성을 측정한다. Institute for Personality and Ability Testing, Inc.에서 1949년에 검사의 초판을 발간한 이래, 다섯 번 개정하였다(여섯 번째 것은 진행중이다).

다섯 가지 양식의 16PF가 있다: Form A와 Form B는 각각 187 항목을 수록하고 있으며, 실시하는 데 45~60분이 소요된다. Form C와 Form D는 각각 105 항목의 짧은 형태이며, 실시하는 데 25~35분이 소요된다. 이들 네 가지 양식의 주된 대상은 고등학생과 성인이다. 3지 선택 반응유형을 사용하고 있다. Form E는 읽기수준이 3~4학년에 해당하는 학생용으로 고안되었으며, 128 항목에 대해 실시하는 데 1시간이 소요된다.

저자가 말한 16개 성격요인은 "원천 특성(source trait)"으로, 온정, 지능, 정서적 안정, 지배성, 충동성, 순응성, 대담함, 민감성, 의심 많음, 상상력, 약삭빠름, 불안정, 급진주의, 자만, 자제, 긴장(간략한 기술에 대해서는 〈표 11.1〉 참조)들이 있다. 16개 요인은 상호 독립적이지만 서로 약간씩은 관련되어 있다. 16개 일차적 요인 외에, 요인분석의 부하량에 의해 도출된 5개의 이차요인을 측정할 때 본 검사를 사용할 수 있다. 이들 이차요인들로는 외향성, 고민, 낮은 안정감, 독립성, 행동통제가 있다.

Form A에 또한 세 가지 보충적인 타당도 척도를 포함하여(좋은 것 숨기기, 나쁜 것 숨기기, 무작위로 반응하기), 왜곡하지 않도록 보호책을 마련하고 있다. Form

〈표 11.1〉
16PF에서 다루는 일차적인 원천 특성

요인	낮은 STEN 점수 기술(1-3)	높은 STEN 점수 기술(8-10)
A	• **냉담한**, 삼가는, 비인간적인, 객관적인, 형식적인, 의연한 • Sizothymia*	• **따뜻한**, 외향적인, 친절한, 마음이 편한, 참여적인, 사람을 좋아하는 • Affectothymia
B	• **구체적인-사고**, 덜 지능적인 • 보다 낮은 학업 정신능력	• **추상적인-사고**, 보다 지능적인, 영리한 • 보다 높은 학업 정신능력
C	• **감정에 의해 영향을 받는**, 정서적으로 덜 안정적인, 쉽게 짜증을 내는 • 보다 낮은 자아 강도	• **정서적으로 안정적인**, 성숙한, 현실에 직면하는, 침착한 • 보다 높은 자아 강도
E	• **순종적인**, 겸손한, 온화한, 쉽게 이끌리는, 다루기 쉬운 • 복종	• **지배적인**, 주장적인, 공격적인, 완고한, 경쟁적인, 위세부리는 • 지배성
F	• **진지한**, 자제하는, 신중한, 과묵한, 심각한 • Desurgency	• **열정적인**, 자발적인, 경솔한, 표현적인, 명랑한 • Surgency
G	• **편의주의적인**, 규칙을 무시하는, 제멋대로 하는 • 약한 초자아 강도	• **양심적인**, 순응적인, 도덕적인, 조용한, 규칙준수 • 강한 초자아 강도
H	• **수줍은**, 위협에 민감한, 겁 많은, 주저하는, 겁먹은 • Threctia	• **대담한**, 모험을 좋아하는, 거칠 것 없는, 스트레스를 감수하는 • Parmia
I	• **성격이 거친**, 자립의, 실제적인, 거친, 현실적인 • Harria	• **성격이 온화한**, 감각적인, 과잉보호적인, 직관적인, 정련된 • Premsia
L	• **진실된**, 상황을 수용하는, 같이 지내기 쉬운 • Alaxia	• **의심이 많은**, 바보스러울 정도로 완고한, 불신의, 회의적인 • Protension
M	• **실용적인**, 세상물정이 밝은, 강건한 • Praxernia	• **상상력이 풍부한**, 멍하니 있는, 사고에 몰두하는, 비실용적인 • Autia

〈표 11.1〉

16PF에서 다루는 일차적인 원천 특성 (계속)

요인	낮은 STEN 점수 기술(1-3)	높은 STEN 점수 기술(8-10)
N	• **솔직한**, 허식 없는, 개방적인, 진솔한, 꾸밈없는 • Artlessness	• **예민한**, 품위 있는, 사회적으로 지각 있는, 외교적인, 계산적인 • 약삭빠름
O	• **자기-확신적인**, 안정감, 죄책감이 없는, 걱정이 없는, 자기만족적인 • 걱정하지 않는 타당함	• **염려하는**, 자기 비난적인, 죄의식을 느끼는, 불안정한, 걱정하는 • 죄의식을 느끼는 경향
Q1	• **보수적인**, 전통적인 생각을 존중하는 • 전통적인 기질	• **실험적인**, 자유로운, 비판적인, 변화에 개방적인 • 급진적인
Q2	• **집단지향적인**, 모이고 따르는 것을 좋아하는, 다른 사람의 말을 경청하는 • 집단을 고수하는	• **자기만족의**, 기지가 좋은, 자신의 결정을 선호하는 • 자신만만한
Q3	• **미숙한 자아갈등**, 조심성 없는, 사회적 규칙에 부주의한 • 낮은 통합성	• **자아-이미지에 충실한**, 사회적으로 정확한, 강박적인 • 높은 자아개념 통제
Q4	• **느슨한**, 고요한, 침착한, 낮은 요구, 좌절되지 않는 • 낮은 ergic 긴장	• **긴장**, 좌절되는, 극도로 흥분된, 높은 욕구 • 높은 ergic 긴장

*표시는 요인에 대한 기술적인 명칭으로 핸드북에 자세히 기술해 놓았음.

출처: *Administrator's Manual for the 16 Personality Factor Questionnaire*.

C와 D는 단 한 개의 동기왜곡 척도를 포함하고 있다. 개별적 또는 집단으로 실시하든지 간에, 검사자는 좋은 신뢰관계를 형성해야 하며 내담자로 하여금 주의 깊고 진실하게 반응하여 정확하고 도움이 되는 결과가 도출되게 한다.

채점은 직접 하거나 기계로 할 수 있다. 원점수는 각 16개 성격요인에 대해 쉽게 규준표에서 sten 점수로 변환할 수 있다. 고등학생용, 대학생용 및 일반 성인용으로 남자와 여자 따로 혹은 합하여 규준표를 제공한다. 마지막 규준표본은 Form A와 Form B에 대한 36개 주에서 얻은 자료와 Form C와 Form D에 대한 30개 주에서 얻은 자료를 포함한다. 24개 언어로 번역되었으며 5개 영어 문화권에서 본 도구를 사용할 수 있으므로, 이에 대해서는 출판사에 문의한다.

출판사는 핸드북과 간단한 실시자 매뉴얼을 제공한다. 핸드북과 매뉴얼은 검사의 개발과 구성에 대한 상세한 설명, 실시와 채점에 대한 지시, 신뢰도 및 타당도와 초기 요인에 대한 해석을 수록하고 있다. 적용 및 이용범위가 분명하게 규정되어 있지 않지만, 16PF는 여러 상황에서 사용되고 있다. 16PF는 개인선택, 지도 및 상담, 성격평가와 성격조사에서 유용하게 활용할 수 있다.

임상적으로 본 검사를 사용할 수 있으나 출판사는 16PF를 통합해 놓은 Clinical Analysis Questionnaire의 사용을 추천한다. 규준점수를 고등학교, 대학교 및 일반인을 대상으로 제공하고 있다. 컴퓨터 채점으로 Personal Career Development Profile, the Marriage Counseling Report와 한 장으로 된 16PF 점수를 해석하여 결과 용지를 작성할 수 있다. 직업선택시 Form C와 Form D를 자주 사용한다. 최대한 정확하려고 한다면, 최소한 두 개의 양식(A+B 혹은 C+D)을 사용하도록 저자는 권하고 있다(Cattell, Eber, & Tatsuoka, 1985, pp. 24-25; 실시자 매뉴얼, 1979, p. 9).

개인 프로필 해석에 도움을 주기 위해, 핸드북에서 각 16개 요인의 낮고 높은 점수에 대해 비기술적인 정의와 해석을 간략하게 제시하였다. 그러나 가장 적절한 규준집단을 선택하는 것이 해석과정에서 중요한 단계이므로, 많은 주의를 기울여야 한다.

이름: California Psychological Inventory

저자: Harrison G. Gough

출판사: Consulting Psychologists Press
3803 East Bayshore Road
Palo Alto, California 94303

California Psychological Inventory(CPI)는 사회적 맥락에서 개인행동을 이해 및 예

견하고 성격특징과 변인을 평가하기 위해 고안되었다. 가장 최근의 1987년 버전은 462항목으로 구성되었으며, 이 중 199항목은 다면적 인성검사(Minnesota Multiphasic Personality Inventory)에서 가져온 것이다. 개인내적 행동 혹은 사회적 상호작용에 초점을 맞춘 20개의 척도가 있다: 지배성, 위치에 대한 포용력, 사회성, 사회적 존재감, 자기 수용, 독립성, 공감, 책임감, 사회화, 자아통제, 좋은 인상, 지역사회, 안녕, 관대함, 조직을 통한 성취, 독립성을 통한 성취, 지적 효능감, 심리적인 의향, 융통성, 여성성/남성성. 안녕, 지역사회 및 좋은 인상 척도는 타당도를 통제하기 위해 개발되었다. 이들 척도들은 자기-비하, 무작위로 반응하거나 바람직하다고 사회에서 생각하는 것에 맞게 반응하는가를 측정한다. 한 유형의 CPI 검사만 있다.

CPI는 대인간 및 사회적으로 기능하는 과정과 매일의 일상적인 행동에서 도출되었으나, 특별한 성격이론과 관련이 없다. 『*Administrator's Guide*』(Gough, 1987)에서 CPI 척도를 개발하고 타당화하는 방법을 소개한다. 기본 CPI 척도는(1987년판) 20개 원점수를 산출한다. 원점수는 프로파일 용지에 기록되며 평균 50과 표준편차 10의 표준점수로 전환할 수 있다. 모든 척도점수는, 여성성/남성성 흥미에 대한 마지막 것을 제외하고, 보다 높은 점수가 어떤 변인에서 우위를 나타내고 보다 낮은 점수가 우위를 덜 나타내는 것으로 단순하게 해석할 수 있다. 다시 말하면, 높은 점수는 강한 영역을, 낮은 점수는 약한 영역을 나타낸다. 다양한 교육적, 직업적 및 임상적 집단을 포함하고 있는 규준표본(각 성마다 1,000명)의 자료에 기초하여 규준과 프로파일을 여성과 남성에게 부여한다.

어떤 특정 프로파일에 대한 정확한 진단과 해석을 위해서는 특별한 기술과 훈련을 요하며, 특히 요인과 문항분석을 통해 개발한, 자아실현, 규준선호 및 내재성 요인을 언급하기 위해 1987년판에 첨가한 부가적인 3개 구조적 척도요인에 대해서는 더욱 정확한 진단과 해석이 필요하다.

CPI는 자기보고식 도구이며 실시할 때 검사자는 최소한으로 관여하지만, 해석을 위해서는 관여해야 한다. 검사는 집, 메일 혹은 공식적 및 비공식적 상황에서 실시할 수 있다. 『*Administrator's Guide*』(Gough, 1987)에 따르면, 검사실시조건은 결과의 정확성에 영향을 미치지 않는다. 검사는 시간제한이 없으며, 실시하는 데 대개 45~60분이 걸린다. 각 척도의 원점수는 문항에 동의한다고 응답한 수를 세어서 얻는다. 컴퓨터 채점, 프로파일 만들기, 해석을 출판사에서 받을 수 있다.

CPI는 여러 상황에서 포괄적이고 다차원적인 평가를 실시하기 위해 개발되었다. 이것은 교육기관이나 그 밖의 상황에서 정상적인 내담자를 이해하고 지원하며 예측을 하는 상담도구이다. 고등학교, 대학, 사회적 성숙, 직업상담, 정신치료 수련기간, 결혼 적응, 창의성, 통재소재(locus of control) 평가, 약물남용 및 흡연중지를 포함하여 폭넓게 연구와 적용을 위해서 사용할 수 있다. 궁극적으로 사례평가와 진단을 위해 사용한다. Gough(1987)는 척도의 분류와 예언적 속성에 대해 Strong-Campbell Interest Inventory와 비교하였다.

7학년, 13세에서 14세 때 처음으로 CPI를 사용할 수 있으나, 고등학교나 대학생 수준에서 보다 적합하다. 영재를 대상으로 사용한 많은 연구들이 있다(Cornell et al., 1991; Keasey & Smith-Winberry, 1983). 전반적으로, 많은 전문가는 CPI를 성격분석과 평가를 위한 가장 좋은 도구 중 하나라고 생각한다(Domino, 1984).

이름: Kuder Preference Record-Vocational(Form C)
저자: F. Kuder
출판사: Science Research Associates, Inc.
155 North Wacker Drive
Chicago, Illinois 60606

Kuder Preference Record-Vocational(Form C)는 1930년대 학교에서 초기 진로상담 지도를 하는 방편으로 Frederick Kuder에 의해 개발되었다. Kuder검사는 "아동의 지식이 크게 변할 수 있다는 개념사용을 피하고(예를 들어, 직업적 타이틀) 용어를 6학년 수준에 맞추었다"(Kuder, 1971, p. 3). Kuder검사는 학생들, 특히 고등학교 2학년 수준의 학생들이 여러 "선택지점"에서 교육적 및 직업계획을 할 수 있도록 도움을 주고자 의도한 것이다. 질문지는 선택형으로, 특히 특징에 있어 "강제로 할당하는 식(ipsative)"이다. 이 검사는 10개의 영역에 대한 선호도를 측정한다: 실외, 기계적인, 컴퓨터, 과학적인, 설득적인, 예술적인, 문학적인, 음악적인, 사회서비스와 사무적인 것.

비록 Kuder검사를 실시하는 데 시간제한이 없더라도, 대개 45~60분 이내에 마친다. 이 검사는 또한 양식에 있어 우회적이지 않으므로, 대답지에 핀을 사용하여 구멍을 내어 손으로 채점할 수 있다. 대답지에 생긴 구멍 패턴을 보고 학생들은 자신의 대답을 채점할 수 있지만, 점수를 해석할 때 전문적인 지도가 필요하다. 본 검사를 사용하여 직업을 확정짓지 말아야 하며, 오히려 흥미패턴, 방향을 찾아보고, 이전에 잘 알지 못한 직업 가능성에 대해 질문을 제기하도록 자극한다.

가격이 비교적 저렴하여, 실시하고 채점하기 용이하며, 많은 연령집단에 사용할 수 있으므로, Kuder, Form C는 지난 50년 동안이나 널리 사용되어 왔다. 자주 이 검사를 Strong Vocational Interest Blanks(SVIB)와 비교해 왔다. 이들 둘을 비교하는 것은 바람직하지만, 이 둘은 다른 목적으로 고안되었음을 기억해야 한다. Strong 검사는 산업체에서 사용할 목적으로 실험적인 방법론을 사용하여 척도를 만든 반면, Kuder검사는 학생용 진로계획 지도를 위해 개발되었다. Kuder(Form C)는 "어떤 실험적 점검 없이 합리적인 접근법을 통해 구성되었다. 대신, 선호도 기록을 위해 개발된 척도들 각각은 그 기초가 동질적이다"(Shertzer & Linden, 1979, p. 286). 완벽한 동질 흥미검사에 대한 주된 관심사 중 하나는 어떤 바람직한 결과를 쉽게 피검사자로부터 얻을 수 있다는 점이다. 심지어 그렇다면, 흥미패턴에 대한 통찰을 얻는데 관심이 있는 사람에게, 동질적인 검사는 유용하다. 또한, 일부 사람들은 부주의하거나 이해하지 못한 채 답변을 한다. 이들 문제를 해결하기 위해, Kuder는 상담자로 하여금 반응하는 사람들이 진실하게 반응하는지 결정지을 수 있도록 돕는 증명 척도를 소개하였다.

Zytowski(1974, p. 123)는 Kuder검사의 예언 타당도에 대한 실제적인 증거를 제시하였다. 사실 Harmon(1978, p. 1011)에 따르면, "동질적인 척도를 사용하는 흥미측정 분야에서 최근의 기타 검사보다 Kuder검사에 대한 예언 타당도의 증거가 보다 많이 있다." Kuder는 의도한 환경 내에서 사용할 때 가장 가치로운 도구로서 긴 역사를 갖고 있다. 그렇지만 검사결과를 상담자와 학생은 도착점이 아닌 시작점으로 보아야 한다.

이름: Strong Interest Inventory

저자: Edward K. Strong & Jo-Ida C. Hansen

출판사: Stanford University Press
Stanford, California 94305

배포지: Consulting Psychologists Press, Inc.
3803 East Bayshore Road
Palo Alto, California 94303

Strong Interest Inventory(the Strong, Form T325)는 초기 Stanford University (Campbell & Hansen, 1981)에서 발간한 Strong Vocational Interest Blank의 최근판이다. Strong은 반응자의 직업, 직업활동에 대한 홍미, 취미, 여가활동, 학교 과목과 사람유형을 측정할 목적이었다(Hansen & Campbell, 1985). 반응자에게 항목에 대해 "좋아한다" "관심 없다" "싫어한다"로 자신의 홍미를 나타내도록 요청한다. 264 척도에 대한 점수를 산출하기 위해 응답을 컴퓨터(손으로 계산은 불가능함)로 분석한다. 결과는 프로파일 양식으로 작성하여 해석 가능한 정보를 제공한다.

Strong 검사를 개발하고 적용하게 된 이론적 토대는 다음의 두 가지 가정에 바탕을 두고 있다: (1) 성격적 홍미와 특징은 상대적으로 안정적이다, (2) 각 직업에 종사하는 사람들은 일반적인 홍미와 특징을 공유한다. 따라서 개인의 홍미와 특징이 직업적 홍미패턴과 일치할 때, 직업에 종사하고 성공할 가능성이 높다.

1974년 이전에 Strong은 두 가지 형태로 발간되었다. 하나는 남성을 위한 것이고 다른 하나는 여성을 위한 것이다. 1974년에 이 두 가지 형태는 7개 영역에 대해 325 문항을 수록한 한 개의 소책자로 합쳐졌다:

1. 직업(131항목): 이 항목은 직업의 이름이다. 응답자는 각 직업에서 하는 일에 대해 어떻게 느끼는지 "L"(Like), "I"(Indifferent), 또는 "D"(Dislike)로 표시한다.
2. 학교 과목(36항목): 응답자는 학교과목에 대한 홍미를 표시한다.
3. 활동(51항목): 이것은 개인적 행동, 사회적 상호작용, 그리고 일과 관련된 기능 예를 들어, 전기선 수리, 요리하기와 통계표 만들기 같은 여러 다양한 것을 모아놓은 것이다.
4. 여가 활동(39항목): 이 영역은 여분의 시간 활동, 취미, 게임과 다른 오락 등

을 포함한다.

5. 사람유형(24항목): 응답자에게 매일 다양한 유형의 사람과 일하는 것에 대해 어떻게 느끼는지 나타내도록 요청한다.
6. 두 활동 간의 선호(30항목): 이 파트는 택시운전사와 경찰관 혹은 밖에서 일하는 사람과 안에서 일하는 사람같이 여러 짝을 지어 놓은 활동 혹은 직업을 수록하고 있다. 반응자에게 짝지어 놓은 것 중에서 어떤 것이 보다 호소력이 있고, 둘 모두 똑같이 매력적인지 그렇지 않은지 비교하고 결정하도록 요청한다.
7. 나의 특징(14항목): 응답자에게 여러 문장이 자신을 기술하고 있는지 그렇지 않은지에 근거하여 있는 그대로의 자신을 나타내게 한다. 예를 들어, 각 항목에 대해 그렇다면 "Y"를 그렇지 않으면 "N"을 잘 모르겠으면 "?"를 표시한다.

반응에 대한 컴퓨터 분석을 통해서 실시하는 인덱스 척도 외에, 네 가지 유형의 척도를 담고 있는 프로파일을 만든다:

1. 일반적인 직업주제 척도(6척도): Holland의 직업이론에 근거하여, 6개의 주된 척도그룹을 만들었다: 현실적, 조사적인, 예술적인, 사회적인, 진취적인, 인습적인. 각 주제는 20개 항목으로 측정한다. 각 척도의 원점수는 항목점수를 합산한 것이며, 원점수를 일반적인 규준표본과 비교하기 위해 T-점수로 변환한다.
2. 기본 흥미척도(23척도): 이 척도들은 각 척도에 따라 5~24개 항목이 있으며, 그 항목 내 상관분석을 통해 규정한 것이다. 일반적인 직업주제와의 관계에 따라 6개 범주로 묶인다. 점수는 일반적인 직업주제와 마찬가지 방식으로 점수를 보고한다.
3. 직업 척도(207척도): 이 척도는 양 성에 대해 101개의 일반적인 직업, 여성규준 척도에서만 볼 수 있는 네 개 직업(치과보조원, 치위생사, 가정선생님, 비서)과 남성규준 척도에서만 볼 수 있는 한 개 직업(농업관련 산업매니저)을 담고 있다. 각 척도에 대해, 반응자의 대답을 성-규준에 따라 점검

한다. 높은 점수는 반응자의 홍미가 기준집단의 홍미와 유사하다는 것을 나타낸다.

4. 특별한 척도(2척도): The Academic Comfort Scale은 학문적 환경에서 편안함을 느끼는 정도와 지적과제에서 홍미와 지속력을 보이는 정도를 나타낸다. 다른 전문적인 학위 소지자보다 박사학위 소지자가 이 척도에서 높다. 내향성/외향성 척도는 사람—지향적과 사람이 아닌 것—지향적인 직업에 있어 그 관심을 구분하기 위해 개발되었다.

Strong Interest Inventory는 진로상담에서 두 가지 주된 기능을 한다: (1) 자신과 직업세계 및 그 관계에 대한 유용한 정보를 제공한다. (2) 의사결정자에게 각 개인의 독특한 특징을 쉽게 판단하는 정보를 제공한다. Tzeng(1985)에 따르면, 보다 상식적으로 적용하려면 (a) "고등학교와 대학교육과정을 계획하고, 중간-진로평가 및 변화, 직업적 재활훈련과 여가상담 목적을 위해서는"(p. 743) 학생과 고용인을 포함한다. 그리고 (b) 진로개발의 속성과 과정에 투자하기 위해서 기본적으로 현장연구를 실시하고, 인간관계 및 비교문화적으로 유사한 홍미가 미치는 영향을 조사한다. 매뉴얼과 사용자 지침이 있어 Strong 검사결과를 해석하는 절차를 기술한다. 많은 연구를 통해서 상담자들이 검사의 결과를 이해하고 설명하도록 돕는다.

Strong 검사는 개별적 혹은 집단으로 실시할 수 있으며 자격이 있는 상담자 및 개인 작업자가 실시할 수 있다. 전체 검사를 하는 데 25~35분 정도 소용된다. 고등학교 수준 이하에서 사용하지 않는 것이 좋다. 그러나 13~16세 정도의 영재는 초기 진로계획을 위한 수단으로 이 검사를 실시하는 것이 바람직하다. Strong 검사의 신뢰도, 구인 타당도, 예언 타당도 연구들을 여러 상황 및 다양한 사람들에게 실시하였다. 여러 결과에 의하면, 이 검사는 진로상담에서 홍미를 측정하는 믿을만한 도구인 것으로 나타나고 있다.

이름: Differential Aptitude Tests

저자: G. K. Bennett, H. G. Seashore, & A. G. Wesman

출판사: The Psychological Corporation
Harcourt Brace Jovanovich, Inc.

555 Academic Court

San Antonio, Texas 78204-2498

Differential Aptitude Tests(DAT)는 한 가지 검사점수의 한계를 넘어서 보다 심도 있는 정보에 대한 교사와 상담자의 요구를 만족시키고자 여러 태도검사를 통합하였고 정신측정에서 새롭게 떠오르는 경향을 반영하여 개발되었다. 1982년 『*Administrator's Handbook*』에 따르면, DAT는 "여러 관점에서 능력을 측정하는 시도를 보여주고 있다"(p. 5). DAT는 일차적으로 학업 및 진로목표를 형성하는 데 도움을 주고자 교육과 직업상담상에서 학생들에게 실시한다"(Pennock-Roman, 1985).

1990년의 다섯 번째 판에는(Form C) DAT와 진로 홍미검사의 두 가지 수준이 있다; 7~9학년과 어른을 위한 것, 그리고 10~12학년과 어른을 위한 것이 있다. 이전판에는 Forms V와 W(1980), Forms S와 T(1972), Forms L과 M(1962), 그리고 Forms A와 B(1947)가 포함된다. DAT의 근본속성은 변화하지 않았지만, 많은 검사 세션과 재검사에서 저자는 변경된 양식을 사용하도록 권하고 있다.

DAT의 각 양식은 8개 검사로 구성되어 있다. 각 검사는 독립적으로 실시되며 해석된다. DAT는 9개 점수를 제공하며, 그 중 하나는 학업적성 지표로서 언어유추와 수리유추 점수를 결합해 놓은 것이다. 언어적 유추와 추상적인 유추검사는 『*Eighth Mental Measurements Yearbook*』(Buros, 1978)에서 집단지능검사로서 분류된다. DAT 5판에는(Form C, 1990) 8개 검사가 포함되어 있다:

1. 언어적 유추: 단어 사이의 관계를 보는 능력을 측정하는 40개의 언어적 유추 항목으로 구성되어 있다. 각 유추에는 두 개 빠진 단어가 있다. 피험자에게 5개 짝지어 놓은 단어 중에서 그 유추의 처음과 마지막 용어로 가장 적합한 한 쌍을 선택하게 한다. 매뉴얼에 따르면, 검사는 언어적 관계와 개념이 중요한 분야(예: 법, 저널리즘, 교육)에서 학업적 성공을 예측할 때 사용할 수 있다.
2. 수리적 유추: 수계산과 기본적인 대수개념을 묻는 40개 문제로 구성되어 있다. 검사는 "수를 유추하는 학생의 능력, 수적 관계를 조작하는 능력과 양적자료를 다루는 능력을 측정한다"(Bennett, Seashore, & Wesman, 1974,

p. 7). 수리적 유추와 언어 유추 검사의 결합을 통해 일반적인 학습능력을 측정하고, 학업적 적성검사의 목적을 수행한다.

3. 추상적 유추: 단어 및 수로 구성할 수 없는 생각을 이해하는 능력과 기하학적인 모양과 숫자를 사용하여 관계를 발견하는 능력을 측정하는 40개의 비언어적 항목으로 구성되어 있다. 각 항목의 요소는 피험자가 유추하는 규칙에 따라 변한다. 검사는 언어 및 수리적 검사로 측정하는 일반 지능요소들을 갖추고 있다. 언어적 유추검사와 함께 이 검사는 집단지능검사로서 분류된다.
4. 지각 속도와 정확성: 각 100개씩의 두 항목으로 구성되어 있다. 이 검사는 사무를 보는 것 같은 유사한 상황에서 숫자와 문자를 비교하고 표시하는 속도와 정확성을 측정한다.
5. 기계적 유추: 도구를 사용하는 기계적 장치 또는 사람을 그림으로 그린 60개 항목으로 구성되어 있다. 이 검사로 측정하는 능력은 기계적 및 기술적인 직업에서 요구되는 것들이다.
6. 공간 관계: 시각화를 통해서 구체적인 물질을 다루거나 공간적 용어로 사고하는 능력을 측정하는 50개 문항으로 구성되어 있다. 과제는 2차원적인 패턴에서 3차원적인 공간에 있는 대상을 정신적으로 조작할 것을 요구한다. 이들 항목들은 건축가, 제도, 그리고 미술 같은 직업에서 중요한 기술을 측정한다.
7. 철자: 정확하게 씌어진 단어 3개와 잘못된 단어 1개 등 4개 중 한 개를 선택하는 40개 문항으로 구성되어 있다. 학생들에게 그 잘못 씌어진 단어를 찾게 한다.
8. 언어용법: 문법, 구두법과 대문자 쓰기에서 잘못을 찾아내는 능력을 측정하는 40개 문항으로 구성되어 있다.

철자와 언어용법 검사는 성취-지향적이다. 이것은 크게 상관이 없으므로, 따로 점수를 보고한다.

그 외, 학생의 흥미와 진로목표를 평가하는 진로흥미검사를 DAT와 함께 사용할 수 있다. 새로운 형태의 DAT는 7학년에서 12학년 학생의 성취를 국가적으로 대표성 있는 표본의 성취와 비교한다. 상담자 매뉴얼과 기술매뉴얼 또한 이용 가능하다. 상담자 매뉴얼에는 실제 DAT를 상담에서 활용한 사례연구가 포함되어 있다. 검사실시를 위한 매뉴얼과 지침은 검사개발, 실시와 채점, 규준과 프로파일, 신뢰도와 타당도에 대해 분명한 설명과 정보를 수록해 놓고 있다.

지역상황에 따라 검사 소책자 양식을 마련하여 융통성 있게 검사 스케줄을 잡을 수 있다(예: 2, 4, 6 세션). 두 세션 프로그램은 3시간이 소요되며 2일에 걸쳐 시행할 수 있다. 검사자는 적절하게 훈련을 받아야 하며 검사실시지침에 대해 잘 알고 있어야 한다. 채점은 손으로 혹은 기계로도 할 수 있다. 각 검사의 원점수는 전체 정답의 수이다. DAT에서 산출된 9개 원점수는 퍼센타일 순위로 전환하여 쉽게 읽고 이해할 수 있는 프로파일 차트로 그릴 수 있다. 각 검사에 대한 학생점수는 다른 검사의 성취와 함께 적절한 국가 규준표본과 비교하여 해석해야 한다. 학기(봄과 가을), 성(남성과 여성), 중학생 또는 고등학생에 대해 학년(7-12), 그리고 고등학교 졸업생에 따라 이들의 퍼센타일과 Stanines 점수에 별도의 규준을 적용한다. 모든 양식에 대한 규준표본은 매우 크며, 잘 선정되었다(대략 DAT 5판을 사용하여 170,000명의 학생들이 봄과 가을에 검사를 받았다).

초기 DAT는 상담, 선발, 그리고 배치에서 사용되었다. Stanley(1984)가 제안하였듯이, 7학년 말에 영재학생을 검사하고 이 학생이 우수한 적성을 보이는지 확인하는 기초로서 이 검사를 사용할 수 있다(p. 177). 또한 Stanley는 언어적 유추, 수리적 유추, 언어 용법과 철자 검사를 지적으로 재능 있는 학생을 선발하는 방법으로 사용할 것을 제안하였다. DAT는 영재교육 분야의 여러 연구에서 사용되고 있다(Benbow & Minor, 1990; Cramond, 1983; Mills & Eiserer, 1982; Weiner & Robinson, 1986). 전반적으로, 많은 연구자들(Hambleton, 1985)은 DAT가 학교에서 사용할 수 있는 가장 유용한 적성검사라고 생각한다.

참고 문헌

Administrator's Manual for the 16PF. (1979). Champaign, IL: Institute for Personality and Ability Testing.

Benbow, C. P., & Minor, L. L. (1990). Cognitive profiles of verbally and mathematically precocious students: Implications for identification of the gifted. *Gifted Child Quarterly, 34*, 21-26.

Bennett, G. K., Seashore, H. G., & Wesman, A. G. (1974). *Fifth edition manual for the differential aptitude tests, Forms S and T.* New York: Psychological Corporation.

Buros, O. K. (Ed.). (1978). *The eighth mental measurements yearbook* (Vol. I). Highland Park, NJ: Gryphon Press.

Campbell, D. P., & Hansen, J.-I. C. (1981). *Manual for the SVIB-SCII. Strong-Campbell interest inventory, Form T 325 of the Strong Vocational Interest Blank* (3rd ed.). Stanford, CA: Stanford University Press.

Cattell, R. B., Eber, H. W., & Tatsuoka, M. M. (1985). *Handbook for the Sixteen Personality Factor Questionnaire (16PF).* Champaign, IL: Institute for Personality and Ability Testing.

Cornell, D. G., Callahan, C. M., & Loyd, B. H. (1991). Personality growth of female early college entrants: A controlled prospective study. *Gifted Child Quarterly, 35*, 58-66.

Cramond, B. L. (1983). Predicting mathematics achievement of gifted adolescent females. *Dissertation Abstracts International, 43*, 2281A. (University Microfilms No. 82-28677)

Domino, G. (1984). California Psychological Inventory. In D. J. Keyser & R. C. Sweetland (Eds.), *Test critiques* (Vol. 1, pp. 146-157). Kansas City, MO: Test Corporation of America.

Epstein, J. H. (1985). Review of Piers-Harris Children's Self-Concept Scale. In J. V. Mitchell, Jr. (Ed.), *The ninth mental measurements yearbook* (Vol. II, pp. 1167-1169). Lincoln: The Buros Institute of Mental Measurements of the University of Nebraska.

Feldhusen, J. F., & Kolloff, M. B. (1981). A self-concept scale for gifted students. *Perceptual and Motor Skills, 53*, 319-323.

French, J. L. (1959). *Educating the gifted: A book of readings.* New York: Holt.

Gough, H. G. (1987). *California psychological inventory: Administrator's guide.* Palo Alto, CA: Consulting Psychologists Press.

Hambleton, R. K. (1985). Review of Differential Aptitude Tests, Forms V and W. In J. V. Mitchell, Jr. (Ed.), *The ninth mental measurements yearbook* (Vol. 1, pp. 504-505). Lincoln: The Buros Institute of Mental Measurements of the University of Nebraska.

Hansen, J.-I. C., & Campbell, D. P. (1985). *Manual for the Strong Interest Inventory, Form T325 of the Strong Interest Blanks* (4th ed.). Stanford, CA: Stanford University Press.

Harmon, L. W. (1978). Review of the Kuder Preference Record. In O. K. Buros (Ed.), *The eighth mental measurements yearbook* (Vol. II, pp. 1011-1012). Highland Park, NJ: Gryphon Press.

Harter, S. (1981). Developmental perspectives on the self-system [Transcript]. Denver: University of Denver.

Harter, S. (1985). *Manual for the self-perception profile for children*. Denver: University of Denver.

Jeske, P. J. (1985). Review of Piers-Harris Children's Self-Concept Scale. In J. V. Mitchell, Jr. (Ed.), *The ninth mental measurements yearbook* (Vol. II, pp. 1169-1170). Lincoln: The Buros Institute of Mental Measurements of the University of Nebraska.

Jung, C. G. (1971). *Psychological types* (H. G. Baynes, Trans., rev. by R. F. C. Hull). Vol. 6 of *The collected works of C. G. Jung*. Princeton, NJ: Princeton University Press. (Original work published 1921)

Karnes, F. A., & Wherry, J. N. (1981). Self-concept of gifted students as measured by the Piers-Harris Children's Self-Concept Scale. *Psychological Reports, 49*, 903-906.

Keasey, C. T., & Smith-Winberry, C. (1983). Educational strategies and personality outcomes of gifted and nongifted college students. *Gifted Child Quarterly, 27*, 3541.

Kolloff, P. B., & Feldhusen, J. F. (1984). The effects of enrichment on self-concept and creative thinking. *Gifted Child Quarterly, 28*, 53-57.

Kuder, F. (1971). *General interest survey manual*. Chicago: Science Research Associates.

Mills, C. J., & Eiserer, L. A. (1982). Evaluation of a college program for gifted adolescents. *Gifted Child Quarterly, 26*, 185-189.

Myers, I. B. (1987). *Introduction to type: A description of the theory and applications of the Myers-Briggs Type Indicator*. Palo Alto, CA: Consulting Psychologists Press.

Myers, I. B., & McCaulley, M. H. (1986). *Manual: A guide to the development and use of the Myers-Briggs Type Indicator* (2nd ed.). Palo Alto, CA: Consulting Psychologists Press.

Nielsen, M. E. (1984). *Evaluation of a rural gifted program: Assessment of attitudes, self-concept, and critical thinking of high ability students in grades 3 through 12*. Unpublished doctoral dissertation, Purdue University, West Lafayette, IN.

Pennock-Roman, M. (1985). Differential Aptitude Tests. In D. J. Keyser & R. C. Sweetland (Eds.), *Test critiques* (Vol. II, pp. 226-245). Kansas City, MO: Test Corporation of America.

Piers, E. V. (1989). *Piers-Harris Children's Self-Concept Scale: Revised manual 1984*. Los Angeles, CA: Western Psychological Services.

Richert, E. S., with Alvino, J., & McDonnel, R. (1982). *The national report on identification of gifted and talented youth*. Sewell, NJ: Educational Improvement Center-South.

Robinson, N. M., & Noble, K. D. (1991). Social-emotional development and adjustment of gifted children. In M. C. Wang, M. C. Reynolds, & H. J. Walberg (Eds.), *Handbook of special education: Research and practice* (pp. 57-76). New York: Pergarnon Press.

Shertzer, B., & Linden, 1. (1979). *Fundamentals of individual appraisal-assessment techniques for counselors*. Boston: Houghton Mifflin.

Silverman, L. K. (1989). Affective curriculum for the gifted. In J. VanTassel-Baska, J. Feldhusen, K. Seeley, G. Wheatley, L. Silverman, & W. Foster (Eds.), *Comprehensive curriculum for gifted learners* (pp. 335-355). Needham Heights, MA: Allyn & Bacon.

Stanley, J. C. (1984). Use of general and specific aptitude measures in identification: Some principles and certain cautions. *Gifted Child Quarterly*, *28*, 177-180.

Thompson, L. B. (1981). The prediction of academic achievement and self-concept in gifted children. *Dissertation Abstracts International*, *41*, 3947A-3948A. (University Microfilms No. 80-26320)

Tidwell, R. (1980). A psycho-educational profile of 1,593 gifted high school students. *Gifted Child Quarterly*, *24*, 63-68.

Tzeng, O. (1985). Strong-Campbell Interest Inventory. In J. V. Mitchell, Jr. (Ed.), *The ninth mental measurements yearbook* (Vol. II, pp. 737-749). Highland Park, NJ: The Buros Institute of Mental Measurements.

Weiner, N. C., & Robinson, S. E. (1986). Cognitive abilities, personality, and gender differences in math achievement of gifted adolescents. *Gifted Child Quarterly*, *30*, 83-87.

Whitmore, J. R. (1980). *Giftedness, conflict, and underachievement*. Needham Heights, MA: Allyn & Bacon.

Zytowski, D. (1974). Predictive validity of the Kuder preference record, form B, over a 25-year span. *Measurement and evaluation guide*, *7*(2), 122-129.

특별한 문제

제 12 장

위험에 처해 있는 영재학생

Ken Seeley

미성취와 위험에 처해 있는 학생들

영재의 미성취 문제는 지난 30년 이상 교육자의 관심을 받아 왔다. 가장 기본적인 정의로, 미성취자란 학업 영역에서 자신의 능력에 맞게 성취하지 못하는 학생들이다. 미성취를 영재에게 적용했을 때, 그것은 새로운 개념이 요구되는 보다 복잡한 문제가 된다.

"위험에 처해 있는" 학생은 건강 및 복지분야에서 빌려 온 비교적 최근의 용어로서, 이를 학교문제에 적용한 것이다. "위험에 처해 있는"이란 용어를 사용할 때 종종 제기되는 문제는, "어떤 위험에 처해 있다는 것인가"이다. 약물 남용, 성적으로 감염된 질병, 중퇴, 청소년 범죄, 가출 혹은 미성취 등이 언급할 수 있는 몇 가지 잠재적인 위험가능성들이다. 단순히 미성취를 보이는 것 외에, 위험에 처해 있다고 문제의 영재 학생에 대해 관심을 유도함으로써 판별과 예방을 위한 그물을 넓힐 수 있다. 이들 모든 개념들이 이번 장의 기초를 구성한다.

교육에서 미성취를 개념짓는 것은 지난 30년 동안 많이 반복되고 있다. 학습장애의 전반적인 분야가 미성취 원인을 다음과 같은 장애상태로 설명하려는 시도에서부터 비롯되었다: 뇌 손상, 정서장애, 초기 언어 결핍, 다른 외국어를 말하는 사람으로 인한 영어 습득의 부족, 나쁜 영양상태, 경제적으로 빈곤한 가정 상황, 영양 결핍 및 신체적 혹은 의학적인 장애. 중재 프로그램들은 이러한 원인들에 초점을 맞추어 설계되어 왔으며, 다른 것에 비해 비교적 성공적인 것들도 있다. 분명히, 이들 원인들로 인해 영재 중에서 미성취가 비롯될 수 있다. 대개 이들 집단을 "학습장애 영재"라고 부르며, 학습장애 영재는 미성취 영재의 상당 부분을 이룬다(이 집단에 대한 집단상담은 6장을 참조하기 바란다).

대부분 미성취 영재들에 대해 교육자들은 "동기가 부족하고" "게으르거나" 행동문제를 가지고 있다고 생각한다. Whitmore(1989)는 "미성취 학교들"과 "불충분한 서비스를 받는 집단"의 결과로서 미성취 영재가 비롯되었다고 주장하였다. 이와 같은 개념화를 통해서 미성취에 대해 학생과 그들의 가정을 비난하지 않도록 돕는다. 비난 양식이 너무 오랫동안 자리를 차지해서 교육자들은 "더 잘 할 수 있는 가능성" 집단으로 분류할 수 있는 학생들을 지도하는 책임을 회피하게 된 것이다. Whitmore의 개념을 생각할 때, 여러 학습 스타일을 가진 학생을 위해 적절한 학습 환경을 그간 창출해 주지 못했기 때문에 바로 학교가 보다 많은 것을 할 수 있는 것이다.

학교는 또한 영재같이 특별한 집단에 "불충분한 서비스"를 줌으로써, 남의 눈에 띄지 않는 미성취를 초래하였다. 어린 학생, 문화적으로 다양한 배경을 지닌 학생, 여자 영재, 특별한 집단에서 학교가 적극적으로 영재를 파악하지 않을 때, 학교는 자신의 잠재성에 비하여 결과적으로 미성취를 보이게 되는 이들 학생들에게 "충분한 서비스"를 제공하지 못한다.

미성취 개념의 변화를 통해서 이들을 "위험에 처해 있는" 학생 집단으로 보게 되었다. 만약 학교에서 미성취 영재를 찾아내고 적당한 서비스를 제공하기를 기대한다면, 그 의미가 중요하다. 영재는 공교육의 관심을 받고 있는 위험에 처해 있는 집단이다. 위험에 처해 있는 집단에는 중퇴자, 소수민족, 저-소득 집단과 미취학 아동들이 포함된다. 학교개혁을 위한 노력이 이들 위험에 처해 있는 집단에 집중되고 있다. 심지어 고도 영재조차도 수학과 과학 성취에 대한 관심에 포함된다.

부적절한 학교환경 또한 영재를 위험상태로 밀어 넣는다. 상위 지능의 4분의 1에 해당하는 2,000명의 중학생을 대상으로 실시한 연구에서, 학생 중 37%는 평균 "C"나 평균보다 더 나쁜 학점을 얻는 것으로 나타났다(Seeley, 1988). 절반 이상의 학생들이 행동 문제, 낮은 학점과 결석으로 학교를 중퇴할 위험에 처해 있다. 연구에서 이들 학생들을 위험에 처하게 하는 문제의 원인을 찾기 위해 요인분석을 실시하였는데, 그 둘의 상호 관계는 행동과 학점에서 나타났다. 즉, 학점이 떨어진다는 점으로(보다 잘 할 가능성이 있는 학생인데), 학교는 무심코 학생들이 문제를 야기하고 행동문제를 보이는 것으로 몰아간다. 행동문제가 있는 학생들은 자신의 능력과 관계없이 자동적으로 낮은 학점을 얻는다. 학점이 행동에 대해 그리고 행동이 빚어낸 학점이라는 악순환으로 영재들의 위험성이 높아지게 되고 프로그램을 그만두는 결과를 가져온다.

특별한 영재집단이 위험에 처해 있다고 간주하는 또 다른 이점은 미성취가 발생하기 전에 예방조치를 취할 수 있다는 점이다. 적극적으로 초등학교 저학년 때부터 특별집단에서 영재성을 찾아봄으로써, 가능성을 파악하고 학생의 요구에 맞게 교육 프로그램을 조정할 수 있다. 본 장의 후반부에서 예방적 책략을 논의할 것이다.

요약하면, 미성취 영재의 문제를 미성취 및 학교의 실패로 인해 나타나는 위험에 처한 학생들로 개념화하는 것이 중요하다. 위험에 처해 있는 학생들로 문제를 바라봄으로써, 역사적으로 이들 집단에게 전가하던 비난 요소를 제거하고 예방에 초점을 맞춘 접근법을 전개할 수 있다.

위험 요소들

장 애

영재를 위험으로 몰아넣는 첫 번째 영역은 장애이다. 시각장애, 청각장애, 그리고 뇌성마비와 같은 선천적 장애들은, 신체적 장애가 정신지체와 관련됐다는 틀에 박힌 생각 때문에 장애를 가진 학생들의 영재성을 파악하려고 하지 않아 간과되거나 위험에 처하게 된다. 예를 들면 청각, 시각장애인 사이에서 영재 발생 비율은 정상 집단과 유사하다. 따라서 신체적 결함에도 불구하고 영재인 학생들이 있다. Maker (1978)는 장애 때문에 가능성이 보다 적은 것처럼 대하는 교육 시스템에도 불구하고, 장애를 극복하고 학업과 직업분야에서 성공한 90명 이상의 장애 과학자들을 인터뷰하였다.

학습장애를 가진 영재 또한 전형적인 영재 판별계획에서 간과되고 있다. 정의상, 이들 학생들은 느리거나 "그냥 정상"으로 보이지만 수행에서 나타난 바와 같이 훨씬 큰 성취를 이룰 수 있다. 교사들은 이들이 보통학생이며 "나태"하다고 보기 때문에, 이 학생들의 잠재력에 주목하지 못한다. 학습장애는 그 원인과 증상이 다양하므로, 비전통적인 검사 형식을 통해서 학습장애 영재를 찾는 것이 바람직하다. 강점과 약점 사이의 불일치를 통해서 이중 예외성을 지닌 영재를 결정할 수 있다. 부모와 또래는 종종 학습장애를 가진 영재를 신뢰롭게 파악하기도 한다. 비학문적인 흥미와 산출물 또한 영재성을 보여 주는 좋은 지표이다.

저소득과 문화적 차이

가난은 가족들의 생활에 영향을 미치기 때문에, 학교 성공에 영향을 주는 주요 위험 요소이다. 세대 간의 가난으로 인해 자녀에 대한 부모의 기대가 낮아지고, 가족 구성의 교육적인 수준이 낮아지며, 전반적인 건강과 영양이 더 나빠진다. 그러나 많은 잠재성 있는 영재는 저소득 가족에서도 나오며 고소득 가정의 학생들과는 다른 판별 및 프로그램 접근법이 필요하다.

저소득 수준에 많은 소수민족이 포함되기 때문에, 소수민족이라는 것이 잘못하여 위험 요인인 양 인식되고 있다. 소수민족 학생에서 나타나는 미성취와 높은 중퇴율은 가난의 한 기능으로 나타나는 것이지 인종 혹은 민족으로 인한 것이 아니다. 불행하게도, 학교는 이와 같은 잘못된 고정관념을 믿고, 소수민족 학생들에게 낮은 기대를 가짐으로써 미성취를 유발한다(13장 참조).

William & Mary 대학팀이 실시한 미국 내 "소외(disadvantaged)" 영재 프로그

램에 대한 최근 조사에 의하면(VanTassel-Baska, Patton, & Prillaman, 1989), 대부분의 주에서 판별, 프로그램 및 정의상에서 특별히 고려해야 함에도 불구하고 낮은 사회경제적 지위에 관심을 기울이지 않음이 나타났다. 많은 주(32.7%)에서 문화적 차이가 저소득 집단을 설명한다고 가정하였다. 또한 대부분의 주에서(78.8%) 소외 영재를 위해 프로그램 및 서비스를 차별화하지 않았으며, 특별한 평가기법을 적용하여 이들 특별한 요구를 가진 집단을 판별하지도 않았다. 이 조사에서는 부정적으로 암시할 수 있으므로, 문화적으로 다양한 집단 혹은 저소득 집단을 기술할 때 "소외된"이란 용어를 사용하지 않을 것을 제안하였다. 이것으로 문화적 차이가 저소득과 성취 부족을 내포한다는 틀에 박힌 생각을 버릴 수 있도록 돕는 부수적인 결과를 가져올 것이다. 적절한 판별과 프로그램에 대한 요구를 통해서, 이들 문제에 대한 인식을 증진하고 위험에 처해 있는 영재에게 보다 좋은 서비스를 제공하는 결과를 가져올 것이다.

비 행

영재성과 청소년 비행에 대해 상반된 두 가지 이론을 가지고 고찰하고 있다. 첫 번째 이론은 또래 아이들과 다르다고 느끼게 만드는 높은 민감성과 지적능력 때문에, 영재학생들은 비행에 더 저항력이 없다는 것이다. 영재는 자주 환경에 잘 맞지 않다고 느낀다. 따라서 영재는 가정 혹은 학교문제에 불리한 영향을 받는 경향이 있다. 이에 반대되는 이론은 영재성이 비행 경향성에 대항하는 방어물이라는 것이다. 높은 능력 때문에, 영재는 자신의 행동과 다른 사람의 행동에 보다 통찰력이 있으며, 자신의 행동이 미치는 장기적인 영향을 볼 수 있다. 그 결과, 영재는 환경을 좀더 잘 이해하고 대처할 수 있으며 비행 위험 가능성이 없는 것처럼 보인다. 보호이론에 의하면, 영재가 비행을 보이게 되려면 환경 상태가 극도로 불리해야 한다(Mahoney, 1980).

연구를 주의 깊게 검토한 결과, 두 이론은 영재의 인지 스타일에 의존하는 것으로 나타났다(Seeley, 1984). 만약 학생의 능력이 매우 창의적이고 확산적이라면, 아마도 비행을 보이기 쉽다. 반면에, 강한 성취 동기를 가진 수렴적 사고 스타일을 가지고 있다면 대개 비행위험에 대한 보호막을 제공한다. 물론 가정과 학교환경은 두 가지 인지 스타일과 위험 정도에 영향을 미치는 주요 요소이다.

청소년 법정 시설에 있는 300명의 학생을 대상으로 한 연구에서, Denver대학의 간학문적 연구팀은 기대했던 것보다 영재 피험자의 수가 불균형적으로 많다고 보고하였다(Mahoney & Seeley, 1982). 이들 학생들의 대부분은 이전에 논의했던 비행에 저항력이 없는 타입으로, 결정적 능력(crystallized ability)보다 유동적 능력(fluid ability)이 높았다. Horn(1978)에 의하면, 유동적 능력은 가르쳐질 수 없는 지능으로, 정보를 처리하고 문제를 해결할 때 사용하는 빠른 지각과 직관능력이 그 특징이다. 반면에, 결정적 능력은 정보를 받아들여 문제를 해결하고 현상을 이해하는 지능의 한 종류이다. 수렴적 사고자는 결정적 능력이 높고 대개 교사의 기대를 충족시키기 때문에 성취자이기도 하다. 높은 유동적 능력 수준의 영재는 비행과 낮은 학교 성취의 위험이 보다 큰 것으로 보인다. 위험에 처한 다른 유형의 영재처럼, 이들 학생들은 기존 절차로 파악할 수 없고 교실에서 볼 수 없는 능력을 가지고 있다. 위험 수준을 결정하는 단계에서, 개인의 인지 스타일을 구분하고 나타나는 그 능력유형을 구체화하는 것이 중요하다.

학교환경

학교는 교사로 하여금 매우 바람직하지 않다고 생각하는 어떤 학생의 유형을 미성취라고 할 때 역할을 담당하는 것으로 보인다; 초기에 보고한 중학교 중퇴에 관한 연구에서 분명히 이점을 제시하였다(Seeley, 1988). 자기 충족적인 예언은 이와 같은 방향으로 향한다. 영재성은, 특히 똑똑하지만 성취를 하지 못하는 유동적 능력을 가진 학생에 대해 이와 같은 역동성을 뒤섞고 있다. 사춘기 초기에 논쟁의 여지가 있는 관계 요소들에 더하여 우리는 좌절, 소외, 학교실패와 중퇴라는 완벽한 공식을 가지고 있다.

128명 영재 고등학생의 중퇴에 대한 연구에서, 학교를 떠나기로 결정하는 데 기여한 요인을 살펴보기 위해 인터뷰를 실시하였다(Seeley, 1988). 다음 목록은 연구에서 나타난 학교환경 위험 요소를 요약해 높은 것이다:

- ❑ 출석 규칙에 따라 학생들을 제적하는 경향이 있다.
- ❑ 학업 활동이 너무 쉽고, 지루하고 반복적인 것으로 보인다.
- ❑ 학교 크기는 너무 크고, 일반적인 것이다.
- ❑ 학교가 어떤 것을 일방적으로 지지함으로써 소외되게 한다(예: 운동, 장학생).
- ❑ 불규칙한 학업수행으로 학교는 단점에 중점을 두게 되었다.
- ❑ 학교 시작 시간이 너무 이른 것으로 보인다.
- ❑ 매일의 학교 일과에 융통성이 부족하다.
- ❑ 빈번한 학교 변화가 주요 요인이다.
- ❑ 교사와의 갈등이 중학교에서 시작된다(초등학교 학년에서는 아님).
- ❑ 교사/상담자의 태도는 "열심히 하지 않을 사람은 나가라"이다.
- ❑ 교사의 무관심 및 적개심이 주요 요인이다.
- ❑ 가르치는 것을 좋아하지 않는 교사는 분명히 문제가 된다.
- ❑ 학생들은 존경과 책임감을 원한다.
- ❑ 숙제가 종종 시간 때우기처럼 보인다.
- ❑ 경험 학습이 너무 적다.

거의 모든 중퇴자가 자신의 결정에 대해 전적으로 책임이 있다고 생각한다는 점이 흥미롭다. 이들 중퇴자들은 외적 원인으로 돌리거나 학교를 비난하지 않고, 오히려 학교를 떠나겠다는 자신의 선택이 학교에 맞추지 못한 부족한 상황에서 적절한 반응이라고 지적했다. 대부분은 다른 교육 프로그램에서 다시 시작할 것이며 이용 가능하다면 지역공동체 대학이나 대안학교에서 교육을 계속할 것이라고 말했다. 나중에 해결 방안을 논의할 때 이것을 기억하고 있는 것이 중요하다.

사춘기

만약 가정이나 학교가 학생의 발달적 행동변화에 초점을 맞추지 않는다면, 정상적인 발달단계는 학생을 위험에 빠지게 할 수 있다. 실제보다 성숙해 보이는 영재에게 이런 문제는 가중된다. 높은 언어적 유추 때문에, 영재가 생활연령보다 어른스럽게 행동하기를 기대한다. 많은 부모나 교사들은 매우 똑똑한 어린 아이들이 왜 때때로 바보 같은 일을 하는지 궁금해 한다. 그러나 사춘기는 생각과 행동 사이에 불일치가 현저한 시기이다.

사춘기 영재들은 외부에서 강요된 목표들(자신의 목표가 아닌 부모나 교사들의 목표)로 괴로워한다. 중학교 동안, 많은 영재들은 이와 같은 외부 기준에 도전하기 시작한다. 사춘기의 몸으로 어른의 사고를 가지고 높은 수행에 대한 타인의 요구를 충족시키기 위해 "영재" 행세를 할 것이라고 기대하는 것은 위험하다. 분리와 정체감 탐색이라는 정상적인 사춘기의 요구와 함께 외적으로 기준을 부과하게 되면, 미성취, 반사회적 행동 및 무관심으로 표현되는 스트레스와 소외를 가져올 수 있다. 교육자와 부모들은 사춘기 학생들로 하여금 선택권을 탐색하고, 자신의 비전을 개발하고, 자신의 발달단계를 이해할 수 있는 시간을 갖도록 해 주어야 한다. 어른들은 또한 사춘기 학생들이 자신들의 삶에 영향을 주는 결정에 대해 생각할 수 있도록 격려해야 한다. 이를 통해, 영재 사춘기 학생들의 독립성을 촉진하고 성인 같은 사고를 인정하게 된다. 영재에게 정상적인 발달단계를 가르쳐서 이상하고 걱정을 끼치는 것으로 생각했던 사고와 감정을 건전한 것으로 인식하고 이를 발전시킬 수 있게 한다(사춘기에 대한 특별주제에 대해서는 5, 7, 10, 14장을 참조하기 바란다).

동기

Nicholls와 Miller(1984) 그리고 Ackerman, Sternberg와 Glaser(1989)는 동기의 여러 면에 대한 최근 연구와 이론 발달을 개관하였다. 이들 문헌들은 능력 수준과 미성취 사이의 관계에 관심을 기울이고 있다. 미성취에 영향을 주는 한 가지 중요한 요인은 학생의 동기수준이다. 동기의 여러 면에 대한 개념은 보통 교육계에서 논의되고 있으며, 학생이 통제할 것으로 기대하는 단일 특성이다. 동기를 학생의 타고난 특성으로 인식할 때, 미성취를 단순하게 "동기 부족"으로 설명하며 미묘하게 학생을 비난하게 된다. 이와 같은 왜곡된 인과관계로 교사의 불편은 감소되지만 학생을 위한 문제해결에는 거의 도움이 되지 않는다.

사춘기와 동기를 논의하면서, Csikszentmihalyi와 Larsen(1984)은 다음과 같이 언급하였다.

> 부정적인 감정과 수동성 모두 효과적으로 관심을 기울이지 못하게 방해하는 과정(동기 상실)과 관계가 있다. 무언가 개인의 목표를 방해할 때, 목표가 혼란스럽게 되었을 때 혹은 어른이 외부에서 목표를 강요할 때, 사춘기 학생들은 무관심하게 되고 자신이 추구하는 것에 심리적 에너지를 투자하는 데 어려움이 생긴다. 이러한 상태에서 사고와 행동이 갈등하게 된다(p. 21).

명백한 동기부족은 흥미수준에 영향을 미치는 학생의 목표와 뒤얽힌 내적 갈등에서 비롯된다. 저자가 표현한 역동성은 동기와 귀인의 기본을 정의하는 데 도움이 된다. 최소한 이 정의는 미성취와 동기 요소들 사이의 관계를 분석하는 데 폭넓은 매개변수들을 제공한다. 미성취를 보고 동기 문제를 생각할 때, 교육자로서 다음의 질문을 자문해 보아야 한다:

- ❑ 이 학생에 대한 나의 목표와 기대는 무엇인가?
- ❑ 학습활동에 관련된 학생의 목표 및 기대는 무엇인가?
- ❑ 목표가 교사와 학생에게 불분명한가?
- ❑ 목표에 갈등이 있는가?
- ❑ 개인 목표와 공동 목표 달성에 장애가 되는 것은 무엇인가?
- ❑ 학습활동에서 학생의 흥미수준은 무엇인가?
- ❑ 만약 목표들이 다르다면, 어떻게 목표를 조화롭게 할 것인가?
- ❑ 만약 흥미수준이 높지 않다면, 어떻게 흥미를 증가시킬 것인가?

(Csikszentmihalyi & Larsen, 1984)

이상의 질문에 대한 답을 통해서 문제를 평가하고 교수책략을 점검하게 된다. 목표, 흥미와 장애물에 대한 깊은 토론에 학생을 참여시킴으로써, 학생들이 동기가 없다고 낙인찍지 않을 수 있다.

동기와 학습책략을 조사하면서, Ames와 Archer(1988)는 학문적으로 뛰어난 학생들을 대상으로 그들의 목표지향과 학급경험에 대한 지각을 연구하였다. 목표지향은 수행목표(performance goals)나 완전목표(mastery goals)로서 기술되었다. 수행목표는 할 수 있는 능력을 판단하는 것과 관련이 있다. 즉, 학생들은 성공적인 수행이 자신의 능력수준을 정의한다고 생각한다. 반면에 완전목표는 새로운 기술을 발전시키는 것에 초점을 두며 학습과정과 노력이 가치롭다는 점을 나타낸다. 연구결과에 의하면, 완전목표를 지각할 때, 학생들은 도전적인 과제를 선호하고 보다 효과적인 학습책략을 사용한다(Dweck, 1986). 다시 말해서, 학생들은 순수한 수행보다 학습에 가치를 두는 환경에서 매우 높게 동기부여가 되는 것으로 나타났다. 이것은 결과중심 교육이 유행하는 시기에 특히 중요하다. 그러므로 교육자들이 학습 또는 노력이 아니라 성공이 성취라고 보는 수행목표환경을 창출하기 쉽다. 게다가 Ames와 Archer(1988)는 다음과 같이 제안하였다:

> [a] 수행구조가 아닌, 구조가 학습책략을 장기적으로 사용하고 성공이 개인의 노력과 관련 있다는 믿음을 가질 수 있도록 권장하는 맥락을 제공한다. … 적절한 동기패턴을 끌어내기 위해서 교실 목표구조를 완전목표로 수정하고 채택할 필요가 있다(p. 265).

목표, 학습, 그리고 동기 사이의 연결은 명확하며 미성취 원인을 이해하는 기초를 형성한다. 학습자의 자존감 또한 목표, 학습책략, 동기간 상호작용의 영향을 받으며 해결책의 근본이 된다.

해결책에 관하여

본 장의 처음에 언급한 바와 같이, 성취 부족에 대해 위험에 처해 있는 학생과 그들의 가족을 비난하지 않는다. 학교가 일방적으로 해결책을 책임져야 한다는 말은 아니다. 해결책을 찾기 위해 부모와 영재들이 교육의 결정 과정에 깊이 참여하는 것이 필요하다.

소외감이 극에 달한 미성취 영재에게 특별한 접근법이 필요하다. 성공에 대한 두려움과 실패에 대한 두려움 모두를 극복하는 것이 필요하다. 이와 같이 소외감이 커졌을 때, 부적응적인 방식으로 자신의 정체감 위기를 감수하고자 하면 학생들은 위험에 빠지게 된다. 교육자나 상담자로서 이들 학생들에게 적절하게 지지를 해 줄 의무가 있다. 특별한 지도와 또래상담프로그램들은 효과적인 해결책이 될 수 있다.

위험에 처한 학생들의 소외감과 고립감을 언급하기 위해서, 학교에서 공동체 감각을 개발하는 것이 필요하다. 학교생활에서 주류에 있는 대부분의 학생들은 이와 같은 공동체, 소속감 및 다른 사람의 삶에 주는 영향 등을 경험한다. 반면에, 위험에 처해 있는 학생들은 공동체의 외부에 있어, 이상하고 먼 장소에 있는 이방인같이 느낀다. 여러 학생 집단을 위한 지역공동체를 증진하는 대안책들이 필요하다. 한 가지 중요한 방안은 지역공동체 서비스이다. 다른 학생들처럼, 위험에 처해 있는 학생들도 학교가 돌봐주는 환경을 찾고자 하며, 또한 자신들에게 중요한 어떤 것에 대하여 보살핌을 주고받는 것이 중요하다. 학교가 후원하는 지역공동체 서비스 선택안은 학교공동체의 한 일원이라는 느낌을 가질 수 있도록 클럽, 축구 및 합창단을 선택하지 않는 학생들을 참여시키는 좋은 방법이다(지역공동체 서비스에 대해서는 10장과 14장을 참조하기 바란다).

본 장의 마지막 섹션에서는 미성취 문제와 중퇴 문제를 해결하고자 개발한 워크숍에 모인 학교지도자 및 학생들이 제안한 활동을 살펴볼 것이다(Seeley, 1988). 다섯 영역이 중재의 초점이다: 또래/사회적 관계, 집과 가족, 소수민족 학생, 교사 문제, 그리고 학교환경 문제. 이 섹션은 학교 수준에서 토론하고 계획할 때 참조하는 틀로서 지역 상담자 및 교육자들이 사용할 수 있는 일종의 청사진이다. 각각의 해결책은 목표와 책략들을 제공한다. 이것은 단지 미성취의 복합적인 문제를 언급하는 지엽적인 시작에 불과하다.

I. 또래와 사회적 관계

목표 1.1: 또래와 사회적 관계를 촉진하도록 학교에 보다 융통성을 제공하기

설명: 대부분의 학생들이 학교에 다니는 주요 이유 중 하나는 다른 학생들과 사회적 상호작용을 하기 위해서이다. 대인관계에 대한 사회적 학습을 부정하려고 노력하는 것 대신에, 교육자는 이와 같은 동기요소를 극대화하고 팀, 집단, 짝활동, 또래 간의 개별지도 등의 학습을 구조화한다.

책략들:

- ❑ 학생들이 다른 학생들을 보다 많이 가르칠 수 있도록 허용한다.
- ❑ 영재를 위한 K-8 학년용 학교를 조직한다.
- ❑ 학생들이 공간이용 계획을 세울 수 있도록 장려한다.
- ❑ 학년을 넘나드는 다양한 연령 집단을 조직한다.

목표 1.2: 성공적으로 전이할 수 있도록 학생을 돕기

설명: 모든 연령의 인간발달에 있어 정서적·논리적·지적으로 전이하는 것이 어렵다고 알려져 있다. 또한 변화란 중요한 성장경험으로, 부자가 되거나 영원한 삶의 기술을 익히는 것이 아니라는 점이다. 우리는 학교에서 이러한 시기를 기회로 삼기 위해 많은 것을 할 수 있다.

책략들:

- ❑ 상급 학생들이 어린 학생들의 조정 프로그램을 개발한다.
- ❑ 학년이나 학교가 바뀔 때 전이에 필요한 "생존 과정"을 제공한다.
- ❑ 학교에서 학생들을 위해 여름 일거리를 마련한다.
- ❑ 전이시점에서 장기적인 오리엔테이션 프로그램을 제공한다.
- ❑ 전이에 대한 부모 교육 프로그램을 제공한다.
- ❑ 다음 수준에서 교사를 선택할 때 부모-학생의 참여를 허용한다.

목표 1.3: 효과적인 상담/조언 프로그램 제공하기

설명: 공교육에서 학교상담을 제대로 실시하지 못했다. 이는 주로 상담자가 평소에 너무 많은 학생들과 너무 많은 것을 해야 한다고 기대를 했기 때문이다. 조언을 통해 상담자의 범위를 확대하고 학생을 지도하고 이들을 옹호하는 중요한 목표를 충족시킬 수 있다.

책략들:

- ❑ 훈련을 받은 후에, 모든 학교 관련자를 상담자로 활용한다.
- ❑ 예방적인 서비스를 위하여 초등학교부터 상담자를 제공한다.
- ❑ 또래상담프로그램을 개발한다.
- ❑ 문제해결을 위한 소그룹 모임을 장려한다.
- ❑ 소그룹 주제 모임을 제공한다(예를 들면, 이혼, 변환기 등).
- ❑ 가족 참여를 통해 가족-학교 지원체계를 개발한다.
- ❑ 특별한 요구를 지닌 학생과 그 가족들을 위하여 따로 선발하는 참조체제를 제공한다.

목표 1.4: 학생에게 권한을 부여하고 자율성 촉진하기

설명: 스스로 교육에 책임을 지고 투자를 하려면 학생들은 자신의 학습을 더 많이 통제해야 한다. 대개 권위와 통제를 학생과 함께 공유하는 교사는 학생의 존경을 받고 학급에서 좀더 동기부여가 된 학습자를 발견할 수 있다.

책략들:

- ❑ 교사들이 학습활동을 계획할 때 학생들을 참여시킨다.
- ❑ 학생의 진도에 맞게 학습하거나 숙달할 수 있는 학습 교육과정을 제공한다.
- ❑ 학교 정책과 직원 고용에 학생들을 참여시킨다.
- ❑ 성취와 노력에 대한 인정과 보상을 장려한다.
- ❑ 리더십 훈련과 학교 밖에서 실시하고 있는 리더십 출구를 제공한다.
- ❑ 학교평가 및 개선방안에 학생을 참여시킨다.
- ❑ 지역사회 서비스/학교 서비스 기회를 개발한다.

II. 소수민족 학생들의 참여

목표 2.1: 모든 학생의 문화적인 유능감을 증진하기

설명: 문화적인 유능감 개념은 민족, 인종, 또는 언어 차이에 대한 민감성을 발전시

키고자 적용할 수 있는 일련의 포괄적인 기술을 의미한다. 이와 같은 감수성과 인식은 문화집단에 대한 틀에 박힌 특징을 고수하지 않고, 오히려 문화의 의미를 개방적이며 편안하게 탐색하면서 차이점에 가치를 부여하는 데 그 목적이 있다.

책략들:

- ❑ 학생들에게 귀중한 문화적 전통과 언어의 다양성을 널리 알린다.
- ❑ 학생들과 그 가족의 삶, 일, 그리고 학습을 담은 문화적 배경에 대해 충분히 이해할 수 있도록 프로그램을 개발한다.
- ❑ 학생, 그 가족과 교직원 사이의 문화적 차이를 존중하고 지식을 얻기 위해 교직원 개발을 제공한다.

목표 2.2: 다양성에 민감한 영재 프로그램을 개발하기

설명: 역사적으로, 백인 학생들이 지나칠 정도로 영재 프로그램에 많이 참여하였다. 판별절차와 프로그램 개발 및 내용에서 높은 기준과 빠른 속도를 유지하면서 문화적 다양성을 수용해야 한다.

책략들:

- ❑ 판별과정에 소수민족 직원과 학생을 참여시킨다.
- ❑ 영재 프로그램을 위한 소수민족 교사와 상담자를 적극적으로 모집한다.
- ❑ 지역공동체 각 소수민족 집단의 문화적 맥락에서 영재성을 정의한다.
- ❑ 학교개혁에서 변화를 주도하는 기관으로 지역사회 기반 조직을 활용하여 교직원 개발에 도움을 준다.

III. 교사/ 상담자의 적절한 역할들

목표 3.1: 미성취에 대해 교사와 상담자 간 의사소통을 증진하기

설명: 미성취 학생들을 위해 교사와 상담자 사이에 팀을 계획하는 것은 미성취 학생의 요구를 언급하는 데 있어 필수적이다. 의사소통에 가치를 부여하고, 정기적으로 계획하여, 효율적인 상호 협의에 따른다.

책략들:

- ❑ 상담자의 감독 하에 교사 상담프로그램을 만든다.
- ❑ 미성취를 발견하기 위하여 상담프로그램을 사용하고 계획을 개발한다.
- ❑ 미성취 학생과 활동하는 상담자의 효율성을 위해 자유로운 시간을 마련한다.
- ❑ IEP 접근법을 개발하고 주의 깊게 관리한다.
- ❑ 훈련, 집단 문제해결, 자원 파악과 필요한 사항을 참조하여 교사-상담자를 지원하는 충분한 시간을 상담자에게 부여한다.

목표 3.2: 교사와 학생을 위한 합리적인 교육과정으로서 자존감 개발을 통합하기

설명: 학습에 앞서 자존감 개발이 갖는 중요성에 대해 좋은 말을 늘어놓아야 하지만, 여전히 많은 교육자들은 이것을 겉치레나 "경멸조의 난센스"로 간주한다. 행정가와 교육과정 지도자들은 전통적인 교육과정 주제만큼 교사시간과 자존감 교육과정이 중요한 것이며 하나의 일상적인 교실 활동으로 생각해야 한다는 점을 지지해 주어야 한다.

책략들:

- ❑ 학급체계를 활용하여 소집단회의와 주기적인 디브리핑 시간을 갖는다.
- ❑ 지역사회 사사 프로그램을 개발하고 관리한다.
- ❑ 학습을 계획할 때, 학생과 함께 목표를 설정하고 의사결정 활동을 한다.

목표 3.3: 학생을 위한 학습환경을 증진하기

설명: 일반적으로, 학교를 개혁하려는 노력은 모든 학생들을 학습환경에 "초대하는" 것을 말한다. 개인적인 강점과 요구에 있어 교사의 주의와 관심이 필요한 미성취 학생들에게 더욱 중요하다.

책략들:

- ❑ 학급을 넘어 지역공동체로 학습을 확장한다.
- ❑ 학생들을 관리 조직에 참여시킨다.
- ❑ 학생의 요구에 따라 융통적인 교수집단을 활용한다.
- ❑ 일 년 내내 학습기회를 증진한다.

- ❑ 모든 수준에서 대안학교의 발전을 지원한다.
- ❑ 학점을 부여할 때 통과/실패/불충분 제도를 장려한다.
- ❑ 긍정적인 대면과 갈등해결을 권장한다.

결 론

영재성과 미성취는 복합하고 다양한 문제 현상으로, 그 원인, 개념과 접근법이 지나치게 간소화되어 왔다. 이 장에서는 위험 요소, 잠재적 원인, 접근의 관계를 통하여 간단했던 정의를 벗어나, 수많은 위험에 처해 있는 학생들이 학습에 좀더 접근할 수 있도록 하였다. 교육의 재구조화는 앞서 언급한 청사진에서 수많은 개혁을 가져올지 모른다. 그러나 구조적인 변화를 위해 개인 전문가의 보살핌과 인내가 필요하다. 동기의 역할을 이해하고 학생과 함께 현실적인 목표를 계획함으로써, 능력과 흥미 위에서 미성취 영재를 위험상태에서 빠져나오게 할 수 있다. 확실히 미성취 영재의 중요한 잠재능력을 잃어버리게 할 수는 없다. 상담자와 교사는 학생, 학교, 사회를 위하여 이러한 손실을 피할 수 있도록 돕는 중요한 변화를 일궈낼 수 있다.

참고 문헌

Ackerman, P. L., Sternberg, R. J., & Glaser, R. (1989). *Learning and individual differences*. New York: W. H. Freeman.

Ames, C., & Archer, J. (1988). Achievement goals in the classroom: Students' learning strategies and motivation processes. *Journal of Educational Psychology*, *80*, 260-267.

Csikszentmihalyi, M., & Larsen, R. (1984). *Being adolescent: Conflict and growth in the teenage years*. New York: Basic Books.

Dweck, C. S. (1986). Motivational processes affecting learning. *American Psychologist*, *41*, 1040-1048.

Horn, J. (1978). The nature and development of intellectual abilities. In R. T. Osborne, L. E. Noble, & N. Weyl (Eds.), *Human variation* (pp. 107-136). New York: Academic Press.

Mahoney, A. R. (1980). Gifted delinquents. *Children and Youth Services Review, 2*, 315-330.

Mahoney, A. R., & Seeley, K. R. (1982). *A study of juveniles in a suburban court.* Technical report. Washington, DC: U. S. Dept. of Justice, OJDPP.

Maker, J. (1978). *Handicapped gifted scientists.* A special report to the Council for Exceptional Children. Reston, VA: CEC.

Nicholls, J. G., & Miller, A. T. (1984). Development and its discontents: The differentiation of the concept of ability. In J. G. Nicholls & M. L. Maeher (Eds.), *Advances in Motivation and Achievement* (Vol. 3, pp. 185-218). Greenwich, CN: JAI Press.

Seeley, K. R. (1984). Giftedness and juvenile delinquency in perspective. *Journal for the Education of the Gifted, 8*, 59-72.

Seeley, K. R. (1988). *High ability students at risk.* Technical report. Denver: Colorado Department of Education.

VanTassel-Baska, J., Patton, J., & Prillaman, D. (1989). The disadvantaged gifted: At-risk for educational attention. *Focus on Exceptional Children, 22*(3), 1-15.

Whitmore, J. R. (1989). Re-examining the concept of underachievement. *Understanding Our Gifted, 2*(1), 1, 7-9.

제 13 장

다중문화 상담

Kathy Evans

영재들은 다른 모든 아이들과 마찬가지로 신체조건, 민족, 인종에 관계없이 나타난다. 미국 인구의 다양성이 증대되면서, 영재인구도 다양해지고 있다. 상담자는 유사한 아동에게 한 것처럼 인종적 그리고 문화적으로 다양한 학생들에게도 효율성을 발휘하는 것이 중요하다. 비록 히스패닉계, 아프리카계 미국인, 동양계 미국인, 원주민(인디언)의 인구가 늘어나고 있지만, 아직 이들 집단에 대한 저명한 심리학자, 상담자, 정신 건강 치료사가 많이 부족한 상태이다. 그러므로 백인 상담자들이 자신과 다른 인종 및 문화를 가진 학생들과 보다 많이 활동하게 될 것이다.

다중문화 상담을 교육받지 않은 상담자들이 자신과 다른 민족 및 인종적 배경을 지닌 고객의 정신건강을 치료한다면, 이를 비윤리적인 것으로 받아들이고 있다 (Cayleff, 1986; Pedersen & Marsella, 1982). 문화적으로 다른 학생들을 상담하는 사람은 문화 차이에 대한 인식, 특정 인종이나 민족에 대한 지식, 그리고 이들과 효과적으로 일하는 기술을 갖추고 있어야 한다. 본 장에서는 인종적 및 문화적으로 다른, 인종과 민족이 다른, 유색 인종의 학생들과 같은 용어들을 상호 교환적으로 사용할 것이다. 이 용어들은 중산층 백인과는 다른 아프리카계 미국인, 동양계 미국인, 원주민, 그리고 히스패닉계를 포함하는 학생들을 지칭하는 말이다.

현 상담이론의 단점

기존의 상담이론에서 가장 큰 문제는 백인계 미국인 또는 서양 가치체계에 바탕을 두고 있다는 점이다. 이런 이론들에 내포된 생각은 무엇이 정상인지에 대한 서양인의 기준에 가정을 두고 있다. 거의 모든 이론들은 서양문화에서 정상적인 것이 다른 문화에서는 정상적이지 않을 수 있다는 점을 인식하지 못하고 있다. Sue(1981)와 Pedersen(1988)은 문화적으로 다양한 집단과 활동할 때 나타나는 서양식 이론과 서양식 사고의 여러 한계점을 지적하고 있다. 〈표 13.1〉에 이들 생각을 요약하였다.

Sue(1981)가 기술한 첫 네 가지 문제는 상담상황에서 의사소통에 대한 서양식 기대에 초점을 두고 있다는 점이다. 내담자의 문화적 집단에서 상담자가 기대하는 의사소통방식을 권장하지 않을 때(예: 개방성을 기대한다거나 사적인 것에 대한 공개), 상담효과는 심하게 제한될 수 있다. 영어가 모국어가 아닌 사람과 상담할 때 상담자가 1개 국어만을 지향한다면 상담은 한계에 다다르게 된다. 다음 세 가지 문제는 상담자의 입장에서 나타나는 기타 판단행동의 함정에 관한 것이다. 만약 내담자가 장기 계획이나 원인-결과의 인간관계에 관심이 없고 육체와 정신간의 안녕을 중시한다면 상담자는 이것을 병리적인 행동으로 진단하기 쉽다.

서양 심리학에 대한 Pedersen(1988)의 가정들은 서양 가치들과는 확연히 다른 문화가 존재할 수 있다는 인식을 고양한다. 개인보다는 집단을 더 중시한 문화가 존재하고, 이런 문화들의 관점은 개인주의, 독립, 자연 부양, 역사에 대한 가정들과는 완전히 대치된다. 이런 가정 아래 일을 진행하는 상담자들은 내담자가 중재에 대해 저항하는 것을 이해하지 못할 것이다. 반박을 받는 다른 것으로는 무엇이 정상적인 것인지에 대해 공통적인 정의가 있다는 가정이다. 모든 사람들이 추상성을 똑같이 해석하고 사고양식으로 선형적 사고를 선호한다고 가정한다. 다른 문화적 배경을 가진 사람들은 다른 언어 구조를 가지고 그 언어 구조에 따라 언어를 해석하며, 사고방식이나 문제해결 방식도 마찬가지이다.

이 모든 가정들은 내담자에게 해를 끼칠 수 있는 잠재성이 있으나 상담자들이 모든 가정들을 알고 있다는 마지막 가정만큼 위험하지는 않다. 자신의 믿음이나 가

〈표 13.1〉

상담에 대한 서양식 가정

Sue:

1. 개방성, 심리학적 의향, 또는 궤변을 부릴 것으로 기대
2. 개인적인 삶에 대한 사적인 면을 털어놓거나 아니면 저항
3. 의사소통 패턴에 대한 기대
4. 1개 국어 사용
5. 장기 목표 강조
6. 신체적 및 정신적 안녕간의 구분
7. 인과관계를 강조

(Sue, 1981)

Pedersen:

1. 모든 사람이 정상적인 행동에 대한 공통의 기준을 공유한다.
2. 개인이 사회의 기본 단위이다.
3. 서양문화는 추상적 단어에 의존하며 다른 사람들이 상담자가 의도한 바대로 이상의 추상성을 이해할 것이라고 상담자는 가정한다.
4. 독립은 가치가 있고 의존은 탐탁치 않을 것이다.
5. 내담자에게 자연스런 지원체계는 중요하지 않다.
6. 상담자는 개인에 맞게 시스템을 변화시키는 것이 아니라 시스템에 맞게 개인을 변화시킬 필요가 있다.
7. 모든 사람들은 주변 상황을 이해할 때 선형적 사고방식(모든 원인에는 결과가 있고 모든 결과는 원인이 있다)을 가진다.
8. 현재 상황을 이해하는 데 있어 역사는 중요하지 않다.
9. 상담자는 이미 자신의 모든 가정들을 알고 있다.
10. 학업적 학문 분야 경계의 제한을 받는 참조틀을 사용함으로써 문제를 정의한다.

(Pedersen, 1988)

출처: *Counseling the Culturally Different: Theory and Practice* (p. 29) edited by D. W. Sue, 1981, New York; Wiley; and *A Handbook for Developing Multicultural Awareness* (pp. 39–44) by P. Pedersen, 1988, Alexandria, VA: American Counseling Association.

치가 갖는 효과에 대해 더 이상 고민을 하지 않는 상담자는 내담자와 활동할 때 이로운 점보다 해로운 점이 더 많다는 것은 자명하다. 이러한 이유들 때문에 상담에 대한 서양이론과 모델들은 인종적 및 문화적으로 다른 배경을 갖는 내담자에게 잘 적용되지 않을 수 있다. 그러므로 효율적으로 상담하기 위해서 상담자는 다른 방안

들을 배워야 한다.

문화적으로 다른 학생에 대한 문제

Silverman(1990)은 영재들에게 자주 일어나는 열두 가지 문제를 정리하였다. 개인적인 문제에서부터 인간관계 및 학업적 문제까지 다양하다. 어떤 것들은 유색 인종의 학생들에게 특히 어려운 문제로서 다음과 같은 문제들을 포함한다: (a) 영재들이 비판을 수용할 때 갖는 어려움(이는 자아정체감 및 자존감과 연관될 수 있음); (b) 권위에 대한 비순응적인 행동과 저항(이는 동기와 연관될 수 있음); (c) 또래로부터의 고립; 그리고 (d) 또래에 맞추기 위해 자신의 재능을 숨기는 것. 이들 문제에 덧붙여, 인종적 혹은 문화적으로 다른 배경을 가진 영재는 또한 인종주의와 편견 및 유색 인종 학생들에게 흔히 나타나는 문제들에도 대처해야 한다. 복잡하게 혼합된 문제들은 이들 요소들 간의 상호작용으로 인해 더욱 복잡해진다. 이것은 영재들에게 더 큰 도전을 만들어 주고 있다.

인종주의와 결손 모델

인종주의(racism)는 Katz(1976)에 의해 다음과 같이 정의된 바 있다. "백인들의 이익 또는 특권 그리고 소수민족 집단의 배제 혹은 박탈을 조장하거나 영속시키는 모든 행위 및 제도상의 절차"(p. 22). 비록 모든 사람들이 동등하다는 전제 아래 미합중국이 세워졌지만 아직도 그 이상은 실현되지 못하였다. 미국 전역에서 인종주의는 여전히 존재하고 있다. 본래 인종, 문화의 도가니(melting pot)라는 개념은 미국 사회가 육성한 것이다. 여러 다른 문화, 인종, 그리고 종교를 가진 사람들이 "미국인"이 된 것이다. 불행하게도 모든 사람들이 "미국인"에 대한 중산층 백인의 생각에 맞춰가야 한다는 것을 의미한다. 사회가 바라는 미국인과 상이한 사람은 용납되지 않았다.

백인의 앵글로색슨 신교도가 아니거나 적어도 여기에 최대한 닮기 위해 동화하려고 노력하지 않는 사람은 "비-미국인"으로 간주되었다. 명백히 다른 부류의 사람은 누구든지 표준 이하 또는 열등한 것으로 간주하였다(Copeland, 1983). 시각적으로 다른 인종 집단에 속하는 사람들은 백인문화에서 똑같이 보일 수 없었다. 그래서 언제나 열등한 것으로 간주된 것이다. 열등 개념을 영속화하기 위해 고정개념을 발전시켰다. 합법적 기준으로 인종이나 문화가 다른 사람을 배제하였다. 물론 시간이 지나면서 법이 바뀌고 공개적인 인종차별은 불법이 되었다.

법적 제한도 다르다는 것이 열등하다는 인식을 불식시키지 못했다. 이상의 노력들은 여러 가지 형태로 자명해지고 있다. 최근에 이런 인종주의자들의 신념과 행동의 결과로 인해 결손 모델(deficit model)이 만들어지게 되었다. Smith(1981)에 따르면, 문화 결손 모델은 열등 가설을 사용하고 있다. 하지만 그 열등 인자를 인종에서 찾는 대신 문화의 결손에서 찾는다. 중산층 백인의 문화와 다른 문화를 가진 사람들은 문화적으로 박탈되고, 모자라고, 메마른 것으로 생각된다. Sue(1981)가 지적했듯이, 이 개념은 (1) 이들 인종집단에게 문화가 없다는 것을 의미하고, (2) 교육연구 및 계획에 영향을 미치는 혼란을 야기하고, (3) 백인 중산층의 우월함을 가정하며, (4) 병리학에 맞추는 것이다.

영재의 학교 교육에 결손 모델을 적용함에 있어 다음과 같은 결과를 낳는다. (1) 영재라는 생각이 결여되고, (2) 재능을 개발하려는 지원이 부족하며, (3) 반항적으로 행동했을 때 훈육 및 행동문제를 가진 것으로 학생을 판별하여 특수 교육에 배정하는 결과를 가져온다. 이 사회는 열등 개념상에서 너무도 일을 잘 수행하여 유색인종을 포함하여 많은 사람들이 이 모델을 사실인양 내면화하고 받아들이고 있다.

인종주의와 편견은 유색 인종의 학생들에게 개별적으로도 영향을 미친다. Allport(1954)에 따르면, 학생들은 세 가지 단계－언어상의 거부, 차별, 신체적 공격－에서 표적이 된다. 자신의 독특함으로 인해 폭탄 세례를 받은 학생들은 미국사회에서 다르다고 하는 것이 무엇을 의미하는지 실전 연습을 하게 되는 것이다. 높은 민감성으로 영재들은 "어쩌면 보통의 능력을 지닌 또래들보다 차별에 대해 더 심한 고통을 겪을 수 있다"(Lindstrom & Van Sant, 1986, p. 584). 따라서 학생과 어른 체계를 지원하는 활동이 보다 필요하다.

인종적 및 문화적으로 다른 배경을 가진 영재들은 열등 딱지를 극복하고 자신과 같은 사람들이 받는 정보를 선택적으로 내면화하는 방법을 찾아야 한다. 이 과제를 효과적으로 수행할 수 있는 학생은 긍정적인 자아개념을 가질 수 있다(Gibbs, Huang, & Assoc., 1989).

열등문제에 대한 또 다른 면은 영재 프로그램에 문화적으로 다른 배경을 지닌 학생을 보다 많이 포함시키려고 영재 판별 규준을 바꾸는 시도들에서 찾아볼 수 있다. 왜냐하면 많은 평가 도구들이 문화적으로 편중되었다는 비판이 제기되면서(Gallagher & Kinney, 1974; Jones, 1988; Ogbu, 1988), 전통적인 평가 방식의 대안으로서 문화적으로 다른 배경을 가진 학생들을 바르게 평가하는 것이 필요하게 되었기 때문이다(Baldwin, 1985; Zappia, 1989). 인종적으로 그리고 문화적으로 편견을 갖는 사람들은 평가를 바꾸면 기준을 바꾸는 것이라 간주하고, 이들 변화가 기준을 넓히는 것이 아니라 기준을 낮추고 있다고 생각한다. 열등에 대한 주류집단의 가정으로 유색 인종의 영재는 자신이 정말 영재인지 아닌지 혼동을 주고 있다(Colangelo, 1985). 대부분의 영재들은 자신의 능력을 과소평가하는데 유색 인종의 학생들은 더욱 그렇다(McIntosh & Greenlaw, 1986). 영재 프로그램에 들어갈 만한 자격이 있는지에 대한 부가적인 의심은 자존감과 동기에 영향을 줄 수 있다.

맞추기

인종적 및 문화적으로 다른 학생들은 두 문화 사이를 왔다 갔다 한다. 종종 이들 문화들은 아이에 대한 가치와 기대가 서로 상충되기도 한다. 학생들의 문화를 잘못 이해하는 경우 부모의 기대치와 상담자의 기대치가 완전히 상치되는 지경에 이르기도 한다. 이로 인해 학생들을 더욱 혼란스럽게 한다. 또한 학생의 문화를 존중하지 못하는 상담자(학생의 문화가 열등하다고 생각하여 없애야 한다고 생각하는)는 학생의 정체감 발달에 커다란 상처를 주게 된다. 비록 두 문화에서 양다리를 걸치고 있을 때 스트레스가 많지만, 한 가지 문화 이상에서 유능성을 보이는 학생들이 다른 사람보다 보다 높은 자존감과 이해 및 성취를 보이는 것으로 나타났다(Ramirez, 1983).

종종 유색 인종 가족은 영재 자녀를 다루는 방식에 열정이 부족한 경우가 있다.

어떤 가족들은 영재교육 프로그램에서 자녀에게 해 줄 수 있는 것이 없는 학교와 정상적인 관계를 유지하고자 한다. 때때로 부모들은 영재를 통제하지 못할까봐, 또는 아이가 너무 영리하여 부모의 권위를 침해할까봐 걱정하기도 한다(McIntosh & Greenlaw, 1986). 부모의 감정을 알고 있는 아이는 학교 관계자, 선생님, 상담자 및 가족을 기쁘게 하는 것에 갇히게 된다. 일단 영재가 사춘기에 이르게 되면, 갈등이 세 가지 방식으로 분출된다: 지배적인 문화규칙을 따르는 덜 뛰어난 또래로 인해 낙담하게 된다(Lindstrom & Van Sant, 1986). 다시 말해서, 지배적인 문화에 보다 비슷해지려고 자신의 문화를 팔아버리지 않도록 경고를 받는다.

사회경제적 지위

앞서 논의한 바대로, "문화적 차이"는 인종적 그리고 민족적 상이함으로 정의된다. 문화적으로 다르다는 것은 미국의 백인 주류집단에 상이한 사람을 기술할 때 사용하는 용어이다. 이들 문화적으로 이질적인 집단들 사이의 유사점과 이들 간의 차이점을 가정하였다. 그럼에도 불구하고, 다중문화 상담자의 활동에 영향을 주는 집단 내 중요한 차이가 있다.

다중문화 상담에서 도전이 되는 점은 경제적 지위의 영향으로 혼합된다. 경제적 지위는 인종적 및 민족적 장애를 초월하여 사회의 자원이 분배되고 사용되는 시스템의 본질에 따라 좌우된다. 안정적 고용, 적절한 주택 공급 및 풍부한 기회는 중·상위 소득 집단을 창출한다. 이들 중산층 집단(이들의 사회화는 보다 큰 사회의 본질과 가치를 반영하는데)은 승자처럼 느끼고, 보이며, 대접을 받는다.

반대로 높은 실업, 제한된 기회, 주택난, 낮은 임금은 빈곤의 문화를 빚어낸다(Lewis, 1965). 이 집단에 속해 있는 사람들의 특징은 시스템에 대한 지각과 반응에 영향을 미친다. 이 집단은 자체적으로 폐쇄적인 사회 시스템을 발전시켜 구성원을 보호하고 정체감을 제공한다. 빈곤 집단의 구성원들은 주로 부적절하고 결손된 "패자"처럼 보이고 그렇게 취급을 받는다(자신과 남으로부터).

가난한 환경에서 자란 학생들은 빈곤문화에 사회화된다. 학생들은 거의 더 큰 사회의 본질과 가치에 노출되지 않는다. Lewis(1965)는 다른 사람들과 구별되는 빈곤의 문화 성향을 다음과 같이 정리하였다: (a) 미래보다는 현재지향적인 시간관념, (b) 만족감을 지연시키지 못함, (c) 행동 지향적, (d) 타인을 신뢰하지 못함, (e) 무력함과 의존성, (f) 열등의식의 표현.

유색 인종의 아이들 중 상당수가 빈곤한 문화의 산물이다. 어떤 상담자들은 빈곤의 문화를 아이의 인종 혹은 민족적 문화와 혼동한다. Smith(1977)는 소수민족 집단 내담자의 가족은 질서가 없고 파탄난 가정일 것이라 믿는 등의 상담자가 저지르는 실수를 발견하였다. 그리고 인종적으로 그리고 문화적으로 다른 사람들은 모두 가난할 것이라는 잘못된 편견도 언급하였다. 이 믿음과 상충되게도, 문화적으로 다른 아이들이 경제적으로 하류층에서 상류층까지 분포할 것이라는 잘못된 믿음도 있다. 유색 인종의 아이들은 가난한 곳에서 주로 나타나기 때문에 가난과 연결을 짓는다. 1986년(U. S. Bureau of the Census, 1990)에 조사한 바에 의하면, 18세 이하 아이의 가난한 정도는 다음과 같다:

- 아프리카계 미국인: 42%
- 푸에르토리코인: 42%
- 원주민(인디언): 23.7%
- 멕시코계 미국인: 24%
- 중국계 미국인: 12%

사회경제적 계층 간의 차이점을 뚜렷하게 정의할 수는 없지만, 같은 계층에 있는 사람들은 다른 계층의 사람들보다 더 공통점이 많다. 예를 들어, 수입이 많은 푸에르토리코인 아이는 가난한 푸에르토리코인보다 오히려 수입이 비슷한 백인 아이들과 더 공통점이 많다. Nicholas와 Anderson(1973)은 아프리카계 미국인과 백인의 IQ 차이는 이 두 집단의 사회경제적 지위가 비슷할 때 그 차이가 10점 정도 줄어든다는 것을 발견하였다.

두 가지 종류의 문화적 차이를 구별해야 한다-인종, 민족에서 기인하는 차이와 사회경제학적 요인으로 인한 차이. 이상의 구분에서 전문가의 동기 및 행동을 어떻게 내담자가 지각하느냐가 다중문화 상담상에 나타나는 도전적인 문제를 구체화한다. 유색 인종의 사람들은 본래 가난하고 백인/흑인, 상담자/내담자 관계에서 부정적 행동을 지각했을 때 인종적으로나 문화적으로나 참을 수 없게 된다.

대개 수입이 낮은 가정은 상담자나 사회복지기관과의 부정적인 경험으로 인해 나쁜 인식을 갖고 있으며 모든 제도를 의심하게 된다. 영재 자녀를 둔 부모들은 상담중재에 대해 냉담하고 멀리하게 된다. 이제 상담자들은 영재 자녀를 둔 부모들에게 상담이 이득이 있다고 믿게 해야 하는 중요한 기로에 서 있다. 영재, 특히 가난한 영재들이야 말로(그들의 능력 때문에) 도움이나 특별한 프로그램 없이도 남들보다 더 잘 할 것이라는 생각으로 인해 가장 다치기 쉽다(Marland, 1972).

학교의 영재 프로그램에 대한 지원구조 없이, 유색 인종의 가난한 영재들은 자신의 학업적 잠재력을 달성하려고 모험을 하지 않을 것이다. 주위환경에서 오는 유혹들로 인하여 재능을 자신이나 사회를 해치는 데 사용할 수도 있다. VanTassel-Baska, Patton과 Prillaman(1989)에 따르면,

> 이 부류의 학생들이야말로 인간잠재력을 최적화하는 프로그램과 서비스가 가장 필요한 사람들이다. 또한 영재 및 일반교육 모두에서 가장 잘 잊혀지는 위험에 처한 사람들이 바로 이들이다(p. 3).

상담자와 영재에 대한 편견의 영향

상담자에 대한 영향

내담자를 대하는 데 있어 한결같고 융통성을 가지려고 하지 않고, 자신의 잘못된 선입견을 버리려 하지 않으며, 더 이상 배울 것이 없다고 생각하는 상담자는 문화적으로 꽉 막힌 사람으로 특징지을 수 있다(Pedersen, 1988; Sue, 1981). 이런 상담자들은 자신의 문화, 자기 자신의 사고와 믿음에 갇혀 있다.

다중문화 상담훈련을 받은 상담자들은 많은 양의 정보뿐만 아니라 많은 감정을 다룰 수 있게 된 자신을 발견하게 된다. 그러므로 단 한 번의 세미나 및 과정은 특별한 집단과 활동하는 상담에서 적절하지 못하다. 하지만 훈련 프로그램은 상담자의 자각 수준을 높일 수 있다. 자각 수준을 높임으로써 백인 정체성 발전에 대해 조치

를 취하는 경향이 나타난다. Hardiman(1982), Helms(1990), 그리고 Ponterotto (1988)은 모두 백인 정체성 이론 발전에 공헌하였다. Hardiman은 인종 정체성의 사회학적인 면에 초점을 두었고, Helms는 흑인-백인 관계에 대해서 연구하였으며, Ponterotto는 상담자 훈련에 이를 적용하였다. Ponterotto(1988)는 자신의 다중문화 상담자 수업에서 학생들의 인종적 자각 능력이 여러 단계를 거쳐 발전하는 것을 볼 수 있었다고 언급하였다. Sabnani, Ponterotto, 그리고 Borodovsky(1991)는 각 단계를 다듬고 확대하였다. 각 단계는 다음과 같다:

1. 인종적 존재로서의 자아에 대한 자각 부족
2. 타 문화 사람들과의 상호작용
3. 인종 문제에 대한 이전 지식의 분열
4. 친 소수민족 입지
5. 친 백인, 반 소수민족 입지
6. 내면화

단계들이 선형적인 것처럼 보이지만, 상담자는 단계발달에서 선형적 패턴을 따를 수도 있고 따르지 않을 수도 있다. 때로는 중요한 결정 시점에서 앞 단계로 되돌아가기도 한다.

1단계. 인종적 존재로서의 자아에 대한 자각 부족

이 단계에서 상담자 훈련을 받는 사람은 타 문화에 대한 노출이 적거나 아예 없는 경우이며 상담에 있어 서양 기준을 적용하려고 한다. 모든 내담자를 똑같이 대하면, 이것으로 내담자에게 적절한 서비스를 제공하는 것이라고 생각한다. 모든 사람을 하나의 인격체로 대한다면 다중문화 상담에서 특별한 훈련을 받을 필요가 없다고 생각한다. 또한 이 단계에 있는 상담자는 다른 사람에 대한 편견이나 선입견이 없다고 믿고 있다.

2단계. 타 문화와의 상호작용

Sabnani, Ponterotto, 그리고 Borodovsky(1991)는 2단계를 단계라기보다 이벤트(사건)에 가까운 소지가 있다고 서술하였다. 이 단계에 있는 상담자는 자기와 다른 사람들이 존재하는 것을 인식하게 되고 그 차이가 중요하고 의미심장하다는 것을 알게 된다. 상호작용을 통해 "자신의 백인주의를 인식하게 되고, 자신의 문화적 가치를 조사하게 된다"(p. 79). 예를 들어, 상담자가 처음으로 2개 국어를 사용하는 아이가 부모를 위해 통역하는 것을 보았을 때, 생각하지 않았던 가족 역학관계가 존재한다는 것을 갑자기 깨닫게 된다.

3단계. 분열

이 단계에서 상담자는 한 때 자신이 가졌던 가치에 대해 의문을 제기하고 자신의 백인주의와 백인주의에 수반되었던 특권에 대해 지각하게 된다. 이 단계의 특징은 계속 다수규준에 순응하느냐, 인본주의적으로 비인종차별적인 가치를 따를 것이냐 갈등을 하게 된다.

4단계. 친 소수

이 단계에서 상담자는 소수민족 집단을 억압한 것 그리고 특별히 이 억압에 참여한 자신에 대해 죄의식을 느끼게 되고, 인종적 및 문화적으로 다른 내담자를 과잉 동일시하여 보상하려고 한다. 이런 사람은 내담자를 과보호하거나, 다른 백인 상담자들과는 달리 "착한" 상담자가 되고 싶어한다.

5단계. 친 백인

어떤 상담자들은 억압에 대한 죄의식이나 부끄러움에 대해 다르게 반응한다. 화를 내기도 하고 방어적인 자세로 자신의 인종적 정체감 발달로 진입한다—즉 백인문화로의 후퇴. 이와 같은 상담자들은 다중문화 상담 관련자들이 충분하여 인종적 및 문화적으로 다른 학생들에게 특별한 대우를 하기 때문에 오히려 백인 학생들이 피해를 본다고 생각한다. 유색 인종의 아이들을 보지 않으려 하고 가능한 한 다른 곳에 추천한다. 이들 상담자는 역차별(reverse discrimination)이라는 용어에 대해 화를 낸다.

6단계. 내면화

이런 상담자는 스스로 긍정적인 백인 정체성을 자아에 통합하기 시작한다. 그리고 자신의 백인 정체성에 대해 편안하게 느끼고 보다 융통적인 세계관을 채택하기 시작한다.

영재에 대한 영향

1단계의 상담자와 활동하는 인종적 및 문화적으로 다른 아이들은 자신의 문화정체성을 거부당하며, 인종이나 문화 때문에 다르게 대접받고 있고, 그렇다고 다르다는 것을 표현하면 부적절하다는 혼합된 메시지를 전달받게 된다. 이들 상담자는 내담자를 가족 및 문화적 기준을 거부하도록 미국 규준에 동화시키려고 노력한다. 그리고 여기에 따르지 못하는 아이들에게는 병리적인 문제가 있다고 생각한다.

3단계의 상담자는 인종적 및 문화적으로 다른 내담자와 활동하는 자신의 능력을 의심하기 시작한다. 이들 상담자들은 내담자에게 말을 건네는 것에 대해 걱정을 하고 자신의 중재가 적절한 것인지 아닌지 비난한다. 혼란스러워진 상담자는 때로는 더 많은 정보 그리고 더 많은 훈련을 받으려고 한다.

4단계 상담자는 인종 및 문화가 다른 내담자에게 과잉 동일시를 한다. 때로는 이런 것들을 온정주의적 방식으로 행한다. 상담자는 내담자를 과잉보호하거나 내담자에게 자신의 동정심을 보이려 노력한다. 이런 상담자들은 남들의 인종주의적 행동에 대해 공격적으로 나오기 쉽다. 또한 유색 인종 아이들의 병리적 문제를 간과하기 쉽고, 대신에 아이가 가진 모든 문제를 환경에서 비롯되는 편견과 가난 탓으로 돌린다(Ridley, 1989). "착한" 상담자가 되려고 하는 것은 내담자에게 전혀 도움이 되지 않는다.

영재들이 이런 유형의 문화적 편견을 가진 상담자를 만나게 되면, 자신을 돕겠다고 훈련을 받은 바로 그 사람으로 인해 가장 상처를 입는다. 상담자가 아이를 예외적인 경우라고 생각하여 결손 모델을 적용한다. 인종적·문화적으로 다른 영재들은 자신의 인종이나 문화에 대한 열등 고정관념을 인식한다. 이런 태도를 가진 상담자는 아이를 그들의 문화로부터 소원하게 하고 지역사회, 문화 혹은 가족에 대한 존경심을 잃게 만들 수 있다.

5단계에서 상담자는 인종 및 문화가 다른 내담자를 상담하려고 하지 않는다. 만약 어쩔 수 없이 이런 내담자를 상담하게 되면, 상담자의 문화적 편견에 의한 규준, 기준 및 절차에 대한 고수로 인해 잘못된 진단을 내릴 가능성이 크다. 이것은 영재를 놓치거나 아예 행동문제에 대해 특수 교육을 추천하는 결과를 낳기도 한다.

6단계의 상담자는 내담자에게 보다 다중문화적인 접근법을 취하게 되며 내담자는 자신의 문화에 대해서 상담자가 관심과 존경을 가지고 있다고 생각한다. 내담자들도 타 문화의 긍정적인 면들을 볼 수 있도록 도움을 받는다. 상담자는 내담자의 입장에서 자존감, 동기, 그리고 탐색을 기를 수 있도록 돕게 된다.

다중문화 상담

Sue(1981)가 기술한 문화적으로 잘 훈련된 상담자의 특징은 이 분야에서 가장 자주 쓰이는 것 중 하나로서 자각, 지식, 그리고 기술의 필요를 망라한다. 〈표 13.2〉는 그의 중요 요점을 정리해 놓은 것이다. 자각과 지식이 중요한 요소이다. 자신의 편견을 자각하였을 때, 상담자는 훈련 및 조언을 통해 활동을 시작할 만한 곳을 갖게 된다. 다중문화 상담훈련 프로그램에서 의식 수준의 상승은 대부분 훈련프로그램에서 가장 우선시 된다. 다중문화 기술은 상담자의 자각과 지식의 기반 위에서 세워지며 다중문화 기술 없이 효과적으로 상담을 수행할 수 없다. 상담자가 내담자의 다양성에 대해 불편함을 느낄수록 내담자가 보다 고통을 받을 것이다.

이상적인 다중문화 상담은 인종적 정체성에서 내면화까지 모든 단계를 통해 진행된다. 6단계까지 도달하기 전에 훈련을 그만두는 것은 인종 및 문화가 다른 내담자를 상담하는 데 있어 그 효과가 크게 줄어들게 된다. 내면화 단계 이전의 모든 단계는 문화가 다른 내담자에게 해를 미칠 잠재적 편견 요소를 내포하고 있다.

특정 문화집단과 그 집단의 독특한 특성에 대한 지식은 다중문화 상담의 중요 요소이다. 하지만 이 정보를 공유할 때 주의가 요구된다. 상담자들은 다른 인종과 문화에 대해 새로운 고정관념을 발달시킴으로써 배운 정보를 잘못 사용하지 않도록 조심해야 한다. 어느 집단에서든 그 집단의 역효과를 일반화하는 많은 집단 내 차이들이 있다. Gibbs, Huang과 그의 동료들(1989) 및 Sue와 Sue(1990)의 제안에 의하면, 유색 인종을 상담할 때 집단과 개인적인 요소 모두를 고려해야 한다. 상담자들

〈표 13.2〉
문화적으로 훈련된 상담자

가정, 가치 및 편견에 대한 자각

1. 문화적으로 전혀 자각하지 못하다가 자각하게 되고 자신의 문화적 짐에 대해 예민해진 사람
2. 자신의 가치와 편견을 자각하고, 이상의 것들이 소수민족 집단 내담자에게 미칠 영향을 자각
3. 상담자와 내담자 사이에 존재하던 인종과 신념 등의 차이에 편안해 하는 사람
4. 같은 인종 및 문화를 가진 사람에게 내담자를 추천할 만큼 환경에 민감함(개인적 편견, 인종적 정체감 단계, 사회정치적 영향에 대해)
5. 자신의 인종주의적 태도, 신념, 그리고 감정에 대한 지각과 인식

내담자의 세계관에 대한 지식과 이해

1. 함께 활동할 특정집단에 대한 지식이나 정보를 갖추어야 함
2. 소수민족의 처우에 대한 미국의 사회정치적 시스템의 조작을 잘 이해함
3. 상담과 치료에 대해 명확한 지식과 이해를 갖추고 있어야 함
4. 소수민족 집단이 정신 건강 치료를 받지 못하게 하는 구조적 장벽들을 인지

기술

1. 언어 그리고 비언어적으로 다양한 반응을 창출할 수 있어야 함
2. 언어 그리고 비언적인 메시지를 정확하고 "적절하게" 주고받을 수 있어야 함
3. 적절할 때 자신의 내담자 편에서 구조적 중재기술을 연습할 수 있어야 함
4. 자신의 조력스타일을 자각하고, 한계를 인식하고, 문화적으로 다른 내담자에게 미칠 영향을 예상할 수 있음

출처: *Counseling the Culturally Different: Theory and Practice* (2nd ed., pp. 167-171) by D. W. Sue & D. Sue, 1990, New York; Wiley.

은 내담자의 문화(집단 관점에서－예: 언어, 관습)를 메모하고 사회경제적 위치, 문화적 적응(acculturation) 정도, 민족 정체성, 학력, 이민 역사, 태도 및 신념 체계 역시 기록해야 한다. 이 모든 것들이 내담자의 문화에 영향을 미친다.

문화적으로 다른 학생들에게 사용할 특정 기술 및 요법에 대한 목록은 그리 길지 않다. 상담자는 항상 사용하던 대부분의 기술을 사용할 수 있으나 문화적으로 특별한 맥락에서 사용한다는 점이다.

Pedersen(1988)은 여러 문화에서 활동할 상담자를 훈련시킨 자신의 경험에서

비롯된 네 가지 기술영역을 소개한다. 그 기술영역은 다음과 같다:

> (1) 내담자의 문화적 관점에서 문제를 명료화하기; (2) 일반적이 아닌 특수한 용어로 문화적으로 다른 내담자의 저항을 인식하기; (3) 문화적으로 애매한 관계 속에서 덜 방어적인 자세를 갖기; (4) 문화적으로 다른 내담자와 상담중에 실수했을 때 문제에서 빠져나오는 회복 기술을 배우기(p. 343).

Pedersen은 문화적으로 다른 내담자에게 Ivey(1980)의 미시상담(microcounseling) 기술을 적용함으로써 이들 각 영역을 효과적으로 다룰 수 있음을 발견하였다. 다시 한 번 말하자면, 이상의 기술을 적용하기 위해서, 문화적으로 다른 집단에 대한 확고한 지식(언어, 가치, 행동 등)을 갖추고 있어야 한다. 이와 같은 종류의 지식은 자신의 역사 학습, 특별한 집단에 대한 현재의 사회정치적 상황, 그리고 이들 내담자와 활동한 경험에서 나온다.

결 론

문화적 및 인종적으로 다른 배경을 가진 영재를 상담하는 사람은 이 영재가 여러 면에서 특별하다는 점에 유념해야 한다. 단지 "자연적으로" 아프리카계 미국인, 원주민, 동양계 미국인, 히스패닉계 등으로 영재를 단순하게 생각하게 되면 이 학생들에게 해로운 것을 행하고 있는 것이다. 단지 영재를 인종, 문화 혹은 민족성을 통해서만 생각하는 것도 똑같이 해롭다. 영재를 효율적으로 상담하는 다중문화 상담자는 학생의 요구, 잠재적 문제 및 욕구에 대한 모든 것에 민감해야 한다. 이를 위해서 재능뿐 아니라 인종, 문화, 그리고 정체성의 모든 면을 포괄해야 한다.

영재 프로그램에서 유색 인종의 영재들은 종종 간과되고 있는데, 특히 영재 프로그램을 받는 비율을 전체 인구에서 이들 유색 인종이 차지하는 비율과 비교할 때 낮다(under-represented)(Baldwin, 1985; VanTassel-Baska, Patton, & Prillaman, 1989). 하지만 정서와 행동장애 및 정신지체로 인해 특수교육을 받는 인종과 문화적으로 다른 아이들의 비율은 전체 인구에서 차지하는 비율에 비교할 때 매우 높다

(over-represented)(Jones, 1988). 상담자들이 이상의 불균형에 기여하는 편견을 제거하기 위해 할 수 있는 바를 행하는 것이 중요하다. 여러 집단에 대한 개인적 편견과 편견을 구조화하는 실제를 극복하는 것이 이들 현상을 치료하는 방안이 될 것이다. 상담자가 계속적으로 각 집단에 효과적인 기술을 실험하고 새로운 집단에 대해 역동적으로 학습할 필요가 있다. 상담자가 다른 문화에 대해 배울 때 개방적으로 임하고 자신의 선입견과 편견을 기꺼이 탐색한다면, 상담자는 효과적인 다중문화 상담자가 되기 위해 꼭 필요한 본질을 갖추게 될 것이다.

참고 문헌

Allport, G. W. (1954). *The nature of prejudice*. Reading, MA: Addison-Wesley.

Baldwin, A. (1985). I'm Black but look at me, I am also gifted. *Gifted Child Quarterly*, *31*, 180-185.

Cayleff, S. E. (1986). Ethical issues in counseling gender, race, and culturally distinct groups. *Journal of Counseling and Development*, *64*, 345-347.

Colangelo, N. (1985). Counseling needs of culturally diverse gifted students. *Roeper Review*, *8*, 33-35.

Copeland, E. J. (1983). Cross-cultural counseling and psychotherapy: A historical perspective, implications for research and training. *Personnel & Guidance Journal*, *62*, 10-15.

Gallagher, J., & Kinney, L. (Eds.). (1974). *Talent delayed-talent denied: A conference report*. Reston, VA: Foundation for Exceptional Children.

Gibbs, J. T., Huang, L. N., & Associates. (1989). *Children of color: Psychological interventions with minority youth*. San Francisco: Jossey-Bass.

Hardiman, R. (1982). White identity development: A process oriented model for describing the racial consciousness of White Americans. *Dissertation Abstracts International*, *43*, 104A. (University microfilms No. 82-10330)

Helms, J. E. (1990). *Black and white racial identity: Theory, research and practice*. New York: Greenwood.

Ivey, A. (1980). *Counseling and psychothe rapy: Skills, theories and practice*. Englewood Cliffs, NJ: Prentice-Hall.

Jones, R. L. (Ed.). (1988). *Psychoeducational assessment of minority group children: A casebook*. Berkeley, CA: Cobb & Henry.

Katz, P. A. (1976). *Towards the elimination of racism*. New York: Pergamon Press.

Lewis, O. (1965). *La Vida: A Puerto Rican family in the culture of poverty-San Juan and*

New York. New York: Vintage Books.

Lindstrom, R. R., & Van Sant, S. (1986). Special issues in working with gifted minority adolescents. *Journal of Counseling and Development*, *64*, 583-586.

Marland, S. P. (1972). *Education of the gifted and talented: Vol. I. Report to the Congress of the United States by the U. S. Commissioner of Education*. Washington, DC: U.S. Government Printing Office.

McIntosh, M. E., & Greenlaw, M. 1. (1986). Fostering the postsecondary aspirations of gifted and urban minority students. *Roeper Review*, *9*, 104-107.

Nicholas, P., & Anderson, E. (1973). Intellectual performance, race, and socioeconomic status. *Social Biology*, *20*, 367-374.

Ogbu, J. U. (1988). Human intelligence testing: A cultural-ecological perspective. *Phi Kappa Phi Journal*, *68*, 23-29.

Pedersen, P. (1988). *A handbook for developing multicultural awareness*. Alexandria, VA: American Counseling Association.

Pedersen, P. B., & Marsella, A. J. (1982). The ethical crisis for cross-cultural counseling and therapy. *Professional Psychology*, *13*, 492-500.

Ponterotto, J. G. (1988). Racial consciousness development among white counselor trainees: A stage model. *Journal of Multicultural Counseling and Development*, *16*, 146-156.

Ramirez, M. (1983). *Psychology of the Americas: Mestizo perspectives on personality and mental health*. New York: Academic Press.

Ridley, C. R. (1989). Racism in counseling as an adversive behavioral process. In P. B. Pedersen, J. G. Draguns, W. J. Lonner, & J. E. Trimble (Eds.), *Counseling across cultures* (3rd ed., pp. 55-77). Honolulu: University of Hawaii Press.

Sabnani, H. B., Ponterotto, J. G., & Borodovsky, L. G. (1991). White racial identity developments and cross-cultural counselor training: A stage model. *The Counseling Psychologist*, *19*, 17-102.

Silverman, L. K. (1990). Issues in affective development of the gifted. In J. VanTassel-Baska (Ed.), *A practical guide to counseling the gifted in a school setting* (2nd ed., pp. 15-30). Reston, VA: ERIC Clearinghouse for the Gifted.

Smith, E. J. (1977). Counseling Black individuals: Some stereotypes. *Personnel and Guidance Journal*, *55*, 390-396.

Smith, E. J. (1981). Cultural and historical perspective in counseling Blacks. In D. W. Sue (Ed.), *Counseling the culturally different* (pp. 14 1-185). New York: Wiley.

Sue, D. W. (Ed.). (1981). *Counseling the culturally different: Theory and practice*. New York: Wiley.

Sue, D. W., & Sue, D. (1990). *Counseling the culturally different: Theory and practice* (2nd ed.). New York: Wiley.

U. S. Bureau of the Census. (1990). *Statistical abstract of the United States: 1990* (110th ed.). Washington, DC: U. S. Department of Commerce.

VanTassel-Baska, J., Patton, J., & Prillaman, D. (1989). Disadvantaged gifted learners at risk for educational attention. *Focus on Exceptional Children*, *22*, 1-15.

Zappia, I. A. (1989). Identification of gifted Hispanic students: A multidimensional view. In C. J. Maker & S. W. Schiever (Eds.), *Critical issues in gifted education: Defensible programs for cultural and ethnic minorities* (pp. 19–26). Austin, TX: Pro-Ed.

제 14 장

사회성 발달, 리더십과 성차 문제

Linda Kreger Silverman

영재의 사회성 발달은 역설적이다. 반면에, 연구에 의하면 명백하게 영재는 사회적 적응을 잘하는 것으로 나타나고 있다(Janos & N. Robinson, 1985; N. Robinson & Noble, 1991). 그러나 임상경험에 의하면, 이들 잘 적응하는 대부분의 영재는 외로움으로 고통을 겪으며 자신의 목표에 맞추려는 욕구 사이에서 내부 갈등을 일으킨다. 사춘기 여자 아이는 사회적 수용과 성취 사이의 갈등 때문에 자존감이 계속해서 낮아진다는 점(AAUW Educational Foundation, 1992; Gilligan, 1991)은 비교적 잘 보고되고 있지만(Reis & Callahan, 1989), 영재의 취약함은 일반적으로 사회성 적응 연구에 잘 반영되지 않는다. 아마도 이들 연구에서 제기된 질문이 어떻게 영재가 다른 학생들과 잘 지내는지에 초점을 두기 때문이다(II 수준 관심사: 집단의 규준에 적응하기). 영재-여자 아이는 매우 우수한 사회적 기술을 가지고 있는데, 이들 기술은 자신의 내적 삶을 희생하고서 얻어지는 것일 수 있다(III 수준 관심사: 내적 이상을 성취하려는 노력)(수준에 대한 더 많은 정보는 1장 참조). 자아실현의 길(IV 수준)에서는 인기보다 고독을 선택할 수 있다(Dabrowski, 1972; Kerr, 1985; Maslow, 1968). 완전한 리더십 능력의 발현으로 “고독 능력”을 또한 수합한다는 것이 놀랍지만 “활동적인 내적인 삶의 발달은 종종 세상으로부터 물러서 있을 때 새로운 활력을 얻는다"(Ramey, 1991, p. 17).

발달적으로 앞서 있는 학생들은 사회적으로 성숙하며, 다른 사람의 요구를 고려하고, 사회적 문제를 해결하는 경향이 있다. 이상의 특성 때문에, 또래들이 영재를 귀중하게 여기며 리더로 추대하기도 한다. 비록 리더십이 평등한 지역사회에서처럼, 적절한 사회적 환경 하에서 저절로 표현되는 것이지만, 영재의 경우 리더십 능력은 영재성의 자연적인 요소처럼 보인다. 예를 들어, 어릴 적 친구가 거의 없는 조용한 학생도 성인이 되어 미술비평 집단 혹은 연구 물리학자의 전문 리더가 되기도 한다. 어느 경우 아동기 때 인기도는 어떤 영역에서 성인기의 리더십을 예견하기도 하지만 그렇지 않은 경우도 있다. 또한 남자 아이와 여자 아이는 자신의 잠재적인 리더십을 개발하는 기회를 동등하게 갖는 것은 아니다: 남자 아이의 리더십 재능을 인식하고 양육하기 싶지만 여자 아이의 유사한 능력은 무의식적으로 억압하는 경향이 있다.

좋은 지도자는 매우 발달된 윤리적 판단과 책임을 가지고 있다; 이들은 성실한 사람이다. 이와 같은 지도자는 높은 지능을 타인과의 정서적 교감에 결부시킨다. 이들은 인간상황의 복잡성을 이해하고, 자신의 삶을 헌신하여 다른 사람을 돕는다. 많은 영재들은 이와 같은 인본주의적인 지도자가 될 발달 잠재력을 지니고 있다(Dabrowski, 1972; Piechowski, 1986, 1991). 영재의 사회성 발달목표를 근시안적으로 같은 나이 또래에 맞추어서는 안 된다. 사회에 봉사할 수 있도록, 목표를 개인, 인본주의 가치, 그리고 도덕적 통합성의 총체로 삼아야 한다. 이상의 넓은 목표를 마음에 새기어 볼 때, 대부분 현 사회화를 통해 이루고 있는 것들이 시대에 뒤떨어졌음을 이해할 수 있다. 도덕적 지도자에 대한 필요성을 인식해야 하고 도덕적 리더십을 활성화할 수 있는 환경을 도모해야 한다.

영재의 사회적 적응

영재의 사회적 적응은 이들 학생들의 자아개념, 학업발전 혹은 내적 발달보다 우리 사회의 관심을 많이 받고 있다. 19세기 및 20세기 초에, 명석한 학생은 사회적으로 고립되고 소외된다고 생각하였다(Alger, 1867; Hirsch, 1931).

> 완벽에 대한 열정은 어느 것도 할 수 없을 정도로 그 대상을 외롭게 만들 수 있다. 모든 단계에서 집단의 뒷전에 남겨진다. 그리고 마침내 목표에 도달해 보니, 아차! 처음 친구들은 어디로 갔지?(Alger, 1867, p. 144).
>
> 천재는 부단히 고독한데, 일찍부터 자신의 관대한 감정에 대해 상호작용을 기대할 수 없다는 것을 경험으로 배웠기 때문이다. … 고독은 사회성의 반대라기보다는 친구가 부족하거나 없는 상태로서 정의할 수 있다. 고독은 다만 천재의 은신처이지만 목표는 아니다. 시간이 지나면 천재의 삶이나 글에서, 고독은 운명이 아니라 단지 후퇴에 지나지 않는다는 것을 알 수 있다; 존재에 대한 정상적인 결실이 아니라 세상의 고통, 비난, 악담으로부터 숨는 빈 항구이다(Hirsch, 1931, pp. 303-304).

Terman(1925)과 Hollingworth(1926)는 천재의 피할 수 없는 고독에 대한 슬픈 예언을 받아들이지 않았다. 정말, 많은 연구자들은 금세기 초 동안 이 예언을 되돌리고 영재가 서투른 부적응아라는 미신을 상쇄하려고 노력하였다(예: Burks, Jensen, & Terman, 1930; Cox, 1926; Hollingworth, 1931; W. Lewis, 1943; Witty, 1930). IQ 140 이상의 1,500명 학생을 대상으로 실시한 종단연구에서, Terman(1925)은 영재가 정서적 안정성, 사회적 적응, 그리고 도덕적 특징을 포함하여 여러 면에서 평균을 상회한다고 피력하였다.

금세기 후반부의 연구들은 부단하게 이들 초기 결과들을 확인해 주고 있다. Sputnik 시대에 실시한, 초등학생 영재를 대상으로 한 연구에서 영재들은 영재 및 영재가 아닌 또래 사이에서 높은 인기를 얻고 있음이 나타났다(M. Bell, 1958; J. Gallagher & Crowder, 1957; Grace & Booth, 1958; Grupe, 1961; Miller,1956). Purkey(1966)는 우수한 지능을 가진 고등학교 학생들이 보통 학생보다 잘 적응하고 보다 우호적인 성격특징을 가졌다고 보고하였다.

보다 최근의 연구에서, 영재학생을 평균 학생들과 비교하였을 때, 영재는 긍정적인 자아개념, 타인과의 상호작용에서 성숙하고, 보다 바람직한 사회적 관계를 가지며(Lehman & Erdwins, 1981); 긍정적인 성격특성, 가치 및 흥미를 보이며

(Pollin, 1983); 보다 사회적으로 유능하고 비행행동을 덜 보이며(Ludwig & Cullinan, 1984); 보다 세련된 놀이에 흥미를 가지며(Wright, 1990); 불안수준이 보다 낮고(Davis & Connell, 1985; Schlowinski & Reynolds, 1985); 초기 심리적인 성숙 외에, 독립성, 내적 동기, 융통성과 자아수용을 잘 하며(Olszewski-Kubilius & Kulieke, 1989); 심리적인 문제가 거의 보이지 않으며 적응을 잘 하는 것으로 나타났다(Monks & Ferguson, 1983; Olszewski-Kubilius, Kulieke, & Krasney, 1988).

사회적 및 정서적 적응평가에서, 초등학생 영재들은 다음과 같은 우호적인 특징을 보인다:

> 사춘기 전 단계의 학생에 대한 연구에 의하면, 영재는 보다 신뢰할 만하고, 정직하고, 사회적으로 유능하고, 확신에 차 있고 자신에 대해 편안해 하며, 예의 바르고, 협동적이고, 안정되어 있고, 유머감각이 있는 반면, 또한 잘난 척하거나, 나태한 활동, 공격적 혹은 위축 행동과, 거만한 행동을 줄이려는 경향을 보인다(N. Robinson & Noble, 1991, p. 62).

특히 여자 아이에 있어, 장미꽃은 사춘기에 그 빛을 잃고, 여자 아이 중 대부분은 자신의 능력을 의심하고 자신의 영재성을 위해 너무 많은 사회적 대가를 지불하고 있다고 느낀다(L. Bell, 1989; Buescher & Higham, 1989; Kelly & Colangelo, 1984; Reis & Callahan, 1989). 지금까지 거의 연구하지 않았던 문화적으로 다양한 배경을 가진 학생의 적응에 대한 연구에서도 고려할 독특한 문제들이 있다. 시간개념, 경쟁심, 그리고 성취에 대한 또래 수용처럼, 문화적 가치도 다르다(N. Robinson & Noble, 1991).

예외적인 영재는 일반적으로 능력이 있는 또래보다 사회적으로 적응할 때 어려움을 경험한다. 영재와 영재의 사회적 집단에 있는 다른 사람과의 능력 차이가 클수록 외로움과 사회적 적응상의 문제가 생길 가능성이 더욱 커진다(Dauber & Benbow, 1990; Hollingworth, 1939; Kerr, 1991a; Kline & Meckstroth, 1985; Roedell, 1985). The Gifted Child Development Center에서 진행한 연구에 의하면, 인지와 Harter의 『*Self-Perception Profile for Children*』(1985)의 자아개념 사이에서 나타나는 불일치는 IQ와 함께 증가하였다(Silverman, Chitwood, & Waters, 1986).

보통 영재(IQ 132 이상)와 고도 영재(IQ 148 이상)는 유의하게 학업적 자아-확신에 비해 사회성에서 낮은 반면, 일반 학생들은 이 두 영역에서 불일치를 보이지 않았다. Freeman(1979), Ross와 Parker(1980) 및 Katz(1981) 역시 유사한 결과를 보고하였다.

지난 반세기 전에 Hollingworth(1942)는 고도 영재의 참상을 언급하였다. Binet IQ 검사에서 180 이상인 학생들은 스스로 선택해서 그런 것이 아니라 흥미가 다르고 언어능력이 뛰어나기 때문에 외롭게 되는 경향이 있다. "지능이 높을수록, 연령과 상관없이 진실한 동료를 찾기 힘들다"(p. 263). Terman(1925) 역시 Binet 검사에서 IQ가 170 이상인 초, 중, 고 학생들이 IQ가 140 정도인 학생에 비해 고독하다는 점을 발견하였다. J. Gallagher와 Crowder가 실시한 연구(1957)에서 IQ 165 이상인 학생의 1/4은 사회적 및 정서적 문제를 겪는 것으로 나타났다. 그러나 심지어 가장 높은 IQ 영역에 있는 학생조차도 "천성적으로는 친절하고 사교적이며"(Hollingworth, 1939, p. 588) 자신과 비슷한 사람을 찾게 되면 사회적으로도 적응을 잘한다. N. Robinson과 Noble(1991)이 살펴본 연구에 의하면, 고도 영재 중 상당수는 매우 잘 적응하며 단지 20~25%만이 여러 종류의 적응문제로 인해 고통을 받는다.

영재의 긍정적인 적응에 대한 광범위한 결과를 볼 때, 놀랍게도 대부분의 영재들이 사회적으로 부적응하다는 잘못된 가정에 근거하여 협동학습을 정당화하고 있다! Ann Robinson(1990b)은 부모와 교사에게 다음과 같이 조언한다.

> 사회적으로 부적응한 재능이 있는 학생을 위한 치료방안으로 협동학습 문제를 아무렇지도 않게 이야기 한다. 영재가 다른 학생보다 여러 개인적·사회적 문제를 가질 것이라는 가정은 여러 문헌에서 지지되고 있지 않다. 따라서 협동학습이라는 약은 완벽하게 건강한 환자를 위해 처방된 약일 것이다(p. 35).

이상의 충고는 최소한 영재의 반, 즉 여자 영재에게는 좋은 충고이다. 왜냐하면 여자 영재는 공개적으로 자신의 능력발달을 희생한 대가로 사회화되기 때문이다(Kerr, 1985). 여자 아이는 종종 학습에서 새로운 도전을 찾기보다는 다른 사람 돕는 것을 좋아하는데, 결과적으로 이는 여자 아이의 자아확신을 잠식한다

(Dweck, 1986). 그러나 학교개혁운동에서 성 평등성과 영재는 낮은 우선순위를 차지한다. "교육개혁상에서 성 평등성에 대해서는 여전히 국가적으로 논쟁하지 않는다"(AAUW Educational Foundation, 1992, p. 1). 학교개혁에 대한 183편의 저널을 개관하였을 때 단지 한 저자만이 성에 관련된 문제를 언급하였고(Sadker, Sadker, & Steindam, 1989), 협동학습에 관한 295개의 저널 중 3개만이 영재를 언급하였다(A. Robinson, 1990a). 여자 영재는 새로운 개혁운동 내에서 설 자리가 없다; 사실, 여자 영재는 심지어 순응하라는 보다 큰 압력에 직면한다.

비록 능력 있는 학생을 사회화하는 "문제"는 현실보다는 우리 마음속에 존재하는 것일 수 있지만, 부모와 교직원에게 있어, 영재학생이 배워야 하는 가장 중요한 교훈은 어떻게 성공적으로 다른 사람과 잘 지내는가이다. 영재는 사회적으로 잘 맞지 않는다는 잘못된 확신으로 예방하고자 하는 바로 그 문제를 유발하는 처방을 내리게 된다. 사람들과 전문 집단은 그 만병통치약에 단합하여: 능력이 서로 다른 학생들을 팔팔 끓여 능력의 차이를 없애버리는 도가니에 넣고 교육하여 서로 서로 잘 지내는 것, 그것이 영재가 배우는 전부이다. 이와 같은 만병통치약이 실패하는 많은 경우에서, 학생들을 부적응한 것으로 지각하고, 이 학생의 가정이 안정적인지 의심하지만 그 처방전 자체를 거의 의심하지는 않는다.

성차 문제

사춘기 이전의 영재의 사회적 유능성에 대한 증거를 통해서 이들 학생에게 필요한 것을 보다 면밀히 연구하였다는 점에서 놀랍다. 전형적으로 이질적인 교실의 경우처럼, 영재에게 자신보다 정신적으로나 발달적으로 어린 학생들에게 맞추라고 할 때, 비전형적인 일련의 사회적 기술을 발전시키게 된다. 다음의 연습을 통해서 교사들로 하여금 그 숙제가 주는 극악무도함을 이해할 수 있다:

사회적으로 잘 적응하게 하려고 키가 비슷한 아이들끼리 집단을 맺어 주어야 한다고 생각하는 태양계에 있는 어떤 행성에 살고 있다고 상상해 보자. 어떤 누구도 크거나 작다고 느낄 수 없으며, 팀으로 운동하는 것이 훨씬 쉽다. 네가 아주 작다고 하자. 사실, 키에 있어 밑에서 2% 수준에 해당하여, 작은 키 때문에 3년이나 어린 아이들과 한 집단으로 편성되었다. 너는 9세고 다른 아이들은 6세이다. 넌 아마 향후 12년 동안 이 집단에 있을 것이다. 이 행성에 사는 모든 사람들이 이 방법이 사회적 적응을 위해 가장 좋다고 동의하기 때문에 이 상황에서 벗어날 방도가 없다. 기분이 어떤가? 살기 위해 무엇을 할 것인가?

이 상황은 영재에게 있어 실제는 더 나쁘다. 왜냐하면 지적능력에서의 차이는 나이가 들면 더 증가하기 때문이다: 8세의 마음을 가진 5세는 16세의 마음을 가진 10세가 될 것이다! 이에 대해 상상을 한 다음 질문에 답하고, 또 다른 질문을 제기한다: "9세 된 아이에게 6세에게나 맞는 사회적 기술을 가르칠 책임이 있는 교사라고 가정해 보자. 이 아이에게 무엇을 가르칠 것인가?"

보다 성숙한 학생은 다음과 같은 것을 배워야 한다. (a) 다른 사람이 이해할 수 있는 간단한 말로 생각을 설명하는 방법; (b) 오래 전에 알고 있던 개념에 대해 다른 사람이 씨름하는 동안 참을성 있게 기다려 주는 방법; (c) 다른 사람도 참여할 기회를 가질 수 있도록 교사의 질문에 대답하는 것을 늦추는 방법; (d) 재미없는 게임을 하는 아이에게 맞추어 잔인하고 불공정해 보이는 규칙이 있는 게임을 하는 방법; 그리고 가장 어려운, (e) 현실적으로 친구나 다른 사람의 이해 없이 사는 방법. 분명히, 모든 아이들의 연령대에 딱 맞는 사회적 기대는 없다; 사람들은 영재에게 독특한 사회적 기대를 부여하는 것이다. 1장에서 인용한 것을 반복해 보면, "영재는 예외적으로 균형잡힌 성격을 가져야 하며 사회적으로 천재가 되어야 한다. IQ가 높을수록, 문제는 더욱 심해진다"(Terman, 1931, p. 579). 이 과업을 성취하기 위해 내부적으로 얼마의 가격을 지불해야 하는지 궁금해 하는 것 외에 할 일이 없다—비용은 나중에 자아-소외를 가져온다.

여자 영재는 남자 영재보다 일반적으로 우수한 학생들에게 필요한 복잡한 사회성을 좀더 수월하게 습득한다. 사회적 단서를 지각하는 능력(Levy, 1982)과 사회적 수용의 중요성에 대한 초기 조건형성 때문에, 여자 영재는 남자 영재보다 모방을 잘

한다. 여자 영재는 실제보다 못하는 척하면서 맞추고 군중 속으로 사라진다. 어린 여자 영재는 사회적으로 수용되려고 자신의 민감성과 지적인 영민함을 무디게 하는 것을 배운다. 반면에, 남자 영재는 사회적 기술이 부족하거나 이 과제에 대해 저항한다—이렇게 하는 것이 올바른 것이다! 남자 영재는 자신의 개별성을 보호하지만 사회적인 거래에서 서투르다.

사회적 적응에 대한 여자 아이의 태도로 인해 이들의 영재성을 탐지하지 못하고, 재능개발을 방해하게 된다. 여자 영재의 이와 같은 적응성은 이들의 성취에 있어 장애가 된다고 말할 수 있지만(Kerr, 1985), 이것을 특별한 강점으로 인식하지 않는다. 여자 영재의 발달적 패턴을 남자 아이의 패턴과 비교할 때, 남자 영재가 사회적으로 모자라는 것은 아닌지 혹은 여자 아이가 "사회적으로 천부의 재능"을 가진 것은 아닌지 궁금해 하게 된다. 여자 영재가 보여 주는 믿을 수 없는 사회적 재능을 인정해 주는 대신에, 여자 영재의 행동을 남성과 여성에 대한 일종의 적절한 기대라고 가정하고, 오히려 남자 아이에게는 이 어려운 사회적 강령을 수행하지 않는다며 "미성숙"하다고 하거나 벌을 준다. 역설적으로 사회적 성숙이라 인정하는 바가 자아를 기만하는 것이다.

소위 말하는 미성숙한 소년

영재 소년은 자신의 능력을 잘 숨기지 못한다. 다음은 전형적으로 볼 수 있는 시나리오로서, 5세 된 한 영재가 새로운 환경인 학교라는 곳에 처음으로 들어선다. 이 아이는 학교 가는 것을 학수고대하고, 알고 있는 것을 서로 나누고, 배우게 될 것에 대해 흥미진진하고 열의에 차 있었다. 5세에 이미 천문학에 관해 막대한 양의 정보를 가지고 있었으며, 휴식시간에 만나는 새 친구에게 행성, 소행성, 그리고 블랙홀의 신기한 점에 대해 말하였다.

> 3세 반 때에, [M]은 스스로 태양계를 학습했다[부모에게 매일 다음과 같은 퀴즈를 내었다] "유성, 운석과 소행성의 차이는 무엇일까요?" … M은 태양에서부터 떨어져 있는 행성의 순서, 그 행성들의 특징을 알고 있고, 태양계와 은하계를 이해하였다.

M은 다른 태양계가 존재한다는 점도 알고 있었다. M은 블랙홀과 별의 특징에 대해 읽었다. M은 종종 도서관에서 비디오를 빌렸다. 우주탐험 개발을 상세하게 묘사하는 4시간이 걸려야 다 볼 수 있는 "Conquest"라는 비디오를 반복해서 보았다. M은 우주선의 내부를 다시 디자인하고, NASA에 보내려고 그림을 그리고, 델타의 날개를 개조하고, 우주정거장을 고안했다. 3세 8개월일 적에, 한 고등학생인 베이비시터는 자신이 고등학교에서 배운 것보다 M이 우주에 대해 알고 있는 것이 더 많다고 말해 주었다.

그러나 이 우주 항해는 성공하지 못했다. 친구는 아이가 말하는 것에 관심이 없었기 때문에 하나씩 사라졌다. 곧 아이는 따르는 사람이 하나도 없는 혼자가 되었다. 대담하게, 아이는 자신의 말을 이해해 줄 누군가를 찾아 교실로 돌아와서, 선생님을 독차지하였다. 마침내, 심지어 가장 인내심이 있는 교사조차도 학급에서는 혼자 있는 아이는 너만이 아니라고 말해 주고 다른 아이에게도 선생님이 관심을 쏟아야 한다고 말해 주었다. 이 아이의 마음을 차지하고 있는 것은 무엇인가? 아이는 다른 아이의 활동을 보고 왜 다른 아이들은 그렇게 바보 같은 게임을 하는지 의아해 한다. 아이는 아마도 퉁명스럽게 말할 것이다. "바보 같아, 무엇 때문에 그것을 하는 거지?" 이로 인해 많은 친구들의 관심을 얻지 못한다. 친구와 놀려고 시도할 때도, 아이는 친구들이 규칙을 따르지 않음에 화를 낼 것이다: "네가 속였어!" 친구들이 규칙의 의미를 이해할 준비가 되지 않았음을 아이는 알지 못한다.

만일 교사가 아이를 강요해서 다른 활동에 참여하게 한다면, 아이가 화를 낼 수 있다. 아이는 친구를 성가시게 하는 교묘한 방법을 생각해낼 것이고, 만일 문제가 생기면 놀이에서 빠져나올 것이다. 한 유치원생은 휴식시간마다 모래상자 안에서 혼자 논다. "준비도(readiness)"를 평가하는 사람은 이 유치원생이 "사회적으로 미성숙"하다는 신호를 보이고 있다고 꽤 관심을 기울여서 학교에서 이 학생을 유급하도록 제안할 것이다. 엄마가 왜 모래상자에서 하루 종일 보냈는지 물어보면, 이 아이는 "응, 난 모래결정체를 분류하고 있었는데. 엄마도 그것을 봤어야 하는데"라고 대답하였다.

Hollingworth(1930)는 학생의 행동에 대해 잘못된 해석을 내린 예를 보여준다:

> 여섯 살의 IQ 187인 한 남자 아이는 1학년 활동에서 너무 미성숙하다고 지적을 받았는데, 그 이유가 "혼자 출발하고, 뒤로 눕고, 천장을 쳐다보기" 때문이었다. 이 아이의 정신연령은 12세로, 표준검사에 의하면, 6학년생이 할 수 있는 정도 수준의 책을 읽는다. 아이는 산수의 모든 기본적인 과정을 수행할 수 있으며, 10억 단위의 수를 셀 수 있다. 초보 학생에게 제공하는 자료에 지루해 하면서 이 문제를 어떻게 해결할지 아직은 모르고, 이 상황에 대해 아이처럼 단지 교사와 집단에서 단순히 멀리 떨어지려고 하였다. 바닥에 누워 무엇을 하는지 물어보았을 때, "네, 대개는 수학적 계산을 하거나 상상의 나래를 펴지요"라고 대답하였다(p. 443).

슬프게도, 6년이 지나자, 우리의 교육과정과 함께, 이 이야기는 익숙한 것이 되었다. Roedell(1989)은 다음과 같은 현대판 이야기를 소개한다:

> "Bill에게는 사회화가 필요하다—학업적으로 너무 앞서 있어 학업영역에서는 어느 것도 필요하지 않다." 이 원리와 함께 생각해 볼 두 가지의 문제가 있다. 첫째는 교육자는 이 학생이 학교에서 배울 필요가 없다고 말하는데 이것은 일종의 벌을 주는 것이다: "우리는 더 이상 너를 가르치지 않을 거야-너는 이미 많은 것을 알고 있어." 나중에 학교에서 이와 같은 아이를 지도해야 하는 교사들은 왜 이 아이가 동기유발이 되어 있지 않고 학교에서 "꺼져버린 것"처럼 보이는지 궁금해 할 것이다. 대개, 교사들은 아이 혹은 부모를 비난한다: 드물기는 하지만 학생의 학습열정에 대해 문을 닫아버린 교육과정 때문에 동기가 부족한 것으로 그 원인을 돌리기도 한다(p. 15).

학생들이 진정한 또래를 찾을 수 있도록 특별한 프로그램을 제공하고 이끌어 주는 대신, 많은 교사는 "사회성을 개발할 시간을 갖기 위해" 소년들이 학교에서 뒤에 물러나 있어야 한다고 생각한다. 여덟 살 수준을 보이는 다섯 살 된 한 소년은 장기, 스크래블(scrabble)과 규칙이 있는 보드게임을 할 수 있지만 규칙의 의미를 이해하지 못하는 보통의 다섯 살 소년과 함께 지내는 데 어려움이 있다. 문제를 해결하는 방안으로 다섯 살에 맞추려고 애쓰는 아홉 살 수준의 여섯 살짜리가 되라고 누가 생각하겠는가!

한 도가니에 넣는 환경에 대해 영재는 쉽게 적대감을 가질 수 있다. 여러 아동 도서들은 많은 유능한 학생들이 또래뿐 아니라 교사로부터 받는 잔혹함과 배척을 묘사하고 있다(예: 『*A Wrinkle in Time*』, by Madeleine L'Engle). 또래와 다르게 생각하고 말하는 영재 소년은 "괴상한" 또는 더 나쁜 것으로 불리기 쉽다. 만일 비웃음을 당하거나 거절된다면, 소년은 자신에게 무언가 잘못된 것이 있다고 결론을 짓는다(Janos, Fung, & N. Robinson, 1985). 영재 소년들은 매우 민감하여(Lovecky, 1991); 다른 사람의 놀림과 비난을 마음에 받아들이고; "보호" 막을 개발하기 시작할 수 있다. 이 얇은 막은 실제 보호를 해 주지 못한다—영재 소년은 깊은 곳에 상처를 받고, 다른 사람들이 쉽게 자신에게 해를 주지 못하게 하려는 희망으로 다른 아이들과 얼마간의 거리를 두려고 한다.

계속해서 적의에 노출된다면, 아이는 점점 더 사회적 상호작용에서 후퇴할 것이다. 자신은 꼴사납고 사랑받지 못하며, 친구를 사귈 수 없다고 생각한다. 자신을 즐겁게 하는 아이뿐만 아니라 대부분의 다른 아이를 믿지 못할 것이다. 심지어 낯선 사람에게서도 비웃음을 당하고 거절될 것이라 생각한다. 어릴 적에 다른 사람으로부터 부정적인 경험을 많이 받은 아이는 소외된 성인이 될 수 있다! 그러나 만일 자신과 같은 아이들과 어릴 때부터 접촉한다면, 자기 자신을 다르거나 이상하다고 생각하지 않을 것이다. 자신의 수준에서 자신처럼 생각하고 느끼는 사람과 쉽게 친구가 되고 흥미를 공유할 수 있다.

사라지는 여자 영재

여자 영재와 남자 영재는 처음에는 수적으로 동등하다. 생애 첫 10년 동안은 그 수가 비슷하다(Silverman, 1986b). 심지어 여자 영재는 언어지능, 학점 및 성취검사에서 남자 영재를 능가한다(Kerr, 1985, 1991a; Reis & Callahan, 1989). 그러나 점차 자람에 따라, 여자 영재는 신기하게도 사라지고; 여자 영재 및 여성 영재의 숫자는 점차적으로 그리고 심하게 감소한다. 남자의 능력이 성취와 상관이 있기 때문에 소년의 능력이 소녀의 능력보다 보다 현실적이라고 일부에서 이론으로 제기하지만, 소녀에게서 나타나는 재능이 점차 사라지는 이유가 사회화 때문이라고 생각할 만한 강력한 증거가 있으며, 이 사회화로 인해 여자 영재의 자아 확신감과 열망은 잠식될 수 있다.

일부 문제는 영재성의 개념, 측정방법과 검사자료 해석에 대한 성 편견에 있다. 여자, 소수민족과 가난한 사람들이 사회에서 지속적으로 명성을 획득할 기회를 덜 가지고 있기 때문에, 뛰어남 혹은 뛰어날 수 있는 잠재력으로 정의하는 영재성은 성적으로(그리고 인종적 및 사회경제적으로) 어느 한쪽에 치우치게 된다(Hollingworth, 1926). 여성은 종종 자신의 능력을 다른 사람을 양육하는 데 쏟는다. 가르침과 양육 등의 목표는 뛰어남의 획득과 대조적일 수 있다(Eccles, 1985; Reis, 1987). 자동적으로 현재의 영재성 개념에 따라 성인 영재의 순위에서 여성을 제외한다. 1장에서 비동시적 발달(asynchronous development)로서 제기한 영재성의 정의를 통해 이와 같은 불평등함을 수정할 수 있다.

집단 지능, 태도 및 성취검사는 경쟁적이며 시간제한이 있다-2개가 여자에게 일격을 가한다. 비슷한 점수를 받은 남자 아이에 비해 대학에서 성공할 보다 큰 잠재성이 있음에도 불구하고, 학업적성검사(SAT) 점수를 받은 후에, 성적이 좋은 여자 아이는 자신의 포부수준을 보다 낮춘다(AAUW Educational Foundation, 1992; Rosser, 1989). SAT 상에 나타난 성차는 대개 유능감보다는 성취속도의 차이에서 비롯된다(Dreyden & S. Gallagher, 1989; Kelly-Benjamin, 1990).

새롭게 개별 지능검사에서 속도를 강조함으로써(Kaufman, 1992), 여자 영재를 발굴하는 데 또 다른 장애를 첨가하게 되었다. 언어 추상적 추리능력에서 시간제한이 없는, 원판 Stanford-Binet 지능검사에서 여자 아이들은 사춘기까지 모든 연령수준에서 남자 아이를 능가한다(Terman, 1916). 그러나 Wechsler가 처음으로 군대에서 복역할 자질이 없는 남자들을 연구한 이래(Matarazzo, 1981), 지능의 공간적인 개념으로 좀더 옮아가게 되었다. “언어적 기술을 보다 덜 강조하고 수행, 즉 공간-시각적 활동을 강조하는 지능검사는 또한 퍼즐과 집합활동을 덜 하는 여자 아이에게 불리할 수 있다”(Kerr, 1991a, p. 408). 지난 75년 간 성평등을 위한 노력으로, 지능을 측정하는 성차별적인 방법에서 얼마나 벗어났는가? "성에 대해 거의 혹은 전혀 언급하지 않기 때문에" 새로운 지능이론은 이들 문제에 대한 해결방안을 제공하지 않는다(Kerr, 1991a, p. 402).

아마도 가장 교활한 성 차별의 형식은 영재성을 나타내는 초기 지표를 대규모로 줄이는 것이다: 예를 들어, 발달 지표상에 나타나는 빠른 진보, 전 학령기 동안에 성취한 높은 지능점수 및 초기 읽기 능력. 최근, 한 교감선생님은 지능점수가 30점 떨어진 영재/난독증 여자 아이에게 다음과 같이 말하였다. "저는 완벽히 설명할 수 있습니다. Caitlin은 자신의 진짜 IQ까지 성장한 것입니다. 3년 전보다 높은 IQ를 가진 것을 보면 Caitlin이 가정에서 풍부한 아동기를 보냈기 때문입니다."(Silverman에서 인용함, 1992, p.2). 이것은 보다 나이든 학생이 어린 학생보다 "풍부함"을 더 가졌다는 것을 고려하지 않는 일종의 불합리한 추리로서, 여자 아이에게서 초기에 나타나는 영재성 징조를 무시하게 한다. 예전에 "영재"였던 대부분은 여성이다(Silverman, 1986b).

여자 영재의 발달에서 영재성이, 특히 위험에 처하는 세 번의 결정적인 시기가 있는 것으로 보인다: 전 학령기/유치원, 3/4학년과 7/8학년.

전 학령기/유치원

여자 영재는 카멜레온이다. 유아원에 입학하면서부터, 다른 여자 아이처럼 "보이려고" 또래집단에 섞이는 방법을 배운다. 만일 여자 아이의 사회집단이 이 아이보다 발달적으로 어리다면, 빈번하게 또래의 정신적 성장에 맞추어 줄 것이며, 곧 사고, 행동방식 및 성취에서 또래와 구분이 안 될 것이다. 다음은 한 부모로부터 받은 편지 내용을 발췌한 것이다:

> 저에게는 공립유치원에 다니는 딸이 있습니다. … 교사와 면담하는 첫날에 아이가 학년 수준 정도 혹은 그보다 낮은 수준이라는 것을 알게 되었습니다. 아이는 아직 책을 못 읽는 낮은 읽기집단과 수학집단에 배정되었습니다. (그런데 아이는 3세 때부터 책을 읽었고 4세 이후엔 기본적인 더하기와 산수를 할 수 있었습니다.)
>
> 저는 보다 주의 깊게 살펴보아 줄 것을 권했습니다. 학기말 면담에서, 교

> 사가 발견하였던 이상한 점에 대해 알려 주었습니다. 아이가 친한 친구와 활동을 할 때, 학년 수준 밑에서 활동을 한다는 것입니다(친구처럼, 수준 아래로 한다는 것입니다). 사실 이 아이들이 하는 활동은 거의 동일한 것이었습니다. 보다 향상된 아이와 함께 하면 딸아이는 자신의 수준에서 활동을 하였습니다. 딸의 활동수준은 전적으로 같이 하는 친구에 의해서 좌우되는 것 같습니다.
>
> 이에 대해 질문을 하였을 때, 아이는 잠시 생각하고, 다른 아이들이 자신을 좋아해 주었으면 좋겠다고 말하였습니다. 아이에게 이것을 하지 말아야 한다고 납득시킬 수 없었습니다. 아이에게, 친구가 있다는 것은 단지 서로 똑같아야 한다는 것이니까요. 아이는 너무도 잘 적응되어 있었습니다.
>
> 학교는 인식은 하고 있지만 기꺼이 많은 도움을 주려고 하지 않았습니다. 2주 전 학교에서 아이의 읽기 검사를 실시하였는데 4학년 수준이었습니다. 학교는 어느 것도 해 줄 준비가 되지 않았습니다. 아이는 계속해서 읽지 못하는 그룹에 있습니다(S. Perry, 개인적인 서신교환에서, 1986 2월 7일).

불행히도, 이와 같은 경우는 많다. 여자 영재는 또래로부터 거부될까봐 두려워서 자신의 능력을 일반적으로 감춘다. 남자 영재는 능력이 덜한 친구를 거부하는 경향이 있는 반면, 여자 영재는 사회규준 집단에 따라 자신의 행동을 조절한다. 능력이 출중한 남자 아이는 여러 면에서 또래로부터 두드러진다—리더십, 성취 혹은 교사의 관심 및 또래의 괴롭힘을 받거나 사회적 상호작용에서 위축되는 등. 이들 적응 메커니즘은 눈에 잘 띈다. 그러나 능력이 출중한 여자 아이는 사회적 수용을 얻기 위해 자신의 재능을 사용하여 그 집단에 섞여서 눈에 띄지 않는다. 한 박식한 유아원 원장은 학교에서 남자 영재를 지목하는데 별 어려움이 없지만 여자 영재를 찾을 수 없다고 말하였다. 4세쯤 되면 여자 아이들은 숨어버린다.

집과 학교에서 매우 다른 행동을 하는 딸을 둔 부모가 종종 있다. 집에서, 딸은 부모가 자랑스럽게 붙여 놓은 아름답고 복잡한 그림을 그리지만, 학교에서는 오렌지색 크레용으로 긁적거리는 친구 옆에서 그대로 따라 긁적거리고 있다. 아이가 보다 앞선 수준에 있음을 인식하지 못하기 때문에, 칭찬을 해 주는 교사에게 부모는 딸아이의 작품을 보여 준다. 집에서 아이는 아주 정확하게 많은 어휘를 사용하지만,

학교에서는 아이처럼 말하고 제한된 어휘를 사용한다. 집에서는 혼자 신발을 묶지만, 학교에서 점퍼의 지퍼 잠그는 것을 도와달라고 한다. 두 가지 읽기 스타일을 갖는 여자 아이에 대한 사례가 있다—"가정에서 유창하게 읽기(home reading)"와 "학교에서 더듬거리면서 읽기(school reading)"! 학교는 여자 아이 능력의 일부만을 보여 주는 곳이 되었다.

빈번하게 제기되는 질문으로, "여자 영재와 남자 영재의 행동 차이는 얼마나 가정의 성 고정관념에서 비롯되는가? 초기 아동기에 여자 아이와 남자 아이의 차별적인 사회화의 예들이 여러 문헌에서 계속 보고되고 있다(Astin, 1984; Callahan, 1991; Kline & Short, 1991; Schwartz, 1991), 예를 들어, 여자 아이의 뒤에 달린 드레스 버튼에서 시작하여(남자 아이의 버튼과 지퍼는 항상 앞에 있음), 만화와 광고에서 활동적인 소년/수동적인 소녀 내용을 강조한다(Kerr, 1991a).

가족 내 성 편견 중 단 하나의 지표가 관심을 끌었으나, 이는 불편한 규칙과 함께 발생한다. 만일 부모에게 자녀의 리더십 징조를 보여 달라고 요청하면, 아들과 딸에 따라 다르게 반응하는 경향이 있다: "아들 아이는 친구 사이에서 리더입니다." "아이는 우두머리가 되길 좋아합니다." 심지어 자기보다 나이가 많은 틈에서도 "아이는 활동을 지시합니다." "아이는 게임 제안하는 것을 좋아하고 역할을 배정합니다." "어떤 게임을 할지 결정하고, 누가 어떤 인물을 할지, 어떤 장난감을 사용할지 결정합니다." "딸아이는 우두머리 행세를 합니다." "아이가 우두머리 행세를 해서 친구들이 없을까봐 염려됩니다." 부모가 여자 영재에게서 본 "우두머리행세"를 고쳐 주는 방법에 대해 조언을 요청할 때조차, 유아원 혹은 초등학교 저학년 교사들은 비슷하게 대답한다.

남자 아이들은 정말 여자 아이들과 다른 방식으로 리드를 하는 것인가 아니면 남자 아이들이 다른 사람에게 하라고 시키는 것을 용납하지만, 여자 아이들에게는 같은 것을 용납해 주지 않는 것인가? 대부분의 경우에서 용어 bossy는 아이를 묘사하는 데 사용해 왔고 이 아이는 대부분 여자이다. 거의 1,700정도의 가정에서 우연히 벌어질 것 같지 않다! "bossy"는 여러 문학작품에서도 나타나지만 오직 여자에게만 관련이 있다(Lutfig & Nichols, 1990; Olszewski-Kubilius & Kulieke, 1989). 분명히 똑같은 자질이 남자 아이에게서는 긍정적으로 생각하고 권장하지만 여자 아이에게는 눈살을 찌푸리고 권장하지 않는다. 여자 아이가 "the boss"가 되는 것은 부적절하다는 메시지를 전달한다; 여자는 대신 추종자가 되어야만 한다. 어릴 적 억압받은 "bossiness"의 장기적인 영향은 리드를 할 수 있다는 자신의 능력에 대한 주도성과 확신감의 상실로 이어질 수 있다.

3/4학년

두 번째 중요한 시기는 8~9세 때이다(3~4학년). 이 시기의 연령에서 아이들은 전형적인 구체적 조작기에 접어드는데(Piaget & Inhelder, 1969), 구체적 조작기 동안에 아이의 생활은 엄격한 규칙의 통제를 받는다. 아이에게 규칙의 개념은 완전히 새로운 정신적인 장비를 나타내므로, 규칙을 과잉사용하고 생활의 모든 면에 적용하려는 경향이 있다. 아이는 모든 것을 흑백으로 보기 때문에-옳고 그름-여기서 벗어나는 것에 대한 여지는 없다. 노래를 부르고, 게임을 하고, 입고, 이야기하고, 생각하고, 행동하는 데 오직 한 가지 방법만이 있다. 사회집단이 "올바른" 행위를 결정하고 또래 구성원에게 상당한 또래압력을 행사하여 따르게 한다.

남자 아이 또래집단은 여자 아이 또래집단에 비교하여 개인주의에 보다 더 관대하다. 남자 아이는 팀 활동에 참여하면서도 여가시간을 이용하여 세익스피어를 읽을 수 있다. 남자 아이는 서로서로에게 단 하나의 탄탄한 요구만을 기대하는 것 같다. 즉 운동적 유능성. 만일 남자 아이가 운동을 잘하면, 똑똑한 것이 용납된다(Tannenbaum, 1983). 만일 남자 아이가 운동을 잘하지 못하더라도, 그가 가진 유머감각으로 여전히 받아들여질 수 있다(Lutfig & Nichols, 1990; Ziv & Gadish, 1990); 유머감각을 자신의 똑똑함을 감추는 데 사용한다. 이 중의 어느 특질도 가지지 못한 소년은 추방되는 경향이 있다-심지어 자신의 교사에게도(Cramond & Martin, 1987).

여자 아이에게 있어 그림은 더 좁다. 또래의 순응을 요구하며 형태 및 모양 어느 면에서든 "다르다"는 것은 여자 아이에게 고통을 준다. 만일 집단이 등을 돌리면, 이 여자 아이는 "독"이 된다. 아무도 이 아이와 놀아 주지 않고, 파티에 초대받지 못하며, 보려고 하지 않으며, 알려고도 하지 않는다. 이 아이를 놀리고, 아이에 대한 소문을 만들고, 자존심을 상하게 하는 기타 방법을 찾는다. 만일 누군가가 이 아이에게 잘해 주는 것이 발견될 경우, 이 아이 역시 "독"이 된다. 이는 영재성을 뭉크러뜨리는 아주 효과적인 방법이다. "사춘기 전의 또래집단은 너무 똑똑하거나 너무 성공한 것처럼 보이는 여자 아이를 거부하는 경향이 있다"(Noble, 1987, p. 371).

> 오늘날 특별한 학업 능력, 흥미영역에 대한 집중적인 과제집착력, 리더십과 비판적인 판단력을 가진 여자 아이는 공립학교에서 위험에 처해 있다. … 4학년이 되면, 성 고정관념화된 사회적 기대에 순응하기 위해 자기 확신감을 잃어가고, 극단적으로 자아를 비난하고, 자신의 노력과 열망을 경시하기 시작한다. … 높은 잠재력을 가진 여자 아이 중에 미성취는 4~5학년경에 나타나기 시작하여 중고등학년이 되면 널리 퍼진다. … (L. Bell, 1989, p. 119).

남자 아이들은 어느 시점에 이르면 보다 높은 학점을 가속하기 위해 자신의 또래집단을 떠날 것이지만, 여자 아이들은 대개 3~9학년 동안에 또래를 떠나지 못할 것이다. 이 연령의 남자 아이는 대개 지적능력 평가에서 최선을 다하지만, 8세 정도 된 여자 아이들은 자신이 아는 바를 보여 줄 수도 있고 그렇지 않을 수도 있다. 정답만을 얻으려고 하기 때문에 매우 확신하는 질문에만 대답한다. 여자보다 남자 아이들이 정답이라 확신하지 않는 문제에 대해서 대답을 추측하려 하고, 이렇게 기꺼이 추측해 보려는 점으로 인해 IQ(혹은 SAT) 점수에서 차이가 나타나는 것이다. 여자 아이의 경우, 어떤 경우는 영재라고 판별되지 않으려고 의도적으로 실수를 하고 대답하지 않는다. 여자 아이들은 직관적으로 여자일 경우 특히, 너무 똑똑하지 않는 것이 오히려 사회에서는 똑똑한 것이라는 메시지를 알아챈다.

7/8 학년

영재성이 중학교에서 남아 있다면, 가장 최악의 검사는 아직 오지 않는 것이다. 고등학교 저학년 시기는 여학생 영재가 가장 상처받기 쉬운 때로서(L. Bell, 1989; Buescher, Olszewski, & Higham, 1987; Kerr, 1991a), 자존감이 나선적으로 하향하는 시기이다(AAUW Educational Foundation, 1992; Buescher & Higham, 1989; Kline & Short, 1991). 사춘기 시기는 대부분의 여학생에게 위험한 때이다: "사춘기 때 여학생들은 순수함의 전형 혹은 완벽하게 멋진 여성의 이미지를 가지려고 압력을 받는다; 모든 사람들이 장려하고 가치를 부여하며 되고 싶은 여성"(Gilligan, 1991, p. 24). 그 외에, 여학생 영재들은 순응하는 것 대신 성취를 선택한다면 남자와 여자친구로부터 심한 고통을 받는다. Buescher, Olszewski와 Higham(1987)의 연구에 의하면, 어린 십대 소녀들은 대개 능력이 덜한 또래에게 수용되려고 자신의 영재 친구를 희생한다. 여학생 영재들은 또한 만나는 남학생에게 자신의 재능을 부정하고, 기만하거나, 재능을 버리는 보다 큰 위험을 감수한다(Buescher & Higham, 1989). 꽤 능력 있는 고등학교 저학년 여학생들은 자신의 또래를 떠나 속진의 기회를 잡지 않는다(Fox, 1977). 후기 사춘기에, 여학생들은 영재라는 것이 갖는 많은 불이익을 보고, 다른 사람에게 영향을 미치는 자신의 영재성으로 고민한다(Kerr, Colangelo, & Gaeth, 1988).

보다 큰 문제는 자아개념과 성취에 대한 연구결과이다. Locksley와 Douvan(1980)은 높은 학점을 받는 여학생들이 같은 점수대의 남학생보다 심각할 정도로 우울해하고, 보다 심신의학상의 징후와 낮은 자존감을 갖는다고 보고하였다. Petersen(1988)은 학년이 내려갈수록 자아-이미지 점수가 여학생의 경우에는 높게 올라가지만 남학생의 경우는 이 반대라고 하였다. 최근, 3,000명의 학생을 대상으로 조사한 대규모 연구는 아동기에서 사춘기로 올라갈 때 여학생들은 자기 확신감과 성취가 놀라울 정도로 낮아짐을 보고하였다(AAUW Educational Foundation, 1992). 그러나 남학생의 경우는 이와 다르다.

분명히 여학생 영재의 자존감을 잠식하는 요인은 능력이 높아도 좋은 학점을 얻는 데는 아무 효과가 없다는 생각 때문이다. "노력이 능력을 오리무중으로 만든다"(Dweck, 1986, p. 1043). 처음 6년 동안 알고 있던 것을 수행함으로써 미끌어져 들어가던 여학생들은 갑자기 새로운 내용에 접하게 되면서 수학반에 열의를 갖게 된다. 학교를 다니기 시작한 이후 처음으로, 여학생은 자신을 지적으로 팽창시켜야 한다. 그러나 이러한 경험이 거의 없고, 또 할 수 있는지에 대해 생각해 보지 않았다. "개인적으로 쉬운 과제를 계속 잘 해 왔으므로 안정적 자신감, 도전 찾기, 그리고 끈기 있게 잘하지 못한다. … 정말, 이상의 절차는 때론 능력에 대한 낮은 확신을 가져오게 되므로 일종의 맞불(backfire)이 되기도 한다"(Dweck, 1986, p. 1046).

이것은 실제 발달단계로서, 여학생들은 가장 취약하고 자신의 능력을 확신하지 못하는 때이며, "과성취자"라는 용어가 슬슬 교육자의 어휘에 스며들기 시작하는 시기이기도 한다. 교장협의회에서 미성취를 구체화하도록 요청하였을 때, 그 결과는 뻔하다. 대부분의 미성취자는 남학생이고, 반면에 과성취자는 여학생이다. "미성취"의 의미는 분명하다-자신의 능력수준에 맞는 성취를 하지 못한 자. 그러나 도대체 "과성취"란 무엇인가? 어떻게 성취할 수 있는 것보다 더 성취할 수 있는가? "과성취자"는 결국 능력부족을 메우기 위해 열심히 공부하는 학생이라는 믿음을 전달하는 것이다. 이것이 여학생의 지능을 미묘하게, 무의식적으로 공격하는 것이다.

Fennama(1990)의 보고에 의하면, 교사는 수학을 잘하는 남학생의 수학적 성공은 그들의 능력에 귀인하지만 여학생의 경우는 노력에 귀인한다. 만일 이것이 바로 여학생 영재를 생각하는 방식이라면, 여학생들이 열심히 공부하는 것은 내가 똑똑하지 않다는 것을 의미한다는 인상을 받게 된다. 당연히, 여학생은 자신은 열심히 하는 반면에 남학생은 능력을 가지고 있다고 생각한다(L. Bell, 1989; Cramer, 1989; Reis & Callahan, 1989; N. Robinson & Noble, 1991). "bossy"와 "과성취자"와 같은 말은 성차별적인 용어이다; 이 같은 용어는 셀 수 없이 많은 여학생 영재와 여성의 확신감을 무참하게 날려버리고 일생 동안 이들의 신념체계에 상처로 남는다. 이를 금지해야 한다.

여학생의 영재성 보호

재능을 개발하도록 가족, 교사, 그리고 적절한 사회적 집단으로부터 격려를 받지 못하면, 영재 여학생의 재능은 영원히 사라질지 모른다(Borland, 1986; Buescher, 1991). 필요한 중재를 실시함으로써 만일 여학생 영재의 참상에 충분히 주의를 기울인다면, 여학생과 여성의 높은 잠재력을 상실하는 비극은 피할 수 있다. 인생의 목표와 성취를 향한 태도는 대개 학령기 이전에 발전되기 때문이다(N. Robinson & Noble, 1991), 중재를 일찍 실시할수록 여학생의 지적능력을 보다 가치롭게 여기며 발전시킬 수 있다.

Astin(1984)은 영재 여성의 생산성을 감소시키는 초기 아동기 사회화에서 볼 수 있는 여러 차이점을 보여 준다. 예를 들어, 실외놀이의 양과 놀이유형, 독립을 허용하는 정도, 집안 허드렛일의 유형, 일의 직업세계에서 남자와 여자에게 부여하는 다른 기대 등. 이와 같은 장벽은 부모 교육과 상담프로그램을 활동적으로 전개함으로써 변화될 수 있다(Higham & Navarre, 1984).

여학생 영재에게는 "안전한 감정적 기초"와 "부모로부터의 따뜻함, 탐험 … 변화를 위한 독립적인 행동과 끈기 있게 해 보도록 격려가 필요하다"(Noble, 1987, p. 373). 또한 가족의 직접적인 학문적 지원이 바람직하다. 분명히 부모가 일대일로 지도할 때 속진 수학반에서 잘 지낸다(Olszewski-Kubilius, Kulieke, Shaw, Willis, & Krasney, 1990). 부모가 아들뿐 아니라 딸에게도 높은 기대를 갖는 것이 중요하다. 아버지는 딸의 포부수준 형성에 중요한 역할을 한다(Lemkau, 1983).

여학생의 영재성은 초기, 3~7세 정도에 판별하는 것이 매우 바람직하다 (Silverman, 1986b). 이들의 초기 점수를 경시할 것이 아니라 신중하게 고려해야 한다. 왜냐하면 검사가 알고 있는 모든 것을 평가할 수 없기 때문에, 수행은 항상 성취보다 덜 하기 마련이다. 일찍부터 여학생들과 이들의 높은 능력에 대한 정보를 공유하여, 이로 인해 여학생의 자신감과 포부수준에 영향을 미쳐야 한다(Kerr, 1991a). 가능하면, 유치원에 일찍 입학해야 한다. 특히 여자 아이에게 조기 입학이 미치는 긍정적인 영향이 보고되고 있다(Daurio, 1979; Proctor, Black, & Feldhusen, 1986; N. Robinson & Weimer, 1991). 학교 교육과정을 통해서 학생의 학습속도와 도전수준 사이를 "적절하게 조절"하는 기회를 증진할 수 있다(N. Robinson & Weimer, 1991, p. 29). "학교가 학년 연령기준에 묶여 있을 때, 유치원 조기 입학은 어린 여자 영재가 이용할 수 있는 유일한 기회의 창이 된다"(Kerr, 1991a, p. 408).

여학생 영재는 자신과 같은 다른 사람의 지원을 받을 때 성취 및 사회적 수용을 동시에 얻으려고 노력한다. 성취지향적인 소녀의 인터뷰에 의하면(Casserly, 1979), "9학년 때 절정에 달하는 남학생의 놀림과 무시를 다루는 데 있어, '학교경험에서 비슷한 경험을 하는 비슷한 수준'에 있는 여자친구의 중요성을 볼 수 있다. …"(p. 356). 가능한 한, 능력이 뛰어난 여학생들을 교육시킬 때 함께 집단으로 편성하고; 자신의 재능을 숨기기 전에 학령기 전이나 저학년 때 정신적으로 수준이 비슷한 또래와 상호작용할 기회를 마련해 주어야 한다.

특히, 중·고등학교 수준에서 상담자가 필요하며, 이들 상담자는 사춘기 전 및 사춘기 영재 여학생의 감수성에 민감하게 반응하고 이들의 재능을 보호해 주기 위해 노력해야 한다. 여학생 영재들이 고등학교의 가장 도전적인 과정을 수강하도록 지도하는 것이 중요하다. 비록 여성 영재들이 자신의 능력을 과소평가할지라도(Higham & Navarre, 1984), 그들은 지적으로 도전을 받을 때 가장 행복한 것으로 보인다(Kerr, 1991a). 대학입학 사정위원들이 수강한 과목을 조사하고 쉬운 과정에서 높은 점수를 받은 것보다 어려운 과정에 보다 가치를 부여한다는 점을 여학생들은 이해하고 있어야 한다. 4년간 수학을 수강해야 하는 것은 확실하다.

> 자신의 미래에 영향을 미치는 수학의 중요성을 아는 여학생 영재들은 별로 없다. 자주, 피상적인 이유로 인해 수학과 과학과정을 수강하지 않는데, 높은 수준의 진로와 전문성을 주도하는 대부분의 대학들이 수학과 과학에서 4년의 고등학교 과정을 요구하고 있다는 점도 모르고 있다(Kerr, 1991a, p. 411).

대학에서 여성들이 수학교육을 지속할 때 남자와 여자의 월급 차이는 실제적으로 감소한다(AAUW Educational Foundation, 1992). 수학에서 속진하여, "여자는 수학을 잘 못한다"는 메시지로 인해 타격을 입기 전에 대수와 기하를 마스터하는 것이 현명하다.

Noble(1987)은 어릴 적부터 여학생 영재에게 심리교육을 제공하여 스스로 선택하고 자아-파괴적인 잘못된 생각에 저항하도록 도움을 주어야 한다고 제안하였다. 상담자는 위험감수를 권장하고(Kerr, 1991a), 여학생들로 하여금 중·고등학교 및 그 이후에 직면하게 되는 집중적인 사회적 압력에 대항하도록 예방접종을 실시해야 한다(L. Bell, 1989). "여학생의 미성취 문제가 보다 분명하게 나타날 때까지 기다리면 너무 늦을 것이다"(L. Bell, 1989, p. 119).

여학생 영재에게 특별히 도움이 필요한 영역이 있다면 목표설정이다. 남학생은 목표를 이른 나이부터 설정하지만, 여학생은 자신의 목표를 설정하고 도달하기 위해 노력을 덜 기울인다. 그러므로 여학생 영재를 위한 프로그램의 주요 부분으로 포부수준을 진작하고, 이를 달성하기 위해 필요한 책략을 지도하는 것을 포함한다. Fox와 Turner(1981)는 중학교 이후 여학생 영재에게 가장 중요한 우선순위로서 진로와 삶의 계획을 추천하였다. 여학생들에게 다양한 삶의 경로에서 여성 역할모델을 소개한다(Phelps, 1991). 인턴십과 사사제, 연사, 직업의 날, 전문가 따라다니기, 전기적 연구 및 영화는 여학생들로 하여금 자신의 잠재력을 인식하도록 하는 좋은 방법들이다(10장 참조). 여학생의 리더십 및 성취를 증진하기 위해 고등학교 및 대학과정에서 여학생 및 남학생만 다니는 학교를 심각하게 고려해 본다(Callahan 1991; Higham & Navarre, 1984; Kerr, 1991a; Lee & Bryk, 1986; Riordan, 1990; Schwartz, 1991; Tidball, 1986).

사회화는 여학생 영재에게 적절한 목표가 아니다. Kerr(1985)에 의하면, 여성 영재는 너무 사회화되어 이들을 뛰어나다고 생각하지 않는다고 하였다. 여성 영재는 자신의 뛰어난 지적능력으로 인해 다른 사람들이 원하는 것을 민감하게 지각한다. 교사, 부모 및 또래를 기쁘게 하려고 하며, 자신의 능력을 조금만 사용하여 인정을 얻는다는 것을 알게 됨으로써 다른 사람들이 자신에게 원하는 것대로 되어주고 여기서 보상을 얻는다(Conarton & Silverman, 1989). 여성성 고정관념에서 탈피한 뛰어난 여성에 관한 연구에서, Kerr(1985)는 이들 여성들이 어릴 적 많은 시간을 혼자서 보내고 사춘기 때 인기가 없었음을 발견하였다. Kerr는 여학생 영재에게 인기도를 추구하도록 강조하지 말아야 한다고 제안하였다(Kerr, 1991a).

여학생 영재의 재능발달을 위한 사회 전체적인 지지를 우선시해야 한다. 여학생의 능력을 손상시키는 모든 것에 저항해야 한다－예를 들어, "bossy"와 "overachiever"와 같은 성에 근거하는 단어의 사용, 어릴 적 여자 아이의 성취(읽기 혹은 IQ 점수), 좋은 성적 및 사회적 재능을 얕보거나 무시하는 것. 영재성의 개념에 성 편견이 있는지 주의 깊게 조사해야 한다; 우수함을 추구한다고 양육의 가치를 평가절하할 수 없다. 표준화된 검사에서 처리속도를 강조하는 것을 폐지해야 한다. 언어적 자각이 필수불가결하며, 모든 교실에서 포괄적인 언어로 성에 근거한 언어를 대체해야 한다. 남학생의 교정 읽기지도에 배정하는 것과 비슷한 분량의 기금을 배정하여 사춘기 여학생을 위한 수학교육에 도움을 주어야 한다(Callahan, 1991). 여학생 영재를 위한 평등성을 확보하려면, 부모상담, 성에 좌우되지 않은 아동양육과 교수실제, 능력에 대한 조기 판별, 조기 입학과 속진 기회, 학습과 상담을 위한 여학생 영재 간의 집단편성, 수학에 대한 교수지도, 시간제한이 없는 표준화된 검사, 특별한 상담지원 등이 필요하다. 기타 제안점들도 Silverman(1986b; 1991)과 Kerr

(1985)에서 볼 수 있다.

특히 목표설정 영역에 대한 여학생 영재상담자료로는 『*Choices*』(Bingham, Edmondson, & Stryker, 1983); 『*The Gifted Girl Inservice Resource Handbook*』(Addison, 1983); 『*Girls Are Equal Too*』(Carlson, 1973); 『Barriers between Women』(Caplan, 1981); 『*The Cinderella Complex*』(Dowling, 1981); 『*Smart Girls, Gifted Women*』(Kerr, 1985); 그리고 『*What Color Is Your Parachute?*』(Bolles, 1981) 등이 있다. 또한 여성 영재를 격려하기 위한 교육과정 자료에 주석을 달아 놓은 목록(Reis & Dobyns, 1991)과 여학생 영재를 위한 목록(in Kerr, 1991b, pp. 184-187)을 참조하기 바란다(추가적인 자료는 10장의 목록을 참조).

긍정적인 사회성 발달의 증진

영재를 연구한 이래, 영재는 자신의 생활 연령보다 정신 연령에 따라 친구를 선택한다는 점이 명백해지고 있다(Gross, 1989; Hollingworth, 1931; Mann, 1957; O'shea, 1960; N. Robinson & Noble, 1991; Terman, 1925). Roedell(1985)은 영재 아동이 진정한 또래와 상호작용할 때 사회적 기술을 보다 쉽게 개발한다는 것을 발견하였다.

> "또래"라는 용어는 본래, 같은 연령을 의미하는 것이 아니라, 공통적인 문제에 대해 동등한 수준에서 상호작용할 수 있는 사람들을 일컫는다. … 영재성이 뛰어날수록 같은 연령에서 발달적으로 적절한 또래를 찾는 것이 더 어렵다.
>
> 학생의 발달이 매우 고르지 않다면, 또래를 활동에 따라 다양화할 수 있다. 지적능력이 매우 뛰어나지만 평균적인 신체적 기술을 지닌 학생은 책을 읽고 토론하는 한쪽의 또래와 세발자전거 및 술래잡기 놀이를 하는 다른 쪽의 또래를 가질 수 있다.
>
> 특별한 노력을 기울여서 영재들이 유사한 흥미와 능력을 가진 친구를 찾도록 돕는다. 그와 같은 노력이 없다면, 또래들이 영재는 다르고 이상하다고

딱지를 붙이는 위험을 초래하게 된다. 영재는 이와 같은 딱지를 내면화하고 일찍부터 사회적으로 소외될 수 있다. … 영재는 여러 다양한 유형의 학생들과 성공적으로 상호작용하는 기술을 학습할 수 있다.

그러나 유사한 발달단계에 있는 또래들과 상호작용을 하면서 발생하는 사회적·인지적 성장을 대신할 것은 없다(p. 8).

진실한 또래로 인해, 영재는 스스로가 될 수 있고, 같은 농담에 웃고, 같은 수준에서 게임을 하고, 자신의 민감성의 깊은 부분을 나누며, 보다 복잡한 가치를 개발한다. 이 관계에서 동등하게 주고받는 기회가 보다 많아진다. 그리고 유사한 능력을 가진 사람과의 상호작용을 통해서, 영재는 자신이 잘 할 수 없는 것을 빨리 학습한다. 다른 영재와 관계를 맺는 기회를 갖게 될 때, 남자 및 여자 모두 행복하고 잘 적응하며 잘 조정된다.

일련의 예전 연구에 따르면, 아동들은 집단 평균 지적능력보다 약간 높은 사람을 리더로 추대한다(Finch & Carroll, 1932; Hollingworth, 1926; McCuen, 1929; Pasternak & Silvey, 1969; Warner, 1923). 만일 집단의 지적능력 및 아이들의 지적 수준에서 너무 큰 차이가 있다면, 의사소통은 방해를 받는다(Stogdill, 1974). 그러므로 상응하는 능력수준의 학생들과 함께 있을 때, 영재의 리더십 역시 발전하는 것이다.

많은 연구자들은 특별 프로그램에 등록된 영재들의 자아 존중감이 증진된다는 점을 보고하고 있는데(Coleman & Fults, 1982; Feldhusen, Sayler, Nielsen, & Kolloff, 1990; Karnes & Wherry, 1981; Kolloff & Feldhusen, 1984; Maddux, Scheiber, & Bass, 1982), 이는 일차적으로 특별반에서 진정한 또래와 사회적으로 상호작용을 하는 기회를 제공하기 때문이다. 영재를 위한 여름 프로그램의 장점은 몇 가지 기대하지 않았던 보너스와 함께 역시 잘 나타나고 있다(Higham & Buescher, 1987; Kolloff & Moore, 1989; Olszewski-Kubilius, 1989; VanTassel-Baska, Landau, & Olszewski, 1984).

여러 지역의 큰 대학에서 실시한 체계적인 연구를 보면, 자존감과 자아-이미지를 강화하면서 학업성취와 기술 유능감이 유의하게 증가한 것으로 나타났다.

> … 이상과 같은 측정상의 상승보다 몇 가지 방식에서 보다 흥미로운 것은 특별 여름 프로그램이 불러일으킨 기대하지 않았던 효과들이다. 특히, 부모 및 중학교 교사뿐만 아니라 편지, 전화, 그리고 여러 전역의 프로그램 디렉터의 직접적인 대면에 의하면 사춘기 남학생과 여학생에게서 변화, 즉 반응행동, 자기-통제, 변화 및 스트레스 상황에 대한 확신, 그리고 재능을 활짝 펴고 도약하는 기회를 기꺼이 추구하는 변화가 일어나고 있다. … 예를 들어, 일부 십대들은 처음 몇 년 동안 또래를 만나, 즐겁게 지내고, 깊게 상호작용하였다고 보고하였다 (Buescher, 1989, p. 17).

가장 좋은 소식은 이들 긍정적인 사회적 경험의 효과가 파급된다는 점이다: 많은 사춘기 학생들은 "집으로 돌아왔을 때 이 '효과'를 일반학교에 보급할 수 있다고 보고하였다; 이들 학생들은 보다 다양하게 구성된 또래집단에서 편안함과 사회적으로 적절하다고 느낄 수 있다"(Higham & Buescher, 1987, p. 88).

만일 확고한 자존감의 기초가 초기 아동기에 발달된다면, 영재는 가지를 쳐서 자신과 다른 사람과도 친구가 될 수 있다. 사춘기는 발달적으로 사회적 상호작용의 영역을 넓히는 가장 적절한 단계이다. 사춘기 영재들은 가까운 친구를 자신의 정신적 또래 사이에서 선택하지만 또한 팀 스포츠, 밴드, 특별클럽, 교회나 지역사회 활동 및 자신의 능력범위를 넓혀주는 친구들과 상호작용하는 사회적 기회에 참여한다. 영재 친구와 반 친구의 지지체계로 인해, 영재는 거부감을 느끼지 않고 다른 집단에 참여할 수 있고 보다 존중을 받으며 리더의 위치에 설 수 있다.

사회적 발달을 증진하는 자료

효과적으로 다른 사람과 지내려면 자신에 대한 지식이 필요하다. 최근 이들 학생들로 하여금 자신의 영재성을 이해하도록 돕는 책들이 있다. 다음의 책들을 교실, 소집단상담 및 가정에서 사용할 수 있다: 『*The Three Gifted Kids' Survival Guides*』(Delisle & Galbraith, 1987; Galbraith, 1983, 1984); 『*Giftedness: Living with It and Liking It*』(Perry, 1987); 『*Gifted Children Speak Out and Gifted Kids Speak Out*』(Delisle, 1984, 1987); 그리고 『*On Being Gifted*』(American Association for Gifted

Children, 1978). 다음 책들은 사회적 적응을 돕는 자료이다: 『*A Kid's Guide to Making Friends*』(Wilt, 1980); 『*SAGE: Self-Awareness Growth Experiences, Grade 7-12*』(Kehayan, 1983); 『*Awareness and Change*』(Kline, Kline, & Overholt, 1990); 『*Reading Ladders for Human Relations*』(6판)(Tway, 1981); 『*Self-Esteem, Communication and High Level Thinking Skills: A Facilitator's Handbook*』Greenlee, 1992); 그리고 『*The Bookfinder 4: When Kids Need Books*』(Spredemann-Dreyer, 1989).

독서치료는 자존감 및 우정발달에 문제가 있는 영재를 돕는 좋은 방법이다. 『*The Bookfinder*』(Spredemann-Dreyer, 1989)는 학생의 책을 특별한 문제와 접목시킨 것이다. 그 외 어떤 아동 작가는 영재를 자신의 책에 등장시킨다. 작가를 추천하면 다음과 같다: Helen Cresswell, Maria Gripe, Virginia Hamilton, Mollie Hunter, E. L. Konigsburg, Joseph Krumgold, Madeleine L'Engle, Ursula LeGuin, Sonia Levitin, Zibby O'Neal, Katherine Paterson, K. M. Peyton, Mary Rodgers, William Sleator, Stephanie Tolan과 Cynthia Voigt. 영재에 대한 특별한 책 목록은 부록에 수록해 놓았다(독서치료에 대한 보다 많은 정보는 4장을 참조하기 바란다).

사회적 리더십

사회적 리더십은 개인적, 심리 사회적, 그리고 인간관계 능력을 지칭한다. 사회적 리더십은 일련의 학습된 기술뿐 아니라 타고난 재능과 성격특성을 포괄한다. Gardner(1983)의 대인관계 지능이론은 영재성의 한 유형으로서 리더십을 포함시키는 기초이다.

> 대인관계 지능은 다른 사람-행동과 동기를 이해하는 능력을 수반한다. 그 외, 대인관계 지능은 이상의 지식에 근거하여 생산적으로 행동하는 능력을 포함한다. … 보다 앞선 양식으로, 대인관계 지능은 종교가 및 정치지도자뿐 아니라 교사, 치료사와 세일즈맨에게서 볼 수 있다. 이 영역에서 뛰어난 학생은 학

> 급에서 지도자나 조직자로서, 그리고 다른 학생의 시간을 어디서 그리고 어떻게 써야 하는지 인식하고, 다른 사람의 요구와 기분에 대해 민감하게 생각할 수 있다(Ramos-Ford & Gardner, 1991, pp. 57-58).

대인관계 지능은 자신이 이끌어야 하는 개인들을 조작하는 것이라기보다는 이들에게 봉사하는 리더로 발전하기 위해서 정서적인 요소를 통합한다. 학생 리더의 민감성을 Karnes, Chauvin과 Trant(1984)가 다음과 같이 소개하고 있다:

> 영재교사는 영재 지도자의 두드러진 특징으로 바로 온화함과 민감함을 언급해야 한다. 긴장과 이상의 그림으로 나아가려는 경향과 결부되어, 자기 자신에 대해 비현실적인 기대를 하는 매우 취약한 개인이 출현하게 된다(p. 48).

1장과 3장에서 기술한 영재의 성격특징과 일치하는 학생 지도자의 특징으로 정서적 민감성, 강력함, 완벽주의, 그리고 취약함을 들 수 있어, 대체로 영재는 리더로서의 잠재력을 가지고 있다고 제안하고 있다.

리더가 태어나는지 만들어지는지에 대한 논쟁은 여전히 있다(Foster, 1981); 그러나 영재성과 지능의 강한 긍정적인 상관으로(Stogdill, 1974), 리더십 개발 프로그램은 대부분의 영재학생에게 유익한 것처럼 보인다. 지능과 정서적 민감성도 한 영역이라 할 수 있으나 리더십 교육을 통해 학생들로 하여금 다른 사람에게 봉사할 때 자신의 능력을 현명하게 사용할 수 있도록 가르칠 수 있다. 영재를 위한 리더십 교육과정에는 자신의 강점을 인식하고; 다른 사람의 요구를 인식하고; 문제를 발견하고 실제 문제를 탐색하고; 일반적인 문제를 지각하고; 좋은 지도자의 긍정적 자질과 형편없는 지도자의 부정적 자질을 학습하고; 집단과정을 분석하고 협동적인 의사소통 기술을 실행하는 것 등이 포함된다.

사춘기 동안에 대개 영재에게 리더십 기술을 가르칠 수 있으며(Feldhusen & Kennedy, 1988), 여름 단기 프로그램으로 많은 리더십 개발 프로그램을 개발하고 있다. 리더십 프로그램 경험에 대한 평가에 의하면 심지어 한 주 혹은 2주 정도의 집중적인 프로그램을 통해서 리더십 능력을 형성할 수 있다(Follis & Feldhusen, 1983; Karnes, Meriweather, & D'Ilio, 1987; M. Myers, Slavin, & Southern, 1990;

Sisk, 1988; Smith, Smith, & Barnette, 1991). 비록 대부분 집단들이 초기에 가장 강한 개성을 가진 학생들에 의해 좌우될지라도, 효과적인 지도자는 전체 집단의 참여를 장려하고 모든 구성원에게 귀를 기울일 줄 아는 사람이다(M. Myers, Slavin, & Southern, 1990). 이와 같은 "대인관계의 지도자"(p. 259)는 양질의 결과물을 산출하고 집단의 응집력을 증진한다. 반면에, 권위주의적 지도자는 그간 도외시되었다고 생각하는 집단 구성원의 반목을 초래한다. Lamb와 Busse(1983)는 좋은 리더십은 사람에 대한 높은 관심과 과제에 대한 관심의 결합이라 제안하였다. 이상의 지도자 유형이 바로 각 구성원을 전체에 기여하도록 가장 잘 이끌어낸다.

내향성과 리더십

영재의 리더십을 이해하는 것은 영재의 내향성으로 인해 보다 복잡해 보인다(Hoehn & Bireley, 1988; I. Myers & McCaulley, 1985; M. Rogers, 1986; Silverman, 1986a). Isabelle Myers는 영재 중·고등학생, National Merit Finalists, 창의적인 성인 및 CalTech과 Stanford 대학에 재학중인 학생들을 대상으로 『*Myers-Briggs Type Indicator*』를 사용하여 많은 연구를 기술하였다. 내향성의 사람들이 외향성의 사람들보다 모든 집단에서 그 수가 많았다. 가장 높은 성취자들은 내향적인 직관자들이었다. SAT, Terman의 『*Concept Mastery Test*』의 지능 및 우수대학의 가장 높은 평점으로 측정한 학업적 잠재력은 내향적 직관 변인과 관련이 있다. 그리고 내향성의 비율은 교육수준이 증가함에 따라 증가한다(Myers & McCaulley, 1985).

일반적으로 지도자는 외향성의 사람으로 생각한다(Richardson & Feldhusen, 1988). 그러나 성인이 되어 지도자였던 많은 사람들이 내향성을 보였다. 정치적 영역과 사업같이 공개적인 영역에서 외향성의 사람이 지도성을 보이지만 내향성의 사람은 이론적 및 미학적 영역에서 지도성을 보인다(I. Myers & McCaulley, 1985). 대다수 주류의 가치와 태도에 덜 집중하는 내향성 사람의 성격 프로파일로 인해 창의적인 자기성찰이 가능하다. 새로운 사고분야를 창출하고 기존 지식을 재정비한 위대한 사람들은 전형적인 내향성 특징이라 할 수 있는 고독한 시기를 오랫동안 보낸다(Albert, 1978). 예를 들어, Descartes는 일하는 도중 아무도 방해하지 못하게 하려고 자신의 거주지를 자주 옮겼고 Darwin 역시 자신을 격리시키는 수단으로 심신 의학 질병을 이용하였다(Boring, 1950).

리더십은 집단을 이끄는 단순한 카리스마가 아니다; 이는 과학적인 문제해결 돌파, 철학의 창조, 심오한 책의 저술 등 보다 고독한 양식으로 발생한다. Richardson과 Feldhusen(1988)에 의하면, 리더는 우수한 기술, 지식의 질, 그리고 개인적 위치를 갖는다. 내향성의 사람들은 외향성의 사람만큼 이러한 자질을 겸비하고 있다. 대학 및 연구기간에서 우수한 자리를 얻은 학문적으로 성취를 이룬 내향성의 사람들은 자신의 지식과 기술에 가치를 부여하고, 자신의 분야에서 창의적으로 기여하고, 학문적으로 노력을 경주함으로써 지도자의 위치에 올라가는 기회를 갖는다.

이상의 정보는 "리더십 잠재력"을 갖춘 영재에 대한 연구에 기초한다. 일반적으로 보통 지도자에게서 볼 수 있는 사람을 움직이는 자질을 갖춘 내향성의 영재는 드러나지 않기 때문에 간과되기 쉽다. 리더십이 중요한 기여를 할 수 있는 잠재력 또는 모범적인 도덕적 가치를 포함하는 것으로 해석할 때, 리더십 교육은 영재학생들에게 보다 적절한 것이 될 것이다.

리더십 발달을 위한 자료

영재의 리더십 기술을 발달시키는 자료는 다음과 같다: 『*Leadership Education: Developing Skills for Youth*』(Richardson & Feldhusen, 1988); 『*Skills for Leaders*』(Gray & Pfeiffer, 1987); 『*Developing Student Leaders: Exemplary School Activities Programs*』(Leatt, 1987); 『*Leadership Skills Development Program*』(Karnes & Chauvin, 1985); 『*Leadership: A Skills Training Program: Ages 8-18*』(Roets, 1981); 『*Leadership Series*』(House, 1980); 『*A Handbook of Structured Experiences for Human Relations*』(Pfeiffer, 1985); 『*Leadership: Making Things Happen*』(Sisk & Shalcross, 1986); 『*A Leadership Unit*』(J. Gallagher, 1982).

도덕적 리더십

도덕적 수월성을 지향하는 미래 지도자를 교육하기 위해서는 리더십 교육을 윤리학과 결부시켜야 한다:

> 시간의 상대성은 해롭다. 이는 모든 도덕적 섬유질을 신성한 체하며 웃고, 고개를 끄덕이며, 변명하고, 사과하며 훌쩍거릴 수 있는 젤리 비슷한 스프로 촉매화시키면서, 우리 문화의 핵심을 잠식해 버린다. … 몇 년 간 무수한 이유로, 학교는 상대적으로 가치가 없는 환경에서 학생을 교육하려고 노력해 왔다. 지금은 특히 리더십에 관한 영재를 위해, 교육과정의 중심에 도덕적 교육을 설정해야 한다. 만일 국가적 양심, 우선순위에 대한 지각, 모든 노력에서 수월성에 대한 배고픔을 다시 얻고자 한다면, 우리의 의식 가운데 이들 가치를 재설정하는 적절한 모델과 방법론을 제공하는 도덕적 교육과정 개발을 시작해야 한다 (Lindsay, 1988, p. 9).

윤리성 없는 리더십 능력은 속임수와 타락을 이끈다; 윤리성과 함께하는 리더십 능력은 인류에게 봉사하도록 이끈다. 사회적으로 리더십 위치를 상정할 수 있도록 영재를 준비시킬 때, 염두에 둘 것이 바로 영재 윤리성 개발의 중요성이다. 인기도는 충분한 것이 아니다.

도덕적 지도자는 특징적으로 딜레마에 접했을 때 편법의 대안보다는 윤리를 선택하며; 자신의 가치를 타협하기보다는 집단을 지향하고; 원리와 원인에 맞게 이행하고; 인본주의에 동일시하며; 연민과 용서를 느끼며; 자신의 단점을 인정하고; 사회 전체의 규준을 초월하는 자신의 개인적인 이상을 갖는다(Getzels & Jackson, 1962; Lindsay, 1988). 이와 같은 가치는 Dabrowski(1972)의 "다단계의" 개인(수준 III, IV, 그리고 V)을 특징지으며, 자기실현의 경로에서 중요한 것이다(Maslow, 1968).

대조적으로, 집단 규준에 매우 의존하는, 수준 II 지향은 보다 전형적이다. Carl Rogers(1969)는 대부분 개인들이 다음과 같다고 주장하였다.

> 평가의 소재를 다른 사람에게 양도하고, … [느낀다] 매우 불안해하고 쉽게 [자신의] 가치에서 위협을 느낀다. … 가치는 거의 조사받거나 검사받지 않는 고정된 개념으로서 대개 무의식적으로 수용된다. … 다른 사람의 개념을 자신의 것처럼 받아들임으로써, 자신의 기능이 갖는 잠재적인 지혜와 접촉하지 못하고 자신에 대한 확신을 잃게 된다(p. 85).

어릴 적부터 다른 또래보다 도덕에 관심을 보이는 영재 아이를 여러 번 보았다(Boehm, 1962; Hollingworth, 1942; Martinson, 1961; Passow, 1988; Roeper, 1988; Terman, 1925). Galbraith(1985)가 보고한 400명 영재 중 80% 이상은 또래보다 세계문제에 대해 많이 걱정하였다—세계 기아, 핵전쟁, 오염, 국가적 관계 등. 이상의 결과는 비영재보다 영재가 신문을 보다 자주 읽고, 세계 새로운 문제에 대해 관심을 기울이며 전쟁에 대해 보다 관심을 보인다는 Clark과 Hankins(1985)의 연구에서도 나타나고 있다.

> 영재의 가장 잘 알려진 특징 중 하나는 날카로운 정의감이다. 영재는 질문이 많고, 관찰력이 예민하며, 논리적인 사고를 한다. 영재는 부적절함, 불공평함, 이중 기준의 적용에 주목할 것이며, 이러한 종류의 경험과 예에 열정을 갖고 의문을 제기할 것이다. 아무런 영향을 미칠 수 없음에 무기력과 힘이 없음을 느끼고 이로 인해 깊이 상심하게 된다. 세계의 부정의에 대해 염려한다. 평화, 폭탄, 환경, 직면하는 모든 문제에 대해 염려한다(Roeper, 1988, p. 12).

2세 반 된 아이, Sara Jane은 러시아를 강타하여 무수한 이재민을 낳은 지진에 대한 뉴스 보도를 관찰하였다. 눈에 눈물을 가득 고인 채, Sara는 돼지 저금통을 어머니에게 가져오면서 말했다. "엄마, 내 돈을 보내줘요." 다가오는 크리스마스에, 3세가 되었을 때 Sara는 무언가 필요한 다른 친구에게 자신의 선물을 주자고 하였다: "나한테 필요한 것은 다 가지고 있어요. 내 선물을 아무 것도 받지 못한 가여운 아이들에게 주었으면 해요." 가족들은 이에 따라 Sara에게는 아무 것도 남겨주지 않고 선물을 포장하여 보호소에 가져다 주었다.

Martin Rogers(1986)는 영재 및 평균 3학년 학생의 부모에게 자녀의 도덕에 대한 관심을 "항상"에서 "전혀 아님"의 5점 척도로 평가하도록 요청하였다. 영재의 36%는 도덕과 정의에 깊은 관심을 표명한 반면, 평균 학생의 8%만이 이와 같은 관심을 보였다. Janos, N. Robinson과 Lunneborg(1989)는 속진한 사춘기 영재학생들이 Rest의 『*Defining Issues Test*』(Rest, 1979)의 도덕적 유추에서 뛰어났으며, 대학원 학생들의 성취수준과 유사한 수준에 있음을 보고하였다.

이와 같은 결과는 Dabrowski(1972)의 가설, 즉 영재는 보다 높은 수준의 도덕성에 대한 발달 잠재력을 부여받았다는 점과 일관된다(1장 참조). 다른 연구자 또한 영재의 독특한 윤리적 민감성이 높은 도덕성에 대한 특별한 잠재력을 나타낸다고 제안하고 있다(Drews, 1972; Vare, 1979). 이것은 아마 도덕적 문제의 복잡성 및 윤리적 판단과 관련 있는 지적요구 때문이다. 그러나 이 잠재력은 진공상태에서 개발되는 것이 아니다. Tannenbaum(1972)에 의하면, 영재는 훈련이 없다면, 비유클리드 기하학의 문제를 푸는 것만큼 자신의 가치 차원을 잘 파악할 것 같지 않다. 영재를 위한 프로그램 계획 혹은 상담에서 도덕적 자각 및 잠재성을 기초로 활용하는 경우는 매우 드물다.

Kohlberg(1984)는 도덕적 단계가 환경의 영향을 통해 길러지거나 낮춰진다고 제안하였다. Kohlberg는 다른 사람의 관점과 결정을 내릴 때 사람들이 사용한 근거를 이해하기 위해 도덕적 선택이 결부된 토론에 참여하게 하는 도덕교육의 한 유형을 주장하였다. 높은 수준의 도덕 판단을 통한 인지적 부조화를 제공함으로써 학생들로 하여금 보다 포괄적인 정의의 원리를 향해 노력하도록 동기를 부여하게 된다. 도덕적 선택을 하는 실제경험이 보다 발달할 수 있다.

그러나 높은 수준의 도덕적 판단을 하기 위해서는 정의의 추상적인 원리를 이해하는 지적능력 그 이상이 필요하다. 최근까지 간과해 왔던 요인이 바로 돌보는 능력이다. 자신과 타인에 대한 연민과 돌봄, 그리고 책임은 여성의 도덕 판단 발달을 분석한 Gilligan(1982)의 연구에서 볼 수 있다. 가장 높은 수준에서 정의와 자비, 옳음과 책임의 상호작용, 그리고 모든 삶의 상호연관성을 인식한다.

> 여성과의 인터뷰에서 반복적으로 나타나는 도덕적 규범은 보호, 차별에 대한 책임과 "이 세상에서 실제 볼 수 있는 문제"를 줄이는 것이다. 남자에게 있어

> 도덕적 규범은 다른 사람의 권리를 존중하고 삶과 자아충족의 권리를 침해받지 않고 보호받는 것으로 보인다. … 그러므로 양성을 위한 발달은 이 둘의 상이한 관점의 상보성을 발견함으로써 옳음과 책임을 통합하는 것처럼 보인다(Gilligan, 1982, p. 100).

보호라는 주제는 Fantini(1981)의 주장에서도 볼 수 있다. 즉 모든 학습은 "인간적인, 돌보는 사회"를 창출하는 학생을 준비하는 주된 기능으로 예속되어야 한다(p. 3). 보호의 가치를 내면화하기 위해, Fantini는 교육의 한 부분으로 학생들이 활동적으로 지역사회 봉사에 참여할 것을 제안하고 있다. Fantini는 돌보는 가치 및 행동의 바람직성을 자신, 다른 사람, 자연과 환경에 적용하는 섹션을 포함할 수 있도록 교육과정의 재개발을 제안하였다. 이 섹션은 심리학, 건강, 생태학, 현대 사회문제, 그리고 윤리학을 포함할 것이다. 영재는 인본주의 관점에서 사회적 문제를 조사할 수 있다(Passow, 1988); 영재들에게 보호 행동을 보여 주는 실제 경험과 함께 자신의 인지학습을 완수하는 방법을 고안하도록 요청할 수 있다(Shannon, 1989).

도덕적 지도자의 발달을 증진하는 활동

1. 이상적인 리더십 형성을 돕는 문헌 외에 Dabrowski, Kohlberg, 그리고 Gilligan의 이론을 소개하여 이를 향해 노력하게 한다(Dana & Lynch-Brown, 1991; Leroux, 1986).
2. 가치, 윤리적 원리 및 철학적 체계를 조사하게 한다(Feldhusen & Kennedy, 1988).
3. 윤리적 문제에 대해 토론할 기회를 제공하고 스스로 결정에 도달하게 한다(예: Blatt & Kohlberg, 1975; Maker, 1982). 도덕적 딜레마를 다루는 책을 선정하는 좋은 가이드로 『*Values in Selected Children's Books of Fiction and Fantasy*』(Field & Weiss, 1987)가 있다.
4. 자신의 도덕적 딜레마를 구조화할 기회를 제공한다(Colangelo, 1991; Weber, 1981).
5. 교육과정 혹은 교육과정 외 활동으로 지역사회 봉사를 하게 함으로써 돌보

는 가치를 내면화하는 기회를 제공한다(예: 병원, 탁아소, 보육원). "교실, 학교, 가정 및 지역사회에서 봉사기회를 찾아보도록 권장한다(Shannon, 1989, p. 185).

6. 상담 세미나와 토론 집단을 통해서 영재의 정서적 민감성을 장려한다(5장 참조).
7. 자신의 이상에 대한 믿음을 갖는다. 자신의 "비현실적인" 기대에 따라 말을 건네지 않는다.
8. 가장 중요한 목표를 발견할 수 있도록 우선순위를 정하는 방법을 학습하게 돕는다.
9. 비록 다른 사람이 떠 받쳐준 자존감을 날려 보내도, 자신의 확신을 따르려는 사람들의 용기를 지지한다.
10. 적절한 역할모델을 가질 수 있도록 그들에게 친숙한 책과 영화를 제공한다. 인본주의적 가치와 봉사에 헌신한 여러 개인의 삶을 탐색하게 한다(Nelson, 1981).
11. 사회적 및 도덕적 문제와 관련된 프로젝트를 고안하도록 돕는다(예: 연구보고서 작성; 영화, 비디오 혹은 극본 만들기; 패널 토의 진행; 현재 사회적 병폐를 보여 주는 그림 혹은 조각물 같은 예술 매체를 활용하기; 특별한 관심사에 대한 지역사회의 인식을 증진하는 책략을 계획하기(Weber, 1981).
12. 철학의 역사적 발달과 이들 가치들이 사회 전체의 발달에 미치는 영향을 비판적으로 조사하도록 돕는다(Ward, 1980).
13. 존경받을 만한 자질과 가치로운 삶을 영위한 사람들의 세상에 알려지지 않은 기여점을 소개한다(예: 자식을 위해 희생한 부모; 생산적인 삶을 사는 장애인; 다른 사람의 안녕과 안전을 돌보는 자원봉사자)(Christenson, 1976).
14. 텔레비전, 신문, 그리고 지역사회에서 볼 수 있는 도덕적 문제를 조사한다(Drews, 1972).
15. 사회가 직면한 문제를 해결해 보도록 권장하고, 도시 지도자들과 대안방안을 공유한다(Weber, 1981).

16. 시뮬레이션, 역할극, 그리고 관점-수용 활동을 실시한다. 매일의 상호작용에서 여러 다양한 관점에 주안점을 두고; 교사 및 학생들로 하여금 상호작용, 사건 및 활동에 대한 자신의 감정을 공유하게 한다(Hensel, 1991).
17. 집단의 역동적인 활동에 참여하여 서로 협동적으로 상호작용하는 법, 존경하는 법, 사회적 책임감을 배울 수 있도록 한다(Leroux, 1986; Sisk, 1982).
18. 행동에 대한 자신의 규칙 코드를 설정하게 한다(Leroux, 1986).
19. 철학 세미나를 실시하여 도덕적 추론의 원리를 탐색하고 긍정적인 방식으로 개인의 가치가 사회에 영향을 미치는 방법에 대해 토론한다(Leroux, 1986).
20. 교직원과 동등한 위치에서 의사결정에 참여하게 한다(Leroux, 1986; Roeper, 1990).
21. 보호 행위에 대한 모델을 제공한다(Hensel, 1991; Doescher & Sugawara, 1989; Roeper, 1991).
22. 실생활 문제에 참여하고 해결하는 활동가가 되도록 돕는다(Galbraith, 1985; B. Lewis, 1991; Passow, 1988).
23. 어떻게 자신과 지역사회가 밖의 세상에서 동떨어지지 않았는지 보여 주는 신문을 읽도록 권장한다; 정규적으로 다른 사람들 및 자신의 관점과 질문을 공유하는 기회를 제공한다(Clark & Hankins, 1985; Passow, 1988).
24. 여러 국가의 영재와 함께 네트워크를 구성한다(Passow, 1988).
25. 영재들로 하여금 연구하는 주제의 도덕적 및 윤리적 차원에 대해 생각하고 내용에 대한 양심의 질문을 제기하도록 권장한다(Passow, 1988).
26. "자기 자신의 서비스 이미지를 개발하고 토론하며, 자신, 다른 사람과 지역사회를 위한 이점과 결과에 대해 생각해 보게 한다"(Shannon, 1989, p. 185).
27. 세상에 대한 자신의 역할을 생각해 보는 기회를 제공한다. "어떤 영향을 끼칠까? 어떤 영향을 미치고 싶은가? 세계는 그들의 삶에 어떤 영향을 미치는가? 자신의 운명에 영향을 미치고 이 지구상 모든 사람의 운명과의 상호연관성을 확대하기 위해 장비가 필요하다"(Roeper, 1988, p. 12).

결 론

Ramey(1991)는 사회의 지도자에게 있어 일반적으로 성취를 쫓는다는 것은 목표로서 충분하지 않다고 제안하였다. Ramey는 영재 지도자가 "보다 높은 목적을 위해" 헌신할 것을 주장하였다(p. 17). Dabrowski에 의하면, 대부분의 정치적 지도자는 가장 낮은 발달수준에서 활동하며, 봉사보다는 자신의 이익으로 동기가 유발된다고 하였다. 윤리적인 지도자를 원한다면, 공개적으로 윤리적 문제를 논의하고 프로그램에서 도덕적 리더십을 권장해야 한다. 미래의 지도자를 이끌어내는 가장 현명한 방향은 Passow(1988)의 감동적인 에세이에서 찾아볼 수 있다:

> 영재성의 또 다른 차원에 관심을 기울여야 하는 충분한 이유가 있다: 자아완성뿐 아니라 사회의 이익을 위해 자신의 영재성을 개발하고 사용하는 봉사이며, 관심을 기울이며, 연민을 보이며, 헌신적인 사람을 발전시키는 것.
>
> 교육의 통합적인 부분으로, 우리 사회가 직면한 주요 문제에 영재 및 젊은이들이 민감해져야 한다—그들 사이에, 가난, 기근, 전쟁 및 핵의 파괴적 행위 … 자원의 고갈, 환경오염, 문화적 갈등 … 고용과 삶의 질. 학생으로서 이 문제를 해결할 것이라기보다는, 세계를 전복시키는 문제를 해결할 때 자신의 특별한 재능과 영재성을 개발하고 헌신할 수 있도록 영재 및 젊은이들이 민감해지게 하는 것이다. … (p. 13).
>
> 영재들이 보다 많이 그리고 심오하게 사회적·도덕적·윤리적 문제에서 잠재력을 가지고 있음을 제안하는 여러 연구들이 있다. 우리는 영재가 미래 지도자로서 활동하는 것을 이야기하지만 리더십 기술, 동기 및 리더십의 가치를 개발하도록 돕는 교육 프로그램을 거의 고안하지 않고 있다. 영재의 지식을 증진하고 있지만 이들로 하여금 그 획득한 지식의 도덕성에 대해 생각해 보도록 돕지 않는다. … 승자와 패자를 가져오는 경쟁적인 행동에 보상을 주지만 협동기술을 가르치거나 권장하지 않는다. … (p. 14).
>
> 자아-실현은 단지 영재교육의 목표 중에서 한 가지 목표에 지나지 않는다: 인류를 위해 봉사하는 것은 자아실현의 쌍둥이 목표이다. 이들 목표를 성취하

기 위해서, 보호하고, 연민이 있고, 양심적이며, 헌신적이고, 참여하는 사람이 필요하다(p. 15).

참고 문헌

AAUW Educational Foundation. (1992). *The AAUW Report: How schools short-change girls*. Executive summary. Washington, DC: American Association of University Women Educational Foundation.

Addison, L. B. (1983). *The gifted girl: Helping her be the best she can be. Inservice resource handbook*. Bethesda, MD: The Equity Institute.

Albert, R. S. (1978). Observations and suggestions regarding giftedness, familial influence, and the achievement of eminence. *Gifted Child Quarterly*, *22*, 201-211.

Alger, W. K. (1867). *The solitudes of nature and of man: Or the loneliness of human life*. Boston: Roberts Bros.

American Association for Gifted Children. (1978). *On being gifted*. New York: Walker.

Astin, H. S. (1984). The meaning of work in women's lives: A sociopsychological model of career choice and work behavior. *The Counseling Psychologist*, *12*, 117-126.

Bell, L. A. (1989). Something's wrong here and it's not me: Challenging the dilemmas that block girls' success. *Journal for the Education of the Gifted*, *12*, 118-130.

Bell, M. E. (1958). *A comparative study of mentally gifted children heterogeneously and homogeneously grouped*. Unpublished doctoral dissertation, Indiana University, Bloomington.

Bingham, M., Edmondson, J., & Stryker, S. (1983). *Choices: A teen woman's journal for self-awareness and personal planning*. Santa Barbara, CA: Advocacy Press.

Blatt, M., & Kohlberg, L. (1975). The effects of classroom moral discussion upon children's level of moral judgment. *Journal of Moral Education*, *4*, 129-161.

Boehm, L. (1962). The development of conscience: A comparison of American children of different mental and socioeconomic levels. *Child Development*, *33*, 575-590.

Bolles, R. N. (1981). *What color is your parachute?* Berkeley, CA: Ten Speed Press.

Boring, E. G. (1950). *A history of experimental psychology* (2nd ed.). Englewood Cliffs, NJ: Prentice-Hall.

Borland, J. H. (1986). What happens to them all? In C. J. Maker (Ed.), *Critical issues in gifted education: Vol. 1. Defensible programs for the gifted* (pp. 91-106). Rockville, MD: Aspen.

Buescher, T. M. (1989). Adolescent passages: The benefits of summer programs. *Understanding Our Gifted*, *2*(2), 17.

Buescher, T. M. (1991). Gifted adolescents. In N. Colangelo & G. A. Davis (Eds.), *The handbook of gifted education* (pp. 382401). Needham Heights, MA: Allyn & Bacon.

Buescher, T. M., & Higham, S. J. (1989). A developmental study of adjustment among gifted adolescents. In J. VanTassel-Baska & P. Olszewski-Kubilius (Eds.), *Patterns of influence on gifted learners: The home, the self and the school* (pp. 102-124). New York: Teachers College Press.

Buescher, T. M., Olszewski, P., & Higham, S. J. (1987, April). *Influences on strategies gifted adolescents use to cope with their own recognized talents.* Paper presented at the 1987 biennial meeting of the Society for Research in Child Development, Baltimore.

Burks, B. S., Jensen, D. W., & Terman, L. M. (1930). *Genetic studies of genius: Vol. 3. The promise of youth: Follow-up of 1000 gifted children.* Stanford, CA: Stanford University Press.

Callahan, C. M. (1991). An update on gifted females. *Journal for the Education of the Gifted, 14,* 284-311.

Caplan, P. (1981). *Barriers between women.* New York: Spectrum.

Carlson, D. (1973). *Girls are equal too. The women's movement for teenagers.* New York: Atheneum.

Casserly, P. L. (1979). Helping able young women take math and science seriously in school. In N. Colangelo & R. T. Zaffrann (Eds.), *New voices in counseling the gifted* (pp. 346-369). Dubuque, IA: Kendall/Hunt.

Christenson, R. M. (1976). McGuffy's ghost and moral education today. *Phi Delta Kappan, 58,* 737-742.

Clark, W. H., & Hankins, N. E. (1985). Giftedness and conflict. *Roeper Review, 8,* 50-53.

Colangelo, N. (1991). Counseling gifted students. In N. Colangelo & G. A. Davis (Eds.), *Handbook of gifted education* (pp. 271-284). Needham Heights, MA: Allyn & Bacon.

Coleman, J. M., & Fults, B. A. (1982). Self-concept and the gifted classroom: The role of social comparisons. *Gifted Child Quarterly, 26,* 116-120.

Conarton, S., & Silverman, L. K. (1989). Feminine development through the life cycle. In M. A. Douglas & L. E. Walker (Eds.), *Feminist psychotherapies* (pp. 37-67). Norwood, NJ: Ablex.

Cox, C. (1926). The early mental traits of three hundred geniuses. In L. M. Terman (Ed.), *Genetic studies of genius* (Vol. 2). Stanford, CA: Stanford University Press.

Cramer, R. H. (1989). Attitudes of gifted boys and girls toward math: A qualitative study. *Roeper Review, 11,* 128-130.

Cramond, B., & Martin, C. E. (1987). Inservice and preservice teachers' attitudes toward the academically brilliant. *Gifted Child Quarterly, 31,* 15-19.

Dabrowski, K. (1972). *Psychoneurosis is not an illness.* London: Gryf.

Dana, N. F., & Lynch-Brown, C. (1991). Moral development of the gifted: Making a case for children's literature. *Roeper Review, 14,* 13-16.

Dauber, S. L., & Benbow, C. P. (1990). Aspects of personality and peer relations of extremely talented adolescents. *Gifted Child Quarterly, 34,* 10-15.

Daurio, S. P. (1979). Educational enrichment versus acceleration: A review of the literature. In W. C. George, S. J. Cohn, & J. Stanley (Eds.), *Educating the gifted: Acceleration and enrichment* (pp. 13-63). Baltimore: Johns Hopkins University Press.

Davis, H. B., & Connell, J. P. (1985). The effect of aptitude and achievement status on the self-system. *Gifted Child Quarterly, 29*, 131-135.

Delisle, J. R. (1984). *Gifted children speak out*. New York: Walker.

Delisle, J. R. (1987). *Gifted kids speak out*. Minneapolis: Free Spirit.

Delisle, J., & Galbraith, J. (1987). *The gifted kids' survival guide II*. Minneapolis: Free Spirit.

Doescher, S. M., & Sugawara, A. I. (1989). Encouraging prosocial behavior in young children. *Childhood Education, 65*, 213-215.

Dowling, C. (1981). *The Cinderella complex*. New York: Summit Books.

Drews, E. M. (1972). *Learning together*. Englewood Cliffs, NJ: Prentice-Hall.

Dreyden, J. I., & Gallagher, S. A. (1989). The effects of time and direction: Changes on the SAT performance of academically talented adolescents. *Journal for the Education of the Gifted, 12*, 187-204.

Dweck, C. S. (1986). Motivational processes affecting learning. *American Psychologist, 41*, 1040-1048.

Eccles, J. S. (1985). Why doesn't Jane run? Sex differences in educational and occupational patterns. In F. D. Horowitz & M. O'Brien (Eds.), *The gifted and talented: Developmental perspectives* (pp. 25 1-295). Washington, DC: American Psychological Association.

Fantini, M. D. (1981). A caring curriculum for gifted children. *Roeper Review, 3*(4), 3-4.

Feldhusen, J. F., & Kennedy, D. M. (1988). Preparing gifted youth for leadership roles in a rapidly changing society. *Roeper Review, 10*, 226-230.

Feldhusen, J. F., Sayler, M. F., Nielsen, M. E., & Kolloff, P. B. (1990). Self-concepts of gifted children in enrichment programs. *Journal for the Education of the Gifted, 13*, 380-387.

Fennama, E. (1990). Teachers' beliefs and gender differences in mathematics. In E. Fennama & G. Leder (Eds.), *Mathematics and gender* (pp. 169-187). New York: Teachers College Press.

Field, C. W., & Weiss, J. S. (1987). *Values in selected children's books of fiction and fantasy*. Hamden, CN: Shoe String Press.

Finch, F. H., & Carroll, H. A. (1932). Gifted children as high school leaders. *Pedagogical Seminary, 41*, 476481.

Follis, H., & Feldhusen, J. F. (1983). Design and evaluation of a summer academic leadership program. *Roeper Review, 6*, 92-96.

Foster, W. (1981). Leadership: A conceptual framework for recognizing and educating. *Gifted Child Quarterly, 25*, 17-25.

Fox, L. H. (1977). Sex differences: Implications for program planning for the academically gifted. In J. C. Stanley, W. C. George, & C. H. Solano (Eds.), *The gifted and the creative: A fifty year perspective* (pp. 113-138). Baltimore: Johns Hopkins University Press.

Fox, L. H., & Turner, L. D. (1981). Gifted and creative females: In the middle school years. *American Middle School Education*, *4*(1), 17-23.

Freeman, J. (1979). *Gifted children*. Baltimore: University Park Press.

Galbraith, J. (1983). *The gifted kids' survival guide*. Minneapolis: Free Spirit.

Galbraith, J. (1984). *The gifted kids' survival guide for ages 10 and under*. Minneapolis: Free Spirit.

Galbraith, J. (1985). The eight great gripes of gifted kids: Responding to special needs. *Roeper Review*, *8*, 15-18.

Gallagher, J. J. (1982). *A leadership unit*. New York: Trillium Press.

Gallagher, J. J., & Crowder, T. (1957). The adjustment of gifted children in the classroom. *Exceptional Children*, *23*, 306-319.

Gardner, H. (1983). *Frames of mind: The theory of multiple intelligences*. New York: Basic Books.

Getzels, J. W., & Jackson, P. W. (1962). *Creativity and intelligence*. New York: Wiley.

Gilligan, C. (1982). *In a different voice. Psychological theory and women's development*. Cambridge, MA: Harvard University Press.

Gilligan, C. (1991). Women's psychological development: Implications for psychotherapy. In C. Gilligan, A. G. Rogers, & D. L. Tolman (Eds.), *Women, girls & psychotherapy: Refraining resistance* (pp. 5-31). New York: Haworth Press.

Grace, H. A., & Booth, N. L. (1958). Is the gifted child a social isolate? *Peabody Journal of Education*, *35*, 195-196.

Gray, J. W., & Pfeiffer, A. L. (1987). *Skills for leaders*. Reston, VA: National Association of Secondary School Principals.

Greenlee, S. (1992). *Self-esteem, communication and high level thinking skills: A facilitator's handbook*. Needham Heights, MA: Allyn & Bacon.

Gross, M. U. M. (1989). The pursuit of excellence or the search for intimacy? The forced-choice dilemma of gifted youth. *Roeper Review*, *11*, 189-193.

Grupe, A. J. *(1961). Adjustment and acceptance of mentally superior children in regular and special fifth grade classes in a public school system*. Unpublished doctoral dissertation, University of Illinois, Urbana.

Harter, S. (1985). *Self-perception profile for children*. Denver: University of Denver.

Hensel, N. H. (1991). Social leadership skills in young children. *Roeper Review*, *14*, 4-6.

Higham, S. J., & Buescher, T. M. (1987). What young gifted adolescents understand about feeling "different." In T. M. Buescher (Ed.), *Understanding gifted and talented adolescents: A resource guide for counselors, educators, and parents* (pp. 77-91). Evanston, IL: The Center for Talent Development, Northwestern University.

Higham, S. J., & Navarre, J. (1984). Gifted adolescent females require differential treatment. *Journal for the Education of the Gifted*, *8*, 43-58.

Hirsch, N. D. M. (1931). *Genius and creative intelligence*. Cambridge, MA: Sci-Art.

Hoehn, L., & Bireley, M. K. (1988). Mental processing preferences of gifted children. *Illinois Council for the Gifted Journal*, *7*, 28-31.

Hollingworth, L. S. (1926). *Gifted children: Their nature and nurture*. New York:

Macmillan.

Hollingworth, L. S. (1930). Personality development of special class children. *University of Pennsylvania Bulletin. Seventeenth Annual Schoolmen's Week Proceedings, 30,* 442446.

Hollingworth, L. S. (1931). The child of very superior intelligence as a special problem in social adjustment. *Mental Hygiene, 15*(1), 1-16.

Hollingworth, L. S. (1939). What we know about the early selection and training of leaders. *Teachers College Record, 40,* 575-592.

Hollingworth, L. S. (1942). *Children above 180 IQ Stanford-Binet: Origin and development.* Yonkers-on-Hudson, NY: World Book.

House, C. (1980). *Leadership series.* Coeur d'Alene, ID: Listos.

Janos, P. M., Fung, H. C., & Robinson, N. M. (1985). Self-concept, self-esteem, and peer relations among gifted children who feel "different." *Gifted Child Quarterly, 29,* 78-82.

Janos, P. M., & Robinson, N. M. (1985). Psychosocial development in intellectually gifted children. In F. D. Horowitz & M. O'Brien (Eds.), *The gifted and talented: Developmental perspectives* (pp. 149-195). Washington, DC: American Psychological Association.

Janos, P. M., Robinson, N. M., & Lunneborg, C. E. (1989). Markedly early entrance to college: A multi-year comparative study of academic performance and psychological adjustment. *Journal of Higher Education, 60,* 496-518.

Karnes, F. A., & Chauvin, J. C. (1985). *Leadership skills development program.* East Aurora, NY: United D.O.K.

Karnes, F. A., Chauvin, J. C., & Trant, T. J. (1984). Leadership profiles as determined by the HSPQ of students identified as intellectually gifted. *Roeper Review, 7,* 4648.

Karnes, F. A., Meriweather, S., & D'Llio, V. (1987). The effectiveness of the leadership studies program. *Roeper Review, 9,* 238-241.

Karnes, F. A., & Wherry, G. N. (1981). Self-concepts of gifted students as measured by the Piers-Harris Children's Self-Concept Scale. *Psychological Reports, 49,* 903-906.

Katz, E. L. (1981). *Perceived competence in elementary level gifted children.* Unpublished doctoral dissertation, University of Denver.

Kaufman, A. S. (1992). Evaluation of the WISC-III and WPPSI-R for gifted children. *Roeper Review, 14,* 154-158.

Kehayan, V. (1983). *SAGE: Self-awareness growth experiences, grades 7-12.* Rolling Hills Estates, CA: B. L. Winch.

Kelly, K., & Colangelo, N. (1984). Academic and social self-concepts of gifted, general, and special students. *Exceptional Children, 50,* 551-553.

Kelly-Benjamin, K. (1990, April). *Performance differences on SAT math questions.* Paper presented at the meeting of the American Educational Research Association, Boston.

Kerr, B. A. (1985). *Smart girls, gifted women.* Columbus: Ohio Psychology.

Kerr, B. A. (199la). Educating gifted girls. In N. Colangelo & G. A. Davis (Eds.), *Handbook of gifted education* (pp. 402-415). Needham Heights, MA: Allyn & Bacon.

Kerr, B. A. (1991b). *A handbook for counseling the gifted and talented.* Alexandria, VA:

American Counseling Association.

Kerr, B. A., Colangelo, N., & Gaeth, J. (1988). Gifted adolescents' attitudes toward their giftedness. *Gifted Child Quarterly, 32*, 245-248.

Kline, B. E., Kline, K., & Overholt, M. (1990). *Awareness and change*. McPherson, KS: McPherson Family Life Center.

Kline, B. E., & Meckstroth, E. A. (1985). Understanding and encouraging the exceptionally gifted. *Roeper Review, 8*, 24-30.

Kline, B. E., & Short, E. B. (1991). Changes in emotional resilience: Gifted adolescent females. *Roeper Review, 13*, 118-121.

Kohlberg, L. (1984). *The psychology of moral development*. New York: Harper & Row.

Kolloff, P. B., & Feldhusen, J. (1984). The effects of enrichment on self-concept and creative thinking. *Gifted Child Quarterly, 28*, 53-58.

Kolloff, P. B., & Moore, A. D. (1989). Effects of summer programs on the self-concepts of gifted children. *Journal for the Education of the Gifted, 12*, 268-276.

Lamb, R. A., & Busse, C. A. (1983). Leadership beyond lip service. *Roeper Review, 5*(3), 2 1-23.

Leatt, D. J. (1987). *Developing student leaders. Exemplary school activities programs*. Eugene: University of Oregon.

Lee, V., & Bryk, A. (1986). Effects of single sex secondary schools on student achievement and attitudes. *Journal of Educational Psychology, 78*, 381-395.

Lehman, E. B., & Erdwins, C. K. (1981). The social and emotional adjustment of young, intellectually-gifted children. *Gifted Child Quarterly, 25*, 134-137.

Lemkau, J. P. (1983). Women in male-dominated professions: Distinguishing personality and background characteristics. *Psychology of Women Quarterly, 8*, 144-165.

L'Engle, M. (1962). *A wrinkle in time*. New York: Farrar, Straus & Giroux.

Leroux, J. A. (1986). Making theory real: Developmental theory and implications for education of gifted adolescents. *Roeper Review, 9*, 72-77.

Levy, J. (1982, November). *Brain research: Myths and realities for the gifted male and female*. Paper presented at the Illinois Gifted Education Conference, Chicago.

Lewis, B. A. (1991). *The kid's guide to social action: How to solve the social problems you choose-and turn creative thinking into positive action*. Minneapolis: Free Spirit.

Lewis, W. D. (1943). Some characteristics of very superior children. *Journal of Genetic Psychology, 62*, 301-309.

Lindsay, B. (1988). A lamp for Diogenes: Leadership giftedness and moral education. *Roeper Review, 11*, 8-11.

Locksley, A., & Douvan, E. (1980). Stress on female and male high school students. In R. E. Muuss (Ed.), *Adolescent behavior and society: A book of readings* (3rd ed., pp. 275-291). New York: Random House.

Lovecky, D. (1991). The sensitive gifted boy. *Understanding Our Gifted, 3*(4), 3.

Ludwig, G., & Cullinan, D. (1984). Behavior problems of gifted and nongifted elementary school girls and boys. *Gifted Child Quarterly, 28*, 37-40.

Lutfig, R. L., & Nichols, M. L. (1990). Assessing the social status of gifted students by their age peers. *Gifted Child Quarterly*, *34*, 111-115.

Maddux, C. D., Scheiber, L. M., & Bass, J. E. (1982). Self-concept and social distance in gifted children. *Gifted Child Quarterly*, *26*, 77-81.

Maker, C. J. (1982). *Teaching models in education of the gifted*. Rockville, MD: Aspen.

Mann, H. (1957). How real are friendships of gifted and typical children in a program of partial segregation? *Exceptional Children*, *23*, 199-206.

Martinson, R. A. (1961). *Educational programs for gifted pupils*. Sacramento: California State Department of Education.

Maslow, A. H. (1968). *Toward a psychology of being* (2nd ed.). New York: D. Van Nostrand.

Matarazzo, J. D. (1981). David Wechsler (1896-1981). *American Psychologist*, *36*, 1542-1543.

McCuen, T. L. (1929). Leadership and intelligence. *Education*, *50*, 89-95.

Miller, R. V. (1956). Social status and socioempathic differences among mentally superior, mentally typical, and mentally retarded children. *Exceptional Children*, *22*, 199-206.

Monks, F., & Ferguson, T. (1983). Gifted adolescents: An analysis of their psychosocial development. *Journal of Youth and Adolescence*, *12*, 1-18.

Myers, I. B., & McCaulley, M. H. (1985). *Manual: A guide to the development and use of the Myers-Briggs Type Indicator*. Palo Alto, CA: Consulting Psychologists Press.

Myers, M. R., Slavin, M. J., & Southern, W. T. (1990). Emergence and maintenance of leadership among gifted students in group problem solving. *Roeper Review*, *12*, 256-261.

Nelson, R. G. (1981). Values education for gifted adolescents. *Roeper Review*, *3*(4), 10-11.

Noble, K. D. (1987). The dilemma of the gifted woman. *Psychology of Women Quarterly*, *11*, 367-378.

Olszewski-Kubilius, P. (1989). Development of academic talent: The role of summer programs. In J. VanTassel-Baska & P. Olszewski-Kubilius (Eds.), *Patterns of influence on gifted learners. The home, the self and the school* (pp. 214-230). New York: Teachers College Press.

Olszewski-Kubilius, P. M., & Kulieke, M. J. (1989). Personality dimensions of gifted adolescents. In J. VanTassel-Baska & P. Olszewski-Kubilius (Eds.), *Patterns of influence on gifted learners: The home, the self and the school* (pp. 125-145). New York: Teachers College Press.

Olszewski-Kubilius, P. M., Kulieke, M. J., & Krasney, N. (1988). Personality dimensions of gifted adolescents: A review of the empirical literature. *Gifted Child Quarterly*, *32*, 347-352.

Olszewski-Kubilius, P. M., Kulieke, M. J., Shaw, B., Willis, G. B., & Krasney, N. (1990). Predictors of achievement in mathematics for gifted males and females. *Gifted Child Quarterly*, *34*, 64-71.

O'Shea, H. E. (1960). Friendship and the intellectually gifted child. *Exceptional Children*, *26*, 327-335.

Passow, A. H. (1988). Educating gifted persons who are caring and concerned. *Roeper*

Review, *11*, 13–15.

Pasternak, M., & Silvey, L. (1969). Leadership patterns in gifted peer groups. *The Gifted Child Quarterly*, *13*, 126–128.

Perry, S. M. (1987). *Giftedness: Living with it and liking it.* Greeley, CO: ALPS (Autonomous Learner Publications).

Petersen, A. (1988). Adolescent development. *Annual Review of Psychology*, *39*, 583–607.

Pfeiffer, J. (1985). *A handbook of structured experiences for human relations training, VXI.* San Diego: University Associates.

Phelps, C. R. (1991). Identity formation in career development for gifted women. *Roeper Review*, *13*, 140–141.

Piaget, J., & Inhelder, B. (1969). *The psychology of the child.* New York: Basic Books.

Piechowski, M. M. (1986). The concept of developmental potential. *Roeper Review*, *8*, 190–197.

Piechowski, M. M. (1991). Emotional development and emotional giftedness. In. N. Colangelo & G. Davis (Eds.), *A handbook of gifted education* (pp. 285–306). Needham Heights, MA: Allyn & Bacon.

Pollin, L. (1983). The effects of acceleration on the social and emotional development of gifted students. In C. Benbow & J. C. Stanley (Eds.), *Academic precocity: Aspects of its development* (pp. 160–179). Baltimore: Johns Hopkins University Press.

Proctor, T. B., Black, K. N., & Feldhusen, J. F. (1986). Early admission of selected children to elementary school. A review of the research literature. *Journal of Educational Research*, *80*, 70–76.

Purkey, W. W. (1966). Measured and professed personality characteristics of gifted high-school students and an analysis of their congruence. *Journal of Educational Research*, *60*, 99–103.

Ramey, D. A. (1991). Gifted leadership. *Roeper Review*, *14*, 16–19.

Ramos-Ford, V., & Gardner, H. (1991). Giftedness from a multiple intelligence perspective. In N. Colangelo & G. A. Davis (Eds.), *Handbook of gifted education* (pp. 55–64). Needham Heights, MA: Allyn & Bacon.

Reis, S. M. (1987). We can't change what we don't recognize: Understanding the special needs of gifted females. *Gifted Child Quarterly*, *31*, 83–89.

Reis, S. M., & Callahan, C. M. (1989). Gifted females: They've come a long way—or have they? *Journal for the Education of the Gifted*, *12*, 99–117.

Reis, S. M., & Dobyns, S. M. (1991). An annotated bibliography of nonfictional books and curricular materials to encourage gifted females. *Roeper Review*, *13*, 129–134.

Rest, J. (1979). *Manual for the Defining Issues Test.* Minneapolis: University of Minnesota.

Richardson, W. B., & Feldhusen, J. F. (1988). *Leadership education: Developing skills for youth* (2nd Ed.). Monroe, NY: Trillium Press.

Riordan, C. (1990). *Girls and boys in school: Together or separate?* New York: Teachers College Press.

Robinson, A. (1990a). Cooperation or exploitation? The argument against cooperative learning for talented students. *Journal for the Education of the Gifted*, *14*, 9–27.

Robinson, A. (1990b). Response to Slavin: Cooperation, consistency, and challenge for academically talented youth. *Journal for the Education of the Gifted, 14*, 31-36.

Robinson, N. M., & Noble, K. D. (1991). Social-emotional development and adjustment of gifted children. In M. C. Wang, M. C. Reynolds, & H. J. Walberg (Eds.), *Handbook of special education. Research and practice. Vol. 4. Emerging programs* (pp. 57-76). New York: Pergamon Press.

Robinson, N. M., & Weimer, L. J. (1991). Selection of candidates for early admission to kindergarten and first grade. In W. T. Southern & E. D. Jones (Eds.), *The academic acceleration of gifted children* (pp. 29-50). New York: Teachers College Press.

Roedell, W. C. (1985). Developing social competence in gifted preschool children. *Remedial and Special Education, 6*(4), 6-11.

Roedell, W. C. (1989). Early development of gifted children. In J. VanTassel-Baska & P. Olszewski-Kubilius (Eds.), *Patterns of influence on gifted learners: The home, the self, and the school* (pp. 13-28). New York: Teachers College Press.

Roeper, A. (1988). Should educators of the gifted and talented be more concerned with world issues? *Roeper Review, 11*, 12-13.

Roeper, A. (1990). *Educating children for life: The modern learning community.* Monroe, NY: Trillium.

Roeper, A. (1991). Focus on global awareness. *World Gifted, 12*(4), 19-21.

Roets, L. S. (1981). *Leadership: A skills training program: Ages 8-18.* New Sharon, IA: Leadership.

Rogers, C. (1969). Toward a modern approach to values: The valuing process in the mature person. In P. Kutz (Ed.), *Moral problems in contemporary society.* Englewood Cliffs, NJ: Prentice-Hall.

Rogers, M. T. (1986). *A comparative study of developmental traits of gifted and average children.* Unpublished doctoral dissertation, University of Denver, Colorado.

Ross, A., & Parker, M. (1980). Academic and social self-concepts of the academically gifted. *Exceptional Children, 47*, 6-10.

Rosser, P. (1989). *Sex bias in college and admissions tests: Why women lose out.* Cambridge, MA: National Center for Fair and Open Testing.

Sadker, M., Sadker, D., & Steindam, S. (1989). Gender equity and educational reform. *Educational Leadership, 46*(6), 44-47.

Schlowinski, E., & Reynolds, C. R. (1985). Dimensions of anxiety among high IQ children. *Gifted Child Quarterly, 29*(3), 125-130.

Schwartz, L. L. (1991). Guiding gifted girls. In R. M. Milgram (Ed.), *Counseling gifted and talented children: A guide for teachers, counselors and parents* (pp. 143-160). Norwood, NJ: Ablex.

Shannon, C. K. (1989). In the service of children: An open letter to global educators. *Roeper Review, 11*, 184-185.

Silverman, L. K. (l986a). Parenting young gifted children. *Journal of Children in Contemporary Society, 18*, 73-87.

Silverman, L. K. (1986b). What happens to the gifted girl? In C. J. Maker (Ed.), *Critical issues in gifted education: Vol. 1. Defensible programs for the gifted* (pp. 43-89). Roekville, MD: Aspen.

Silverman, L. K. (1991). Helping gifted girls reach their potential. *Roeper Review, 13*, 122-123.

Silverman, L. K. (1992). Editorial. *Understanding Our Gifted, 4*(4), 2.

Silverman, L. K., Chitwood, D. G., & Waters, J. L. (1986). Young gifted children: Can parents identify giftedness? *Topics in Early Childhood Special Education, 6*(1), 23-38.

Sisk, D. A. (1982). Caring and sharing: Moral development of gifted students. *Elementary School Journal, 82*, 221-229.

Sisk, D. A. (1988). A case for leadership development to meet the need for excellence in teachers. *Roeper Review, 11*, 4346.

Sisk, D. A., & Shalcross, D. J. (1986). *Leadership: Making things happen*. Buffalo, NY: Bearly Limited.

Smith, D. L., Smith, L., & Barnette, J. (1991). Exploring the development of leadership giftedness. *Roeper Review, 14*, 7-12.

Spredemann-Dreyer, S. S. (1989). *The bookfinder 4: When kids need books*. Circle Pines, MN: American Guidance Service.

Stogdill, R. M. (1974). *Handbook of leadership: A survey of theory and research*. New York: Free Press.

Tannenbaum, A. J. (1972). A backward and forward glance at the gifted. *National Elementary Principal, 51*(5), 14-23.

Tannenbaum, A. J. (1983). *Gifted children: Psychological and educational perspectives*. New York: Macmillan.

Terman, L. M. (1916). *The measurement of intelligence*. Boston: Houghton Mifflin.

Terman, L. M. (1925). *Genetic studies of genius: Vol. 1. Mental and physical traits of a thousand gifted children*. Stanford, CA: Stanford University Press.

Terman, L. M. (1931). The gifted child. In C. Murchison (Ed.), *A handbook of child psychology* (pp. 568-584). Worcester, MA: Clark University Press.

Tidball, M. E. (1986). Baccalaureate origins of recent natural science doctorates. *Journal of Higher Education, 57*, 606-620.

Tway, E. (1981). *Reading ladders for human relations* (6th ed.). Washington, DC: American Council on Education.

VanTassel-Baska, J., Landau, M., & Olszewski, P. (1984). The benefits of summer programming for gifted adolescents. *Journal for the Education of the Gifted, 8*, 73-82.

Vare, J. V. (1979). Moral education for the gifted: A confluent model. *The Gifted Child Quarterly, 24*, 63-71.

Ward, V. S. (1980). *Differential education for the gifted*. Ventura, CA: Ventura County Superintendent of Schools Office.

Warner, M. LaV. (1923). Influence of mental level in the formation of boys' gangs. *Journal of Applied Psychology, 7*, 224-236.

Weber, J. (1981). Moral dilemmas in the classroom. *Roeper Review, 3*(4), 11-13.

Wilt, J. (1980). *A kid's guide to making friends*. Waco, TX: Educational Product Division,

Word.

Witty, P. (1930). A study of one hundred gifted children. *University of Kansas Bulletin of Education, 2*(7).

Wright, L. (1990). The social and nonsocial behavior of precocious preschoolers during free play. *Roeper Review, 12*, 268-274.

Ziv, A., & Gadish, O. (1990). Humor and giftedness. *Journal for the Education of the Gifted, 13*, 332-345.

결 론

Linda Kreger Silverman

정서 발달은 분명히 인지 발달만큼 중요한 것이며 영재를 교육하는 목표로서 동등한 관심을 정서 발달에 기울여야 한다. 정말 영재들이 그들의 잠재력을 실현하길 바란다면, 직업전선에 들어가도록 단순히 준비시키는 것이 아니라 영재의 내적 생활을 발달시키도록 도움을 제공해야 한다.

이 책은 공립 및 사립학교를 통해서 상담프로그램을 개발하는 일종의 촉매가 되어, 교사/상담자가 될 수 있도록 학급 교사를 지원하고, 심리학자, 사회사업가, 상담자 및 심리치료사의 역량을 증진하여 효과적으로 영재 내담자와 활동하도록 돕고자 한다. 이 책의 여러 장은 영재를 위한 발달적 상담프로그램을 설정하는 청사진의 역할을 수행한다. 전형적으로 학교상담자들은 학생과 활동하는 시간과 상담업무가 제한되어 영재에게 정서적 문제가 생길 때 반응할 시간이 거의 없다. 이 책에서, 치료보다는 예방프로그램을 조율할 수 있도록 상담교사의 역할을 재정비한다. 예방적 상담프로그램의 주된 목적은 학생의 정서 발달과 자아-실현을 증진하는 것이다. 이상의 프로그램은 또래와 긍정적인 관계를 맺고, 리더십 기술을 발달시키고, 적절한 진로선택을 하며, 어려움에 처한 친구에게 도움을 주는 방법을 가르칠 수 있다. 세계에 대한 관심도 활동계획에 따라 논의할 수 있다.

이상과 같은 책으로 상담에 대해 알아야 할 것 혹은 젊은이에게 생길 수 있는 여러 다양한 문제를 다루는 상담자에게 도움을 주는 모든 것을 초보자에게 가르칠 수 없다. 교사/상담자에게 그들의 역할에 대한 것을 이끌어 주는 교사들은 보다 높은 지역기관을 통해서 상담기법에 대한 훈련을 받아야 한다. 발달적인 상담프로그램은 관심을 받아야 하는 다년간의 문제를 잠재적으로 부각시킬 수 있다. 이것으로 교사/상담자가 학생을 위한 여러 종류의 서비스를 설정하지 못하게 방해하지 말아야 한다. 대신 초기 계획과 포괄적인 참조 네트워크에 활동적으로 관여하는 지지체계를 조기에 설립해야 한다. 가족상담, 약물남용, 자살예방, 성적 남용과 위기중재에 전문성이 있는 기관과 개인들은 미리 연락하여 이들 서비스를 쉽게 활성화하고 그 필요성을 부각시켜야 한다. 영재의 문제와 성격특징뿐 아니라 발달적 상담프로그램에 대한 정보를 이들 기관에 있는 특별한 사람에게 제공하는 것이 도움이 된다. 영재와 그들의 가족과 활동하는데 전문성이 있는 사람을 찾는 지침을 다음의 부록에 제시하였다. 이들 대부분의 센터들은 또한 학교에 상담서비스를 제공한다.

영재의 정서 발달에 대한 연구가 필요하다. 비록 증거가 이러한 방향에서 나타나고 있다고 하지만, 이들 영재들이 일반 학생에 비해 자살에 대한 위험이 더 큰지 어떤지도 모르고 있다. 대부분 영재는 사회적 적응에 뛰어나지만, 사회적 수용을 얻기 위해 내적으로 치르는 대가에 대해서는 분명하지 않다. 문화적으로 다양한 영재와 낮은 사회경제적 환경에 처해 있는 영재의 사회 및 정서적 발달에 대한 정보는 거의 없다. 이러한 구멍을 지식으로 채워야 한다. 여학생 영재에게 미치는 학교개혁 운동의 영향에 대한 연구 또한 필요하다. 왜냐하면 여학생 영재는 이러한 노력에서 간과되어 왔기 때문이다. 매우 영재성이 높은 학생들의 특별한 문제도 보다 철저하게 연구해야 한다.

영재의 발달적 잠재력이 성인기에 보다 높은 도덕적 가치로서 실현되는지 아닌지를 결정하기 위해 영재의 정서적 발달에 대한 종단적인 자료를 수집해야 한다. 영재의 민감성이 도덕적 리더십으로 개화하도록 지원하는 체계를 결정하기 위해서는 아동기에 정서적 민감성을 보이는 영재를 발굴하고 연구해야 한다. 영재의 인지적 자원뿐 아니라 정서를 양육함으로써 사회의 도덕적 구조를 변화시킬 수 있다.

부 록

부모를 위한 독서치료

Linda Kreger Silverman

Adderholdt-Elliott, M. (1987). *Perfectionism: What's bad about being too good?* Minneapolis: Free Spirit.

Alvino, J. (1985). *Parents' guide to raising a gifted child: Recognizing and developing your child's potential.* Boston: Little, Brown.

Alvino, J. (1989). *Parents' guide to raising a gifted toddler: Recognizing and developing the potential of your child from birth to five years.* Boston: Little, Brown.

American Association for Gifted Children. (1978). *On being gifted.* New York: Walker.

American Association for Gifted Children. (1980). *Reaching out: Advocacy for the gifted and talented.* New York: Teachers College Press.

American Association for Gifted Children. (1981). *The gifted child, the family, and the community.* New York: Walker.

Armstrong, T. (1991). *Awakening your child's natural genius: Enhancing curiosity, creativity, and learning ability.* Los Angeles: Jeremy P. Tarcher.

Berger, S. L. (1989). *College planning for gifted students.* Reston, VA: The Council for Exceptional Children.

Bireley, M., & Genschaft, J. (Eds.). (1991). *Understanding the gifted adolescent: Educational, developmental, and multicultural issues.* New York: Teachers College Press.

Bloom, B. S., (Ed.). (1985). *Developing talent in young people.* New York: Ballantine Books.

Buescher, T. M. (Ed.). (1987). *Understanding gifted and talented adolescents: A resource guide for counselors, educators, and parents.* Evanston, IL: Center for Talent Development, Northwestern University.

Clark, B. (1992). *Growing up gifted: Developing the potential of children at home and at school* (4th ed.). New York: Macmillan.

Coffey, K., Ginsburg, G., Lockhart, C., McCartney, D., Nathan, C., & Wood, K. (1976). *Parent speak on gifted and talented children.* Ventura, CA: Ventura County Superintendent of Schools.

Colangelo, N., & Davis, G. (Eds.). (1991). *Handbook of gifted education.* Needham Heights, MA: Allyn & Bacon.

Cox, J., Daniel, N., & Boston, B. (1985). *Educating able learners: Programs and promising practices.* Austin, TX: University of Texas Press.

Delisle, J. R. (1987). *Gifted kids speak out.* Minneapolis: Free Spirit.

Delisle, J. R. (1992). *Guiding the social and emotional development of gifted youth: A practical guide for educators and counselors.* New York: Longman.

Delisle, J., & Galbraith, J. (1987). *The gifted kids survival guide II.* Minneapolis: Free Spirit.

Delp, J. L., & Martinson, R. A. (1977). *A handbook for parents of gifted and talented.* Ventura, CA: Ventura County Superintendent of Schools Office.

Eby, J. W., & Smutny, J. F. (1990). *A thoughtful overview of gifted education.* White Plains, NY: Longman.

Engel, J. (1987). *It's OK to be gifted or talented: A parent/child manual.* New York: St. Martin's Press.

Farris, D. (1991). *Type tales: Teaching type to children.* Palo Alto, CA: Consulting Psychologists Press.

Feldhusen, J., VanTassel-Baska, J., & Seeley, K. (Eds.). (1989). *Excellence in educating the gifted.* Denver: Love.

Flack, J. D. (1989). *Inventing, Inventions and Inventors.* Englewood, CO: Teacher Ideas Press.

Flowers, J. V., Horsman, J., & Schwartz, B. (1982). *Raising your gifted child.* Englewood Cliffs, NJ: Prentice-Hall

Freeman, J. (1991). *Gifted children growing up.* London: Cassell Educational Limited.

Galbraith, J. (1983, 1984). *The gifted kids survival guides, I & II.* Minneapolis: Free Spirit.

Ginsburg, G., & Harrison, C. H. (1977). *How to help your gifted child.* New York: Monarch.

Goertzel, V., & Goertzel, M. G. (1962). *Cradles of eminence.* Boston: Little, Brown.

Goertzel, M. C., Goertzel, V., & Goertzel, T. C. (1978). *Three hundred eminent personalities.* San Francisco: Jossey-Bass.

Golant, S. K. (1991). *The joys and challenges of raising a gifted child.* New York: Prentice-Hall.

Graue, E. B. (1982). *Is your child gifted? A handbook for parents of gifted preschoolers.* San Diego, CA: Oak Tree.

Hall, E. G., & Skinner, N. (1980). *Somewhere to turn: Strategies for parents of the gifted and talented.* New York: Teachers College Press.

Hollingworth, L. S. (1942). *Children above 180 IQ Stanford-Binet: Origin and development.* Yonkers-on-Hudson, NY: World Book.

Horowitz, F. D., & O'Brien, M. (1985). *The gifted and talented: Developmental per-*

spectives. Washington, DC: American Psychological Association.

Kanigher, H. (1977). *Everyday enrichment for gifted children at home and at school.* Ventura, CA: Ventura County Superintendent of Schools.

Kaufmann, F. (1976). *Your gifted child and you.* Reston, VA: The Council for Exceptional Children.

Keirsey, D., & Bates, M. (1978). *Please understand me: Character and temperament types.* Del Mar, CA: Prometheus Nemesis Books.

Kerr, B. A. (1985). *Smart girls, gifted women.* Columbus, OH: Ohio Psychology.

Kerr, B. (1991). *A handbook for counseling the gifted and talented.* Alexandria, VA: American Counseling Association.

Keyes, F. (1985). *Exploring careers for the gifted* (Rev. ed.). New York: Richard Rosen Press.

Khatena, J. (1978). *The creatively gifted child: Suggestions for parents and teachers.* New York: Vantage Press.

Kroeger, O., & Theusen, J. M. (1988). *Type talk: Or how to determine your personality type and change your life.* New York: Delacorte Press.

LeGuin, U. K. (1976). *Very far away from anywhere else.* New York: Bantam.

Levinson, H. N. (1984). *Smart but feeling dumb.* New York: Warner Books.

Lewis, B. A. *The kids guide to social action: How to solve the social problems you choose–and turn creative thinking into positive action.* Minneapolis: Free Spirit.

Maker, C. J. (1986). *Critical issues in gifted education: Vol. 1: Defensible programs for the gifted.* Austin, TX: Pro–Ed.

Marone, N. (1988). *How to father a successful daughter.* New York: McGraw–Hill.

Milgram, R. M. (Ed.). (1991). *Counseling gifted and talented children: A guide for teachers, counselors and parents.* Norwood, NJ: Ablex.

Miller, A. (1981). The drama of the gifted child. New York: Basic Books.

Moore, L. P. (1981). *Does this mean my kid's a genius?* New York: McGraw–Hill.

Papert, S. (1980). *Mindstorms: Children, computers, and powerful ideas.* New York: Basic Books.

Parenting your gifted child. (1985). *Roeper Review,* Symposia Series, No. 1 (October).

Perino, S. C., & Perino, J. (1981). *Parenting the gifted: Developing the promise.* New York: R. R. Bowker.

Perry, S. M. (1985). *Giftedness: Living with it and liking it.* Greeley, CO: ALPS (Autonomous Learner Publications).

Roedell, W., Jackson, N., & Robinson, H. (1980). *Gifted young children.* New York: Teachers College Press.

Roeper, A. (1990). *Educating children for life: The modern learning community.* Monroe, NY: Trillium Press.

Saunders, J., & Espeland, P. (1986). *Bringing out the best: A resource guide for parents of young gifted children.* Minneapolis: Free Spirit.

Silverman, L. K. (1988). *Parenting the gifted child* (3rd ed.). Denver: Gifted Child Development Center.

Smutny, J. F., Veenker, K., & Veenker, S. (1989). *Your gifted child: How to recognize and develop the special talents of your child from birth to age seven.* New York: Facts on File.

Southern, W. T., & Jones, E. D. (Eds.). (1991). *The academic acceleration of gifted children.* New York: Teachers College Press.

Stone, N. A. (1989). *"Gifted" is not a dirty word.* Irvine, CA: Technicom. (About adult giftedness.)

Takacs, C. A. (1986). *Enjoy your gifted child.* Syracuse, NY: Syracuse University Press.

Turecki, S., & Tonner, L. (1985). *The difficult child.* New York: Bantam.

Tuttle, F. B., & Becker, L. A. (1983). *Characteristics and identification of gifted and talented students* (2nd ed.). Washington, DC: National Education Association.

VanTassel-Baska, J. (Ed.). (1990). *A practical guide to counseling the gifted in a school setting* (2nd ed.). Reston, VA: Council for Exceptional Children.

VanTassel-Baska, J., & Olszewski-Kubilius, P. (Eds.). (1989). *Patterns of influence on gifted learners: The home, the self and the school.* New York: Teachers College Press.

Walker, S. Y. (1991). *The survival guide for parents of gifted kids: How to understand, live with, and stick up for your gifted child.* Minneapolis: Free Spirit.

Webb, J. T., Meckstroth, E. A., & Tolan, S. S. (1982). *Guiding the gifted child: A practical source for parents and teachers.* Columbus: Ohio Psychology.

Wetherall, C. F. (1989). *The gifted kids' guide to creative thinking.* Minneapolis Paradon.

Whitmore, J. R. (1980). *Giftedness, conflict and underachievement.* Needham Heights, MA: Allyn & Bacon.

Whitmore, J. R. (1986). *Intellectual giftedness in young children: Recognition and development.* New York: The Haworth Press.

영재가 등장하는 책

Linda Kreger Silverman and Deirdre Lovecky

Arkin, A. (1976). *The Lemming Condition.* New York: Harper Collins.

Arthur, R. M. (1967). *Requiem for a Princess.* New York: Atheneum.

Auel, J. M. (1980). *The Clan of the Cave Bear.* New York: Crown. (Young Adult) (First of a three-part series)

Avi. (1990). *The True Confessions of Charlotte Doyle.* New York: Orchard Books.

Avi. (1991). *Nothing But the Truth.* New York: Orchard Books. (Young Adult)

Avi. (1992). *Blue Heron.* New York: Bradbury Press. (Young Adult)

Babbitt, N. (1975). *Tuck Everlasting.* New York: Farrar, Straus & Giroux.

Bell, W. (1986). *Crabbe's Journey.* Boston: Little, Brown. (Young Adult)

Blume, J. (1970). *Are You There, God? It's Me, Margaret.* New York: Bradbury.

Blume, J. (1972). *Otherwise Known as Sheila the Great.* New York: Dutton.

Blume, J. (1972). *Tales of a Fourth Grade Nothing.* New York: Dutton.

Bonhan, F. (1968). *The Nitty Gritty.* New York: Dutton.

Boyd, C. D. *Charlie Pippin.* New York: Viking Penguin.

Brink, C. (1973). *Caddie Woodlawn.* New York: Macmillan.

Brittain, B. (1991). *Wings.* New York: Harper Collins.

Brooks, B. (1986). *Midnight Hour Encores.* New York: Harper & Row. (Young Adult)

Brooks, J. (1992). *Knee Hold.* New York: Orchard Books. (Young Adult)

Brown, I. (1981). *Morning Glory Afternoon.* Hillsboro, OR: Blue Heron.

Bryce, C. (1989). *The Power of One.* New York: Ballantine. (Young Adult)

Bunting, E. (1990). *The Wall.* Boston: Clarion Books.

Burnett, F. (1987). *The Secret Garden.* New York: Scholastic.

Burnett, F. (1989). *The Little Princess.* New York: Putnam.

Burningham, J. (1978). *Time to Get Out of the Bath, Shirley.* New York: Crowell.

Calvert, P. (1980). *The Snowbird.* New York: Charles Scribner's Sons.

Cameron, E. (1971). *A Room Made of Windows*. Boston: Little, Brown. (First in a series.)
Castaneda, O. (1991). *Among the Volcanoes*. New York: Lodestar.
Cauvin, P. (1979). *A Little Romance*. New York: Dell. (Young Adult). (also, film/video from Warner Bros., 1979).
Clark, A. (1990). *A Ghost from the Grand Banks*. New York: Bantam. (Young Adult)
Cleaver, V., & Cleaver, B. (1971). *I Would Rather Be a Turnip*. Philadelphia: Lippincott.
Cohen, B. (1991). *213 Valentines*. New York: Henry Holt.
Cole, B. (1989). *Celine*. New York: Farrar, Straus & Giroux. (Young Adult)
Conford, E. (1977). *And This Is Laura*. Boston: Little, Brown.
Corcoran, B. (1986). *I Am the Universe*. New York: Atheneum.
Cresswell, H. (1977). *Ordinary Jack*. New York: Macmillan. ("The Bagthorpe Saga," Book 1)
Cresswell, H. (1978). *Absolute Zero*. New York: Macmillan. ("The Bagthorpe Saga," Book 2)
Cresswell, H. (1978). *Bagthorpes Unlimited*. New York: Macmillan.
Cresswell, H. (1979). *Bagthorpes vs. The World*. New York: Macmillan.
Cresswell, H. (1984). *Bagthorpes Abroad*. New York: Macmillan.
Cresswell, H. (1986). *Bagthorpes Haunted*. New York: Macmillan.
Cresswell, H. (1989). *Bagthorpes Liberated*. New York: Macmillan.
Cunningham, J. (1965). *Dorp Dead*. New York: Pantheon Books.
Dahl, R. (1982). *George's Marvelous Medicine*. New York: Bantam.
Dahl, R. (1988). *Matilda*. New York: Viking Penguin.
Danziger, P. (1974). *The Cat Ate My Gymsuit*. New York: Delacorte Press.
DeAngelo, M. (1974). *Fiddlestrings*. New York: Doubleday.
deTrevino, E. B. (1965). *I Juan de Pareja*. New York: Bell Books.
Dickinson, P. (1989). *Eva*. New York: Delacorte Press. (Young Adult)
Duncan, L. (1971). *A Gift of Magic*. Boston: Little, Brown. (Young Adult)
Dunlop, E. (1975). *Elizabeth*. New York: Holt, Rinehart & Winston.
Fenner, C. (1991). *Randall's Wall*. New York: McElderry Books.
Fisk, N. (1980). *A Rag, A Bone and a Hank of Hair*. New York: Crown.
Fitzgerald, J. D. (1967). *The Great Brain*. New York: Dial. (The first of an extensive series).
Fitzhugh, L. (1964). *Harriet, the Spy*. New York: Dell Yearling.
Fitzhugh, L. (1965). *The Long Secret: The Further Adventures of Harriet, the Spy*. New York: Dell Yearling.
Fitzhugh, L. (1974). *Nobody's Family is Going to Change*. New York: Farrar, Straus & Giroux.
Gardam, J. (1977). *Bilgewater*. New York: Greenwillow.
George, J. C. (1959). *My Side of the Mountain*. New York: E. P. Dutton.
Greene, B. (1973). *Summer of My German Soldier*. New York: Dial.
Greene, B. (1974). *Philip Hall Likes Me. I Reckon Maybe*. New York: Dial Press.
Greene, B. (1978). *Morning is a Long Time Coming*. New York: Dial.
Greene, C. (1969). *A Girl Called Al*. New York: Viking.
Greene, C. (1975). *I Know You, Al*. New York: Viking.

Greene, C. (1979). *Your Old Pal, Al.* New York: Viking.

Greene, C. (1982). *Al(exandra) the Great.* New York: Viking Press.

Greene, C. (1986). *Isabelle and Little Orphan Frannie.* New York: Viking Kestrel.

Greenwald, S. (1983). *Will the Real Gertrude Hollings Please Stand Up?* Boston: Little, Brown. (About Dyslexia.)

Greenwald, S. (1987). *Alvin Webster's Surefire Plan for Success (And How it Failed).* Boston: Little, Brown.

Greenwald, S. (1991). *Here's Hermione. A Rosy Cole Production.* Boston: Little, Brown.

Gripe, M. (1969). *Hugo and Josephine.* New York: Dell.

Gripe, M. (1976). *In the Time of the Bells.* New York: Delacorte.

Hamilton, V. (1971). *The Planet of Junior Brown.* New York: Macmillan.

Hamilton, V. (1976). *Arilla Sun Down.* New York: Greenwillow Books. (Young Adult)

Hamilton, V. (1979). *Justice and Her Brothers.* New York: Wm. Morrow. ("The Justice Cycle," Book 1.)

Hamilton, V. (1980). *Dustland.* New York: Wm. Morrow. ("The Justice Cycle," Book 2.)

Hamilton, V. (1981). *The Gathering.* New York: Wm. Morrow. ("The Justice Cycle," Book 3.)

Hassler, J. (1981). *Jemmy.* New York: Atheneum.

Hermes, P. (1990). *I Hate Being Gifted.* New York: Putnam.

Hersey, J. (1961). *The Child Buyer.* New York: Bantam. (Young Adult)

Hodges, M. (1967). *The Hatching of Joshua Cobb.* New York: Farrar, Straus & Giroux.

Hoffman, M. (1991). *Amazing Grace.* New York: Dial.

Holmann, F. (1974). *Slake's Limbo.* New York: Scribner's.

Hoover, H. M. (1976). *Treasures of the Morrow.* New York: Four Winds Press (Young Adult)

Howker, J. (1989). *Badger on the Barge and Other Stories.* New York: Greenwillow Books.

Hunt, I. (1978). *The Lottery Rose.* New York: Scribner's.

Hunter, M. (1972). *A Sound of Chariots.* New York: Harper & Row.

Hurwitz, J. (1988). *Teacher's Pet.* New York: Morrow.

Jarrell, R. (1963). *The Bat Poet.* New York: Macmillan.

Johnston, N. (1977). *A Mustard Seed of Magic.* New York: Atheneum.

Karr, K. (1990). *It Ain't Always Easy.* New York: Farrar, Straus & Giroux.

Kerr, J. (1971). *When Hitler Stole Pink Rabbit.* New York: Dell.

Kerr, J. (1975). *The Other Way Round.* New York: Coward, McCann & Geohagen.

Kerr, M. E. (1975). *Is that You, Miss Blue?* New York: Harper & Row. (Young Adult)

Kerr, M. E. (1986). *Night Kites.* New York: Harper & Row. (Young Adult)

Key, A. (1965). *The Forgotten Door.* Philadelphia: Westminster Press.

Keyes, D. (1966). *Flowers for Algernon.* New York: Harcourt Brace Jovanovich. (Young Adult)

Knowles, J. (1960). *A Separate Peace.* New York: Macmillan. (Young Adult)

Konecky, E. (1976). *Allegra Maud Goldman.* New York: Dell. (Young Adult)

Konigsburg, E. L. (1967). *From the Mixed-Up Files of Mrs. Basil F. Frankweiler.* New

York: Atheneunt

Konigsburg, E. L. (1968). *Jennifer, Hecate, Macbeth, William McKinley, and Me, Elizabeth.* New York: Atheneum.

Konigsburg, E. L. (1972). *(George).* New York: Atheneum.

Konigsburg, E. L. (1976). *Father's Arcane Daughter.* New York: Atheneum.

Konigsburg, E. L. (1986). *Up from Jericho Tel.* New York: Atheneunt

Krumgold, J. (1967). *Henry 3.* New York: Atheneum.

Lasky, K. (1981). *The Night Journey.* New York: F. Warne.

Lasky, K. (1986). *Pageant.* New York: Four Winds.

LeGuin, U. (1968). *The Wizard of Earthsea.* Berkeley, CA: Parnassus Press. (Volume 1 in "The Earthsea Trilogy.")

LeGuin, U. (1971). *The Tombs of Atuan.* New York: Atheneum. (Volume 2 in "The Earthsea Trilogy.")

LeGuin, U. (1972). *The Farthest Shore.* New York: Atheneum. (Volume 3 in "The Earthsea Trilogy.")

LeGuin, U. (1990). *Tehanu: The Last Book of Earthsea.* New York: Atheneum.

LeGuin, U. (1976). *Very Far Away From Anywhere Else.* New York: Bantam. (Young Adult).

LeGuin, U. (1979). *Leese Webster.* New York: Atheneum.

L'Engle, M. (1962). *A Wrinkle in Time.* New York: Farrar, Straus, & Giroux. (Book 1 in series.)

L'Engle, M. (1973). *A Wind in the Door.* New York: Farrar, Straus & Giroux. (Book 2 in series.)

L'Engle, M. (1978). *A Swiftly Tilting Planet.* New York: Farrar, Straus & Giroux. (Book 3 in series.)

L'Engle, M. (1986). *Many Waters.* New York: Farrar, Straus & Giroux. (Book 4 in series.)

L'Engle, M. (1989). *An Acceptable Time.* New York: Farrar, Straus & Giroux.
(Book 5 in series.)

L'Engle, M. (1968). *The Young Unicorns.* New York: Farrar, Straus & Giroux.

L'Engle, M. (1969). *Prelude.* New York: Vanguard Press.

L'Engle, M. (1983). *And Both Were Young.* New York: Delacorte Press.

Levitin, S. (1976). *The Mark of Conte.* New York: Macmillan. (Young Adult)

Levitin, S. (1977). *Beyond Another Door.* New York: Atheneum.

Little, J. (1972). *From Anna.* New York: Harper Collins.

Little, J. (1977). *Listen for the Singing.* New York: Harper Collins.

Lord, B. (1984). *In the Year of the Boar and Jackie Robinson.* New York: Harper & Row.

Love, S. (1978). *Melissa's Medley.* New York: Harcourt, Brace, Jovanovich.

Lowry, L. (1979). *Anastasia Krupnik.* Boston: Houghton Mifflin.

Lowry, L. (1981). *Anastasia Again.* Boston: Houghton Mifflin.

Lowry, L. (1982). *Anastasia At Your Service.* Boston: Houghton Mifflin.

Lowry, L. (1984). *Anastasia, Ask Your Analyst.* Boston: Houghton Mifflin.

Lowry, L. (1985). *Anastasia on Her Own.* Boston: Houghton Mifflin.

Lowry, L. (1986). *Anastasia Has the Answers*. Boston: Houghton Mifflin.
Lowry, L. (1987). *Anastasia's Chosen Career*. Boston: Houghton Mifflin.
Lowry, L. (1988). *All About Sam*. Boston: Houghton Mifflin.
MacKinnon, B. (1984). *The Meantime*. Boston: Houghton Mifflin.
MacLachlan, P. (1988). *The Facts and Fictions of Minna Pratt*. New York: Harper & Row.
Mahy, M. (1986). *The Catalogue of the Universe*. New York: Atheneum. (Young Adult).
Mahy, M. (1987). *The Tricksters*. New York: Scholastic. (Young Adult)
Martin, A. M. (1988). *Very Turly, Shirley*. New York: Holiday House. (About Giftedness and Dyslexia.)
Mathis, S. B. (1972). *Teacup Full of Roses*. New York: Viking. (Young Adult)
McKinley, R. (1984). *The Hero and the Crown*. New York: Greenwillow Books.
Moser, D. (1975). *A Heart to the Hawks*. New York: Atheneum.
Murphy, S. R. (1974). *Poor Jenny, Bright as a Penny*. New York: Viking.
Murray, M. (1988). *Like Seabirds Flying Home*. (Young Adult).
Newman, R. (1967). *The Boy Who Could Fly*. New York: Atheneum.
Nostlinger, C. (1976). *Konrad*. New York: Avon.
O'Brien, R. C. (1971). *Mrs. Frisby and the Rats of Nimh*. New York: Atheneum.
O'Neal, Z. (1980). *The Language of Goldfish*. New York: Viking. (Young Adult)
O'Neal, Z. (1985). *In Summer Light*. New York: Viking Kestrel. (Young Adult).
Paterson, K. (1974). *Of Nightingales that Weep*. New York: Thomas Y. Crowell.
Paterson, K. (1976). *The Master Puppeteer*. New York: Thomas Y. Crowell.
Paterson, K. (1977). *Bridge to Teribithia*. New York: Thomas Y. Crowell.
Paterson, K. (1978). *The Great Gilly Hopkins*. New York: Thomas Y. Crowell.
Paterson, K. (1980). *Jacob Have I Loved*. New York: Avon. (Young Adult)
Paterson, K. (1985). *Come Sing, Jimmy Jo*. New York: E. P. Dutton.
Paterson, K. (1991). *Lyddie*. New York: Lodestar.
Paulsen, C. (1987). *Dogsong*. New York: Puffin. (Young Adult)
Paulsen, C. (1989). *Hatchet*. New York: Puffin. (Young Adult)
Peck, R. (1985). *Remembering the Good Times*. New York: Delacorte Press. (Young Adult).
Peyton, K. M. (1970). *Pennington's Last Term*. New York: Thomas Y. Crowell. (Young Adult).
Peyton, K. M. (1970). *Pennington's Seventeenth Summer*. New York: Thomas Y. Crowell. (Young Adult).
Peyton, K. M. (1972). *The Beethoven Medal*. New York: Thomas Y. Crowell. (Young Adult).
Peyton, K. M. (1973). *Pennington's Heir*. New York: Thomas Y. Crowell. (Young Adult).
Peyton, K. M. (1973). *A Pattern of Roses*. New York: Thomas Y. Crowell. (Young Adult)
Peyton, K. M. (1977). *Prove Yourself a Hero*. London: Oxford University Press. (Young Adult).
Peyton, K. M. (1981). *Dear Fred*. New York: Philomel.
Pfeffer, S. (1989). *Dear Dad, Love Laurie*. New York: Scholastic.
Picard, B. L. (1966). *One is One*. New York: Holt, Rinehart, & Winston.

Pinkwater, J. (1989). *Buffalo Brenda*. New York: Macmillan.
Pinkwater, J. (1991). *Tails of the Bronx*. New York: Macmillan.
Potok, C. (1967). *The Chosen*. New York: Random House. (Young Adult)
Potok, C. (1969). *The Promise*. New York: Random House. (Young Adult)
Raskin, E. (1978). *The Westing Game*. New York: Avon Books.
Rodgers, M. (1972). *Freaky Friday*. New York: Harper & Row.
Rodgers, M. (1974). *Billions for Boris*. New York: Harper & Row.
Rogers, P. (1973). *The Rare One*. Nashville, TN: Thomas Nelson.
Roe, E. (1989). *Circle of Light*. New York: Harper & Row.
Ryan, M. (1991). *My Sister is Driving Me Crazy*. New York: Simon & Schuster.
Sachar, L. (1991). *Someday Angeline*. New York: Avon.
Sachar, L. (1991). *Dogs Don't Tell Jokes*. New York: Knopf.
Sachs, M. (1991). *Circles*. New York: Dutton.
Say, A. (1979). *The Ink-Keeper's Apprentice*. New York: Harper & Row. (Young Adult)
Sebestzen, O. (1979). *Words by Heart*. Boston: Little, Brown.
Sebestzen, O. (1989). *The Girl in the Box*. Boston: Little, Brown.
Sefton, C. (1964). *In a Blue Velvet Dress*. New York: Harper & Row.
Shecter, B. (1967). *Conrad's Castle*. New York: Harper.
Shiras, W. H. (1953). *Children of the Atom*. New York: Gnome Press (availfrom Science Fiction Book Club).
Sleator, W. (1983). *Fingers*. New York: Atheneum. (Young Adult)
Sleator, W. (1985). *Singularity*. New York: E. P. Dutton.
Sleator, W. (1986). *The Boy Who Reversed Himself*. New York: E. P. Dutton.
Sleator, W. (1988). *The Duplicate*. New York: E. P. Dutton.
Sleator, W. (1990). *Strange Attractors*. New York: E. P. Dutton.
Smith, B. (1943). *A Tree Grows in Brooklyn*. New York: Harper & Row. (Young Adult)
Snyder, Z. (1987). *And Condors Danced*. New York: Delacorte.
Snyder, Z. (1990). *Libby on Wednesday*. New York: Delacorte Press.
Smith, D. B. (1978). *Dreams and Drummers*. New York: Thomas Y. Crowell.
Sobol, D. (1963). *Encyclopedia Brown, Boy Detective*. New York: Elsevier/Nelson Books. (The first of an extensive series; some published by Bantam Skylark, Delacorte, Morrow, T. Nelson, and Four Winds Press.)
Stolz, M. (1973). *Lands End*. New York: Harper & Row.
Stone, B. (1988). *Been Clever, Forever*. New York: Harper & Row. (Young Adult)
Sypher, L. (1991). *Cousins and Circuses*. New York: Puffin.
Sypher, L. (1991). *The Edge of Nowhere*. New York: Puffin.
Sypher, L. (1991). *The Spell of the Northern Lights*. New York: Puffin.
Sypher, L. (1991). *The Turnabout Year*. New York: Puffin.
Talbert, M. (1985). *Dead Birds Singing*. Boston: Little Brown. (Young Adult)
Taylor, M. (1976). *Roll of Thunder, Hear My Cry*. New York: Dial.
Taylor, M. (1981). *Let the Circle Be Unbroken*. New York: Dial.
Taylor, M. (1990). *The Road to Memphis*. New York: Dial.

Terris, S. (1990). *Author, Author.* New York: Farrar, Straus & Giroux.
Thompson, J. F. (1987). *Simon Pure.* New York: Scholastic. (Young Adult)
Tolan, S. (1980). *The Last of Eden.* New York: Frederick Warne. (Young Adult).
Tolan, S. (1981). *No Safe Harbors.* New York: Scribner's. (Young Adult).
Tolan, S. (1983). *A Time to Fly Free.* New York: Scribner's.
Tolan, S. (1983). *The Great Skinner Strike.* New York: Macmillan.
Tolan, S. (1986). *The Great Skinner Enterprises.* New York: Four Winds Press.
Tolan, S. (1987). *The Great Skinner Getaway.* New York: Four Winds Press.
Tolan, S. (1988). *The Great Skinner Homestead.* New York: Four Winds Press.
Tolan, S. (1986). *Pride of the Peacock.* New York: Scribner's. (Young Adult).
Tolan, S. (1988). *A Good Courage.* New York: Morrow Jr. Books. (Young Adult).
Tolan, S. (1990). *Plague Year.* New York: Morrow Jr. Books. (Young Adult).
Tolan, S. (1991). *Marcy Hooper and the Greatest Treasure in the World.* New York: William Morrow.
Tolan, S. (1992). *Sophie and the Sidewalk Man.* New York: Four Winds Press.
Towne, M. (1990). *Steve the Sure.* New York: Atheneum.
Ure, J. (1985). *The Most Important Thing.* New York: W. Morrow. (Young Adult).
Vinke, H. (1984). *The Short Life of Sophie Scholl.* New York: Harper & Row. (Young Adult).
Voigt, C. (1981). *The Homecoming.* New York: Atheneum. (Young Adult)
Voigt, C. (1982). *Dicey's Song.* New York: Atheneum. (Young Adult)
Voigt, C. (1987). *Come a Stranger.* New York: Ballantine. (Young Adult)
Walsh, J. (1991). *A Chance Child.* New York: Farrar, Straus & Giroux.
Weiman, E. (1982). *It Takes Brains.* New York: Atheneum.
Wells, R. (1980). *When No One Was Looking.* New York: The Dial Press.
Whitaker, A. (1986). *Dream Sister.* New York: Dell.
Wilhelm, K. (1986). *Huysman's Pets.* New York: Ace. (Young Adult)
Williams, B. W. (1983). *Mitzi's Honeymoon with Nana Potts.* New York: Dell.
Williams, V. B. (1986). *Cherries and Cherry Pits.* New York: Greenwillow Books.
Williams, J., & Abrashkin, R. (1968). *Danny Dunn and the Homework Machine.* New York: McGraw-Hill.
Wojciechowska, M. (1964). *Shadow of a Bull.* New York: Atheneum.
Wojciechowska, M. (1970). *Don't Play Dead Before You Have To.* New York: Harper & Row.
Wolff, V. (1991). *The Mozart Season.* New York: Holt. (Young Adult)
Wood, M. (1988). *The Secret Life of Hilary Thorne.* New York: Macmillan.
Woodson, J. (1990). *The Last Summer with Maizon.* New York: Dell Yearling.
Wyndham, J. (1983). *The Chrysalids.* Guilford, CN: Ulverscroft.
Yep, L. (1977). *Child of the Owl.* New York: Harper & Row.
Yep, L. (1982). *Kind Hearts and Gentle Monsters.* New York: Harper & Row.
Yep, L. (1991). *The Star Fisher.* New York: Morrow.

앞서 언급한 책 중에서 더 이상 판매되지 않는 것도 있다. 그러나 도서관에서 대출해서라도 살펴봐야 할 정도로 귀중한 책들이다.

다음 자원들에서도 많은 책들에 대해 주석을 달아 놓았다. 일부 책들도 주인공의 나이에 따른 연령 수준을, 그리고 주인공이 직면한 발달문제를 보여준다. 그러나 대개 영재들은 보다 어려운 것을 읽는다. 또한 일부 책에서는 영재용으로 사용할 수 있도록 교수지침과 예제 레슨을 제시하는 것도 있다.

Amerikaner, S., & Simon, S. (1988). *The gifted and talented catalogue.* New York: Price Stern Sloan.

Baskin, B. H., & Harris, K. H. (1980). *Books for the gifted child.* New York: R. R. Bowker.

Flack, J., & Lamb, P. (1984). Making use of gifted characters in literature. *G/C/T,* No. 34 (Sept/Oct), 3-11.

Halsted, J. (1988). *Guiding gifted readers from pre-school to high school: A handbook for parents, teachers, counselors and librarians.* Columbus, OH: Ohio Psychology.

Hauser, P., & Nelson, C. A. (1988). *Books for the gifted child.* New York: R. R. Bowker.

Karnes, F., & Collins, E. C. (1980). *Handbook of instructional resources and references for teaching the gifted.* Needham Heights, MA: Allyn & Bacon.

Polette, N. (1984). *Books and real life: A guide for gifted students and teachers.* Jefferson, NC: McFarland.

Polette, N., & Hamlin. M. (1980). *Exploring books with gifted children.* Littleton, CO: Libraries Unlimited.

Schroeder-Davis, S. (1991). Books for use in counseling gifted students. In B. Kerr. *A handbook for counseling the gifted and talented* (pp. 188-206). Alexandria, VA: American Counseling Association.

Sisk, D. (1982). Caring and sharing: Moral development of gifted students. *The Elementary School Journal, 82,* 221-229.

Spredemann-Dreyer, S. S. (1989). *The Bookfinder 4: When kids need books.* Circle Pines, MN: American Guidance Service.

Tolan, S. (1983). Novels for children and young adults which have exceptionally gifted characters. Unpublished paper.

Tolan, S. The Reading Room. Regular feature column in *Understanding Our Gifted.* Boulder, CO: Open Space Communications, Inc.

Tway, E. (1980). The gifted child in literature. *Language Arts, 57*(1), 14-20.

영재를 위한 독서치료

Jerry Flack and Deirdre Lovecky

Anderson, W. (1987). *Laura In galls Wilder: Pioneer and Author.* New York: Kipling Press.

Angelou, M. (1969). *I Know Why the Caged Bird Sings.* New York: Bantam. (Young Adult)

Archer, J. (1968). *The Unpopular Ones.* New York: Crowell-Collier Press.

Asimov, I. (1979). *In Memory Yet Green.* New York: Avon Books. (Young Adult)

Baker, R. (1982). *Growing Up.* New York: New American Library. (Young Adult)

Bateson, M. C. (1985). *With a Daughter's Eye.* New York: Washington Square Press. (Young Adult) (Biography of Margaret Mead.)

Berry, M. (1988). *Georgia O'Keeffe.* New York: Chelsea House Publishers.

Blos, J. W. (1991). *The Heroine of the Titanic.* New York: Morrow Junior Books.

Bosbough, J. (1985). *Stephen Hawking's Universe.* New York: William Mor

Brower, K. (1978). *The Starship and the Canoe.* New York: Harper & Row. (Young Adult)

Carpenter, H. (1985). *Tolkien: A Biography.* New York: Ballantine Books. (Young Adult)

Cleary, B. (1988). *A Girl from Yamhill: A Memoir.* New York: Dell.

Cohen, D. (1987). *Carl Sagan: Superstar Scientist.* New York: Dodd, Mead.

Cousins, M. (1965). *The Story of Thomas Alva Edison.* New York: Random House.

Cremaschi, C. (1982). *Albert Schweitzer.* Englewood Cliffs, NJ: Silver Burdett.

Dash, J. (1991). *Triumph of Discovery: Women Scientists Who Won the Nobel Prize.* Englewood Cliffs, NJ: Julian Messner.

Debisle, J. (1991). *Kid Stories: Biographies of 20 Young People You'd Like to Know.* Minneapolis, MN: Free Spirit.

Dillard, A. (1987). *An American Childhood.* New York: Harper & Row. (Young Adult)

Durwood, P. (1988). *Beatrix Potter: Creator of Peter Rabbit.* New York: The Kipling Press.

Faber, D. (1985). *Eleanor Roosevelt: First Lady to the World.* New York: Viking Penguin.

Ferris, J. (1991). *Native American Doctor. The Story of Susan LaFlesche Picotte.*

Minneapolis, MN: Carolrhoda Books.
Fisher, A., & Rabe, O. (1968). *We Alcotts*. New York: Atheneum.
Fradin, D. (1987). *Remarkable Children*. Boston: Little, Brown.
Freedman, R. (1987). *Lincoln: A Photobiography*. New York: Clarion Books.
Fritz, J. (1982). *Homesick: My Own Story*. New York: C. P. Putnam's Sons.
Gies, M. (1987). *Anne Frank Remembered*. New York: Simon & Schuster.
Goertzel, V., & Goertzeb, M. C. (1962). *Cradles of Eminence*. Boston: Little, Brown. (Young Adult)
Graves, C. (1973). *John Muir*. New York: Thomas Y. Crowell.
Kerr, M. E. (1983). *ME, ME, ME, ME, ME*. New York: Harper & Row.
Kudlinski, K. (1988). *Rachel Carson, Pioneer of Ecology*. New York: Viking Kestrel.
Lepscky, I. (1982). *Albert Einstein*. New York: Barron's Educational Series.
Little, J. (1987). *Little by Little: A Writer's Education*. New York: Viking Kestrel.
Little, J. (1990). *Stars Come Out Within*. New York: Viking.
Lomask, M. (1988). *Great Lives: Exploration*. New York: Charles Scribner's Sons.
Markham, B. (1983). *West with the Night*. San Francisco: North Point Press. (Young Adult)
McKissack, P. C. (1985). *Mary McLeod Bethune: A Great American Educator*. Chicago: Children's Press.
Meltzer, M. (1968). *Langston Hughes. A Biography*. New York: Thomas Y. Crowelb.
Meltzer, M. (1985). *Dorothea Lange: Life Through the Camera*. New York: Viking Penguin.
McPherson, S. S. (1990). *Rooftop Astronomer: A Story of Maria Mitchell*. Minneapolis, MN: Carolrhoda Books.
Michener, J. A. (1991). *The World is My Home: A Memoir*. New York: Random House. (Young Adult)
Miller, M. (1974). *Plain Speaking: An Oral Biography of Harry S. Truman*. New York: Berkley Books. (Young Adult)
Milton, J. (1987). *Marching to Freedom. The Story of Martin Luther King, Jr*. New York: Dell.
Neimark, A. E. (1986). *One Man's Valor: Leo Baeck and the Holocaust*. New York: Lodestar Books (E. P. Dutton).
North, S. (1956). *Abe Lincoln. Log Cabin to White House*. New York: Random House.
Peavy, L. S., & Smith, U. (1983). *Women Who Changed Things*. New York: Scribners.
Sandburg, C. (1956). *Abe Lincoln Grows Up*. New York: Harcourt, Brace & World.
Sills, L. (1989). *Inspirations: Stories about Women Artists*. Niles, IL: Albert Whitman.
Sloat, S. (1990). *Amelia Earhart: Challenging the Skies*. New York: Ballantine.
Smith, S. (1985). *Journey to the Soviet Union*. Boston: Little, Brown.
Weidt, M. N. (1990). *Presenting Judy Blume*. New York: Laurel Leaf Books.
X., Malcolm. (1965). *The Autobiography of Malcolm X*. New York: Grove Press. (Young Adult)
Zhensun, Z., & Low, A. (1991). *A Young Painter: The Life and Paintings of Wang Yani-China's Extraordinary Young Painter*. New York: Scholastic.

영재교육 정기간행물

Linda Kreger Silverman

Advanced Development

Institute for the Study of Advanced Development

777 Pearl Street

Denver, CO 80302

내적 발달 관점에서 기술한 성인영재에 대한 최초의 저널로서 해마다 발행되며, 「*Advanced Development*」의 각 발행부는 여러 주제를 다루고 특별한 이론가, 도덕적 예, 영재 성인의 문제, 치료적 적용점, 여성 영재와 시를 수록한다.

Challenge

Good Apple Publishers

Box 299

Carthage, IL 62321

학령 전기부터 8학년 영재의 부모와 교사를 위해 매년 5차례 잡지를 발간한다. 「*Challenge*」는 영재를 위해서 활용할 수 있는 활동들, 영재교육 지도자들의 아티클, 행사일정 및 부모에게 도움을 주는 내용을 수록한다.

Gifted Child Quarterly

National Association for Gifted Children(NAGC)

1155 15th St. N. W.

Suite 1002

Washington, DC 20005

NAGC의 공식적인 기관에서 발행하는 학문성격의 저널로서 영재교육분야의 최근의 연구를 수록한다. 「*Gifted Child Quarterly*」는 영재교육에서 가장 전문적이며 교육 및 심리학의 아티클에서 자주 인용되는 저널이다.

The Gifted Child Today

P. O. Box 637

100 Pine Avenue

Holmes, PA 19043-9937

본래 G/C/T로 알려진, 부모와 교사를 위한 잡지로서 영재, 창의적이며 재능 있는 학생의 요구를 충족하기 위해 고안되었다. 「*The Gifted Child Today*」는 두 달에 한 번 발행되며, 테마별 문제 및 학업환경에서 활용할 수 있는 학문적 아티클을 수록한다.

Gifted Education Review

P. O. Box 2278

Evergreen, CO 80439-2278

영재교육의 주도적인 저널과 잡지 중에서 가장 최근의 것을 발췌하여 발행한다. 「*Gifted Education Review*」는 일 년에 4번 발행되며 가장 최근에 발행된 정보에 대한 개관을 독자에게 제공한다.

Journal for the Education of the Gifted

Journals Department

University of North Carolina Press

P. O. Box 2288

Chapel Hill, NC 27515-2288

Exceptional Children의 한 분과인 영재연합회에서 공식적으로 발행하는 「*Journal for the Education of the Gifted*」는 일 년에 4번 발행되며 연구, 이론적 보고서, 역사적 관점, 문헌고찰 및 혁신적인 프로그램을 기술한다.

Roeper Review

P. O. Box 329

Bloomfield Hills, MI 48303

일 년에 4번 발행되는 전문 저널로서 가족문제, 일반적인 자각, 평가문제, 최근의 박사논문, 책 개관과 전문성 발달에 대한 정규적인 분과를 포함한다. 「*Roeper Review*」는 주제별로 기획되어, 청중에게 호소적인 여러 철학적, 이론적, 실험적 및 실제적인 아티클을 수록한다.

Understanding Our Gifted

Open Space Communications, Inc.

P. O. Box 18268

Boulder, CO 80308-8268

부모, 교사 및 상담자를 위해 매달 2번 발행된다. 「*Understanding Our Gifted*」는 부모교육, 교수책략, 고도 영재, 창의성, 현재 발달, 아동 책에 대한 개관, 숨겨진 영재 학습자 및 영재의 성격적인 측면에 대한 여러 주제와 정규적인 칼럼을 통해 짧고, 학문적인 아티클을 제공하는 미니저널이다.

상담과 평가를 위한 자료

Linda Kreger Silverman

Association for the Education of Gifted Underachieving Students(AEGUS)

College of New Rochelle

New Rochelle, NY 19805

(914)654-5336

(203)429-8117

학습장애를 가진 미성취 및 영재를 위한 단기 상담; 평가자료; 보상 책략

The Center for Creativity, Innovation and Leadership

2111 Redbird Lane

Beaumont, TX 77710

(409)880-8046

평가; 부모상담; 부모 및 교사를 위한 심화 세미나

The Center for Gifted

National Louis University

Evanston, IL 60201

(708)256-1220

(708)251-2661

평가; 상담자료; 4세부터 12학년용 프로그램, Chicago 영역을 커버하는 일요일 및 여름 프로그램; 부모와 교사 워크숍; 출판물; 개인 컨퍼런스

Center for Gifted Education
College of William and Mary
Jones Hall Room 304
Williamsburg, VA 23185
(804)221-2362
평가와 상담; 부모 워크숍; 학기 중 및 여름 프로그램; Governor 학교; 뉴스레터; 출판물; 소외되고 위험에 처해 있는 학생 중점

Center for Talent Development
Northwestern University
School of Education and Social Policy
2003 Sheridan Road
Evanston, IL 60208
(708) 491-3782
재능 발굴; 평가와 상담자료; 부모세미나; 여름 및 학기중 프로그램; 부모용 뉴스레터; 출판물; 경제적으로 소외된 영재에 초점

The Center for Talented Youth
The Johns Hopkins University
3400 North Charles St.
Baltimore, MD 21218
(410)516-0337
평가와 연구; 재능 발굴; SAT, SSAT 및 5, 6, 그리고 7학년에서 매우 능력 있는 학생; 최소한 SAT에서 630 V, 700 M 점수를 받는 13세 이하의 학생; 여름 학문 프로그램; 출판물; 공공정책

Child and Youth Development Center

529 E. Stroop Road

Dayton, OH 45429

(513)294-6004

지적, 학문적, 성격 및 정서적 평가; 학생, 청소년, 성인과 가족에 대한 개별 및 집단 상담; 학교 및 교육상담; 출판물; 부모교육, 학교지지, 아동과 청소년 관리에 초점

The Counseling Laboratory for Talent Development

Connie Belin National Center for Gifted Education

210 Lindquist Center

The University of Iowa

Iowa City, IA52242

(319)335-6148

1-800-336-6463

진로상담; 가족상담; 재능 발굴; 학교상담; 여름 프로그램

Educational Consulting Services

1399 S. 700 East, Suite # 16

Salt Lake City, UT 84105

(801)487-5659

영재 평가와 상담; 부모/학교 상담; 사립학교 및 대안적인 프로그램 배정

Excellence in Learning, Inc.

4900 Reed Road

Upper Arlington, OH 43220

(614)457-1119

학습장애 영재 평가; 뇌 mapping; 단기 상담; 학습기술 책략

Family Achievement Clinic

1227 Robruck Drive

Oconomowoc, WI 53066

(414)567-4560

평가; 상담; 가족상담; 뉴스레터; 출판물; 미성취, 창의성과 고도 영재에 초점; 창의성 및 미성취 평가도구

Dr. Esther Gelcer, Psychologist

687 Bloor Street East

Toronto, Ontario Canada M4W 1J3

(416)928-3179, FAX (416)928-1916

평가; 학습장애, 신경심리학, 성격 및 학업성취; 개별, 집단 및 가족 치료; 놀이와 미술치료, 세대간 활동; 영재판별과 처치, 확대가족치료와 사회적 기술훈련에 초점

Gifted Child Development Center

777 Pearl Street

Denver, CO 80303

(303)837-8378

평가; 학생 및 성인과 함께하는 발달적 상담(자아 이해와 자아-실현에 초점); 저널과 출판물; 상담; 영재/학습장애, 고도영재, 공간 학습자, 정서발달과 성인 영재에 초점

Gifted/Talented Development Services

2112 W. Cullom

Chicago, IL 60618

(312)472-4164

지적 및 성격 평가; 상담; 부모 교육 워크숍; 고문; 고도 영재와 성인 영재 전문

Dr. Miraca Gross

University of New South Wales

P. O. Box 1

Kensington, New South Wales

Australia 2033

(02)697-4903

상담; 평가자료; 고도영재와 영재 및 사춘기의 사회성과 정서발달에 초점

Guidance Laboratory for Gifted and Talented

131 Bancroft Hall

University of Nebraska-Lincoln

Lincoln, NE 68510

(402)472-6947

진로상담

The Hollingworth Center for Highly Gifted Children

P. O. Box 464

South Casco, ME 04077

(207)655-3767

상남과 평가자료; 뉴스레터; 컨퍼런스; 고도 영재 부모의 네트워킹

Institute for the Study of Child Development

UMDNJ-RWJ Medical School

97 Paterson Street

New Brunswick, NJ 08903-0019

(908)937-7700

학령 전기 및 학령기 아동 평가; 기술 프로파일; 교육상담; 부모교육

The Laboratory for Gifted at the Counselor Training Center

401 Payne Hall

Arizona State University

Tempe, AZ 85287

(602)965-5067

진로상담

The Leta Hollingworth Center for the Study and Education of the Gifted

Teachers College, Columbia University

Box 170

New York, NY 10027

(212)678-3851

평가와 상담 자료; 학교상담; 부모세미나와 교육자 워크숍; 전학령기 프로그램; 주말 심화 프로그램; 2세 된 아동과 부모를 위한 토요 프로그램; 여름 과학캠프

Dr. Deirdre Lovecky, Psychologist

11 Whiting Street

Providence, RI 02906

(401)421-3426

영재학생 및 성인 평가와 상담; 학생집단; 부모 네트워킹; 출판물; 고도 영재와 주의력 결핍영재에 초점

Office for Precollegiate Programs for Talented and Gifted

Iowa State University

Ames, IA 50011

(515)294-1772

교육 및 직업 상담; 재능 발굴; 여름 프로그램

Parents of GT/LD Children

6222 Broad Street

Bethesda, MD 20816

(301)986-1422

평가와 상담 자료; 부모네트워킹

Dr. Mary L. Parkinson, Director

Potential Development

68 Risdon Road

New Town, Tasmania

Australia 7008

(002)28-4068; 28-5480

평가; 상담; 프로그램; 부모와 교사 워크숍; 캠프; 사고 및 연구기술; 컨설팅

Dr. Joan Pinkus, Psychologist

314-2025 West 42nd Avenue

Vancouver, BC V6M 2B5

Canada

(604)266-5354

평가; 영재 및 사춘기 학생 상담; 가족 상남

Halbert Robinson Center for the Study of Capable Youth

Guthrie Annex II, NI-20

University of Washington

Seattle, WA 98195

(206)543-4146

평가와 단기상담; 대학 프로그램에의 조기입학; 재능 발굴; 여름 프로그램

Rocky Mountain Talent Search

2135 E. Wesley Ave.

200 Wesley Hall

University of Denver

Denver, CO 80208

(303)871-2983

상담; 재능 발굴과 여름 연구소; 평가자료; 컨설팅

Roeper Consultation Service

1200 Lakeshore Avenue, #24D

Oakland, CA 94606

(510)763-3173

아동과 부모상담; 학교 행정가 및 교사와의 협의; 부모집단; 출판물

Supporting Emotional Needs of the Gifted(SENG)

Wright State University

School of Professional Psychology

P. O. Box 2745

Dayton, OH 45401

(513)873-4300

평가와 상담 서비스; 출판물; 부모 워크숍; 컨퍼런스; 촉진자 훈련; 평가 상담 및 컨설팅용 국가참고 서비스 평가도구

Talent Identification Program

Box 40077

Duke University

Durham, NC 27706

(919)684-1400

재능 발굴; 여름 프로그램

Teaching the Talented Program

University of Connecticut

2131 Hillside Road Unit 3007

Storrs, CT 06269

(860)486-6265

교육적 조언; 평가 및 상담 자료; 정보 패킷; National Research Center for Gifted/Talented 뉴스레터; 출판물; Confratute; 학생을 위한 여름 프로그램 정보

Wisconsin Center for Academically Talented Youth

8017 Excelsior Drive Suite 120

Madison, WI 53717

(608)831-6144

평가와 상담 자료; 부모세미나와 협의; 학생을 위한 합숙 여름 프로그램과 워크숍

기여자

Leland Baska는 Chicago 공립영재 프로그램에 참여한 전직 학교심리학자이다. 영재교육에서 여러 편의 글과 아티클을 저술하였으며, 현재는 Virginia 주 Williamsburg에 있는 교육 프로그램과 심리 서비스의 고문으로 활동중이다.

Nicholas Colangelo는 University of Iowa 내 Myron and Jacqueline Blank의 영재교육 교수겸 The Connie Belin National Center for Gifted Education의 디렉터로 재직중이다. 영재의 정서적 발달과 상담에 관한 여러 편의 연구와 이론적인 아티클을 저술하였다. Colangelo는 1991년 NAGC의 우수 학자상을 수상하였다. 가장 최근의 저서로는 Gary Davis와 편집한 『*Handbook of Gifted Education*』(1991)이 있다.

Kathy M. Evans는 College of William and Mary 대학의 상담프로그램에서 교육 부교수로 재직중이다. 1970년 이래 문화적으로 다양한 배경을 가진 집단의 상담에 참여하고 있다. Evans는 the Virginia Association of Black Psychologists의 회장이며 Multicultural Research Team for the Virginia Department of Education에서 활동하고 있다.

John F. Feldhusen은 Purdue 대학의 R. B. Kane 우수교육학 교수이며 Purdue 대학의 Gifted Education Resource Institute의 설립자이며 디렉터이다. 『*Who's Who* *in America*』에 수록되어 있는 Feldhusen은 「*Gifted Child Quarterly*」의 편집자이며 National Association for Gifted Children(NAGC)의 전 회장이었다. 최근 저서로는 『*Talent Identification and Development in Education*』이 있다.

Dan Holt는 Purdue 대학 내 교육심리학과 박사과정생이다. Holt는 스트레스와 유머 및 영재교육에 관심을 가지고 스트레스와 유머를 영재교육에 연계하고 있다.

Fathi Jarwan은 Purdue 대학에서 영재교육과 측정으로 박사학위를 취득하였다. 연구관심 영역은 영재 프로그램 개발과 영재 특별학교이다.

Deirdre V. Lovecky는 Rhode Island 주 Providence에서 사립 기관을 운영하고 있는 임상심리학자로서, 영재 및 성인의 평가와 처치에서 전문가이다. Hollingworth Center for Highly Gifted Children의 자문위원, 「*Roeper Review*」의 편집자, 「*Understanding Our Gifted*」의 고정 칼럼리스트로 활동중이다.

Sal Mendaglio는 University of Calgary 대학 내 상담심리학자이며 조교수이다. Mendaglio는 Council for Exceptional Children and National Association for Gifted Children에 적극적으로 참여하고 있으며, TAG-Canada 회장과 「*Global Vision*」의 편집자를 역임하였다.

Jean Sunde Peterson은 University of Iowa의 상담 및 인간발달 박사과정생이다. 1984년 올해의 South Dakota Teacher라고 불리는 Peterson은 상담집단을 위한 『*Dealing with the Burdens of Capability*』을 포함하여 여러 편의 아티클과 교수자료를 편찬하였다.

Kenneth Seeley는 Colorado Denver에 있는 Piton Foundation의 특별 프로젝트 고문이며, University of Denver의 협력교수이다. University of Denver에서 대학원과정 코디네이터로서 재직중에 Seeley는 영재 및 창의적인 학생을 위한 여러 특별 프로그램을 시작하였다. 저서로는 공동으로 편집한 『*Excellence in Educating the Gifted*』(Love, 1989)와 『*Comprehensive Curriculum for Gifted Learners*』가 있다.

Linda Kreger Silverman은 Colorado Denver 내 Gifted Child Development Center의 심리학자겸 디렉터로서 활동중이다. 「*Advanced Development*」와 「*Understand-*

ing Our Gifted」를 편집하고 있으며 Institute for the Study of Advanced Development를 지도하고 있다. 9년 동안, Silverman은 University of Denver의 영재교육과 상담심리분야에서 교수로서 재직중이다. 영재의 상담요구와 정서발달에 대한 여러 편의 아티클과 책을 출판하였다.

Joyce VanTassel-Baska는 William and Mary 대학의 Jody and Layton Smith 교육학부 교수로서, Center for Gifted Education을 지도하고 있다. 『*Practical Guide to Counseling the Gifted in a School Setting*』, 『*Comprehensive Curriculum for Gifted Learners*』와 『*Patterns of Influence: The Home, The Self and The School*』을 포함하여 폭넓게 저술활동을 하고 있다. 가장 최근의 책으로는 『*Planning Effective Curriculum for Gifted Learners*』(Love, 1992)가 있다.

찾아보기

주 제 어

—•—•—•— <ㅇ> —•—•—•—

—•—•—•— <ㅈ> —•—•—•—

인 명

역자 소개

이미순 uconnmisoon@korea.ac.kr

동덕여자대학교 자연과학대학 아동학과(이학사)

연세대학교 생활과학대학 아동학과(문학석사)

University of Connecticut 교육심리(철학박사, 영재교육전공)

현) 인천대학교 과학영재교육연구소 특별연구원

고려대학교 교육대학원 영재교육 겸임교수

한국교육개발원 영재교육센터 연구위원

미국국립영재교육센터(National Research Center for the Gifted and Talented-NRC/GT) 연구원

♣ 저 · 역서 및 논문

교육과정 압축: 우수학생을 위한 정규교육과정 수정지침(2007, 박학사)

다중메뉴모델: 차별화된 교육과정 개발을 위한 실제적인 지침(2007, 박학사)

심화집단: 실제세계, 학생-주도적인 학습을 위한 실제적인 지침(2007, 박학사)

영재아 행동특성 평정척도(2007, 박학사)

재능개발을 위한 학교: 학교의 전반적인 개선을 위한 실제적인 계획(2007, 박학사)

종합재능기록표: 영재아 판별과 교육을 위한 체계적인 계획(2007, 박학사)

학습스타일 검사도구, 3판: 학생이 선호하는 교수방법 측정도구(2007, 박학사)

흥미도구들: 교사용 지침(2007, 박학사)

소외 영재 지도교사의 성공적인 지능 교수효능감(2006)

조기진급 및 조기졸업 유무에 따른 학업 동기와 자기조절적인 학습능력(2006)

Effects of Cultural Orientation on Psychosocial Adaptation of Korean Americans(2007) 외

영재상담

인 쇄 일 2008년 9월 1일 초판 인쇄
발 행 일 2008년 9월 5일 초판 발행
저 자 Linda Kreger Silverman 편저
역 자 이미순 옮김
발 행 인 구본하
발 행 처 도서출판 박학사
주 소 서울시 마포구 서교동 460-60 동아빌딩 2층
전 화 (02)3142-3764~5
팩 스 (02)3142-3766
E-mail pakhaksa@kornet.net
웹사이트 www.pakhaksa.co.kr
등록번호 제10-2230호

정가 23,000원 ISBN 978-89-91633-46-9